VÖGEL

VÖGEL

David Alderton

Parragon

Bath • New York • Singapore • Hong Kong • Cologne • Delhi
Melbourne • Amsterdam • Johannesburg • Auckland • Shenzhen

Entwurf und Realisation

studio cactus

13 SOUTHGATE STREET WINCHESTER HAMPSHIRE SO23 9DZ

LAYOUT Sharon Cluett, Sharon Rudd, Laura Watson
LEKTOREN Jennifer Close, Jo Weeks

Parragon Books Ltd
Queen Street House
4 Queen Street
Bath BA1 1HE, UK

Realisation der deutschen Ausgabe:
trans texas publishing, Köln

Übersetzung: Coralie Wink, Dossenheim; Jorunn Wissmann, Binnen

Lektorat: Christine Weidenweber, Weibersbrunn

ISBN 978-1-4075-6762-4
Printed in China

INHALT

ZU DIESEM BUCH

Vögel werden nach denselben Prinzipien klassifiziert, die wir auch auf alle anderen Lebewesen anwenden: Man gruppiert sie nach verschiedenen Rangsystemen, die immer spezieller werden, in Ordnungen, Familien, Gattungen und Arten; so kann man jeden Vogel genau zuordnen.

ENTWICKLUNGEN

Bereits bei den alten Griechen bemühte man sich um eine systematische Klassifizierung für alle Lebewesen. Die moderne Einteilung geht jedoch auf die bahnbrechenden Arbeiten des schwedischen Naturforschers Carl von Linné um die Mitte des 18. Jahrhunderts zurück.

Die Systematik ist jedoch niemals statisch, und wissenschaftliche Namen haben häufig gewechselt. Dank der DNA-Untersuchungen werden heute ganz neue Erkenntnisse über die Verwandtschaftsbeziehungen der Vögel gewonnen, die nicht mehr nur nach ihrer Anatomie klassifiziert werden.

VERBREITUNGSKARTEN

Wo in Europa eine bestimmte Art am ehesten beobachtet werden kann, ist übersichtlich in den Verbreitungskarten dargestellt. Zugvögel können in einem größeren Gebiet vorkommen, da sie zwischen Winter- und Brutquartier hin- und herfliegen.

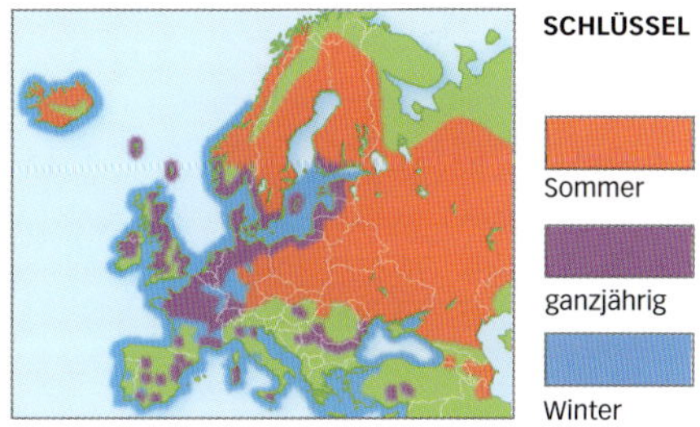

VERWENDETE SYMBOLE

Die Vogelsilhouetten zeigen die typische Körpergestalt bestimmter Ordnungen, obwohl es in einigen Fällen Abweichungen gibt, zum Beispiel bei den Piciformes, die Arten von den Spechten bis zu den Tukanen umfassen. Jede Ordnung besteht (im Regelfall) aus mehreren Familien, die wiederum in bestimmte Gattungen (Genus) eingeteilt werden. Ordnungen enden immer auf -formes, wie bei Columbiformes, während die Endung auf Familienebene durch -dae gekennzeichnet ist. Gattungsnamen werden immer kursiv geschrieben, zum Beispiel *Columba*. Die Art (Spezies) ist durch einen binären Namen festgelegt, wie bei *Columba livia*, und wird ebenfalls immer kursiv geschrieben. Falls eine Art anerkannte Unterarten umfasst, werden diese durch einen dritten Namen gekennzeichnet, wie bei *Columba livia livia* – damit haben wir die unterste Ebene der systematischen Rangfolge erreicht.

DIE WELT DER VÖGEL

Vögel sind etwas ganz Besonderes. Ihre Schönheit und ihre Flugkünste können wir immer wieder beobachten, und selbst bei der flüchtigen Beschäftigung mit ihnen erschließt sich uns die faszinierende Vielfalt ihrer Lebensweisen. Mit Futterstellen und Nistmöglichkeiten lassen sich Vögel recht problemlos in unsere Gärten locken und tragen dort auch zur Schädlingsbekämpfung bei. Weltweit gibt es etwa 8800 Vogelarten, von denen über 500 regelmäßig in Europa auftreten. Leider sind einige der spektakulären Arten in einem Teil ihres ursprünglichen Lebensraums ausgestorben; da wir inzwischen die Bedürfnisse der Vogelarten besser kennen, können in verschiedenen Gebieten Wiederansiedlungsprojekte durchgeführt werden. Obwohl Vogelschutz meistens in Zusammenhang mit Ölverschmutzung und Umweltzerstörung die negativen Schlagzeilen beherrscht, geben Wiederansiedlungs- und ähnliche Schutzprojekte Grund zur Hoffnung.

HERAUSFORDERUNG FÜR DEN NATURSCHUTZ Insbesondere Greifvögel wie der Steinadler (*Aquila chrysaetos*) haben stark unter Verfolgung durch den Menschen gelitten. Aufgrund ihrer großen Reviere sind sie relativ selten und deshalb gefährdeter als anpassungsfähigere Arten, die in großen Trupps leben.

WAS SIND VÖGEL?

Die Flugfähigkeit – das auffälligste Merkmal der Vögel – ist in Wirklichkeit kein einzigartiges Merkmal, denn etliche Vogelgruppen wie Pinguine, Kiwis und Strauße sind flugunfähig, während Säugetiere wie Fledermäuse ebenfalls fliegen können. Auf Vögel beschränkt ist jedoch ihre besondere Körperbedeckung: Federn, die den Körper schützen und isolieren und ihm gleichzeitig seine Flugfähigkeit ermöglichen. Ein weiteres Charakteristikum der Vögel ist die Art ihrer Fortpflanzung: Alle Vogelarten legen Eier mit einer harten kalkhaltigen Schale.

URAHN Dieses Fossil ist ein *Archaeopterix*, zurzeit der älteste bekannte Vogel der Welt. Die typischen „Krallenfinger" am Flügelbug sind gut zu erkennen.

GROSSE ANFÄNGE *Quetzalcoatlus* hatte etwa 12 m Flügelspannweite. Der Flugsaurier ist daher das größte flugfähige Lebewesen, das bisher entdeckt wurde. Er ernährte sich von kleinen Meeresorganismen und besaß einen zahnlosen Unterkiefer.

ABSTAMMUNG

Aufgrund von Forschungsergebnissen des letzten Jahrzehnts nehmen heute viele Zoologen an, dass Vögel von kleinen flugfähigen Dinosauriern abstammen. Vögel überlebten das Massenaussterben ihrer größeren Verwandten, der Dinosaurier, am Ende der Kreidezeit (vor etwa 65 Millionen Jahren). Sie wurden bald zur dominanten Gruppe unter den flugfähigen Wirbeltieren und ersetzten die Pterosaurier (Flugsaurier).

Verglichen mit der Vielzahl fossiler Dinosaurierfunde sind Fossilnachweise zur Evolutionsgeschichte der frühen Vögel („Urvögel") rar. Ein Grund hierfür ist ihre geringe Körpergröße; außerdem wurden sie meistens von größeren Aasfressern verzehrt und daher nicht in einer Weise konserviert, dass eine spätere Fossilisation möglich gewesen wäre. Im Lauf der letzten Jahre wurden aber besonders in China etliche Fossilien geborgen, die mehr über die Evolution der Vögel verraten.

Das früheste als Vogel anzusprechende Lebewesen ist immer noch *Archaeopterix*, der 1861 im Solnhofener Plattenkalk in Bayern entdeckt wurde. Dieser Vogel starb vor etwa 145 Millionen Jahren, wenn man das Alter der Gesteinsformationen am Fundort zugrunde legt. Mit Federn ausgestattet, hatte *Archaeopterix* ein ähnliches Erscheinungsbild wie moderne Vögel und war zum Schlagflug fähig, statt nur im Gleitflug von Baum zu Baum zu gelangen.

Anscheinend waren die frühen Vögel unbeholfener als ihre modernen Nachfahren. Die Urvögel besaßen „Krallenfinger" am Flügelbug, sodass sie im Geäst herumklettern konnten. Dieses Merkmal ist auch heute noch bei einer Art, nämlich beim südamerikanischen Hoatzin (*Opisthocomus hoazin*, *siehe* Kasten), erhalten.

STRAUSS Die Körpermasse des Straußes (*Struthio camelus*) führt zur Flugunfähigkeit des Vogels; er kann seinen Feinden stattdessen dank kräftiger Laufbeine entkommen.

Hoatzin

Wie seine Urvogel-Ahnen besitzt der Hoatzin beim Schlüpfen Krallen am Flügelbug. Seine Nester liegen oft über dem Wasser, doch die Jungvögel können sich dank der Krallen notfalls am Bewuchs zurück ins Nest hangeln. Die Krallen werden abgeworfen, wenn die Küken älter werden.

Frühe Vögel wie der *Archaeopterix* besaßen außerdem mit scharfen Zähnen besetzte Kiefer. Doch als das Vogelskelett allmählich leichter wurde (eine Anpassung an die Flugfähigkeit), verschwanden die Zähne. Am längsten hielten sie sich bei den Fisch fressenden Seevögeln, die ihre schlüpfrige Beute mit festem Biss fassen mussten.

Viele der heute existierenden Vogelfamilien waren bereits vor 38 Millionen Jahren entstanden. Fossilien lassen zwar keine Rückschlüsse auf die Farbe zu, doch vermutlich waren die Seevögel relativ eintönig und überwiegend schwarz-weiß gefärbt, während die waldbewohnenden Arten wahrscheinlich lebhaftere Gefiederfarben besaßen.

AUSGEROTTETE GIGANTEN

Der in Afrika beheimatete Strauß ist der größte lebende Vogel. Früher gab es jedoch noch größere und gefährliche Arten. Sie waren alle zum Fliegen zu groß, machten dies aber durch lange Laufbeine wett, die eine rasche Fortbewegung an Land ermöglichten. Am furchterregendsten waren die Terrorvögel (Phororhacidae), die in Südamerika (bis hoch in die südlichen USA) lebten und truppweise jagten. Die bis zu 3 m großen Vögel besaßen einen mächtigen Schnabel und mit scharfen Krallen bewehrte Füße, sodass sie ihre Beute leicht überwältigen konnten.

VOGELWANDERUNGEN

Vögel sind heute weltweit verbreitet, da sie dank ihrer Flugfähigkeit sogar weit entfernte und abgelegene Inseln erreichen können. Andererseits sind einige Arten sehr ortstreu und kommen nur lokal vor. Manche Tiere verbringen als Standvögel das ganze Jahr in einem kleinen Gebiet.

WANDERNDE POPULATIONEN

Viele europäische Vogelarten leben typischerweise nicht ganzjährig in einer Region. Oft wandern Arten aus ihren arktischen Brutgebieten zum Überwintern weiter nach Süden, wo das Klima günstiger und Nahrung um diese Jahreszeit leichter zu finden ist. Watvögel brüten beispielsweise in den flachen und baumlosen Tundren des hohen Nordens, wo aufgrund des Permafrostbodens ideale Ernährungsbedingungen für diese Arten herrschen: Im kurzen Arktissommer schmilzt die oberste Bodenschicht, doch das Wasser kann wegen des gefrorenen Unterbodens nicht abfließen; es entstehen Tümpel mit reichem Insektenleben, die ideale Aufzuchtbedingungen für die jungen Watvögel bieten. Schon bald können sie dann mit den Altvögeln zum wärmeren Winterquartier (zum Beispiel ins Wattenmeer) fliegen.

STANDHAFT

Einige Vogelarten passen sich an raue Lebensbedingungen an. Bei der bodenlebenden Schneeeule (*Bubo scandiacus*) sind die Füße beispielsweise als Kälteschutz befiedert. (In der kalten Arktis fehlen Bäume.) Schneeeulen mausern im Winter in ein weißeres Federkleid, das ihnen auch in einem Gebiet mit wenig Deckung bei der Jagd eine gute Tarnung bietet. Arten, die leicht Fressfeinden zur Beute fallen, wie das Alpenschneehuhn (*Lagopus*

Vogelzug

Auf dem Zug von Europa nach Afrika überqueren fast alle Vögel das Mittelmeer an seiner engsten Stelle, der Straße von Gibraltar. Vögel aus östlicheren Regionen fliegen auch über Italien oder Griechenland. Der Vogelzug ist mit einer Vielzahl von Gefahren verbunden: Im Mittelmeergebiet werden die Tiere zum Beispiel stark bejagt, was zur Gefährdung der Vogelbestände führt.

GÄSTE Rauchschwalben (*Hirundo rustica*) kommen jedes Jahr aus Afrika nach Europa zurück, um hier ihre Jungen aufzuziehen. Sie besitzen derart gute Orientierungsfähigkeiten, dass die Paare zum selben Nistplatz zurückfinden – vorausgesetzt, sie überstehen die gefährliche Reise.

muta), legen sich ebenfalls ein weißes Winterkleid zu, das sie im Frühjahr wechseln.

SOMMERGÄSTE

Manche Vogelarten wie Schwalben und Segler leben nur in der warmen Jahreszeit in Europa – ihre Ankunft gilt traditionell als Zeichen des Frühlingsbeginns. Sie kommen aus ihren afrikanischen Winterquartieren, um hier zu brüten und sich am reichen Insektenleben gütlich zu tun. In schlechten Sommern ist der Bruterfolg (die Anzahl der aufgezogenen Jungen) gering; langfristig kann dies zur Abnahme der Population führen.

Fast alle Vögel – seien es kleine Singvögel oder große Störche – nutzen bestimmte gemeinsame Zugwege (siehe Kasten). Das sind nicht immer die kürzesten Routen, doch ähnlich wie Piloten versuchen Vögel, große Meeresflächen zu meiden.

WEIT GEREISTE GÄSTE

Einige der Zugvögel kommen auch aus östlicher Richtung nach Europa. Sie verbringen die Sommermonate bei uns oder reisen als Wintergäste ein, wie es bei vielen Wasservögeln der Fall ist. Sogar nordamerikanische Arten, beispielsweise Möwen oder andere Seevögel, werden gelegentlich in Europa beobachtet. Sie sind keine Zugvögel im strengen Sinn, sondern eher Zufallsgäste.

Andere Vögel werden durch Stürme über den Atlantik getragen und sind nicht so gut auf ein längeres Überleben in einem fremden Lebensraum eingestellt. Besonders auf den Scilly-Inseln vor Südwestengland können die sogenannten Irrgäste beobachtet werden, da die Inseln die erste Landemöglichkeit für die verdrifteten Vögel sind.

GLOBALE ERWÄRMUNG

Verschiedene Anzeichen deuten darauf hin, dass auch die globale Erwärmung auf den angeborenen Zugtrieb der Vögel Einfluss nimmt. Nach einer Reihe milder Winter in Europa bleiben Mönchsgrasmücken und Zilpzalpe als Standvögel teilweise hier, statt ins südlich gelegene Winterquartier zurückzukehren. In einem strengen Winter könnten diese Vögel allerdings verhungern.

Aber auch andere gravierendere Änderungen sind denkbar: Ein Anstieg der globalen Temperaturen kann beispielsweise zum Auftauen des arktischen Permafrostbodens führen. Wenn das Wasser abfließen kann, gäbe es in Zukunft keine Nahrungsgründe für die dort brütenden Watvögel mehr, was einen katastrophalen Populationszusammenbruch auslösen würde.

FARBWECHSEL Alpenschneehuhn (*Lagopus muta*) im Sommerkleid (unten) und im Winterkleid (links) – wie mit der Winterlandschaft verschmolzen. Dieser Farbwechsel ist besonders in Gegenden mit geringer natürlicher Deckung für die Vögel essenziell.

ZUGBEWEGUNGEN Ein Schwarm von Goldregenpfeifern (*Pluvialis apricaria*) im Winterquartier in Kent (Großbritannien). Im zeitigen Frühjahr fliegen die Watvögel wieder in ihre arktischen Brutquartiere zurück.

FLÜCHTLING Etliche Vogelarten konnten sich in jüngerer Zeit aus verschiedenen Gründen in Europa ansiedeln. Typisches Beispiel ist der Halsbandsittich (*Psittacula krameri*), die einzige in Europa wild lebende Papageienart.

LEBENSRÄUME DER VÖGEL

Verschiedene Faktoren beeinflussen die Verbreitung von Vögeln – an erster Stelle steht die Verfügbarkeit der Nahrung, doch auch geeignete Nistplätze sind sehr wichtig. Der Verlust des Lebensraums (Habitatzerstörung) und andere Umweltfaktoren wirken sich ebenfalls negativ auf das Verbreitungsareal einer Art aus.

UMWELTVERÄNDERUNGEN

Durch das Mitwirken des Menschen können Vögel auch neue Gebiete erobern. Mehrere Vogelarten, die aus den verschiedensten Gründen aus anderen Kontinenten eingebürgert wurden, haben sich in Europa gut etabliert. Im 19. Jahrhundert gab es eine regelrechte Mode, Tiere aus anderen Erdteilen einzuführen; einige fremde Wasservögel sind sogar heimisch geworden: Die Mandarinente (*Aix galericulata*) aus Asien oder die Brautente (*Aix sponsa*) aus den USA sind Nachfahren von Vögeln, die als Ziergeflügel gehalten, jedoch aus der Gefangenschaft entweichen und sich erfolgreich fortpflanzen konnten.

Fast am beeindruckendsten ist das Beispiel des Halsbandsittichs (*Psittacula krameri*, ursprünglich aus Indien), der sich seit etwa 1970 in der Westhälfte Europas als Gefangenschaftsflüchtling eingebürgert hat. Mittlerweile gibt es Brutkolonien im Bereich von vielen Großstädten, in Deutschland vor allem längs des Rheins. Als Höhlenbrüter bevorzugt er große Bäume, legt seine Nisthöhlen aber auch in mit Styropor gedämmten Gebäudefassaden an. Halsbandsittiche ernähren sich rein vegetarisch (Knospen, Blüten, Samen, Früchte) und tauchen im Winter auch an Futterhäuschen auf. In ihrer Heimat sind sie sogar bis in die Himalajaregion verbreitet, wo die Winter sehr kalt sind.

Der Fasan (*Phasianus colchicus*) und einige andere Arten, die heute an vielen Stellen heimisch sind, wurden zu Jagdzwecken in Europa eingeführt. Manche Fasanen überlebten ebenfalls in freier Wildbahn und begannen, sich fortzupflanzen. Heute sieht man jedoch die Risiken, die mit der Einführung sogenannter fremder Arten einhergehen. Daher wurden die juristischen Regelungen zur Einbürgerung nicht heimischer Arten in den meisten Ländern deutlich verschärft.

Bedrohungen

Bedrohungen unserer Vogelwelt:

- Habitatverlust, auch Verlust von Brutplätzen
- Abnehmende Nahrungsressourcen, oft vom Menschen verursacht (zum Beispiel Überfischung)
- Ölpest und andere Umweltverschmutzung
- Bejagung und Verfolgung
- Meistens führt eine Kombination mehrerer Faktoren zur kritischen Gefährdung einer Art.

Auch natürliche Arealvergrößerungen kommen vor. Meist verschlechtern sich die Lebensbedingungen der Vogelarten in ihrem natürlichen Verbreitungsgebiet, sodass die Art gezwungen ist weiterzuziehen. Derartige Wanderungen werden als Invasionen bezeichnet und sind für etliche Arten gut dokumentiert, beispielsweise für Flughühner (Gattung *Pterocles*), obwohl diese Ereignisse heute seltener als früher sind.

Manchmal expandieren Vogelarten ohne ersichtlichen Grund in eine neue Region und erweitern ihr Verbreitungsgebiet, wie im Fall der Türkentaube (*Streptopelia decaocto*). Die Türkentaube ist ein Kulturfolger; sie kam ursprünglich in Asien und der europäischen Türkei vor, breitete sich aber in den 1930er-Jahren als Brutvogel nach Ungarn und von dort aus westwärts über Europa aus. Sie erreichte Wien im Jahr 1949, war bereits Ende der 1950er-Jahre in ganz Deutschland verbreitet, erreichte Frankreich und Großbritannien um 1960 und schließlich Irland um 1970. Wieso es zu dieser Ausbreitung kam, ist nach wie vor unklar (möglicherweise folgte sie dem fortschreitenden Maisanbau).

Vögel sind anpassungsfähig, wie wir beim Spaziergang durch die meisten Innenstädte feststellen können, denn in dieser Umgebung gehören Tauben fast überall dazu. Sie stammen von wilden Felsentauben (*Columba livia*) ab, die immer noch an einigen europäischen Küstenabschnitten brüten. Felsentauben wurden seit dem Mittelalter bis ins 18. Jahrhundert in Taubenschlägen als Nahrungsquelle

FAIRE CHANCE? Der Jagdfasan (*Phasianus colchicus*, hier ein Ringfasan) stammt aus Asien, wurde aber in Europa als Federwild eingeführt. Vielerorts werden die Wildpopulationen jedes Jahr mit ausgesetzten Fasanen aufgefüllt, die eine Mischung aus verschiedensten Unterarten sind.

STADTTAUBEN Die Nachkommen der Felsentaube (*Columba livia*) sind heute in europäischen Städten weit verbreitet, da sie sich an das Leben und Brüten in derartiger Umgebung angepasst haben. Sie suchen ihr Futter eher auf den Straßen statt am Futterhäuschen in den Gärten.

und wegen des Taubenmists, der als Dünger diente, gehalten. Da immer wieder Vögel aus der Gefangenschaft flüchten und verwildern konnten, entwickelten sich schließlich die Stadt- oder Straßentaubenpopulationen, die mittlerweile in vielen Innenstädten zum Problem geworden sind.

Mit ihren hohen Gebäuden sind Stadtzentren dem natürlichen Lebensraum der Felsentaube nicht unähnlich. Sie können auf Fenstersimsen brüten und benötigen nicht einmal Insekten oder spezielles Futter für die Jungen, da sie eine proteinreiche „Kropfmilch" zur Ernährung der Jungtauben bilden. Außerdem bieten meist nahe gelegene Parks weitere Futtermöglichkeiten.

Fast noch erstaunlicher ist, dass der Wanderfalke (*Falco peregrinus*) seiner traditionellen Beute gefolgt ist. Wanderfalken kommen trotz eines erheblichen Bestandseinbruchs in den 1960er- und 1970er-Jahren heute wieder in vielen Städten vor und brüten dort erfolgreich.

HABITATVERBESSERUNGEN

Mit relativ geringen Veränderungen im Habitatmanagement bei gleichzeitiger Kenntnis des Brutzyklus können unter Umständen deutliche Verbesserungen für die betreffende Vogelart erzielt werden. Dies zeigt sich in unterschiedlichen Umweltstudien. Werden Wiesen später im Jahr gemäht, haben viele bodenbrütende Arten beispielsweise die Möglichkeit, ihre Brut erfolgreich aufzuziehen. Wenn Wasserstraßen und Flüsse sauberer werden und weniger Gifte enthalten, können Insekten und andere Lebewesen wiederkehren, die ihrerseits als Teil der Nahrungsgrundlage das Vogelleben erst möglich machen und fördern.

ANATOMIE DER VÖGEL

Der Vogelkörper ist auf seine Fähigkeit zu fliegen ausgerichtet. Sogar einige heute existierende flugunfähige Arten haben sich wahrscheinlich aus ursprünglich flugfähigen entwickelt. Wichtigster Faktor war dabei die Verminderung des Körpergewichts, damit die Vögel kraft- und energiesparender fliegen konnten. Die bei Säugetieren vorhandenen Zähne und Kiefermuskeln sind einem leichtgewichtigen Schnabel gewichen; auch das Skelett ist leichter geworden, da viele Knochen hohl sind.

FLÜGELSCHLAG Die langen Federn, welche die Oberseite des Flügels bei diesem Zwergschwan (*Cygnus bewickii*) bilden, sind die Schwungfedern. Sie liefern als eigentliche Tragfläche die Schubkraft, die den Vogel in der Luft hält.

Körperteile des Vogels

Die verschiedenen Teile des Vogelkörpers tragen spezielle Bezeichnungen, die bei der Bestimmung der Art helfen – so können die Unterschiede in Gefiederfärbung oder -zeichnung einfach hervorgehoben werden. Auch bei der Geschlechtsbestimmung können sie hilfreich sein. Allgemeinere Bezeichnungen, wie Unterseite oder Oberseite (Rücken bis Bürzel), finden ebenfalls Verwendung.

ANPASSUNGEN ANS FLIEGEN

Flugmuskeln benötigen große Mengen an Sauerstoff. Vogel-Lungen dehnen und kontrahieren sich nicht im selben Maße wie Säugetier-Lungen, sondern stehen mit einem Luftsacksystem in Verbindung, das ähnlich wie ein Blasebalg Luft durch das Atemsystem pumpt.

Sogar an der Ausscheidung der Stoffwechselendprodukte lässt sich ablesen, wie entscheidend das Gewicht des Vogelkörpers ist: Anstelle von harnstoffhaltigem Urin, der sich in einer Harnblase sammelt, bilden Vögel einen hochkonzentrierten Urin mit Harnsäure. Dieser wird zusammen mit dem Kot über die Kloake ausgeschieden.

Durch die Umbildung der vorderen Gliedmaßen im Flügel hat sich der Schwerpunkt des Vogelkörpers verschoben. Deshalb hat sich die Position der Beine am Körper weiter nach vorne verlagert, damit die Tiere schreiten können, ohne umzukippen.

Das Tragflächenprinzip, das Flugzeuge flugfähig macht, ahmt das Prinzip des Vogelflügels nach. Die obere Fläche ist gekrümmt, und die Geschwindigkeit, mit der die Luft über die Oberseite strömt, unterscheidet sich von der an der Unterseite. Diese Veränderung des Luftdrucks, der über dem Flügel niedriger ist, macht das Fliegen erst möglich.

Sobald der Vogel in der Luft ist, wird die Vortriebskraft durch den Flügelschlag geliefert. Die Hinterkante des Flügels ist mit besonderen Federn, den Schwungfedern, bestückt, deren Stellung sich während des Auf- und Abschlags verändert. Die Handschwingen, die zur Flügelspitze hin platziert sind, sind am längsten und für die Schubkraft verantwortlich. Sie bewegen sich individuell, um den Luftwiderstand des Flügels anzupassen. Die Armschwingen sitzen dem Körper am nächsten; sie sind kürzer und fördern den Auftrieb während des Fluges. Mit jedem Abschlag werden die Schwungfedern zusammengehalten und dienen so dem Höhengewinn des Vogels. Wenn der Vogel die Geschwindigkeit drosseln möchte, um auf einem Ansitz zu landen, geht er in den Gleitflug über und schlägt nicht mehr mit den Flügeln, sondern passt deren Position an, um den Ast zu erreichen. Obwohl Vögel instinktiv fliegen, muss das Landen gekonnt sein – Jungvögel schätzen die Landung manchmal falsch ein und rutschen vom vorgesehenen Landeplatz ab. Um abzubremsen, spreizen Vögel ihre Schwanzfedern (sogenannte Steuerfedern).

Sobald sie einmal in der Luft sind, können sich auch große Vögel dort relativ einfach aufhalten. Geier suchen beispielsweise aufsteigende Warmluftströme, auf denen sie sich hochtragen lassen und dann zur nächsten Thermik gleiten. Manche Vogelarten wie Albatrosse verbringen den größten Teil ihres Lebens in der Luft und ernähren sich sogar im Flug, indem sie Meerestiere aus dem Ozean ergreifen. Auch Mauersegler sind nicht auf das Landleben eingerichtet; sie können kaum auf dem Boden sitzen oder gehen. Sie schlafen sogar in der Luft.

SCHWIMMEN Vögel, die viel Zeit im Wasser verbringen, besitzen Schwimmhäute zwischen den Zehen, um besser paddeln und kräftesparender schwimmen zu können. Arten, die häufig tauchen, wie Alkenvögel, setzen ihre vorderen Gliedmaßen als Flossen ein. Der Vortrieb unter Wasser erfolgt durch die Beine – nicht durch die Flügel.

Flug

Die Grundform des Flügels ist weitgehend identisch, doch es gibt spezifische Formen, die Rückschlüsse auf die Lebensweise der jeweiligen Vogelart zulassen. Vögel, die häufig in der Luft sind (wie Segler), können mithilfe ihrer sichelförmigen Flügel mit recht wenig Kraftaufwand fliegen, indem sie nicht nur segeln, sondern auch gleiten. Besonders auf dem Zug können sie auch sehr schnell fliegen. Andere Langstreckenzieher wie Brachvögel besitzen in etwa ähnliche Flügelformen, während beispielsweise Turmfalken dank ihrer Flügelform rütteln können, während sie den Boden aus der Luft nach Nahrung absuchen. Die Bienenfresser sind dank ihrer Flügelform besonders manövrierfähig und können die waagerechten Brutröhren im Steilhang direkt anfliegen und Fluginsekten in der Luft ergreifen. Fasane sind dagegen schwere Vögel, die nicht gut an das Fliegen angepasst sind und nur unter beträchtlichem Kraftaufwand starten können. Doch aufgrund der abgerundeten Flügelform sind sie in der Lage, problemlos zur nächsten Deckung zu gleiten. Die langen Flügel der Geier ermöglichen es diesen, mit minimalem Kraftaufwand lange in der Luft zu bleiben.

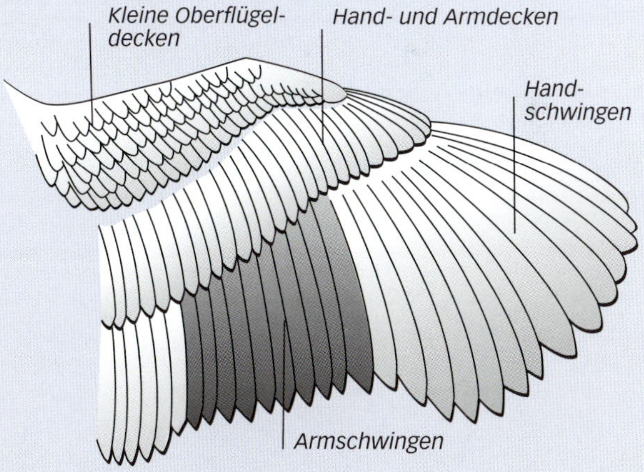

AUSGEBREITETER VOGELFLÜGEL, VON OBEN GESEHEN

ERNÄHRUNGSWEISE

Vögel haben sich weltweit die verschiedensten Nahrungsquellen erschlossen. Zudem variiert zumindest in gemäßigten Breiten die Nahrung in Abhängigkeit von der Jahreszeit.

Die Gestalt des Vogelschnabels liefert uns nicht nur Anhaltspunkte zur Ernährungsweise einer Art, sondern auch zu ihrer Lebensweise. So haben die Finkenvögel einen kurzen, kegelförmigen Schnabel, mit dem sie Samenschalen öffnen und an den essbaren „Kern" gelangen können. In dieser Gruppe ist der Schnabel von Kreuzschnäbeln (Gattung *Loxia*) am stärksten modifiziert; sie leben in Nadelwäldern, und mit den kreuzförmig überlappenden Schnabelhälften können sie die Samen aus Fichten- und anderen Zapfen herauslösen.

Vogelarten, die primär verstecktes Futter suchen, haben meistens einen langen, spitzen Schnabel – Beispiele sind Spechte, die nach Larven unter der Baumrinde fahnden, oder Watvögel, die im Schlick stochern. Bei Greifvögeln dagegen ist der Schnabel scharf und gebogen (Hakenschnabel), oft in Kombination mit spitzen, als Klauen bezeichneten Krallen an den Zehen. Beides dient zum Ergreifen und Zerteilen der Beute und macht die fehlenden Zähne wett.

Insektenfresser wie Grasmücken und Laubsänger können mit dem kleinen und oft schlanken Schnabel ihre Beute relativ einfach ergreifen.

SPEZIALISIERTE JÄGER Der Hakenschnabel von Greifvögeln ist zum Auseinanderreißen der Beute gut geeignet. Die kräftigen, mit scharfen, gekrümmten Klauen bewehrten Füße dienen zum Fangen und Transport auch von schwerer Beute: im Bild ein Fischadler (*Pandion haliaetus*) mit erbeutetem Fisch.

VERDAUUNGSSYSTEM

Der obere Bereich des Verdauungssystems beim Vogel unterscheidet sich deutlich von dem des Säugetiers: Die Nahrung gelangt gewöhnlich in den Kropf, der als Vorratsorgan dient; bei großem Hunger wird das Futter aber direkt in den Drüsenmagen (Proventriculus) und von dort in den Muskelmagen (Ventriculus) befördert, wo es weiter aufgeschlossen wird. Der Aufbau des Muskelmagens wird von der Nahrung beeinflusst – bei Finkenvögeln ist er

BESTENS ANGEPASST Der Vogelschnabel ist hauptsächlich zum Nahrungserwerb da; er wird aber auch zu anderen Zwecken eingesetzt – zum Beispiel Gefiederpflege oder Nestbau – und spiegelt die Lebensweise der jeweiligen Art wider.

KÖRNERFRESSER

GREIFVOGEL

SAMENFRESSER

FISCHFÄNGER

FILTRIERER

NEKTARFRESSER

STOCHERN

INSEKTENFRESSER

REUSENFISCHER

GRÜNDELN

kräftig und muskulös, da der Samen vor dem Fressen zerkleinert werden muss. Dabei wirken die Muskelbewegungen der Magenwand mit „Grit" (Magensteinen) zusammen, die der Vogel ausschließlich zu diesem Zweck zu sich nimmt.

Die in der Nahrung enthaltenen Nährstoffe werden nach der Magenpassage über die Dünndarmwand in den Körper aufgenommen. Vögel, die sich weitgehend von Pflanzen ernähren (beispielsweise Schneehühner), sind auf eine Darmflora aus Mikroorganismen im unteren Darmbereich angewiesen, um ihre Nahrung aufzuschließen. Denn ihnen fehlen die Enzyme, die zum Abbau der Zellulose (Bestandteil der pflanzlichen Zellwand) notwendig sind. Pflanzenfressende Vögel haben daher am Übergang von Dünn- zu Dickdarm zwei große Blinddärme, wo dieser Zelluloseabbau stattfindet.

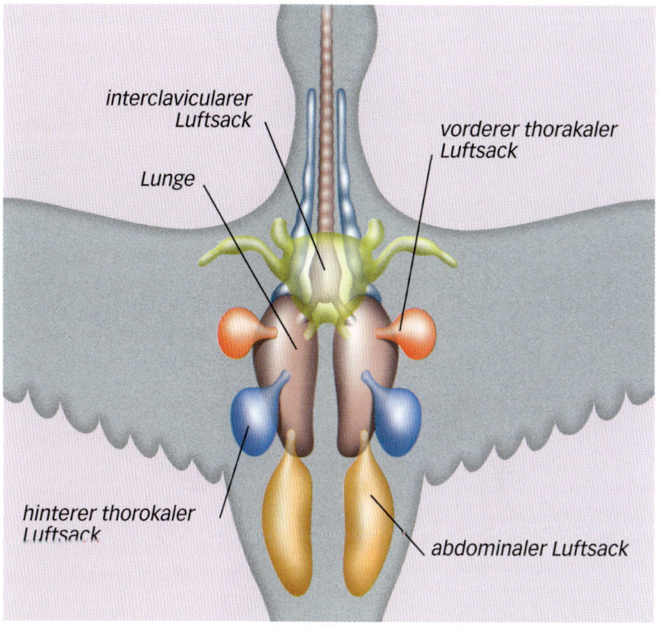

LUFTSÄCKE Das Atemsystem der Vögel ist anders als bei Säugetieren. Vögel besitzen zwar auch eine Lunge, zusätzlich aber Luftsäcke, denn der Vogelkörper benötigt eine sehr effiziente Gasaufnahme.

DIE SINNESORGANE

Vögel sind in hohem Maße auf ihre Augen (Gesichtssinn) angewiesen, um Informationen über ihre Umwelt zu erlangen. Anders als bei Säugetieren sind die Augen von Vögeln fest im Schädel fixiert. Mithilfe des sehr guten Sehvermögens können sie Bewegungen in ihrer Umgebung wahrnehmen, die eine Annäherung eines Feindes anzeigen, um dann rechtzeitig zu fliehen. Neueren Studien zufolge können Vögel auch den ultravioletten Teil des Lichtspektrums sehen und damit andere Artgenossen vielleicht als äußerst farbenfroh erkennen, den wir als schwarz bezeichnen würden.

Gutes Sehvermögen wird außerdem beim Aufspüren von Beutetieren benötigt. Geier kreuzen stundenlang durch die Luft und suchen von dort aus nach Anzeichen von Kadavern auf dem Erdboden, die ihnen zur Nahrung dienen. Geier gehören auch zu den wenigen Vogelgruppen mit Geruchssinn, und auch dieser hilft ihnen, die Nahrung zu finden, und erklärt, warum so rasch auch andere Geier auftauchen, sobald einer das Aas entdeckt hat.

Bei einigen Vogelarten spielt das Gehör eine große Rolle – typisch sind hier Eulen, die nach Einbruch der Dunkelheit jagen und Ultraschallwellen wahrnehmen können. Die Rufe von Nagetieren, die für uns unhörbar sind, sind für Eulen vernehmbar. Wenn sie ihre Beute vor dem Zuschlagen orten, drehen sie den Kopf lautlos hin und her, damit die Beute nicht gewarnt wird.

Meistens sind Vogelohren unauffällig, außer bei Geiern, deren Kopf kaum befiedert ist. Vögel besitzen keine Ohrmuscheln, und die Schnecke ist nur leicht gewunden. Die Ohren sind nur als Hautöffnungen zu erkennen, die normalerweise aber vom Gefieder hinter den Augen bedeckt sind.

VOGELOHREN Normalerweise sind Vogelohren nicht zu sehen, doch bei diesem Schmutzgeier (*Neophron percnopterus*) ist das Ohr als Öffnung hinter dem Auge zu erkennen.

GRÖSSTE GENAUIGKEIT Die Schleiereule (*Tyto alba*) muss nicht nur hervorragend hören (dies wird durch die Rundumbewegung des Kopfes gefördert), sondern die Beute auch besonders gut sehen können.

HERZSCHLAG

Damit Vögel fliegen können, muss viel sauerstoffreiches Blut in die Flugmuskeln gepumpt werden. Das Vogelherz ist grundsätzlich ähnlich wie das Säugerherz aufgebaut und besteht aus vier Kammern. Allerdings ist die Herzschlagfrequenz viel höher als bei Säugetieren: Sogar in Ruhe kann das Herz mehrere hundertmal pro Minute schlagen, im Flug kann diese Frequenz über tausend liegen.

LEBENSZYKLUS DER VÖGEL

In Europa brüten die meisten Vögel im Frühling und Sommer, um ein Überleben der Brut zu sichern. Die Brutperiode beginnt gewöhnlich mit einer Balzzeit. Die Männchen werden insgesamt aggressiver und verteidigen ihr Revier. Manche Vogelarten balzen gemeinsam an bestimmten Balzplätzen (Arenabalz), und der Gesang dient zur Revierabgrenzung und zur Anlockung der Weibchen.

BALZTANZ Einige Vogelarten wie das Birkhuhn (*Lyrurus tetrix*) besitzen gemeinschaftliche Balzplätze und paaren sich zufällig, andere unterhalten eine lebenslange Paarbindung – Beispiele sind Wasservögel wie Schwäne.

BRUT UND EIENTWICKLUNG

Die Entwicklung der Eier im Eierstock (Ovarium) des Vogelweibchens wird von Hormonveränderungen ausgelöst, die häufig mit der Zunahme der Tageslänge im Frühling zusammenhängen. Das im Ovarium freigesetzte Ei (Vögel besitzen im Gegensatz zu Säugern nur einen Eierstock) wandert in die trichterförmige Öffnung des Eileiters und von dort aus im Lauf von etwa 30 Stunden durch den Eileiter, bis es gelegt wird. Die Befruchtung muss relativ weit oben im Eileiter vor der Bildung der kalkhaltigen Eischale erfolgen, ansonsten stellt diese ein undurchdringliches Hindernis dar.

Nach der Befruchtung bewegt sich das dotterreiche Ei abwärts ins „Magnum", wo das Eiklar (Albumin) angelagert wird. Danach wird es im „Isthmus" mit den Schalenhäuten umhüllt. Schließlich lagert sich in der Schalendrüse die harte kalkhaltige Schale auf.

BRUTVERHALTEN

Vögel, die in Baumhöhlen brüten, haben gewöhnlich weiße Eier, während Arten, die in offenen Plätzen nisten, Eier mit unterschiedlicher Färbung legen. Auf diese Weise sind die Eier besser getarnt. Verantwortlich für die Farbvariationen sind Farbpigmente aus der Schalendrüse. Auch die Eiform kann etwas variieren – meistens sind Eier oval, und ein Ende ist etwas spitzer. Bei Seevögeln, die an Steilklippen brüten, sind die Eier jedoch fast birnenförmig, damit das Ei

KAMPF UMS NEST Zu Beginn der Brutzeit wird das Revierverhalten bei Vögeln wesentlich stärker, und nicht selten kommt es zu Scharmützeln wie bei den Fischadlern im Bild. Sogar bei Koloniebrütern finden anfangs oft Nistplatz-Streitigkeiten statt.

nicht so weit rollen und versehentlich aus dem Nest fallen und zerschellen kann.

Seevögel legen ihre Eier oft in Felsspalten und verwenden kaum oder gar kein Nistmaterial. Andere Vogelarten wie die Schwanzmeise (*Aegithalos caudatus*) bauen komplizierte Nester. Der Kuckuck (*Cuculus canorus*) parasitiert hingegen die Nester anderer Vögel. Seine Eier gleichen den Eiern der parasitierten Vogelart.

Je nach Vogelart beteiligt sich ein Elter oder beide Elternvögel am Bebrüten der Eier, das erst beginnt, wenn das Gelege fast komplett ist. So schlüpfen die Küken etwa gleichzeitig, was ihre Überlebenschancen erhöht. Die Bebrütungsdauer schwankt, liegt aber für die kleinen Singvögel meistens zwischen 12 und 14 Tagen.

Generell ist die Nestlingszeit kurz, insbesondere bei Gartenvögeln wie Spatzen und Meisen, deren Junge das Nest oft bereits nach zwei Wochen verlassen. Häufig sind die Schwungfedern zu diesem Zeitpunkt nicht voll entwickelt, sondern stecken teilweise noch in den Federscheiden (Schutzhülle um die wachsende Feder), in denen sie durch die Haut brechen. Deshalb sind Jungvögel weniger geschickte Flieger und werden leichter zur Beute von Katzen und anderen Fressfeinden. Da meistens aber vier oder mehr Junge flügge werden, überleben genügend von ihnen, um die Gesamtpopulation zu erhalten. Oft beginnen die Altvögel, in der Nähe ein weiteres Nest zu bauen, bevor die erste Brut richtig unabhängig ist. Dieses hohe Fortpflanzungspotenzial spiegelt die unsichere und gewöhnlich kurze Lebensspanne derartiger Vogelarten wider – in freier Natur überleben die meisten allenfalls um die zwei Jahre.

Viele Greifvogelarten, die nur wenigen Überlebensrisiken ausgesetzt sind, brüten gewöhnlich einmal im Jahr, ziehen manchmal nur einen einzigen Jungvogel auf, besitzen aber auch eine Lebenserwartung von Jahrzehnten (zum Beispiel Adler). Genauso verhält es sich bei Seevögeln.

Größe und Form von Eiern

Vogeleier sind in Farbe und Größe recht unterschiedlich – hier eine Auswahl von Eiern aus allen Erdteilen. Die Eier von Bodenbrütern oder Vögeln, die in offenem Gelände nisten, sind häufig gesprenkelt und durch diese Musterung besser getarnt.

FARBE (MOORSCHNEEHUHN) — FORM (TROTTELLUMME) — SEHR KLEIN (ROTRÜCKENZIMTELFE) — SEHR GROSS (ANDENKONDOR)

FRISCHGESCHLÜPFTE STADTTAUBE Die völlig hilflosen Taubenküken sind zuerst auf die Elternvögel angewiesen (Nesthocker); diese „hudern" sie (wärmen sie dadurch) und versorgen sie mit Futter. Schließlich öffnen sich die Augen, und die Federn sprießen.

KANADA-GÖSSEL Bei Wasservögeln sind die frisch geschlüpften Küken weiter entwickelt (Nestflüchter); sie können bereits kurz nach dem Schlüpfen bereits sehen, selbstständig fressen und sogar schwimmen, obwohl sie noch Dunengefieder besitzen und flugunfähig sind.

VOGELBEOBACHTUNG

Die Vogelbeobachtung ist als Hobby besonders beliebt, da man ihr überall – sogar zu Hause – nachgehen kann. Außerdem ist keine teure Ausrüstung nötig; wenn man jedoch zum passionierten „Twitcher" oder „Spotter" wird, der nach Seltenheiten und Irrgästen sucht, können die langen Anreisewege recht kostspielig sein. Immer beliebter werden spezielle Vogelbeobachtungsreisen.

GEGENSEITIGER NUTZEN Futterhäuschen und „Futterstationen" bieten einmalige Gelegenheiten, Vögel ganz komfortabel aus dem Wohnzimmer zu betrachten. Insbesondere bei kaltem Wetter werden viele Vogelarten angelockt; gleichzeitig unterstützt die Winterfütterung das Überleben der Tiere.

GRUNDAUSRÜSTUNG

Viele Vogelliebhaber möchten die Vögel in ihrem Garten beobachten. Wird die Futterstelle geschickt, aber katzensicher platziert, kann man die Tiere bequem aus dem Haus heraus betrachten. Am besten hält man ein Fernglas griffbereit, damit man Details und Verhalten besser erkennen kann.

Ferngläser kann man im Fotohandel oder im Internet kaufen; beim Einkauf an Ort und Stelle kann das Fernglas aber selbst ausprobiert werden. Man sollte vorher wissen, was benötigt wird, denn eine Zusatzausstattung wirkt sich immer auf den Preis aus. Wer zum Beispiel regelmäßig Vögel im Freien beobachtet, sollte eine wasserfeste Gummiarmierung wählen. Ein Schutz gegen Beschlagen ist ebenfalls nützlich, damit man die Vögel auch bei kaltem Wetter klar erkennen kann. Die Fokussierungsdistanz beträgt normalerweise 3 bis 4 m, doch zum Beobachten von Wasservögeln reicht diese Distanz häufig nicht aus. Auch dies gilt es zu berücksichtigen.

Ein Fernglas ist flexibel und nicht so schwer, aber heutzutage gibt es auch noch Alternativen. Besonders für den Hausgebrauch oder bei regelmäßigen Beobachtungen im Bereich von Flussmündungen bietet sich ein Spektiv an. Dies ist ein für die Naturbeobachtung geeignetes Fernrohr (monokular), das auf einem Stativ montiert werden kann. Spektive sind für eine Langzeitbeobachtung von Vögeln ideal, wenn man nicht ständig den Standort wechselt. Meistens lässt sich eine Digitalkamera relativ problemlos anschließen, um Nahaufnahmen der Vögel zu machen. Wer sich auf dieses Gebiet spezialisieren möchte, kann im eigenen Garten vorher üben.

Sicherheitsratschläge

Vogelbeobachtung ist eigentlich ein sicheres Hobby, dennoch können einige Vorsichtsmaßnahmen sinnvoll sein. Beobachtet man in einsamen Landstrichen, wo kaum andere Personen sind, sollte man ein Mobiltelefon mitnehmen, um im Notfall Hilfe herbeizurufen. Kleidung und Schuhwerk müssen zweckmäßig sein; Kompass, Karte und genügend Trinkwasser gehören bei längeren Touren zur Ausrüstung.

Seien Sie in Sumpfgebieten oder an Felsklippen besonders vorsichtig – da Letztere unerwartet abbrechen können, darf man niemals zu nahe an den Rand treten. An der Küste muss man unbedingt die Gezeiten beachten, da die Flut besonders über Wattflächen rasch aufläuft und man leicht eingeschlossen wird. Auf dem Meer selbst ist eine Schwimmweste unabdingbar. Auch den Wetterbericht müssen Sie vor einer größeren Tour berücksichtigen – schließlich macht es kaum Spaß, Vögel im Dauerregen zu beobachten!

EXKURSIONSZIELE

Bevor weiter entfernte Ziele zur Vogelbeobachtung angesteuert werden, sollte man einige Informationen sammeln. Die Kontrolle der Gezeitentabelle (im Internet) ist bei einem Besuch an der Küste zum Beispiel lohnenswert, um nicht bei Hochflut im Beobachtungsgebiet anzukommen – dann wird man die erhofften Wasservogelarten nämlich kaum zu Gesicht bekommen. Der beste Beobachtungszeitpunkt ist bei ablaufender Flut, da die Vögel zu diesem Zeitpunkt beginnen, auf den frei werdenden Wattflächen nach Nahrung zu suchen.

Das Betreten einiger Gebiete kann allerdings gefährlich werden. Deshalb sollte man immer vorsichtig sein und sich an die lokalen Bestimmungen halten. Bei allem Enthusiasmus darf man sich nicht von der auflaufenden Flut einschließen lassen – ein Mobiltelefon ist immer wichtig, um im Notfall Hilfe herbeirufen zu können.

Genauso verhält es sich in Flussmündungen mit Tidenhub; dort können die Strömungen besonders stark sein. Bleiben Sie hier eher auf dem Trockenen, statt durch das Wasser zu waten. Wichtig ist es ferner, die Vögel, die man beobachten möchte, nicht zu stören. In den meisten Vogelschutzgebieten existieren Beobachtungshütten, die eine gute Sicht auf die Vögel erlauben. Da es dort in der Regel keine Verpflegung gibt, sollte man etwas Proviant und vor allem ein Getränk mitnehmen.

Wenn man Vögel beobachten will, ist auch die Kleidung wichtig. Bei kaltem Wetter muss man sich warm genug anziehen, umso mehr, da man die meiste Zeit ruhig sitzend verbringt und sich nicht durch Bewegung warm halten kann. Die Kleidung sollte schlicht sein und farblich möglichst mit dem Hintergrund verschmelzen; in Waldgebieten ist eine grüne Tarnjacke nützlich. Man bewegt sich bedächtig und pausiert häufig, um auf Laute zu achten (das Trommeln eines Spechtes beispielsweise), die gute Hinweise auf den momentanen Aufenthaltsort der Vögel im Gebiet geben.

NATURSCHUTZGEBIETE In den meisten Ländern gibt es zahlreiche Naturschutzgebiete, wo es möglich ist, durchziehende oder Standvögel von Beobachtungshütten aus zu betrachten. Die Hütten sind meist recht komfortabel, und die Vögel werden auf diese Weise nicht gestört.

SELTENHEITSJÄGER Wenn eine Vogelart weit außerhalb ihres ursprünglichen Verbreitungsgebiets auftaucht, spricht sich die Nachricht meistens schnell herum, und viele passionierte Vogelliebhaber (Twitcher, Spotter) finden sich in der Hoffnung ein, den „Irrgast" auch zu Gesicht zu bekommen.

GALERIE DER VÖGEL

Auf den folgenden Seiten werden die Vögel Europas vorgestellt. Einige Arten sind nur Sommergäste, die nach Ende der Brutzeit ins wärmere Afrika oder in andere Kontinente ziehen, andere bleiben als Standvögel ganzjährig bei uns. Manche Vogelarten, insbesondere die Brutvögel des hohen Nordens, führen saisonale (jahreszeitliche) Wanderungen auf dem Kontinent durch. Ein paar Arten haben sich jedoch auf die härtesten Klimabedingungen eingestellt und leben ganzjährig nördlich des Polarkreises. Bei Futterknappheit werden aber sogar widerstandsfähige Arten zum Abwandern gezwungen. Einige Vogelarten treten auch völlig unerwartet auf – sie können beispielsweise durch Stürme über den Atlantik verdriftet werden, andere Vögel amerikanischer Arten gelangen regelmäßig, jedoch zufällig nach Europa. Die Verbreitungsangaben liefern nur einen groben Anhaltspunkt zum jeweiligen Aufenthaltsort. Auf dem Zug werden die Zugvogelarten je nach Flugroute jedoch in ganz anderen Lebensräumen beobachtet, als man nach der Art des Brutgebiets erwarten würde.

ANPASSUNG AN DEN LEBENSRAUM Die Schneeeule (*Bubo scandiacus*) lebt im hohen Norden Europas. Sogar Beine und Zehen sind befiedert – eine gute Anpassung an die extreme Kälte.

GAVIIFORMES

Seetaucher

An Land unbeholfen, sind Wasservögel doch hervorragend an ihren aquatischen Lebensraum angepasst: isolierendes und Auftrieb gebendes Gefieder, stromlinienförmige Gestalt und weit hinten am Körper angesetzte Beine. Üblicherweise liegen Seetaucher tief im Wasser (Rücken fast bedeckt); sie tauchen lange und kommen an völlig anderer Stelle wieder an die Wasseroberfläche. Ihre klagenden und monotonen Rufe passen stimmungsmäßig zu den abgelegenen Brutplätzen an Süßwasserseen im hohen Norden. Alle Arten überwintern jedoch bevorzugt auf dem Meer.

Gelbschnabeltaucher

FAMILIE Gaviidae
ART *Gavia adamsii*
LÄNGE 75–100 cm/ Spannweite 150 cm
HABITAT Seen/Meer
GELEGEGRÖSSE 1–3

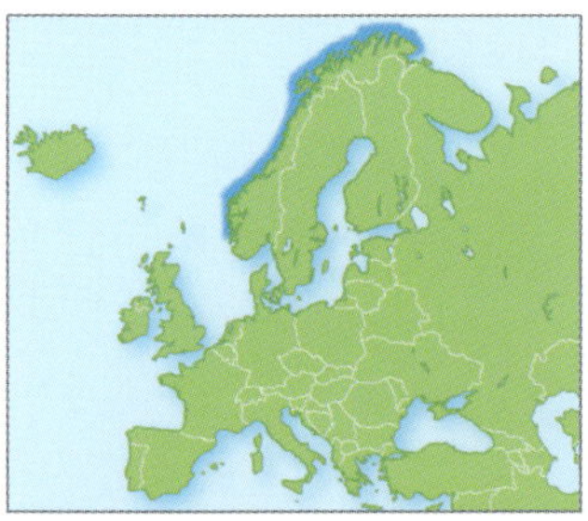

VERBREITUNG Östliche hohe Arktis, N-Eurasien, Alaska, NW-Kanada über N-Pazifik bis Japan.

SELTENER IRRGAST aus der Arktis. Der kräftige Vogel ähnelt dem Eistaucher, lässt sich jedoch anhand seiner „aufgewölbten" Stirn und des gelblichen Schnabels mit gewinkeltem Unterschnabel unterscheiden. Der Schnabel wirkt aufgeworfen. Ansonsten besonders aus größerer Entfernung auf dem Meer leicht mit dem Eistaucher zu verwechseln.

GEFIEDER Während der Brutzeit tragen alle Seetaucher ein auffälliges Prachtkleid, wechseln im Winter aber in ein braungraues Schlichtkleid.

Prachttaucher

FAMILIE Gaviidae
ART *Gavia arctica*
LÄNGE 58–73 cm/ Spannweite 120 cm
HABITAT Seen/Hochsee
GELEGEGRÖSSE 1–3

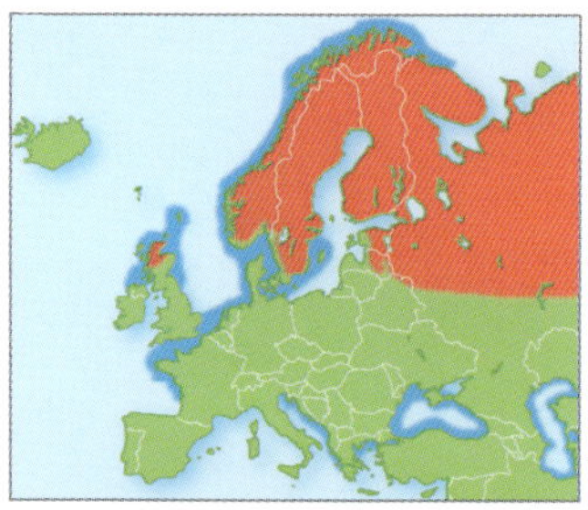

VERBREITUNG Zurzeit werden zwei Unterarten unterschieden, die in N-Eurasien, NO-Sibirien und W-Alaska brüten.

PRACHTTAUCHER GEHÖREN zu den schönsten europäischen Wasservögeln. Mit ihrer schwarz-weiß gescheckten Oberseite ähneln sie einer kleineren Version des Eistauchers und sind etwas größer und kräftiger als Sterntaucher. Der dolchförmige, kräftige Schnabel ist ein gutes Erkennungsmerkmal. Die Stimme ist klagend und möwenähnlich.

FOTOGEN Diese attraktive Art wirkt am schönsten, wenn sich das schwarz-weiß gescheckte und graue Prachtkleid im klaren, stillen Wasser am Brutplatz spiegelt.

Eistaucher

FAMILIE Gaviidae

ART *Gavia immer*

LÄNGE 68–91 cm/ Spannweite 135 cm

HABITAT Seen/Küsten/ Hochsee

GELEGEGRÖSSE 1–3

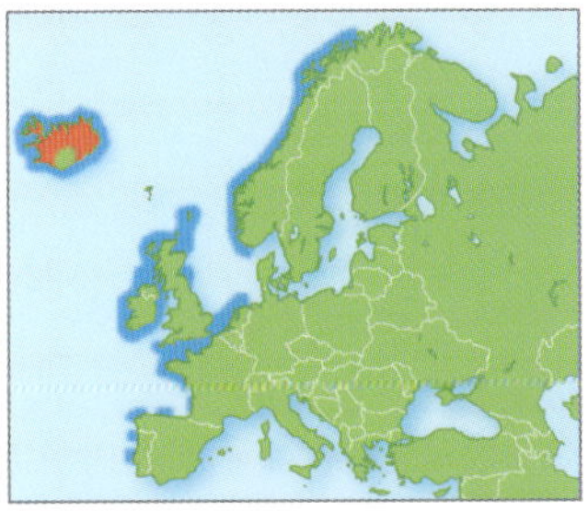

VERBREITUNG Brütet in Island, überwintert dort und an anderen europäischen Küsten wie in Skandinavien, um die Britischen Inseln und bis zur Iberischen Halbinsel.

DER KLAGENDE, gleichzeitig „lachende" Ruf des Eistauchers verkörpert Stimmung und Landschaft der nordamerikanischen Seen. In Europa tritt die Art meistens im unauffälligen grauweißen Schlichtkleid auf und ist mitunter vom ähnlichen Gelbschnabeltaucher kaum zu unterscheiden.

TARNUNG Trotz der auffälligen schwarz-weißen Gefiederfärbung ist der unverkennbare Eistaucher in seinem Lebensraum erstaunlich gut getarnt.

Sterntaucher

FAMILIE Gaviidae

ART *Gavia stellata*

LÄNGE 53–69 cm/ Spannweite 110 cm

HABITAT Seen/Hochsee

GELEGEGRÖSSE 1–3

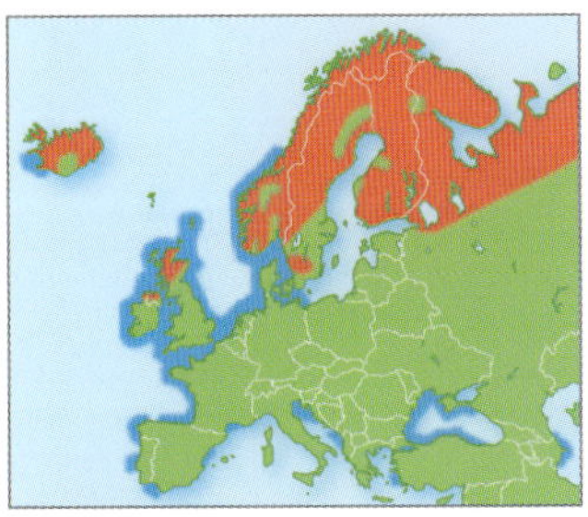

VERBREITUNG Brutvogel in Island, Schottland, Skandinavien und NO-Europa; überwintert an europäischen Küsten, im Mittelmeerraum und weiter östlich.

DAS PRACHTKLEID der Sterntaucher mit blassgrauem Kopf, dunkelrotem Halsfleck und schmalen schwarz-weißen Streifen auf Scheitel und Nacken ist nicht so auffällig. Im eintönigen Schlichtkleid lassen sie sich am schlankeren Körperbau und am schmalen, aufgeworfenen Schnabel erkennen. Die Stimme ist ein klagendes Rufen, der Flugruf meckernd gänseähnlich.

KENNZEICHEN Männchen und Weibchen tragen im Brutkleid einen unverkennbaren roten Halsfleck, der aus der Ferne schwarz wirken kann. Die Paare führen komplizierte „Balztänze" auf.

PODICIPEDIFORMES

Lappentaucher

Die Ordnung umfasst nur eine Familie, die weltweit auf Nord- und Südhalbkugel durch 22 Arten in sechs Gattungen vertreten ist. Lappentaucher ähneln den Seetauchern und sind genauso ans Wasserleben angepasst. Anhand einiger morphologischer Merkmale kann man sie unterscheiden: Die Füße besitzen beispielsweise Schwimmlappen anstelle von Schwimmhäuten. Die Paare führen stark ritualisierte und elegante Balzzeremonien auf, wobei das auffällig gestaltete Kopfgefieder oder andere Gefiedermarkierungen präsentiert werden. Die Küken werden oft auf dem Rücken der Elternvögel gehudert.

Zwergtaucher

FAMILIE Podicipedidae
ART *Tachybaptus ruficollis*
LÄNGE 25–29 cm/ Spannweite 40–44 cm
HABITAT Flüsse/Teiche
GELEGEGRÖSSE 4–6

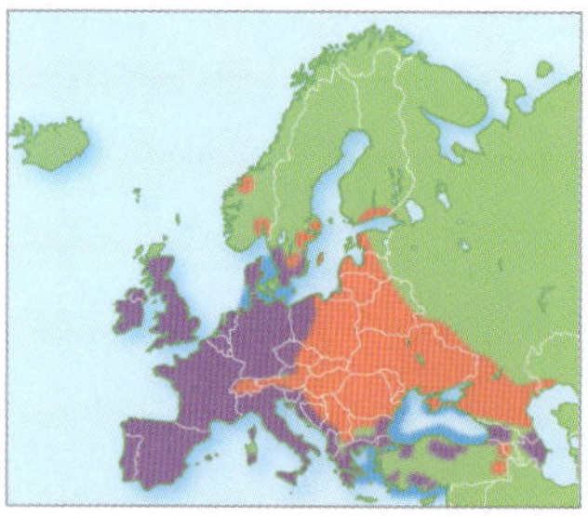

VERBREITUNG Man unterscheidet acht Unterarten, die von Europa über Asien und Afrika bis nach Indonesien und Neuguinea verbreitet sind.

DER KLEINSTE europäische Taucher; sein Körper wirkt gedrungen und schwanzlos, insbesondere durch das aufgeplusterte Hinterende. Kopfseiten und Vorderhals sind im Brutkleid dunkel rotbraun gefärbt. Der gelb gefärbte Schnabelwinkel tritt auf dem ansonsten dunklen Kopf als auffälliger weißer Fleck hervor. Das Verhalten des Zwergtauchers ist heimlicher als bei anderen Lappentauchern.

SICHERE WARTE Das frisch geschlüpfte Zwergtaucherküken sitzt sicher auf dem Rücken des Altvogels, der kleine wirbellose Tiere für das Küken fängt.

Ohrentaucher

FAMILIE Podicipedidae
ART *Podiceps auritus*
LÄNGE 31–38 cm/ Spannweite 60–65 cm
HABITAT Seen/Teiche/Küsten
GELEGEGRÖSSE 4

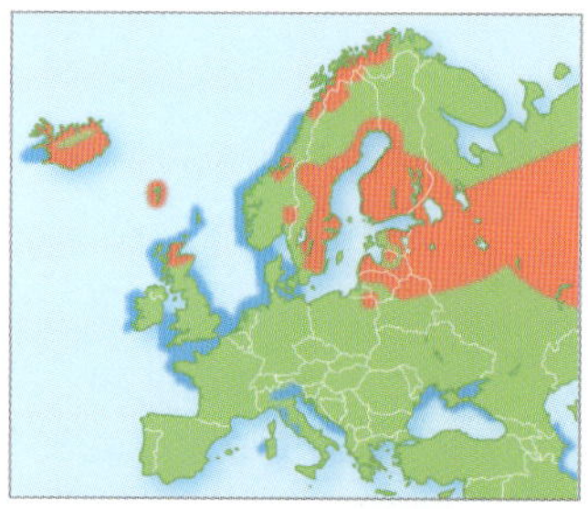

VERBREITUNG Man unterscheidet zwei Unterarten, die in W-Europa, Asien, Island und im nördlichen N-Amerika verbreitet sind.

OHRENTAUCHER LASSEN sich im Brutkleid durch ihre goldgelben, namengebenden Ohrbüschel gut von anderen Lappentauchern unterscheiden. Im unauffälligen Schlichtkleid werden sie jedoch leicht mit den ähnlich großen Schwarzhalstauchern (*siehe* S. 30) verwechselt. Ohrentaucher überwintern an Flussmündungen und geschützten Küstenabschnitten.

VORSICHTIG Ohrentaucher brüten immer am Rand von Gewässern, damit sie bei Gefahr sofort ins Wasser flüchten können.

Haubentaucher

FAMILIE Podicipedidae
ART *Podiceps cristatus*
LÄNGE 46–51 cm/ Spannweite 85–89 cm
HABITAT Seen/Meeresbuchten
GELEGEGRÖSSE 4

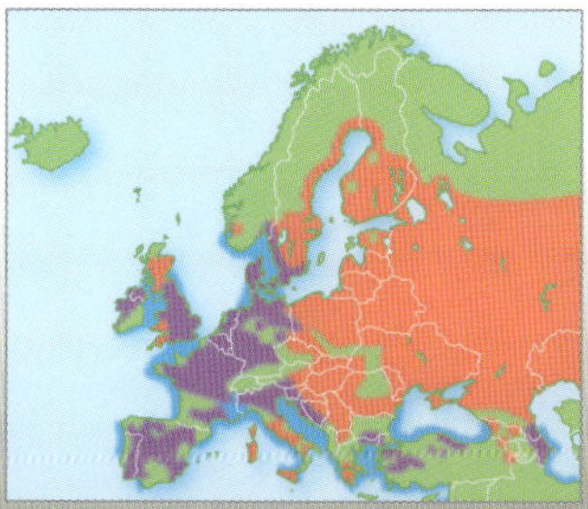

VERBREITUNG Von Europa, Asien und Afrika südwärts bis Australien und Neuseeland verbreitet.

DER ELEGANTE Haubentaucher ist in der Brutzeit durch seine „Haube" unverkennbar, insbesondere wenn das Kopfgefieder bei den Balzritualen aufgestellt wird. Die exotisch wirkenden Federn waren im 19. Jahrhundert als modischer Federschmuck für Damenhüte sehr begehrt, sodass die Art stark bejagt und fast ausgerottet wurde. Es waren vor allem Frauen, die sich für den Vogelschutz einsetzten. In Deutschland gründete beispielsweise Lina Hähnle 1899 den Bund für Vogelschutz. Schutz und das Anlegen von Kiesgruben führten wieder zur Erholung, Bestandserhöhung und Ausbreitung der Art. Haubentaucher sind hauptsächlich auf Binnengewässern wie Flüssen und Seen sowie in Kiesgruben heimisch, doch sie halten sich im Winter häufig auch auf flachen Küstengewässern auf, wo sie sich unter Seevögel mischen und nach Fischen tauchen. Haubentaucher bauen ein großes Nest aus Wasserpflanzen in Ufernähe.

GETEILTE ELTERNPFLICHTEN Zwei Haubentaucherküken warten auf Futter. Ein Altvogel trägt sie wie auf einem schwimmenden Floß, während der Partner nach kleinen Fischen und wirbellosen Tieren taucht.

Rothalstaucher

FAMILIE Podicipedidae

ART *Podiceps grisegena*

LÄNGE 40–50 cm/ Spannweite 81 cm

HABITAT Seen/Küsten

GELEGEGRÖSSE 4–5

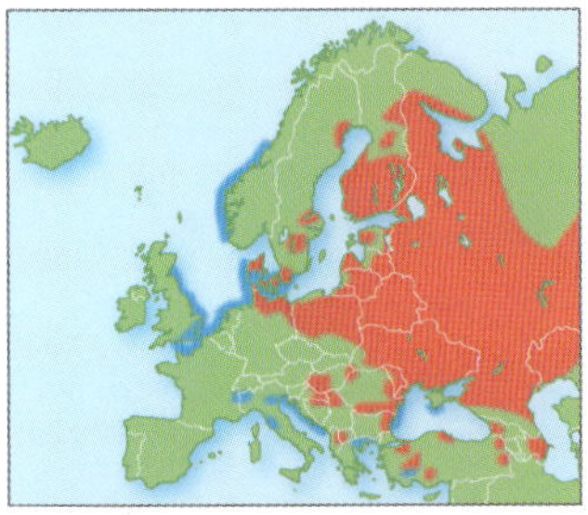

VERBREITUNG Man unterscheidet zwei Unterarten, die von N-Europa über N-Asien bis N-Amerika verbreitet sind.

VOM GRÖSSEREN Haubentaucher (*siehe* S. 29) unterscheiden sich Rothalstaucher durch ihren kürzeren Hals und kompakteren Körperbau; im Brutkleid bilden die weiße Wange und die gelbe Schnabelbasis einen Kontrast zum dunkel braunroten Hals. Rothalstaucher sind heimlicher, aber auch „lärmender“ als Haubentaucher.

BRUT Das Schwimmnest aus Pflanzenmaterial bietet dem Rothalstaucher einen sicheren Ort zum Bebrüten der Eier.

Schwarzhalstaucher

FAMILIE Podicipedidae

ART *Podiceps nigricollis*

LÄNGE 28–34 cm/ Spannweite 58 cm

HABITAT Seen/Meeresbuchten

GELEGEGRÖSSE 3–4

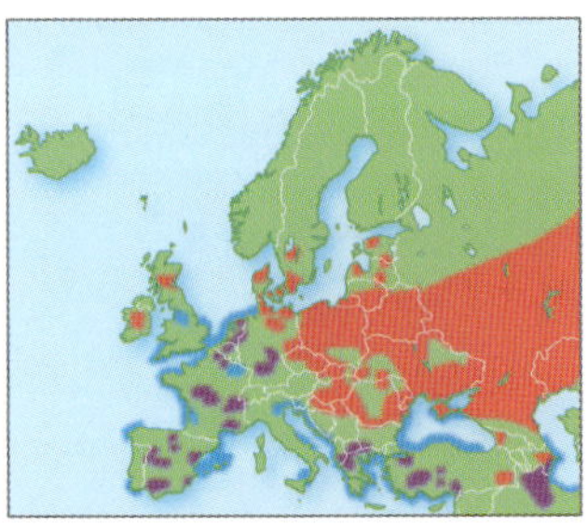

VERBREITUNG Man unterscheidet drei Unterarten, die von Europa bis Zentralasien, in Afrika sowie in Kanada und den USA vorkommen.

DEM OHRENTAUCHER (*siehe* S. 28) im Brut- und Schlichtkleid recht ähnlich, unterscheiden sich Schwarzhalstaucher durch den aufrechteren Hals, einen kürzeren Körper und ein stärker aufgeplustertes Hinterende. Die Stirn ist steiler, der Schnabel ist spitzer und wirkt aufgeworfen. Schwarzhalstaucher brüten oft in kleinen Kolonien an Seeufern mit Zugang zu tiefen offenen Wasserflächen.

GLEICHBERECHTIGUNG Wie bei anderen Lappentauchern sind auch beim Schwarzhalstaucher Männchen und Weibchen äußerlich gleich und beteiligen sich beide am Brutgeschäft.

Bindentaucher

FAMILIE Podicipedidae

ART *Podilymbus podiceps*

LÄNGE 31–38 cm/ Spannweite 58–62 cm

HABITAT Teiche/Seen

GELEGEGRÖSSE 4–7

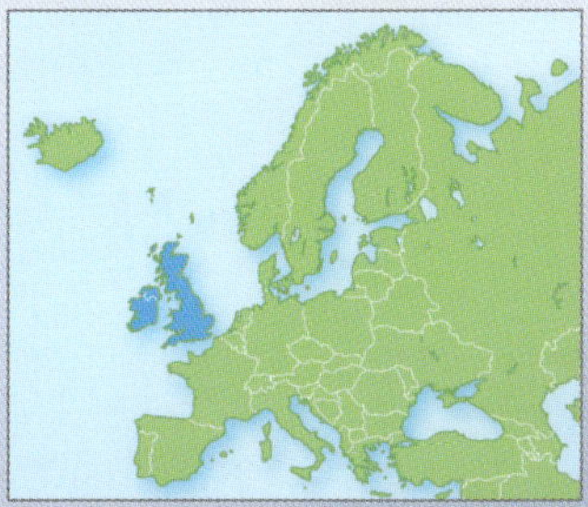

VERBREITUNG Drei Unterarten sind von Kanada südwärts bis Argentinien verbreitet; in Europa (Britische Inseln) gelegentlich als Winterirrgast.

DER BINDENTAUCHER ist ein seltener Irrgast aus Nordamerika. Auffällige Kennzeichen sind der untersetzte Körperbau, der an den etwas kleineren Zwergtaucher (*siehe* S. 28) erinnert, und der kurze, helle und kräftige Schnabel. Die namengebende, auffällige schwarze Schnabelbinde ist jedoch nur im Brutkleid ausgebildet. Die Art brütet nicht in Europa.

SCHWER ZU ERKENNEN Das Schlichtkleid offenbart nicht die typischen Merkmale des Brutkleids; Bindentaucher kommen jedoch in dieser Jahreszeit am ehesten als Irrgäste in Europa vor.

PROCELLARIIFORMES Röhrennasen

Die Sturmvögel, Sturmtaucher und Sturmschwalben sind Hochseevögel mit langen, schmalen Flügeln; auffälligstes Kennzeichen sind die röhrenförmigen Nasenlöcher auf dem Oberschnabel. Ein strenger, moschusartiger Geruch ist für Vögel und Brutplätze typisch. Röhrennasen sind an das Leben auf See perfekt angepasst und kommen nur zum Brüten an meist unwirtliche und abgelegene Küstenabschnitte und zu Felsinseln. Die langen Flügel unterstützen den Gleitflug – auf Nahrungssuche können sie tagelang über die Wellen fliegen. Die meisten Arten sind sehr langlebig.

Eissturmvogel

FAMILIE Procellariidae

ART *Fulmarus glacialis*

LÄNGE 47 cm/ Spannweite 102–112 cm

HABITAT Küsten/Hochsee

GELEGEGRÖSSE 1

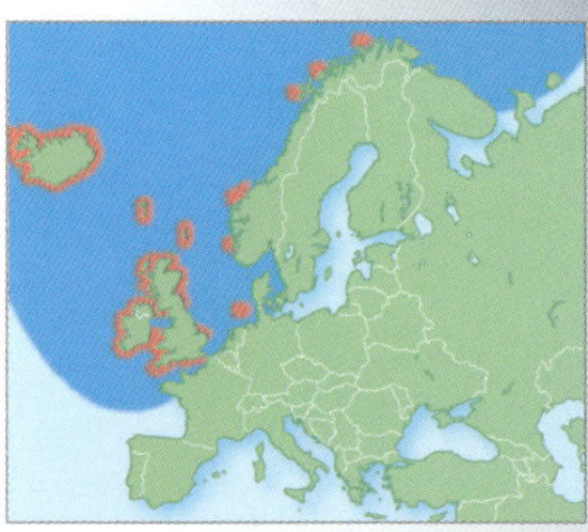

VERBREITUNG Recht häufiger Brutvogel an den Felsküsten von NW-Europa, der im Winter auf der Hochsee umherstreift. Er folgt dann häufig Fischereiflotten und mischt sich unter andere Seevögel.

DER EISSTURMVOGEL ähnelt einer kleinen Möwe, fliegt jedoch mit steifen Schwingen und nutzt häufig den Gleitflug. Flügel- und Rückengefieder sind meistens hellgrau, der restliche Körper reinweiß gefärbt. Durch den dunklen Fleck vor dem schwarzen Auge wirkt dieses sehr groß. Eindringlinge am Nistplatz werden mit einem stinkenden Magenöl bespuckt.

ANPASSUNGEN Dank guter Augen können Eissturmvögel ihre Nahrung erspähen, während sie mit ausgestreckten Flügeln über das Meer gleiten. Mit dem Hakenschnabel ergreifen sie ihre Beute von der Wasseroberfläche.

Gelbschnabel-Sturmtaucher

FAMILIE Procellariidae

ART *Calonectris diomedea*

LÄNGE 46 cm/ Spannweite 100–125 cm

HABITAT Inseln

GELEGEGRÖSSE 1

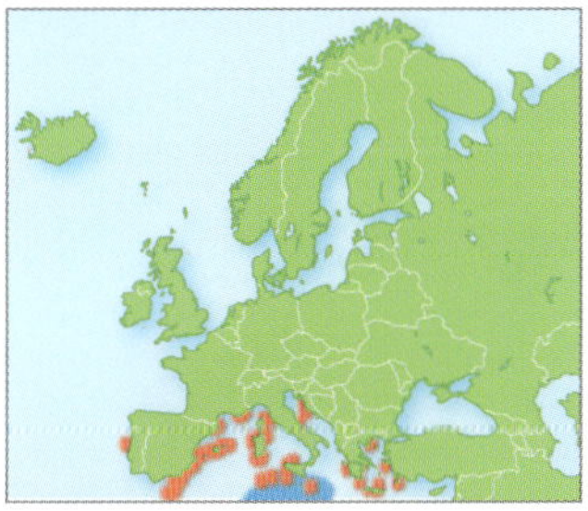

VERBREITUNG Koloniebrüter auf einsamen Felsinseln und an Steilküsten im Mittelmeerraum und O-Atlantik; zieht zum Überwintern bis in den S-Atlantik; streift gelegentlich umher.

EIN GROSSER Sturmtaucher mit oberseits überwiegend braunem Gefieder, etwas hellerem Kopf und weißer Unterseite; der gelbe Schnabel ist aus der Nähe zu erkennen. Meistens sieht man diese Art im segelnden Gleitflug draußen auf See. Die krächzenden Rufe sind bei der Heimkehr von der Nahrungssuche zu hören.

TAUCHER Gelbschnabel-Sturmtaucher werden durch fischende Seevögel angelockt und erbeuten kleine Meerestiere in Oberflächennähe.

Sturmschwalbe

FAMILIE Hydrobatidae

ART *Hydrobates pelagicus*

LÄNGE 15 cm/ Spannweite 36–39 cm

HABITAT Hochsee/Inseln

GELEGEGRÖSSE 1

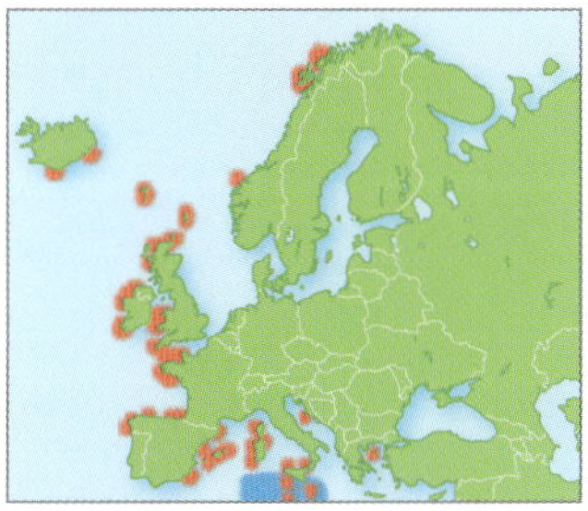

VERBREITUNG Koloniebrüter auf Felsinseln an den Küsten von W-Europa und dem Mittelmeer; streift außerhalb der Brutzeit weit über die Meere.

DIE KLEINSTE Sturmschwalbe ähnelt im Flug einer Mehlschwalbe: schwarzes Gefieder mit weißem Bürzel, dazu ein flatternder Flug auf langen Schwingen. Sturmschwalben „paddeln“ manchmal mit den Füßen über die Wasserfläche, können aber auch mit eingezogenen Beinen über die Wellen gleiten. Am Brutplatz ist gelegentlich ihr schnurrender Ruf zu hören.

BRUTPLATZ Sturmschwalben brüten in Erdlöchern auf Felsinseln und kehren jedes Jahr zum selben Brutplatz zurück. Besetzte Bruthöhlen lassen sich am typischen moschusartigen Geruch erkennen.

Kleiner Sturmtaucher

FAMILIE Procellariidae
ART *Puffinus assimilis*
LÄNGE 27 cm/ Spannweite 60–65 cm
HABITAT Inseln
GELEGEGRÖSSE 1

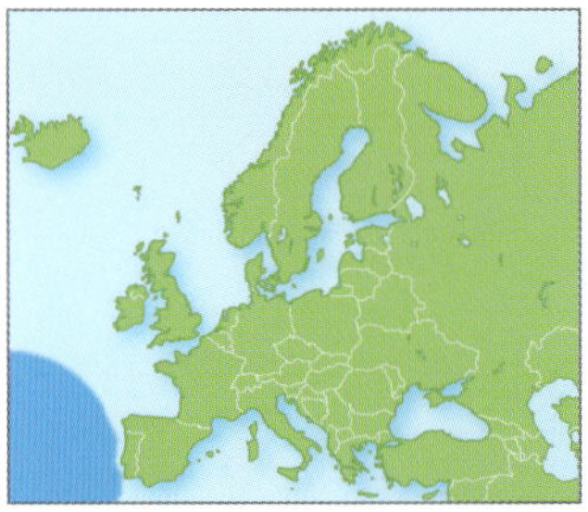

VERBREITUNG Brütet auf Felsinseln im Atlantik, darunter den Kanaren und Azoren; wird selten nördlich der Brutgebiete beobachtet, da er im Sommer vorwiegend südwärts zieht.

DER KLEINSTE Sturmtaucher ähnelt dem viel häufigeren Schwarzschnabel-Sturmtaucher, hat jedoch stärker abgerundete Flügel und zeigt einen flatternden Flug nahe über der Wasseroberfläche. Aus der Nähe kann man manchmal die blauen Füße und den kürzeren Schnabel erkennen; auch das Gesicht wirkt wegen des kleineren schwarzen Scheitels heller. Bei schweren Stürmen kann er sogar im „Rüttelflug" über dem Wasser stehen und mit hängenden Füßen nach Beute auf der Wasserfläche picken. Um Fressfeinden zu entgehen, kehren Kleine Sturmtaucher nur in dunklen mondlosen Nächten zu ihren Brutkolonien zurück; sie suchen den Partner mit hellen, gackernden Rufen.

VARIATIONEN Die Größe des schwarzen Scheitels variiert beim Kleinen Sturmtaucher je nach Herkunft: Einige Vögel haben ein weißes Gesicht, andere – wie die von den Kapverden – tragen sehr dunkles Gesichtsgefieder.

Großer Sturmtaucher

FAMILIE Procellariidae
ART *Puffinus gravis*
LÄNGE 46 cm/ Spannweite 100–115 cm
HABITAT Inseln/Hochsee
GELEGEGRÖSSE 1

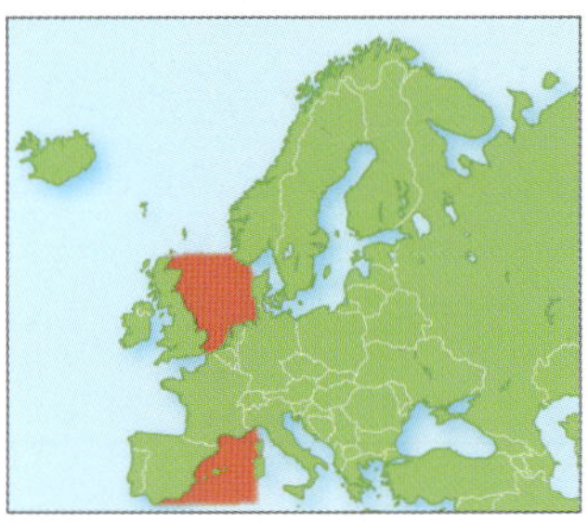

VERBREITUNG Brütet auf Inseln im S-Atlantik, zieht aber nach der Brutzeit (im europäischen Sommer) nordwärts bis zur Ostküste von N-Amerika.

DER DUNKLE Scheitel ist das auffälligste Merkmal dieser großen Art; bei ihr fallen Größe, braune Oberseite und schmaler weißer Bürzelfleck als deutliche Unterscheidungsmerkmale auf. Dunkle Sturmtaucher sind, abgesehen vom dunkleren Scheitel und dem dunkleren Schnabel, den Gelbschnabel-Sturmtauchern sehr ähnlich. Die Vögel sammeln sich an Fischtrawlern; dort streiten sie sich lautstark mit anderen Seevögeln um Nahrung. Der typische Sturmtaucher-Gleitflug wird von dynamischem Segeln unterbrochen.

GEFIEDER Durch weiße Kehle und Hals wirkt der dunkle Scheitel, der für den Großen Sturmtaucher typisch ist, noch prägnanter.

Dunkler Sturmtaucher

FAMILIE Procellariidae

ART *Puffinus griseus*

LÄNGE 41 cm/ Spannweite 94–109 cm

HABITAT Hochsee

GELEGEGRÖSSE 1

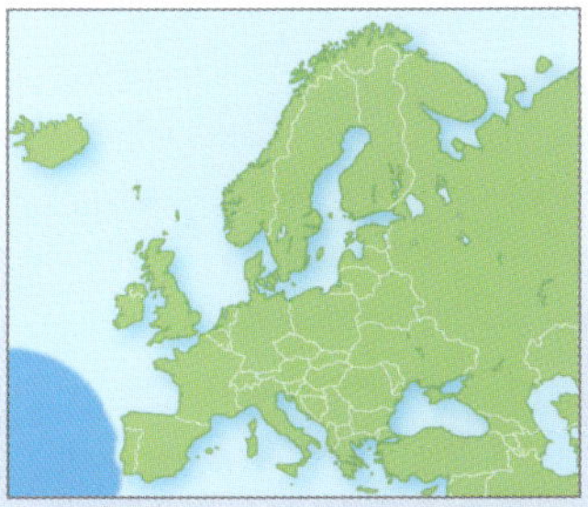

VERBREITUNG Langstreckenzieher aus südlichen Meeren, der im Spätsommer vor der Küste von W-Europa vorkommt.

DIESER MITTELGROSSE Sturmtaucher hat überwiegend dunkles Gefieder. Die Oberseite ist tiefbraun und wirkt aus der Ferne schwarz, doch die langen, schmalen Flügel sind auf der Unterseite silbrig hell. Bei starkem Wind wirkt er durch die zurückgedrückten Flügel fast wie eine Raubmöwe. Dunkle Sturmtaucher sind den kleineren, dunkel gefiederten Mittelmeer-Sturmtauchern ähnlich. Sie tauchen gewöhnlich im Spätsommer in Trupps vor den Küsten Westeuropas auf und versammeln sich manchmal in großen Schwärmen bei Trawlerflotten am Kontinentalschelf, wo besonders große Fischbestände konzentriert sind. Gelegentlich werden Dunkle Sturmtaucher durch atlantische Herbststürme in Küstennähe verdriftet.

FISCHGRÜNDE Zahlreiche Dunkle Sturmtaucher stürzen sich ins Meer, um an der Wasseroberfläche möglichst viele Beutefische zu ergreifen.

Schwarzschnabelsturmtaucher

FAMILIE Procellariidae

ART *Puffinus puffinus*

LÄNGE 35 cm/
Spannweite 76–89 cm

HABITAT Inseln/Hochsee

GELEGEGRÖSSE 1

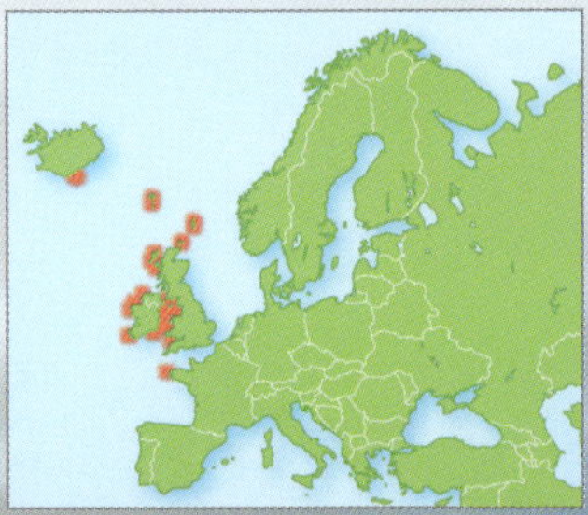

VERBREITUNG Brütet an Steilküsten und auf Inseln im N-Atlantik (Großbritannien/Irland); wandert im Winter weit auf den Atlantik hinaus.

ABFLUG Ein Schwarzschnabelsturmtaucher läuft über die Wasseroberfläche, bevor er mit ausgestreckten Schwingen zum typischen Gleitflug startet.

DER MITTELGROSSE Sturmtaucher mit langen Flügeln erscheint oberseits einförmig schwarz und unterseits weiß. Aus der Nähe kann man die rosafarbenen Beine und den schwarzen Schnabel erkennen. Auf dem Meer wirken die Tiere abwechselnd schwarz und weiß, wenn im typischen Gleitflug mal Ober- und mal Unterseite sichtbar werden. Wenn sie die Flugrichtung wechseln oder Beute fangen, setzen sie zum Teil den Schlagflug ein. Die Brutkolonien gehen oft in die Tausende, und wenn die Vögel in sehr dunklen Nächten heimkehren, stoßen sie beim Kreisen in der Dunkelheit laute wimmernde Rufe aus. Der Jungvogel wird in seiner Bruthöhle versorgt, später aber von den Eltern verlassen und muss alleine seinen Weg zum Meer finden.

Mittelmeer-Sturmtaucher

FAMILIE Procellariidae
ART *Puffinus yelkouan*
LÄNGE 34–39 cm/ Spannweite 80–89 cm
HABITAT Inseln
GELEGEGRÖSSE 1

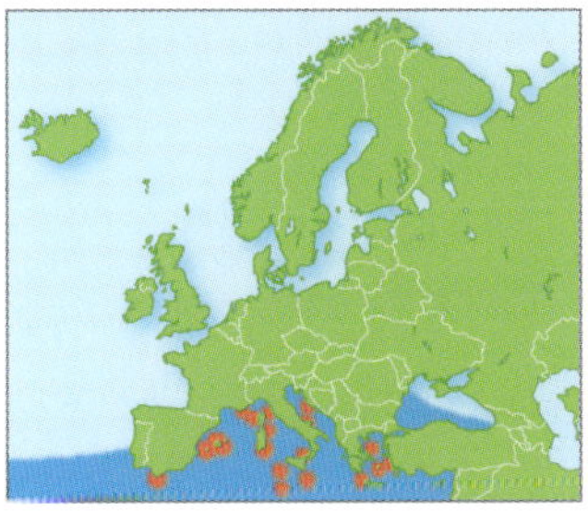

VERBREITUNG Koloniebrüter auf isolierten Steilklippen und Inseln im Mittelmeerraum; überwintert auf dem Mittelmeer; streift manchmal bis zum Atlantik umher.

DIE ART IST dem etwas kleineren Schwarzschnabelsturmtaucher sehr ähnlich. Das Gefieder ist jedoch oberseits brauner (statt schwarz) und unterseits schmutzig weiß; Vögel aus dem westlichen Mittelmeerraum sind an der Unterseite am dunkelsten. Die Zehen stehen etwas über den Schwanz hinaus.

WANDERVOGEL Der Mittelmeer-Sturmtaucher verbringt sein Leben hauptsächlich im Mittelmeer, streift jedoch gelegentlich auch weiter umher.

Buntfuß-Sturmschwalbe

FAMILIE Hydrobatidae
ART *Oceanites oceanicus*
LÄNGE 18 cm/ Spannweite 40–42 cm
HABITAT Inseln/Hochsee
GELEGEGRÖSSE 1

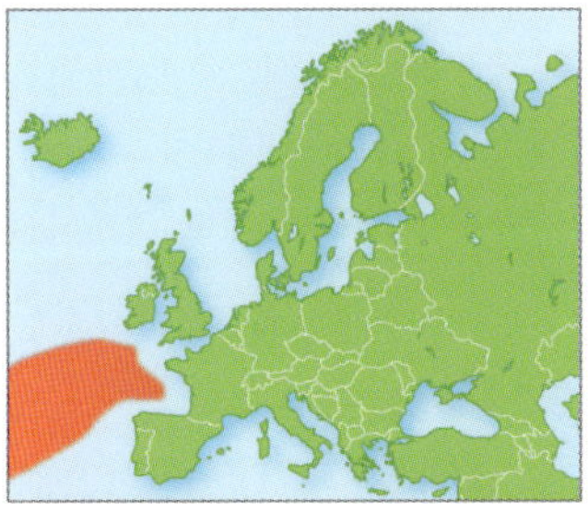

VERBREITUNG Sehr seltener Sommergast aus der Antarktis; verbreitet auf der Hochsee südwestlich der Britischen Inseln und im Golf von Biskaya.

DIE ZEHEN der Art, die einen kantigen Schwanz und weißen Bürzel hat, stehen im Flug etwas über den Schwanz hinaus. Beim „Paddeln“ über der Wasserfläche wirkt sie vergleichsweise langbeinig. Sieht man sie gemeinsam mit der Sturmschwalbe (*siehe* S. 33), fallen ihre längeren Schwingen und – bei gutem Licht – die kurze helle Flügelbinde auf. Man kann sie nur im Spätsommer vom Schiff aus auf hoher See beobachten.

SELTEN Diese Vögel werden auf der Nordhalbkugel nur in Küstennähe gesichtet, wenn sie durch Stürme landeinwärts verdriftet wurden.

Madeirawellenläufer

FAMILIE Hydrobatidae

ART *Oceanodroma castro*

LÄNGE 19 cm/ Spannweite 45 cm

HABITAT Inseln/Hochsee

GELEGEGRÖSSE 1

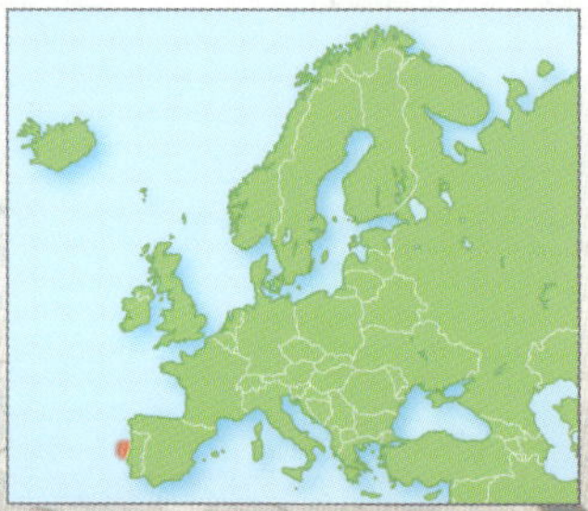

VERBREITUNG Koloniebrüter auf atlantischen Felsinseln vor Portugal (zum Beispiel Madeira und Azoren); Futtersuche auf hoher See; gelangt im Winter nur selten in Festlandnähe.

TYPISCHE STURMSCHWALBE, die sich von ähnlichen Arten nur bei sehr guter Sicht unterscheiden lässt, wenn der etwas größere weiße Bürzelfleck und der kräftigere Schnabel besser zu erkennen sind. Der Schwanz kann gerade oder leicht gekerbt sein, der Flugrhythmus ist nicht so „flatternd" wie bei anderen Sturmschwalben. Madeirawellenläufer sind schwer zu beobachten, da sie ihre Nahrung auf hoher See suchen und sich nicht bei Fischtrawlern aufhalten. Wenn man im Sommer und Spätherbst die Brutkolonien aufsucht, hört man die leise schnurrenden Rufe und einen schrillen Kontaktruf; auch der typische moschusartige Geruch fällt auf.

QUARTIERSUCHE Dieser Madeirawellenläufer – die Art geht selten an Land – untersucht einen potenziellen Nistplatz auf einer abgelegenen Atlantikinsel.

Wellenläufer

FAMILIE Hydrobatidae
ART *Oceanodroma leucorhoa*
LÄNGE 20 cm/
Spannweite 45–48 cm
HABITAT Inseln/Hochsee
GELEGEGRÖSSE 1

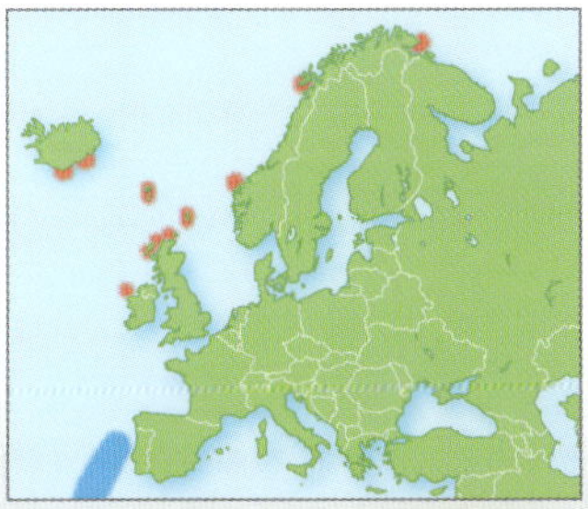

VERBREITUNG Brütet auf Inseln im N-Atlantik, manchmal in sehr großen Kolonien; streift im Winter weit auf dem Meer umher.

WELLENLÄUFER ERKENNT man auf See am besten anhand des gegabelten Schwanzes. Im Vergleich zur häufigeren Sturmschwalbe (*siehe* S. 33) wirken Wellenläufer größer und langflügeliger; die auffälligere helle Flügelbinde kontrastiert mit dem bräunlicheren Gefieder. Beim Fliegen werden die Flügel spitzwinklig gehalten, und der Vogel fliegt im Zickzack über das Wasser, ohne die Oberfläche mit den Füßen zu berühren. Wellenläufer folgen Schiffen nur sehr selten und werden meistens auf hoher See gesichtet. Manchmal werden sie durch Stürme küstennah verdriftet. An ihren abgelegenen Brutkolonien geben sie gurrende Geräusche von sich.

KENNZEICHEN Die hellen Flügelbinden, der gegabelte Schwanz und der kräftige Flug sind die wichtigsten Merkmale, um den Wellenläufer zu identifizieren.

PELECANIFORMES

Ruderfüßer

Die Ordnung umfasst sehr große Wasservögel, die sich von Fisch ernähren und bestens ans Leben im offenen Wasser angepasst sind, jedoch an Land brüten. Viele Arten sind langlebig, zäh und robust, kommen mit harten Lebensbedingungen auf dem Meer zurecht und unternehmen weite Wanderungen. Sie brüten häufig in Kolonien. Basstölpel sind Hochseevögel, die jedes Jahr zu weiten Wanderungen aufbrechen und nur während der Brutzeit in Landnähe kommen. Kormorane und Scharben werden eher in Küstennähe gesichtet, während Pelikane in wärmeren Gegenden vorkommen und oft in Flüssen und Seen fischen.

Basstölpel

FAMILIE Sulidae

ART *Morus bassanus*

LÄNGE 87–100 cm/ Spannweite 165–180 cm

HABITAT Hochsee/Inseln

GELEGEGRÖSSE 1

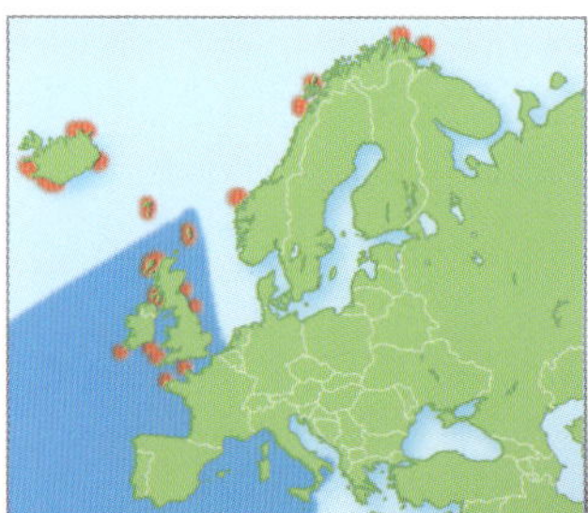

VERBREITUNG Brütet im N-Atlantik bis fast zum Polarkreis; überwintert eher südlich, manchmal bis zum Äquator.

GROSSER SEEVOGEL mit leuchtend weißem Gefieder und kontrastierenden schwarzen Flügelspitzen; der gelbliche Kopf und die blaugrün gestreiften Zehen sind nur aus der Nähe erkennbar. Das Jugendkleid ist dunkelbraun mit weißen Sprenkeln. Im Flug sieht man den langen spitzen Schnabel und den keilförmigen Schwanz.

ENGE NACHBARSCHAFT Jedes Nest befindet sich in genau bemessenem Abstand zum aggressiven Nachbarn. Das Begrüßungsritual der Partner bei der Heimkehr ist genau festgelegt.

Krähenscharbe

FAMILIE Phalacrocoracidae

ART *Phalacrocorax aristotelis*

LÄNGE 65–80 cm/ Spannweite 90–105 cm

HABITAT Meer/Binnengewässer/Felsküsten

GELEGEGRÖSSE 1–6

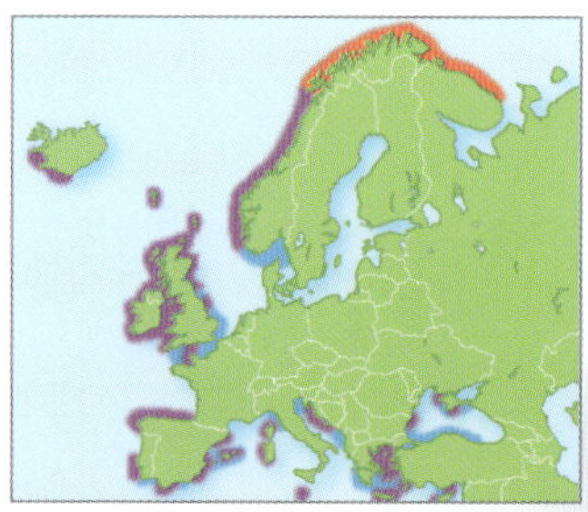

VERBREITUNG Von Island und N-Skandinavien bis zur Iberischen Halbinsel sowie vom zentralen Mittelmeerraum bis zum Schwarzen Meer verbreitet.

KRÄHENSCHARBEN SIND kleiner als Kormorane. Es fehlen die weißen Flecken, und die gerundete Stirn wird bei Altvögeln durch die während der Brutzeit ausgebildete Federhaube betont. Sie haben glänzendes Gefieder und eine aufrechte Haltung. Brutplätze liegen an Meeresklippen und Felssäulen, oft zwischen Felsblöcken.

STATTLICH Aus der Nähe zeigt sich die Schönheit der Krähenscharbe mit ihrem grün schillernden Kopf und Hals, leuchtend gelbem Schnabelwinkel und blaugrünem Auge.

Kormoran

FAMILIE Phalacrocoracidae

ART *Phalacrocorax carbo*

LÄNGE 80–100 cm/
Spannweite 130–160 cm

HABITAT Meer/Binnengewässer

GELEGEGRÖSSE 3–4

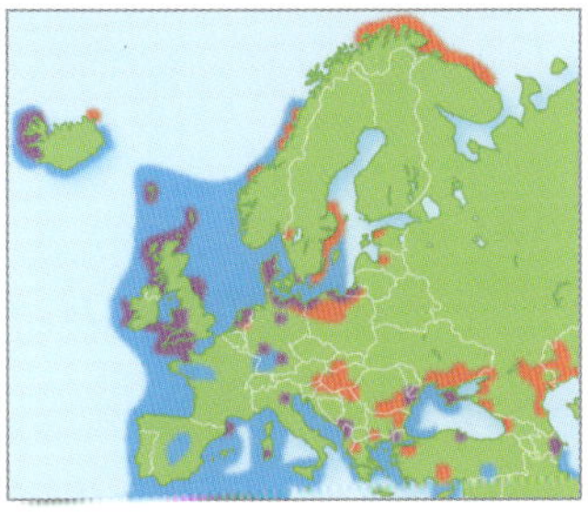

VERBREITUNG Von Mittel- und S-Europa ostwärts bis Indien und Japan verbreitet.

DIE ART IST an offenen Küstengewässern, Binnenseen oder Talsperren verbreitet und nicht sehr menschenscheu. Das Gefieder wirkt zunächst schwarz, glänzt aber grünviolett. Altvögel im Brutkleid erkennt man an dem gelben Schnabelwinkel und der weißen Kehle. Kormorane rasten an Land aufrecht, häufig mit ausgebreiteten Flügeln.

BRUTVERHALTEN Kormorane bevorzugen an der Küste flachere Brutplätze auf küstennahen Inseln, Felsklippen und Felssäulen.

Zwergscharbe

FAMILIE Phalacrocoracidae

ART *Phalacrocorax pygmeus*

LÄNGE 45–55 cm/
Spannweite 80–90 cm

HABITAT Süßwasserflüsse und -seen/Schilfbestände

GELEGEGRÖSSE 4–6

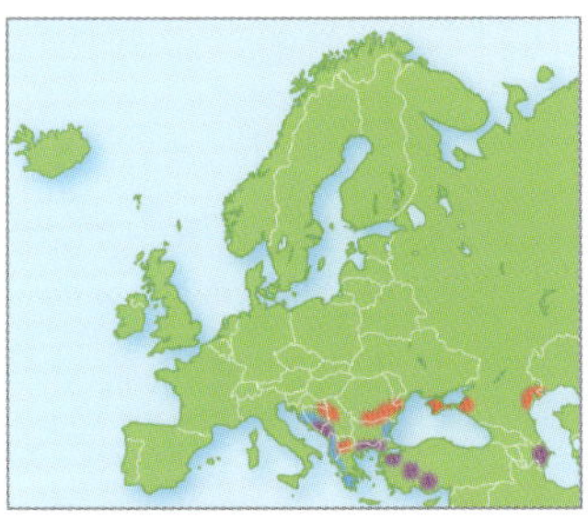

VERBREITUNG Zerstreute Verbreitung von SO-Europa und der Türkei bis zur Gegend um den Aralsee.

ZWERGSCHARBEN SIND klein und kompakt – verglichen mit größeren Arten wirkt der Schwanz jedoch länger und der Kopf kleiner. Der dunkle schokoladenbraune Kopf kontrastiert mit dem glänzend schwarzen Restgefieder, das in der Brutzeit weiß getupft ist. Die Kehle der Altvögel ist im Schlichtkleid sehr hell. Große Trupps schwimmen und jagen oft gemeinsam und rasten dann auf ufernahen Bäumen.

SONNENBAD Eine Zwergscharbe breitet nach dem Fischgang die Flügel aus – dies dient nicht, wie früher angenommen, dem Trocknen des Gefieders, sondern der Erhöhung der Körpertemperatur und einer beschleunigten Verdauung.

PELIKANE EN MASSE Rosapelikane (*siehe* S. 44) fliegen als Langstreckenzieher in großen Schwärmen ins Winterquartier und verbringen die kälteren Wintermonate auf großen Flachseen in NO-Afrika. Abends versammeln sie sich am Schlafplatz im Flachwasser.

Krauskopfpelikan

FAMILIE Pelicanidae

ART *Pelecanus crispus*

LÄNGE 160–180 cm/ Spannweite 310–345 cm

HABITAT Flüsse/Seen/ Flussmündungen

GELEGEGRÖSSE 2–3

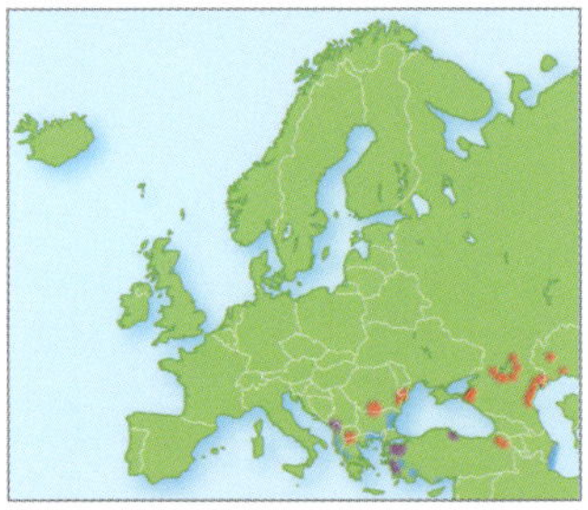

VERBREITUNG Brütet von Ex-Jugoslawien bis China; überwintert von Griechenland bis China – normalerweise auf dem Balkan und am südlichen Kaspischen Meer.

KRAUSKOPFPELIKANE KÖNNEN leicht mit Rosapelikanen verwechselt werden. Der Krauskopfpelikan ist etwas größer, das Gefieder grauer getönt, die Beine sind grau statt fleischfarben, und der Kehlsack ist orangerot. Das für den Rosapelikan typische schwarz-weiße Unterflügelmuster fehlt ebenfalls.

TYPISCH Die Nackenfedern des Krauskopfpelikans sind immer aufgerichtet, bilden jedoch nur im Brutkleid eine auffällige Nackenkrause.

Rosapelikan

FAMILIE Pelicanidae

ART *Pelecanus onocrotalus*

LÄNGE 140–175 cm/ Spannweite 270–360 cm

HABITAT Seen/Flussdeltas/ Lagunen/Küstensümpfe

GELEGEGRÖSSE 1–3

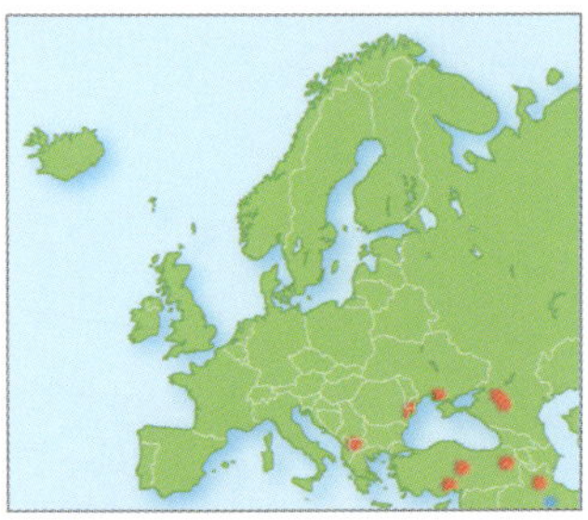

VERBREITUNG Brütet von O-Europa bis zur westlichen Mongolei.

DER KRÄFTIGE, etwa schwanengroße Rosapelikan hat weißes, meist rosa- bis orangefarben überlaufenes Gefieder mit schwarzen Flügelspitzen, die im Flug sichtbar werden. Die Jungvögel sind graubraun gefärbt. Pelikantrupps erinnern an Weißstörche (*siehe* S. 50). Sie brüten in Kolonien auf Inseln oder in den Schilfgebieten von Flachseen und Flussdeltas.

SPEZIALISTEN Pelikane setzen ihren Schnabel wie einen Kescher ein und fangen die Fische im großen Kehlsack unter dem Unterschnabel, dann lassen sie das Wasser abfließen und verschlucken die Beute.

CICONIIFORMES

Schreitvögel

Ordnung mit mittelgroßen, teils sehr großen Arten mit meist langen Beinen, langem Hals und langen Zehen ohne Schwimmhäute – eine Anpassung an die schreitende Futtersuche und das Aufspießen der Beute im Wasser. Dommeln und Reiher sind elegante stromlinienförmige Vögel. Störche halten den Hals im Flug ausgestreckt; als Langstreckenzieher können sie mit der Thermik in große Höhen aufsteigen. Ibisse besitzen abwärtsgebogene Schnäbel – ideal zum Stochern in Erdreich und flachen Gewässern. Löffler seihen mit dem löffelartig verbreiterten Schnabel Futter aus dem Flachwasser aus.

Rohrdommel

FAMILIE Ardeidae
ART *Botaurus stellaris*
LÄNGE 65–80 cm/ Spannweite 100–130 cm
HABITAT Sumpfgebiete
GELEGEGRÖSSE 4–6

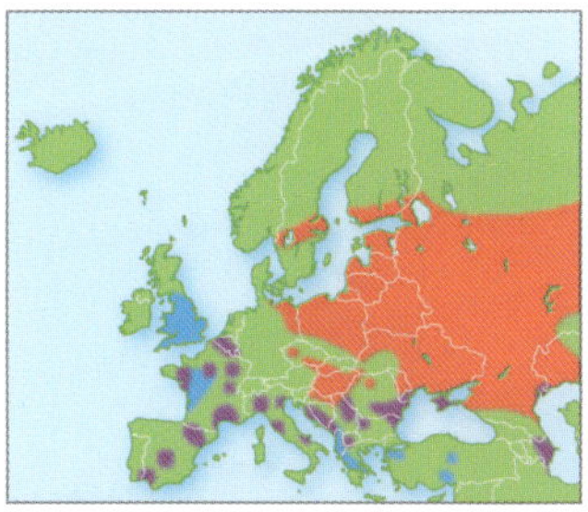

VERBREITUNG Von N-Afrika über Europa (gemäßigte Klimaregionen) bis O-Asien verbreitet.

DIE SEHR heimliche, gut getarnte Rohrdommel ist viel öfter zu hören als zu sehen: Der weithin (bis 5 km) hörbare dumpfe Ruf des „Moorochsen“ gehört zu den außergewöhnlichsten Vogelstimmen überhaupt. Bei Gefahr verharren Rohrdommeln in einer bewegungslosen „Pfahlstellung“ mit aufwärtsgerichtetem Schnabel – eine perfekte Tarnung im Röhricht.

AUSSEHEN Rohrdommeln sind insgesamt gedrungener als andere Reiher. Aus der Nähe kann man das braun gestreifte Tarngefieder erkennen.

Zwergdommel

FAMILIE Ardeidae
ART *Ixobrychus minutus*
LÄNGE 30–36 cm/ Spannweite 49–58 cm
HABITAT Süßwassersümpfe/ Schilfbestände
GELEGEGRÖSSE 5–6

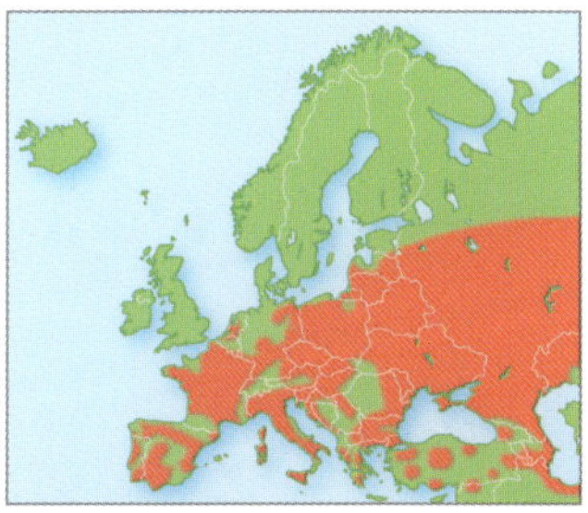

VERBREITUNG Von W-, S- und Zentraleuropa sowie N-Afrika ostwärts bis W-Sibirien und NO-Indien.

EIN HEIMLICHER Sommergast aus Afrika, der in Schilfbeständen und überwucherten Wassergräben brütet. Diese kleinste mitteleuropäische Reiherart ist bei uns im Bestand sehr bedroht. Zwergdommeln halten sich meistens verborgen auf, sodass die krächzenden Rufe manchmal den einzigen Hinweis auf ihr Vorhandensein geben. Die cremeweißen Flügelfelder sind im Flug gut zu erkennen.

SELTENER ANBLICK Zwergdommeln kommen manchmal auf Nahrungssuche aus den Schilfbeständen hervor und wirken nicht scheu.

Silberreiher

FAMILIE Ardeidae
ART *Ardea alba*
LÄNGE 85–104 cm/ Spannweite 145–170 cm
HABITAT Binnen- und Küstenfeuchtgebiete/Agrarland
GELEGEGRÖSSE 3–5

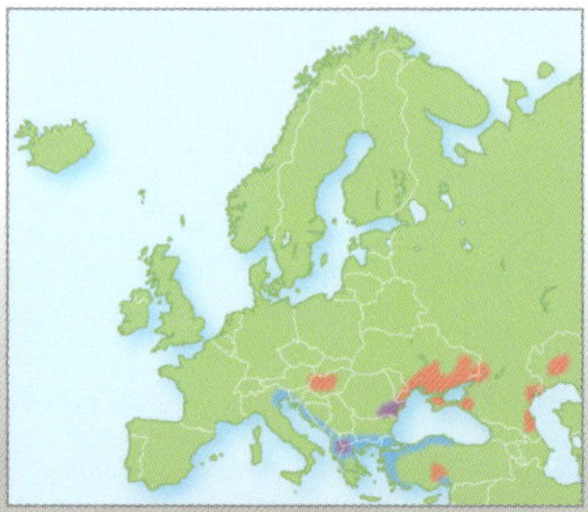

VERBREITUNG Von W- und Zentraleuropa bis Zentralasien verbreitet; besonders häufig in der Region von Schwarzem und Kaspischem Meer; überwintert im Mittelmeerraum und in Afrika.

SILBERREIHER SIND DURCH ihr schimmerndes weißes Gefieder und den großen dolchartigen gelben Schnabel unverkennbar. Sie sind etwa so groß wie Graureiher (*siehe* S. 48) und beim Schreiten in flachen Gewässern gut zu sehen. Sie sind viel größer als der häufigere Seidenreiher. Das Flugmuster zeigt einen langsameren und kräftigeren Flügelschlag. Im Flug sind der gekrümmte Hals und die langen dunklen Beine und Füße sichtbar, die über den Körper hinausragen. In der Brutzeit ist der Schnabel schwarz, und es entwickeln sich lange weiße Schulter-Schmuckfedern, doch es findet kein Farbwechsel wie beim Kuhreiher statt. Nur in den Brutkolonien stoßen die Vögel krächzende Rufe aus.

FUTTERPLÄTZE Silberreiher versammeln sich häufig im Flachwasser, um Frösche, Fische und wirbellose Tiere zu erbeuten, fühlen sich aber auch in trockeneren Sumpfgebieten wohl.

Kuhreiher

FAMILIE Ardeidae
ART *Bubulcus ibis*
LÄNGE 48–53 cm/ Spannweite 90–96 cm
HABITAT Grasland
GELEGEGRÖSSE 4–5

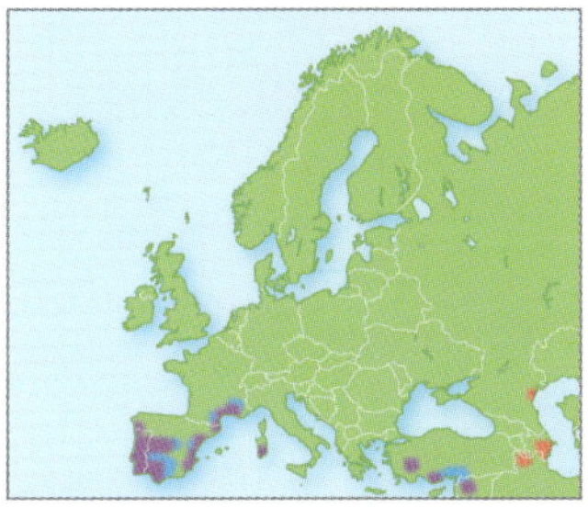

VERBREITUNG Standvogel in SW-Spanien und Portugal, an den Mittelmeerküsten und in N-Afrika; Gast in Mitteleuropa; in Großbritannien neuerdings brütend; streift im Winter teilweise umher.

KUHREIHER LAUERN oft mit eingezogenem Hals in geduckter Haltung auf Beute; bei der geringsten Bewegung stoßen sie zu, um Heuschrecken und andere Kleintiere zu fangen. Im Gefolge von Weidetieren müssen sie nur warten, bis diese die Beutetiere aufscheuchen. Kuhreiher nisten als Koloniebrüter in Bäumen, meist in Gewässernähe. Trockenere Lebensräume sagen ihnen mehr zu; sie können den äsenden Tieren jedoch auch in Sumpfgebiete folgen. In der Brutzeit nimmt das leuchtend weiße Gefieder stellenweise eine gelbbraune Tönung an; auch der gelbe Schnabel wird dunkler. Nur in den Brutkolonien kann man manchmal krächzende Rufe hören.

WELTBÜRGER Kuhreiher sind seit Längerem in Ausbreitung begriffen. Ihre Herkunft ist jedoch unsicher, da es viele Gefangenschaftsflüchtlinge gibt.

Seidenreiher

FAMILIE Ardeidae
ART *Egretta garzetta*
LÄNGE 55–65 cm/ Spannweite 88–95 cm
HABITAT Offene Feuchtgebiete
GELEGEGRÖSSE 3–6

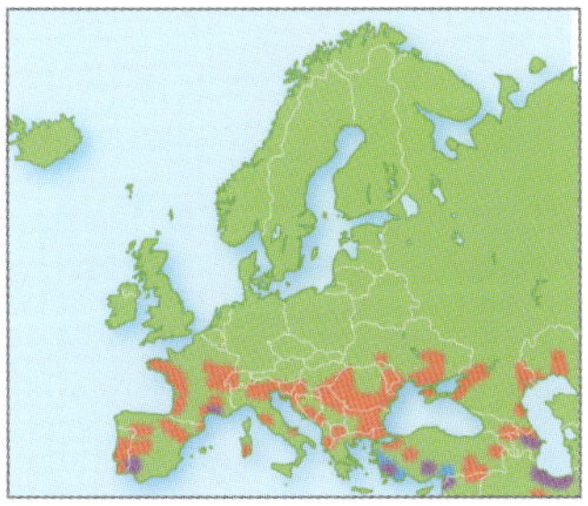

VERBREITUNG Paläarktische Verbreitung – von Frankreich, Spanien und NW-Afrika bis Korea und Japan.

SEIDENREIHER BREITEN sich in West- und Mitteleuropa immer weiter aus; sie bevorzugen Küstensümpfe und Tiefland-Gewässer und treten bei gutem Nahrungsangebot manchmal in großer Zahl auf. Viele überwintern von Südspanien bis Nordafrika; eine große Population hält sich auch an den Küsten der Britischen Inseln auf. Seidenreiher waten in flachen Gewässern umher und wühlen den Schlamm mit ihren Füßen auf, um kleine Fische und Garnelen aufzustöbern. Die Brutkolonien des Seidenreihers befinden sich in Bäumen.

AUFFÄLLIG Seidenreiher lassen sich anhand ihrer typischen Merkmale – schlanker schwarzer Schnabel, lange schwarze Beine mit gelben Füßen – am besten bestimmen.

Graureiher

FAMILIE Ardeidae

ART *Ardea cinerea*

LÄNGE 90–98 cm/ Spannweite 155–175 cm

HABITAT Flache Gewässer

GELEGEGRÖSSE 3–5

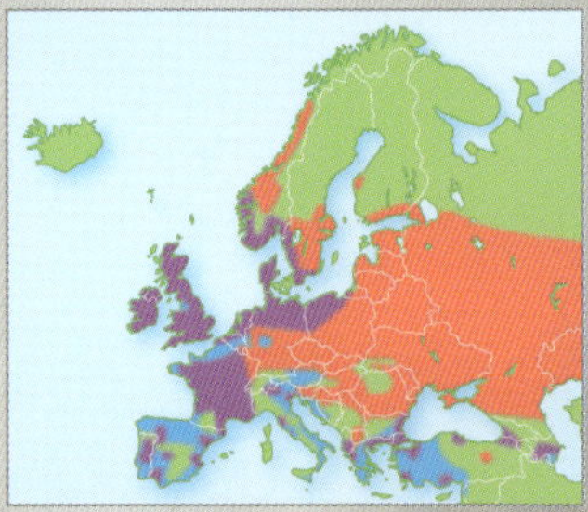

VERBREITUNG Standvogel in Teilen von W- und Mitteleuropa bis S-Skandinavien; weiter östlich und nördlich nur Sommergast (Brutvogel); überwintert im Mittelmeerraum.

GRAUREIHER SIND geschickte Jäger: Sie verharren bewegungslos am Gewässerrand und erbeuten den Fisch – große Aale oder Plattfische – meistens mit einem einzigen Schnabelstoß. Auch Wasservögel, Kleinsäuger oder Frösche werden gelegentlich gefangen. Manchmal waten Graureiher auch langsam durch das Flachwasser, um die Beute in die Enge zu treiben. Sie rasten häufig auf einem Bein stehend und mit gekrümmtem Hals. Der Hals ist auch im Flug gekrümmt (der ähnlich gefärbte Kranich fliegt jedoch mit ausgestrecktem Hals). Außerhalb der Brutzeit sind Graureiher Einzelgänger und recht territorial, doch sie brüten meistens in lockeren Kolonien, die sich in hohen Bäumen befinden.

FARBWECHSEL Der kräftige Dolchschnabel des Graureihers ist während der Brutzeit orangegelb getönt.

Purpurreiher

FAMILIE Ardeidae
ART *Ardea purpurea*
LÄNGE 78–90 cm/ Spannweite 110–145 cm
HABITAT Offene, flache Süßwassersümpfe
GELEGEGRÖSSE 4–5

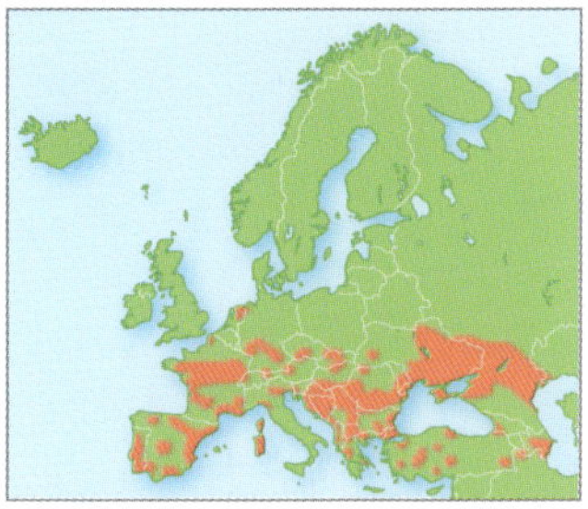

VERBREITUNG Brutvogel (Sommergast) in großen Teilen von S-Europa (bis nach Mitteleuropa und O-Europa), insbesondere zwischen Schwarzem und Kaspischem Meer; überwintert in Afrika südlich der Sahara.

DER BIEGSAME, fast schlangenähnlich wirkende Habitus des scheuen Purpurreihers wird durch die schwarzen Längsstreifen auf Kopf und Hals betont. Die Vögel sind im dichten Pflanzenwuchs ihres bevorzugten Lebensraums, Röhrichten und Sümpfen, bestens getarnt und nur, wenn sie aufgescheucht werden, in offenem Gelände zu sehen. Bei guten Sichtverhältnissen fallen bei Altvögeln die kastanienbraune Brust und die grauen bis purpurbraunen Flügeldecken ins Auge. Jungvögel sind hell- bis lehmbraun und dunkel gescheckt.

TARNUNG Purpurreiher suchen ihre Beute meistens am Rand von Schilfbeständen und in flachen Wasserläufen – die hervorragende Tarnung kommt ihnen dort besonders zugute.

Rallenreiher

FAMILIE Ardeidae
ART *Ardeola ralloides*
LÄNGE 44–47 cm/ Spannweite 80–92 cm
HABITAT Schilfbestände
GELEGEGRÖSSE 4–6

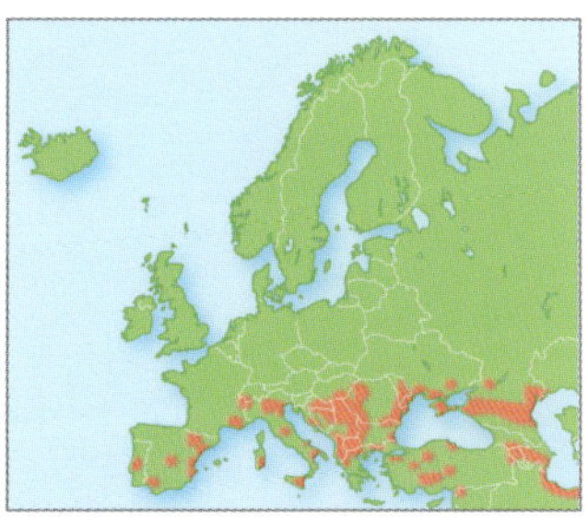

VERBREITUNG Brutvogel (Sommergast) im größten Teil des Mittelmeerraums; überwintert in Afrika; gelegentlich als Irrgast weiter nördlich.

WENN RALLENREIHER im Röhricht unbeweglich warten, sind sie kaum erkennbar, da das gelbbraune Gefieder perfekt mit der Umgebung verschmilzt. Aufgrund der breiten weißen Flügel sind sie dafür im Flug gut zu bestimmen. Bei Jung- und Altvögeln im Schlichtkleid ist das Gefieder deutlich stärker gestreift. Rallenreiher sind Koloniebrüter und nisten oft zusammen mit anderen Reiherarten; bei der Nahrungssuche sind sie jedoch heimlicher und einzelgängerisch. Auf dem Zug kann man sie öfters an offenen Gewässern sehen.

IN WARTESTELLUNG Rallenreiher suchen in Schilfgürteln und sehr flachen Gewässern nach Nahrung und sind im dichten Pflanzenwuchs perfekt getarnt.

Nachtreiher

FAMILIE Ardeidae

ART *Nycticorax nycticorax*

LÄNGE 56–65 cm/ Spannweite 90–100 cm

HABITAT Süß-, Brack- oder Salzwasser

GELEGEGRÖSSE 3–6

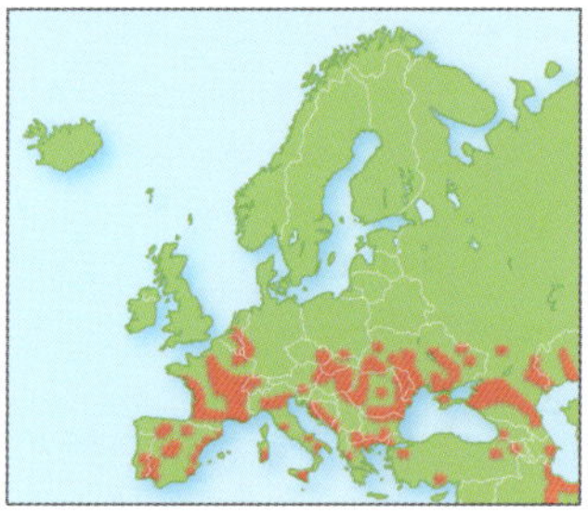

VERBREITUNG Kommt von W-, S- und Mitteleuropa bis nach Zentral- und S-Asien vor.

NACHTREIHER JAGEN hauptsächlich nachts. Tagsüber rasten sie meistens gemeinsam auf Schlafbäumen, die nicht unbedingt in Gewässernähe stehen. In der Abenddämmerung fliegen sie in kleinen Trupps zu ihren bevorzugten Jagdgründen, beispielsweise am Rand von Schilfgebieten oder in Flachwasserseen. Tagsüber gelangt man sogar recht nah an die Vögel heran, in der Nacht fliegen sie bei Störung jedoch mit krächzenden, froschähnlichen Rufen auf. Der Horst ist eine unordentliche Plattform aus Zweigen; häufig brüten kleine Trupps von Nachtreihern zusammen mit anderen Reihern in Kolonien.

BEWEGUNGSLOS Nachtreiher können sich – meist in geduckter Haltung – über lange Zeiträume völlig still verhalten, sogar wenn sie in offenem Gelände warten. Die gelben Beine sind nur zur Balzzeit rötlich gefärbt.

Weißstorch

FAMILIE Ciconiidae

ART *Ciconia ciconia*

LÄNGE 100–115 cm/ Spannweite 155–165 cm

HABITAT Offenes Gelände/ Feuchtgebiete/Agrarland

GELEGEGRÖSSE 3–5

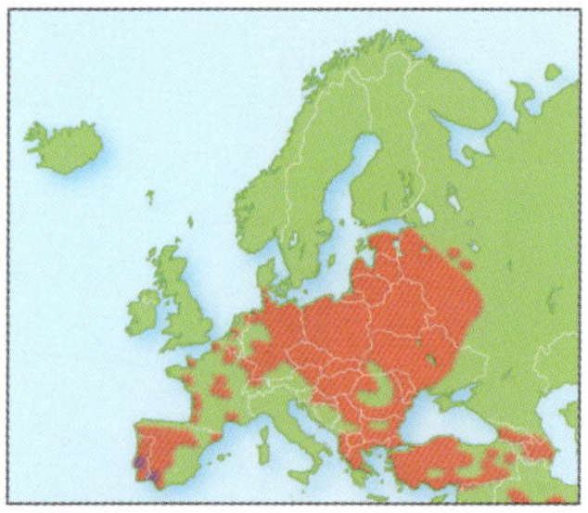

VERBREITUNG Verschiedene Populationen brüten in Europa (Ausnahme: Britische Inseln, Skandinavien, Italien).

WEISSSTÖRCHE SUCHEN die Nähe des Menschen: In Ortschaften errichten sie auf Dächern, Kirchtürmen und Telegrafenmasten große Nestplattformen aus Zweigen. Störche begleiten Landwirte regelmäßig bei der Feldarbeit und suchen schreitend nach aufgescheuchter Beute. Weißstörche überwintern in Afrika und ziehen im Frühjahr nach Norden zu den traditionellen Nistplätzen; nach ihrer Ankunft nehmen sie das Revier durch ein Balzritual mit ausgiebigem Schnabelklappern wieder in Besitz.

OPPORTUNIST Ein Weißstorch watet auf der Suche nach Fröschen im Flachwasser; doch auch an Land werden Schlangen, Mäuse, Eidechsen und Heuschrecken erbeutet.

Schwarzstorch

FAMILIE Ciconiidae

ART *Ciconia niger*

LÄNGE 95–100 cm/ Spannweite 145–155 cm

HABITAT Waldgebiete/ Sumpfgebiete/Grasland

GELEGEGRÖSSE 3–5

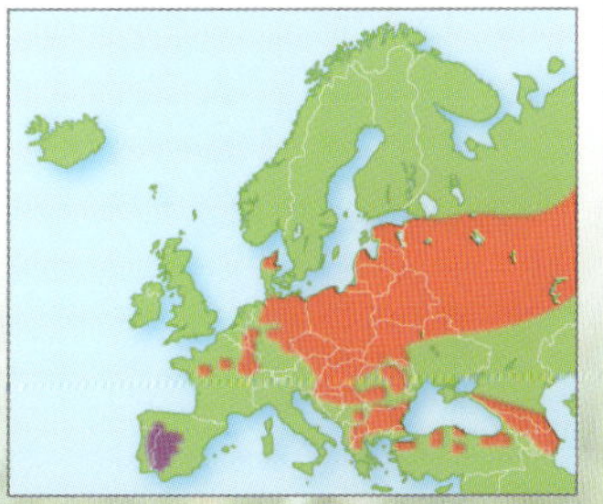

VERBREITUNG Brutvogel (Sommergast) in Mittel- und O-Europa; in Spanien und Portugal Standvogel.

SCHWARZSTÖRCHE SIND meistens in großen, sumpfigen Wäldern heimisch, die viele große, zum Nisten geeignete Bäume und flache, vegetationsreiche Gewässer bieten. Der Schwarzstorch ist zwar groß und auffällig, gleichzeitig aber am Brutplatz sehr scheu und schreckhaft. Die Art überwintert in Afrika und kehrt im Spätfrühjahr nach Europa zurück. Auf dem Zug rastet er zur Nahrungssuche regelmäßig an Flachseen und Flüssen. Gegen den Himmel gesehen, sind Schwarz- und Weißstorch im Flug trotz der offensichtlich unterschiedlichen Gefiederfärbung erstaunlich schlecht zu unterscheiden. Schwarzstörche sind relativ schweigsam, balzen aber gelegentlich mit Schnabelklappern.

NAHRUNG Schwarzstörche ernähren sich gewöhnlich von Amphibien, die sie im Flachwasser erbeuten, wagen sich aber auch an große Tiere wie Aale.

STORCHENNEST Weißstörche (*siehe* S. 50) bauen am traditionellen Nistplatz, häufig auf Gebäuden, massive Horste aus Zweigen. Das Nest wird jedes Jahr durch neues Material ergänzt und vergrößert.

Sichler

FAMILIE Threskiornithidae

ART *Plegadis falcinellus*

LÄNGE 50–66 cm/ Spannweite 88–105 cm

HABITAT Flachseen/Teiche/ Flüsse

GELEGEGRÖSSE 3–5

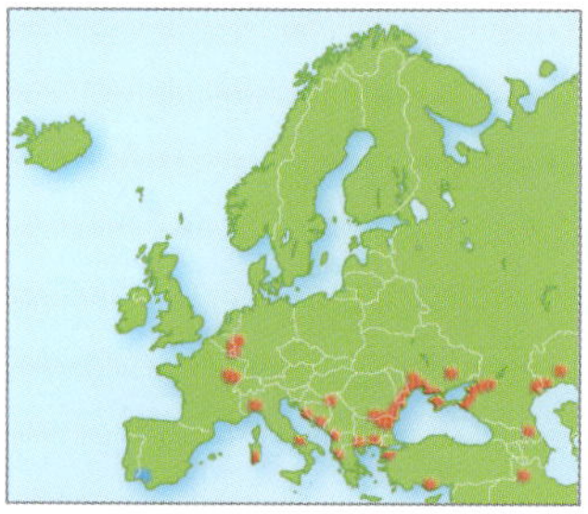

VERBREITUNG Punktuelle Brutverbreitung in ganz S-Europa.

SICHLER WIRKEN aus der Ferne zwar schwarz, doch das Gefieder schimmert violettbraun mit grün glänzenden Flügeln. Mit dem langen, abwärtsgebogenen Schnabel stochern die Vögel im sumpfigen Boden und Pflanzenwuchs nach Fröschen und wirbellosen Tieren. Oft fliegen Sichler in langer unregelmäßiger Formation zu ihren Schlafbäumen. Sie brüten in Baumnestern; in der Brutkolonie sind die grunzenden und krächzenden Rufe zu hören.

AUF NAHRUNGSSUCHE Sichler suchen oft in kleinen Trupps in Sumpfgebieten nach Fröschen und Insekten.

Löffler

FAMILIE Threskiornithidae

ART *Platalea leucorodia*

LÄNGE 75–95 cm/ Spannweite 120–135 cm

HABITAT Flache, meistens ausgedehnte Feuchtgebiete

GELEGEGRÖSSE 3–4

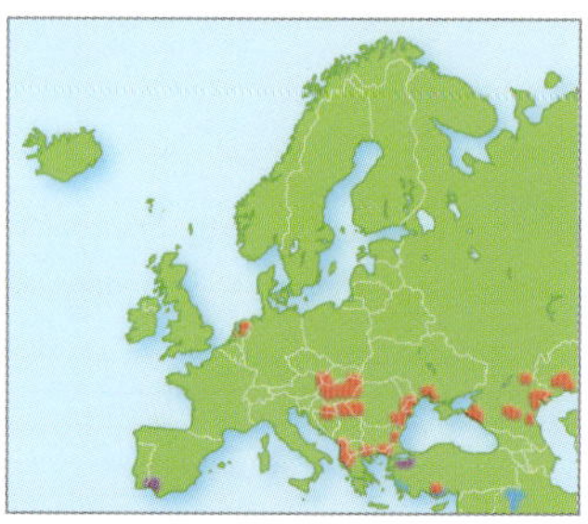

VERBREITUNG Brutkolonien in S-Spanien, an der südlichen Nordseeküste und von SO-Europa bis Asien.

DER LANGE, an der Spitze spatelförmige Schnabel des Löfflers ist unverkennbar, doch bei schlechter Sicht sind sie weißen Reihern sehr ähnlich. Löffler schlafen häufig, auf einem Bein stehend, in waagerechter Körperhaltung. Bei der Nahrungssuche schwenken sie den Schnabel hin und her bewegend durch den Schlick und seihen auf diese Weise winzige wirbellose Tiere aus. Männchen und Weibchen ähneln sich, Schnabel und Beine sind jedoch beim Männchen länger. Löffler brüten meistens von anderen Vogelarten getrennt in Kolonien auf Bäumen.

GEFIEDERWECHSEL Altvögel im Brutkleid zeichnen sich durch einen langen Nackenschopf und ein gelbliches Brustband aus.

Rosaflamingo

FAMILIE Phoenicopteridae
ART *Phoenicopterus ruber*
LÄNGE 120–145 cm/ Spannweite 140–170 cm
HABITAT Salzwasserlagunen und Flussmündungen
GELEGEGRÖSSE 1

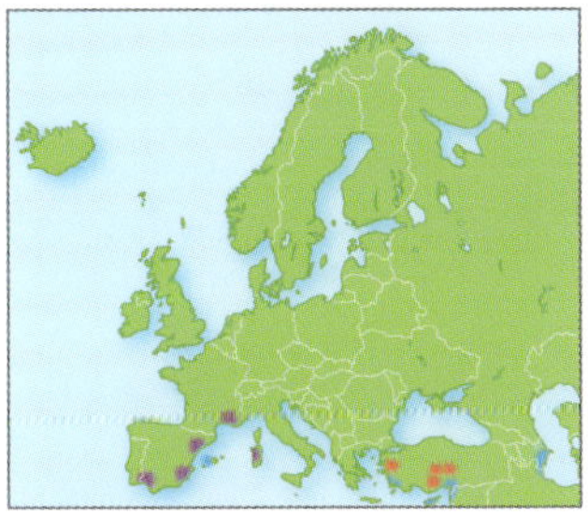

VERBREITUNG Von S-Spanien und S-Frankreich ostwärts bis Kasachstan; in Deutschland existiert seit Jahren eine frei lebende Flamingo-Brutpopulation im Zwillbrocker Venn an der holländischen Grenze.

ROSAFLAMINGOS SIND durch ihre Körperform – langer Hals, lange Beine und abgewinkelter Seihschnabel – perfekt an das Aufnehmen von winzigen Krebsen und anderem Plankton aus Flachwasser und Schlamm angepasst. Die Vögel können auch in tieferem Wasser waten, müssen den Grund jedoch mit dem Schnabel erreichen, um ihn durch den Schlick zu schwenken und Kleinstlebewesen auszufiltern. Flamingos wirken am Boden zwar recht ungelenk und beim Abflug unbeholfen, doch sie sind kräftige und elegante Flieger. Beine und Hals sind im Flug voll gestreckt, die Schwingen wirken lang und breit. Das Nest ist ein stumpfer Schlammkegel und wird am Gewässerrand errichtet.

HABITATE Rosaflamingos kommen an flachen, schlammigen Seen und Salzseen vor, wo sie nach Nahrung suchen können.

Waldrapp

FAMILIE Threskiornithidae
ART *Geronticus eremita*
LÄNGE 55–65 cm/ Spannweite 80–95 cm
HABITAT Karge Landschaft
GELEGEGRÖSSE 3–4

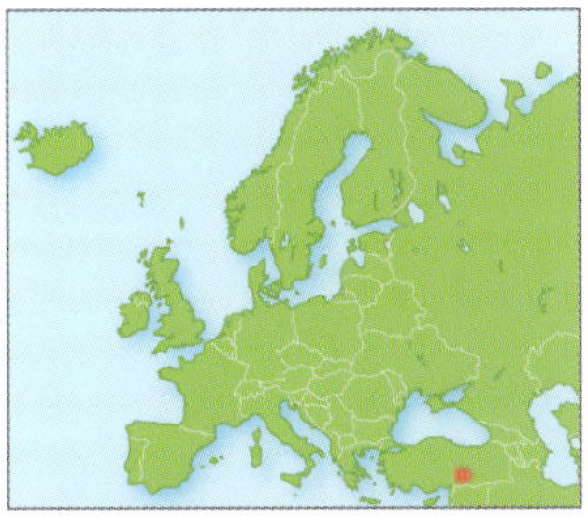

VERBREITUNG Sehr seltener Brutvogel mit stark abnehmenden Beständen; wenige verstreute Brutplätze in Marokko und (möglicherweise) Türkei.

DER WALDRAPP sieht dem Sichler zwar sehr ähnlich, sucht seine Nahrung jedoch meist in ariden Regionen. Das schwarze Gefieder schimmert grünlich, der Kopf ist kahl mit unordentlicher Nackenhaube. Die Nester werden auf steilen Felsklippen in der Nähe von Gewässern gebaut, die sie mitunter aufsuchen. Die Art überwintert meistens an Küsten oder abgelegenen Binnenseen. Im 17. Jahrhundert wurde der Waldrapp so stark bejagt, dass er in Mitteleuropa augestorben ist.

SELTEN Der äußerst seltene Waldrapp ist in Europa vom Aussterben bedroht, wird aber zurzeit wieder eingebürgert.

ANSERIFORMES

Gänsevögel

Große Vogelgruppe mit Schwimmfüßen (Vorderzehen durch Schwimmhäute verbunden); bezüglich der Körpergröße von den großen Schwänen bis zu den kleinen Gründelenten. Der lange Hals erleichtert die Nahrungssuche in unterschiedlicher Wassertiefe. Schnabelgröße und -form sind an die verschiedenen Ernährungsweisen angepasst. Die Anseriformes besiedeln unterschiedlichste Lebensräume von der arktischen Tundra bis zu Sümpfen in Südeuropa. Viele Enten, Gänse und Schwäne sind kräftige Flieger, die als Langstreckenzieher große Entfernungen zurücklegen.

Zwergschwan

FAMILIE Anatidae
ART *Cygnus bewickii*
LÄNGE 115–140 cm/ Spannweite 170–195 cm
HABITAT Tundra/Grasland
GELEGEGRÖSSE 3–5

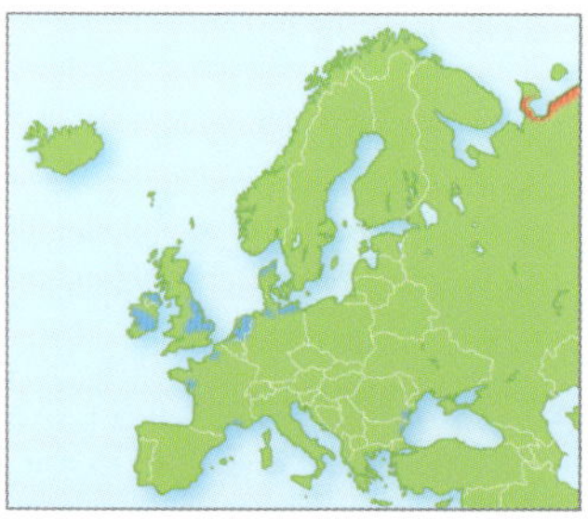

VERBREITUNG Brutvogel (Sommergast) in N-Sibirien; überwintert in W-Europa.

EIN MITTELGROSSER, reinweißer Schwan, der den Hals gerade und aufrecht trägt. Der gelbe rundliche Fleck an der Schnabelbasis ist individuell etwas unterschiedlich, reicht aber niemals über die Nasenlöcher hinaus. Bei Jungvögeln ist das Gefieder grau und der Schnabel weitgehend rosa. Der Ruf ist etwas weicher als beim Singschwan.

NAMENSGEBEND Der wissenschaftliche Name des Zwergschwans geht auf den englischen Grafiker und Holzschneider Thomas Bewick zurück.

Singschwan

FAMILIE Anatidae
ART *Cygnus cygnus*
LÄNGE 145–160 cm/ Spannweite 205–235 cm
HABITAT Tundra/Waldseen
GELEGEGRÖSSE 3–7

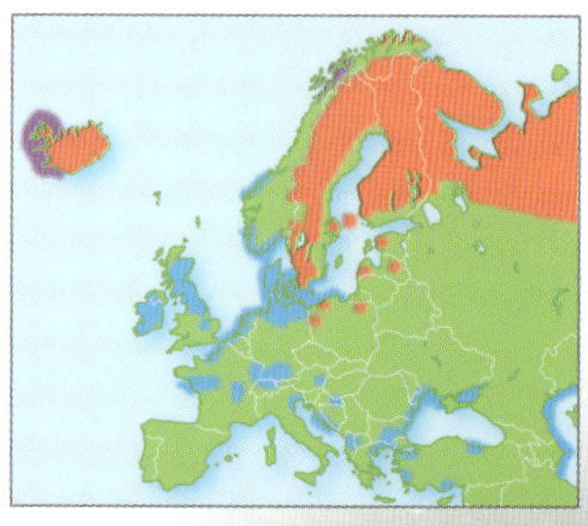

VERBREITUNG Brütet in Island und im arktischen Europa; überwintert in W-, Mittel- und O-Europa.

DER SINGSCHWAN ist ein großer reinweißer Schwan mit langem, gerade und aufrecht getragenem Hals. Der schwarze Schnabel besitzt einen gelben, bis über die Nasenlöcher hinausreichenden Fleck an der Schnabelbasis – ein wichtiges Unterscheidungsmerkmal zum kleineren Zwergschwan. Bei Jungvögeln ist das Gefieder grau und der Schnabel rosa.

LAUTE RUFE Singschwäne sind wie der nahe verwandte Trompeterschwan aus Nordamerika nach ihren typischen lauten Rufen benannt.

Höckerschwan

FAMILIE Anatidae

ART *Cygnus olor*

LÄNGE 145–160 cm/ Spannweite 200–240 cm

HABITAT Binnengewässer aller Art

GELEGEGRÖSSE 5–8

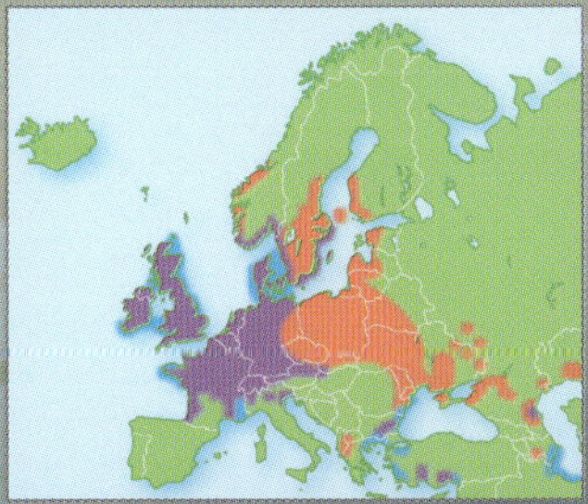

VERBREITUNG Standvogel in W- und Mitteleuropa; Sommergast in N- und O-Europa.

EIN GROSSER, schwerer Schwan mit rundlichem Kopf und typischem orangeroten Schnabel mit auffälligem schwarzen Höcker an der Schnabelbasis. Der Hals ist meistens elegant gebogen, die Flügel segelartig aufgestellt. Die normalerweise braungrauen Jungvögel mit graurosa Schnabel können auch in einer seltenen weißen Gefiederform vorkommen (Immutabilis-Mutante). Höckerschwäne sind wesentlich schweigsamer als Sing- oder Zwergschwäne. Ihr Ruf ist gewöhnlich heiser, schnarchend oder grunzend, bei Bedrohung wird warnend gezischt. Die schlagenden Flügel erzeugen ein rhythmisches, laut singendes Geräusch. Höckerschwäne wurden in vielen europäischen Ländern eingebürgert und kommen vor allem auf Parkgewässern vor.

KULTURFOLGER Höckerschwäne sind im Gegensatz zu anderen europäischen Schwanenarten bis auf die östlichen Populationen Standvögel und brüten in der Nähe von menschlichen Siedlungen.

Blässgans

FAMILIE Anatidae
ART *Anser albifrons*
LÄNGE 66–76 cm
HABITAT Tundra/Grasland
GELEGEGRÖSSE 5–6

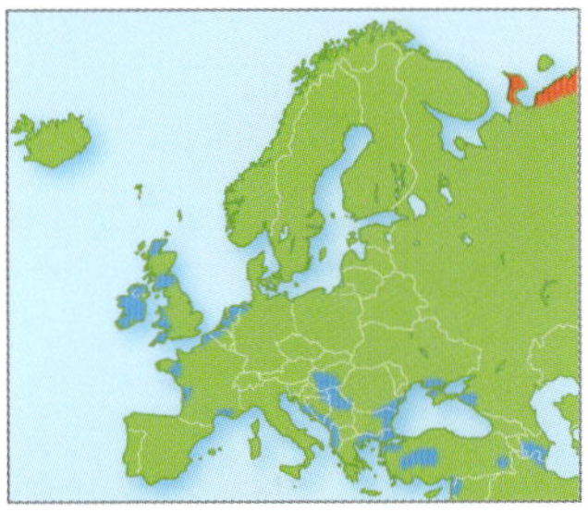

VERBREITUNG Brutvogel (Sommergast) im Norden von Russland und Sibirien sowie in Grönland; die beiden Populationen überwintern getrennt in gemäßigten Klimaregionen weiter im Süden.

DIE GROSSE GANS hat orangefarbene Beine und meistens einen rosafarbenen Schnabel; wichtigstes Unterscheidungsmerkmal sind die Blässe (weiße Stirn) und auffällig quergebänderte Bauchdecken. Bei der Grönländischen Blässgans (*ssp. albifrons*) ist der Schnabel gelblich, doch die Querbänderung des Bauchs ist bei allen Unterarten deutlich.

NAHRUNGSSUCHE Blässgänse fallen in großen Trupps zur Nahrungssuche auf Wiesen und Weiden ein.

Graugans

FAMILIE Anatidae
ART *Anser anser*
LÄNGE 76–89 cm
HABITAT Feuchtgebiete
GELEGEGRÖSSE 4–6

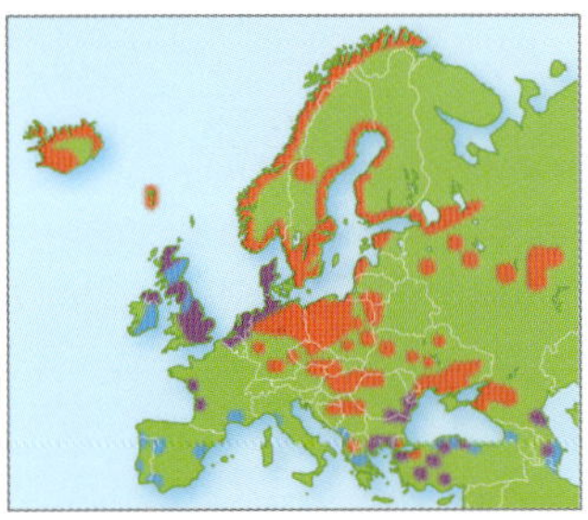

VERBREITUNG Standvogel in Tieflandregionen der Britischen Inseln, Skandinaviens, des Balkans und der Türkei; Brutvogel (Sommergast) in Europa und Island; überwintert weiter südwärts.

DIE GRAUGANS, die größte graue Gänseart, sucht auf offenen Flächen nach Gräsern, Wurzeln und anderen Pflanzenteilen. Bei schlechter Sicht sind der orangefarbene Schnabel, die rosa Beine und die fast einfarbig graue Unterseite oft nur schlecht zu erkennen; typisch sind jedoch die im Flug sichtbaren hellen Vorderflügeldecken. Große Trupps fliegen mit klangvollen Rufen auf; am Boden lassen die Vögel bei Störung oft ein lautes Zischen hören. Die Graugans ist die Stammform der Hausgans (meistens weiß mit orangefarbenem Schnabel) und hat sich in letzter Zeit in vielen Tieflandregionen ausgebreitet.

GROSSE BESUCHER Von den größeren grauen Gänsearten brütet nur die untersetzte Graugans in den mittleren Breiten Europas, alle anderen Arten brüten im hohen Norden.

Kurzschnabelgans

FAMILIE Anatidae
ART *Anser brachyrhynchus*
LÄNGE 61–76 cm
HABITAT Bergland/Tiefland
GELEGEGRÖSSE 4–5

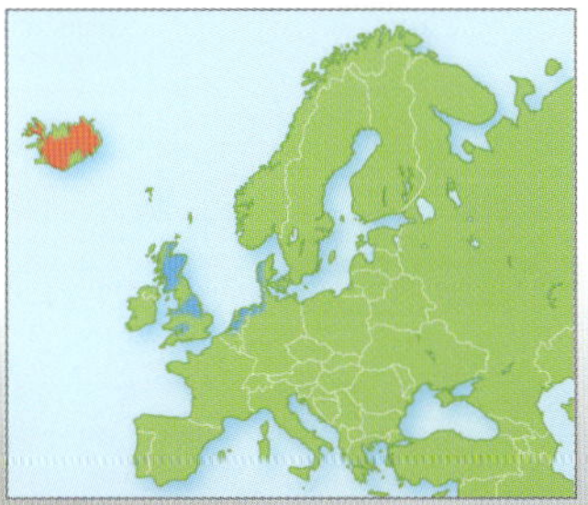

VERBREITUNG Brutvogel in Island, Grönland und Spitzbergen; überwintert in NW-Europa, vor allem in Großbritannien und den Niederlanden.

DIE KURZSCHNABELGANS lässt sich anhand ihrer relativ geringen Größe – in Kombination mit schwarz-rosa Schnabel und rosafarbenen Beinen – am besten von anderen Gänsearten unterscheiden, mit denen sie regelmäßig in gemischten Trupps überwintert. Kurzschnabelgänse ziehen im Sommer zu ihren traditionellen Brutplätzen in der arktischen Tundra, wo sie in verstreuten Kolonien häufig auf Flussinseln oder unzugänglichen Felsklippen auf dem Boden brüten. Die gesamte Population überwintert weiter südlich und sucht auf Wiesen, Weiden und Wintergetreidefeldern nach Nahrung. Die scheuen Kurzschnabelgänse fliegen bei Störung mit lautem Rufen auf, sind jedoch mit verschiedenen schrillen Rufen immer sehr stimmfreudig. Kurzschnabelgänse bilden größere Trupps und fliegen abends zu sicheren Schlafplätzen – typisch ist eine V-förmige Flugformation.

BERINGT Einige Gänse sind mit nummerierten Fußringen markiert, um ihre Bewegungen zwischen Brutplatz und Überwinterungsgebiet zu verfolgen.

Zwerggans

FAMILIE Anatidae
ART *Anser erythropus*
LÄNGE 53–66 cm
HABITAT Tundra/Küsten
GELEGEGRÖSSE 4–5

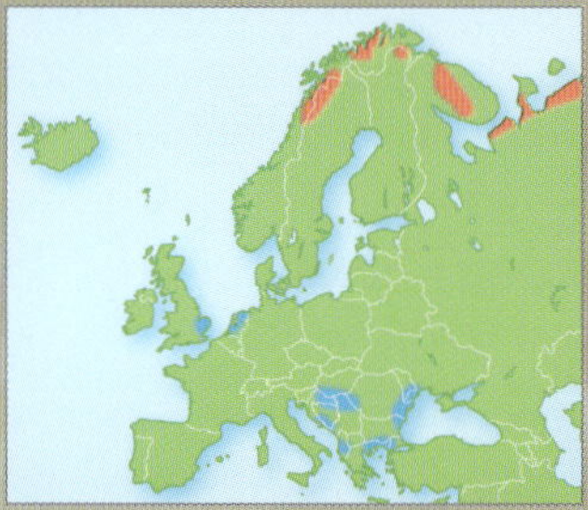

VERBREITUNG Brütet im äußersten Norden von Skandinavien und Russland; überwintert in teils küstennahen Tieflandgebieten weiter südlich.

DIE ZWERGGANS ist die kleinste der grauen Gänsearten. In Westeuropa taucht sie nur als seltener Wintergast auf, lässt sich in einem großen gemischten Gänsetrupp jedoch gut ausmachen, weil sie sich beim Äsen hastiger bewegt. Aus der Nähe erkennt man den goldgelben Lidring und einen großen weißen Stirnbereich, der weiter nach hinten reicht als bei der Blässgans (*siehe* S. 58). Auch der rosafarbene Schnabel ist kleiner, und die Flügelspitzen überragen das Schwanzende. Die Stimme ähnelt den Rufen der Blässgans, ist jedoch höher. Zwerggänse, in Europa mittlerweile sehr selten, sind vor allem durch Bejagung und Zerstörung des Lebensraums im östlichen Teil des Verbreitungsgebietes bedroht.

TYPISCHE MERKMALE Der gelbe Lidring und der kurze rosafarbene Schnabel sind wichtige Erkennungszeichen der Zwerggans.

Saatgans

FAMILIE Anatidae
ART *Anser fabalis*
LÄNGE 71–89 cm
HABITAT Taiga/Tundra
GELEGEGRÖSSE 4–6

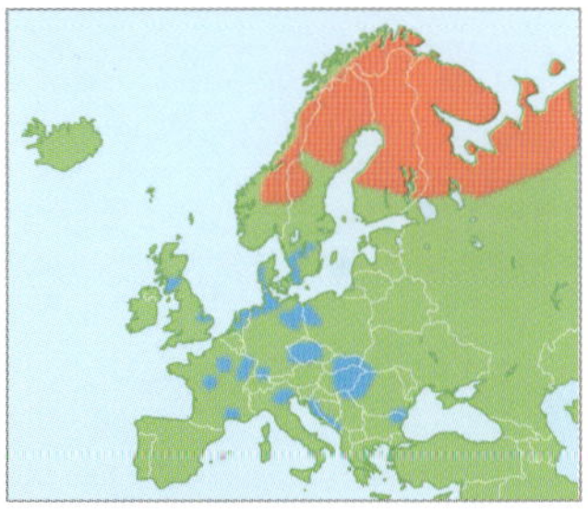

VERBREITUNG Brutvogel (Sommergast) in offenen, nassen Wäldern und der Taiga von N-Skandinavien und Russland; überwintert weiter südlich und westlich auf Wiesen und Weiden.

DIE GROSSE GRAUE Gans fällt in gemischten Trupps durch ihre Größe und ihren relativ dunklen Kopf und Hals auf. Ihre Beine sind orangefarben, der orangegelbe Schnabel ist manchmal schwarz gefleckt, wobei die Fleckengröße je nach Brutpopulation variiert. Die scheuen und wachsamen Saatgänse fliegen bei Störung sofort auf und stoßen dabei laute trompetende Rufe aus. Jungvögel ähneln den Altvögeln – Beine und Füße sind orangegrau; die Familien begeben sich gemeinsam auf den Herbstzug.

WACHSAM Während der Rest des Trupps nach Nahrung sucht, hält eine Saatgans Ausschau nach Feinden.

Ringelgans

FAMILIE Anatidae
ART *Branta bernicla*
LÄNGE 56–61 cm
HABITAT Tundra/Küsten
GELEGEGRÖSSE 3–5

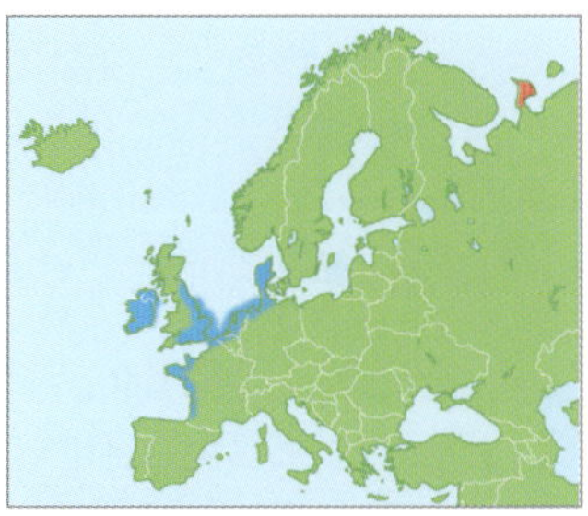

VERBREITUNG Brütet (Sommergast) im äußersten Norden auf arktischen Inseln und Küstentundra; überwintert an Wattküsten in W-Europa.

EINE KLEINE dunkle Gans, etwa so groß wie eine Stockente (*siehe* S. 71) und die einzige europäische Gans mit völlig schwarzem Kopf. Die Altvögel haben ein dunkles graubraunes Gefieder und weiße Halsseitenflecke. Grönländische Ringelgänse (Unterart *hrota*) sind hellbrüstig und überwintern vor allem in Irland. Die Bauchseite der Unterart *nigricans*, die in Kanada und Alaska brütet, ist dunkler, mit weißem Seitengefieder. Das typische „Rott-rott-rott" ist im Flug und auf dem Wasser zu hören, wo Ringelgänse in großen Trupps rasten.

WEISSER HALS Erwachsene Ringelgänse sind an ihrem weißen Halsseitenfleck zu erkennen, der bei den Jungvögeln fehlt.

Kanadagans

FAMILIE Anatidae
ART *Branta canadensis*
LÄNGE 92–102 cm
HABITAT Seen/Feuchtgebiete
GELEGEGRÖSSE 5–6

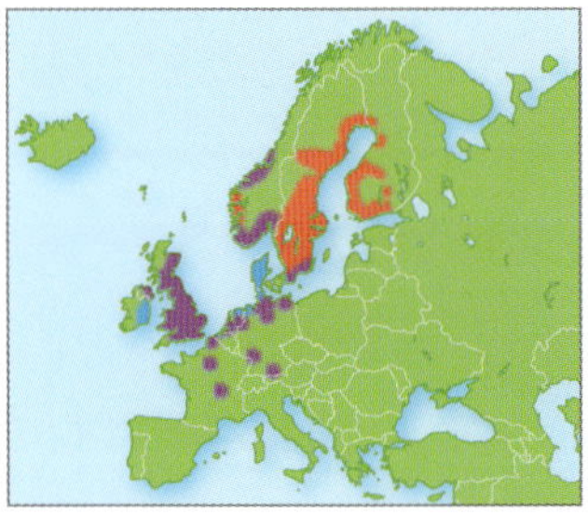

EINE SEHR GROSSE Gans mit langem schwarzen Hals und weißen Wangen, überwiegend braunem, auf der Bauchseite hellerem Gefieder sowie großem schwarzen Schnabel und schwarzen Beinen. Kanadagänse sind nicht so scheu wie andere Artgenossen; in Parks und auf Binnenseen bilden sie häufig große Trupps. Übers Jahr gesehen, ist diese Art im westeuropäischen Binnenland die häufigste Gänseart. Kanadagänse halten im Flug mit lauten trompetenden Rufen Verbindung und sind während der Balzzeit besonders stimmfreudig. Die Trupps fliegen meistens in Keilform laut rufend vom Futterplatz zum sicheren Schlafplatz. Kanadagänse sind Gefangenschaftsflüchtlinge, die ursprünglich als Ziergeflügel aus Nordamerika in Europa eingeführt wurden; mittlerweile erreichen die Populationen zum Teil problematische Ausmaße. Sie gehen normalerweise langjährige Paarbindungen ein.

VERBREITUNG Ursprünglich N-Amerika; in Europa eingebürgert; im gemäßigten Klimabereich von Europa ganzjährig anwesend.

LANDUNG Bei der Landung im Wasser bremst die Kanadagans mit ihren kräftigen Flügeln ab.

Weißwangengans

FAMILIE Anatidae
ART *Branta leucopsis*
LÄNGE 58–69 cm
HABITAT Arktische Küsten
GELEGEGRÖSSE 3–5

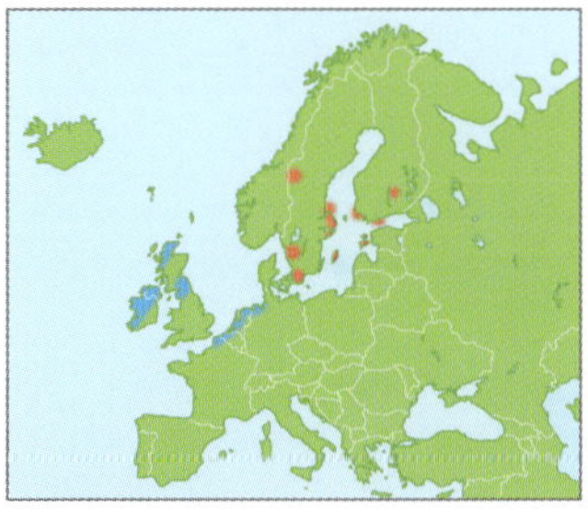

VERBREITUNG Brutvogel (Sommergast) in Grönland und auf Spitzbergen; überwintert an den Küsten von W-Europa, selten im Binnenland.

MITTELGROSSE GANS mit schwarzem Hals und Schnabel sowie weißem Kopf. Der schwarze Hals und die silberweiße Unterseite bilden einen starken Kontrast. Die Beine sind kurz und schwarz, der Schnabel ist relativ klein und das Gefieder grau getönt mit schwarzer Bänderung. Weißwangengänse ernähren sich im Sommer von Tundravegetation und in den traditionellen Winterquartieren, wo sie riesige Trupps bilden, von den Pflanzen der küstennahen Marschen. Sie fliegen in einer unregelmäßigen U-Formation und stoßen schrille, kläffende „Kak"-Rufe aus. Jedes Jahr suchen sie dieselben Nistplätze in der Arktis auf.

GUTE FUTTERGRÜNDE Weißwangengänse überwintern auf küstennahen Marschflächen, wo die Nahrung reichhaltiger als in den kargen Tundren des Brutgebiets ist.

Rothalsgans

FAMILIE Anatidae
ART *Branta ruficollis*
LÄNGE 53–56 cm
HABITAT Tundra/Feuchtgebiete
GELEGEGRÖSSE 3–5

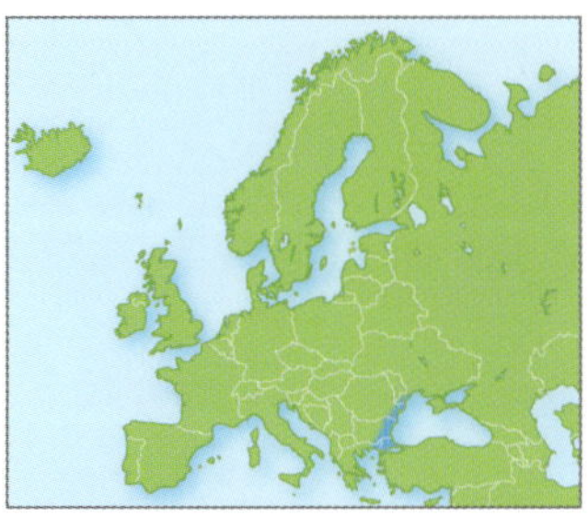

VERBREITUNG Brutvogel (Sommergast) an der russischen und sibirischen Arktisküste; überwintert rund ums Kaspische und Schwarze Meer.

SEHR KLEINE, kompakte Gans mit kurzem Schnabel und dickem Hals. Männchen und Weibchen sehen sich sehr ähnlich. Die rostrote Färbung an Kehle, Brust und Wangen ist von Nahem unverkennbar, doch aus der Ferne, vor allem im Flug, lässt sie sich zwischen anderen „schwarzen" Gänsen am besten anhand der schwarzen Flanken mit breitem weißen Flankenband unterscheiden. Der Großteil der Population überwintert im Osten der Region, ein Teil zieht jedoch westwärts und mischt sich unter überwinternde Trupps anderer Gänse.

KRÄFTIGE FARBEN Rothalsgänse sind aufgrund ihrer Gefiederfärbung unverwechselbar. Männchen und Weibchen sehen gleich aus, Jungvögel haben etwa fünf helle Flügelbinden.

Rostgans

FAMILIE Anatidae
ART *Tadorna ferruginea*
LÄNGE 64 cm
HABITAT Seen/Flüsse
GELEGEGRÖSSE 8–12

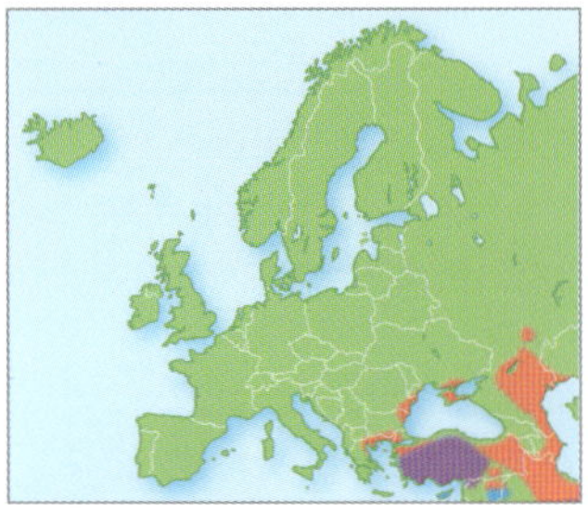

VERBREITUNG Standvogel in Türkei und Mittlerem Osten; ein Teil verbringt den Sommer in trockeneren Gebieten im Norden; ein Teil überwintert in Afrika.

ROSTGÄNSE SIND sogenannte Halbgänse, gehören aber zur Unterfamilie der Enten. Das Gefieder ist rostbraun, der Kopf heller; im Flug sind schwarze Flügelspitzen und der ober- und unterseits weiße Vorderflügel zu erkennen. Der Flugruf ähnelt dem der Graugans (*siehe* S. 58). Rostgänse nisten in Bruthöhlen in Bäumen oder Felsen – oft weit vom Wasser entfernt – und führen die Jungvögel später zum sicheren Gewässer. Rostgänse haben sich als Gefangenschaftsflüchtlinge mancherorts in Deutschland angesiedelt.

HALSBAND Das Männchen besitzt im Brutkleid einen schwarzen Halsring, der im Schlichtkleid fehlt.

Brandgans

FAMILIE Anatidae
ART *Tadorna tadorna*
LÄNGE 61 cm
HABITAT Feuchtgebiete
GELEGEGRÖSSE 8–15

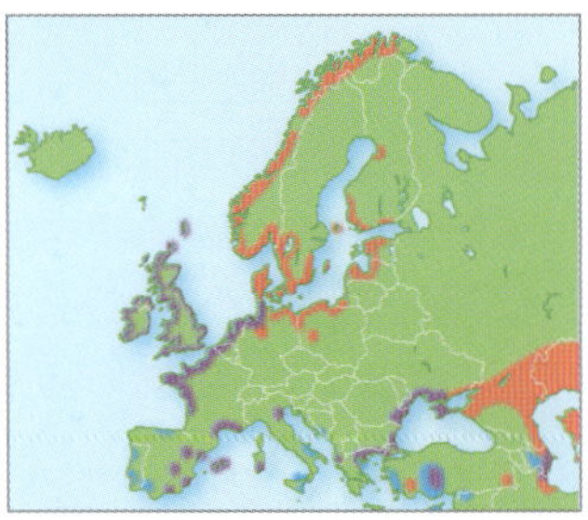

VERBREITUNG Verbreiteter Standvogel an den Küsten von Europa (einschließlich Skandinavien) und N-Afrika; manchmal auch an großen Seen; Sommermauser im norddeutschen Wattenmeer; ein Teil der Population überwintert im Süden.

GROSSE, LEBHAFT gefärbte „Halbgans" (gehört zur Unterfamilie der Enten) mit rotem Schnabel und rosafarbenen Beinen und Füßen. Hals und Kopf wirken im Verhältnis zum Körper groß. Der Schnabel des Männchens ist größer mit markantem Schnabelhöcker. Der glänzend grüne Kopf kontrastiert mit dem weißen Hals und kastanienbraunen Brustband. Brandgänse ernähren sich von winzigen Mollusken im Watt, die sie mit dem darauf spezialisierten Schnabel ausseihen. Die Weibchen nisten in Bruthöhlen in Gewässernähe und führen die Jungen bald nach dem Schlüpfen zum Wasser. Im Sommer wandern die Brandgänse in riesigen Trupps auf dem Mauserzug zur Elbmündung.

SCHNABELHÖCKER Männliche und weibliche Brandgänse sind schwer zu unterscheiden, doch der markante Schnabelhöcker entwickelt sich nur beim Männchen.

Nilgans

FAMILIE Anatidae
ART *Alopochen aegyptiaca*
LÄNGE 70 cm
HABITAT Binnengewässer aller Art
GELEGEGRÖSSE 5–8

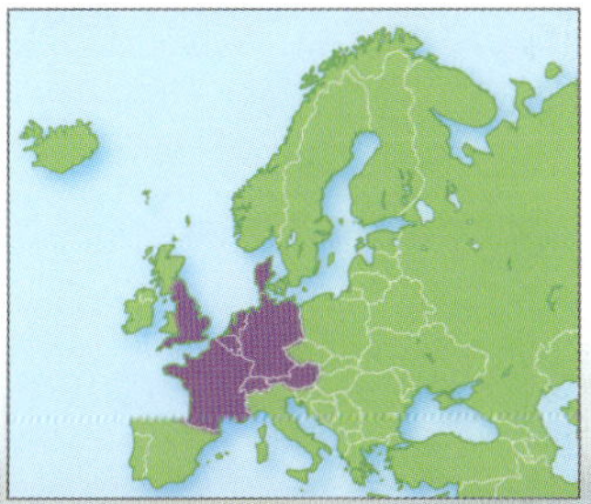

VERBREITUNG Im 18. Jahrhundert in England eingeführt, mittlerweile als Standvogel auch in W- und Mitteleuropa; in Ausbreitung begriffen.

DIE GROSSE, graubraune „Halbgans" (gehört zur Unterfamilie der Enten) kann im Flug aufgrund des schwarz-weißen Flügelmusters und der ähnlichen Größe leicht mit der Rostgans verwechselt werden. Aus der Nähe sind jedoch der dunkle Augenfleck, das hellere Gefieder, der dunkel gerandete, blassrosa Schnabel und die langen mattroten Beine zu erkennen. Männchen und Weibchen sind sehr ähnlich, Jungvögel insgesamt brauner und ohne Augenfleck. Nilgänse kommen in kleinen Trupps im Binnenland (Sümpfe und Flussufer) vor, nisten aber einzeln, oft in Baumhöhlen, Ruinen oder in dichtem Gebüsch. Die Eier werden von beiden Partnern bebrütet und die frisch geschlüpften Küken rasch zum sicheren Wasser geführt. Gräser und Wasserpflanzen stellen die Nahrungsgrundlage dar; im Winter suchen Nilgänse auch auf überfluteten Flächen nach Futter. Das Männchen ruft laut heiser quakend, stößt aber auch leise Pfeiflaute aus.

NEUBÜRGER Nilgänse stammen aus Afrika und fühlen sich anscheinend in den Feuchtgebieten von West- und Mitteleuropa zu Hause; sie sind seit über 200 Jahren in England eingebürgert.

Kragenente

FAMILIE Anatidae

ART *Histrionicus histrionicus*

LÄNGE 43 cm

HABITAT Flüsse/Küsten

GELEGEGRÖSSE 6–8

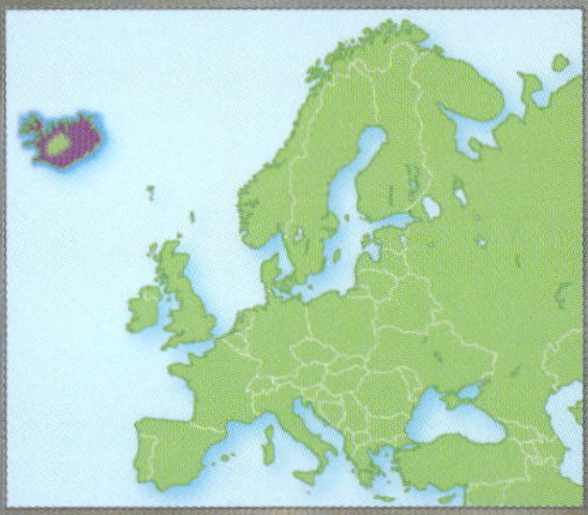

VERBREITUNG Island; brütet dort an großen Flüssen mit starker Strömung; überwintert vor der isländischen Küste; im restlichen Europa sehr selten.

AUS DER FERNE wirken Kragenenten-Erpel dunkel, doch von Nahem beeindruckt die ungewöhnliche Kombination von blauem, weißem und schwarzem Gefieder. Die Weibchen sind oberseits braun (unterseits heller meliert) mit drei weißen Gesichtsflecken. Auf dem Meer kann man die Kragenente durch kompaktere Körperform und kleineren Schnabel von Trauer- oder Samtente (*siehe* S. 82) unterscheiden. Kragenenten leben an reißenden Flüssen und steinigen Seeufern; dort tauchen sie in der Strömung nach Kriebelmückenlarven. Die Eier werden nur vom Weibchen bebrütet. Vor der Mauser sammeln sich die Erpel in eigenen Trupps. Balzende Erpel lassen manchmal ein dünnes, nasales „Wih-ah, wih-ah" hören, das in der lauten Umgebung jedoch fast untergeht.

AM UFER Ein prächtiger Kragenenten-Erpel wartet auf einem Felsblock, bevor er sich in die Strömung stürzt.

Spießente

FAMILIE Anatidae
ART *Anas acuta*
LÄNGE 56–66 cm
HABITAT Tundra/Küsten
GELEGEGRÖSSE 7–9

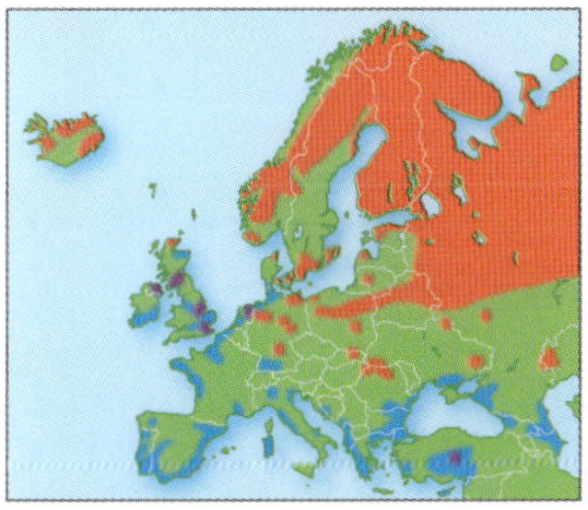

VERBREITUNG Verstreut in Europa vorkommend; überwintert in S-Europa; brütet hauptsächlich in NO-Europa.

SPIESSENTEN-ERPEL SIND unverwechselbar: Die mittleren Schwanzfedern sind stark verlängert, das weiße Brustgefieder zieht sich als weißer Streif an der Seite des braunen Kopfes hoch. Beim Weibchen ist der Kopf hellbraun, Brust und Flanken sind braun gestreift, doch auch hier ist der Schwanz länger als bei anderen Enten. Spießenten brüten in verstreuten Kolonien auf Binnenseen und in Sümpfen; sie überwintern weiter im Süden in ähnlichen Lebensräumen – oft in großen Trupps mit anderen Entenarten. Die Stimme ist leise, beim Männchen ein kurzes „Kruu“, ähnlich wie bei der Krickente (*siehe* S. 68), beim balzenden Weibchen ein tief krähendes Rufen.

LANGER SCHWANZSPIESS Die verlängerten Schwanzfedern des Erpels gehören zu den längsten bei Enten; noch auffälliger ist das markante braun-weiße Gefiedermuster auf Kopf und Hals.

Löffelente

FAMILIE Anatidae
ART *Anas clypeata*
LÄNGE 51 cm
HABITAT Sumpfgebiete/Seen
GELEGEGRÖSSE 8–12

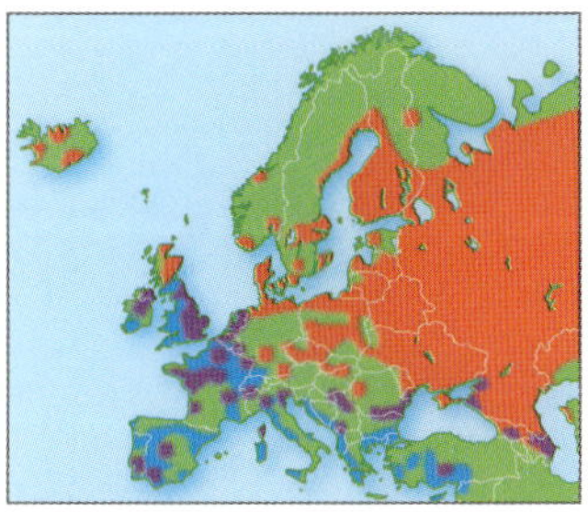

VERBREITUNG Standvogel in W-Europa; viele Löffelenten ziehen zur Brut nach O-Europa und Island und überwintern in S- und W-Europa.

AUFFÄLLIGSTES MERKMAL der Löffelente ist bei beiden Geschlechtern der breite Löffelschnabel, der dem Kopf ein unverkennbares abwärtsgerichtetes Profil gibt. Der große, flache Schnabel wird bei der Nahrungssuche zum Durchseihen von Schlamm und Wasserpflanzen eingesetzt. Der Erpel besitzt einen dunkelgrün glänzenden Kopf, eine weiße Brust und kastanienbraune Flanken; das Weibchen ist fast einheitlich braun gefärbt mit grünem Flügelspiegel. Im Flug sind bei Männchen und Weibchen bläuliche Flügelfelder zu erkennen.

GELBES AUGE Der Löffelenten-Erpel besitzt als einzige Gründelente eine gelbe Iris. Der Löffelschnabel ist eine wichtige Anpassung an die Ernährungsweise.

Krickente

FAMILIE Anatidae
ART *Anas crecca*
LÄNGE 35 cm
HABITAT Teiche/Seen
GELEGEGRÖSSE 8–12

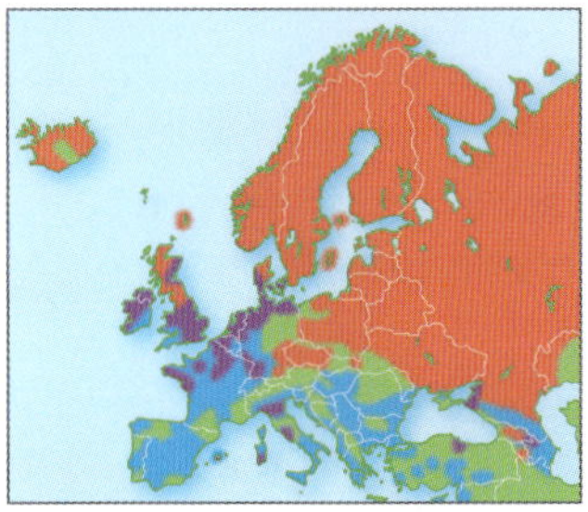

VERBREITUNG Verbreiteter Standvogel in Island, W- und Mitteleuropa; zieht zum Brüten in großer Zahl nord- und ostwärts und kehrt zum Überwintern zurück.

KLEINSTE EUROPÄISCHE Entenart, die häufig in großen, lärmenden Trupps auftritt. Krickenten fliegen bei Störung als geschlossener Trupp auf und erinnern im Flug an plumpe Watvögel. Der Kopf des Erpels ist kastanienbraun mit breitem grünen Seitenfeld. Im Wasser und auf dem Land sind ein weißer Flankenstreif und ein gelber Steißfleck gut zu erkennen. Die Weibchen sind unscheinbar mit kleinem grünen Flügelspiegel.

GRÜNES MUSTER Das grüne Kopffeld des Krickenten-Erpels ist am Rand zartgelb abgesetzt.

Blauflügelente

FAMILIE Anatidae
ART *Anas discors*
LÄNGE 38 cm
HABITAT Sumpfgebiete/Seen
GELEGEGRÖSSE 8–12

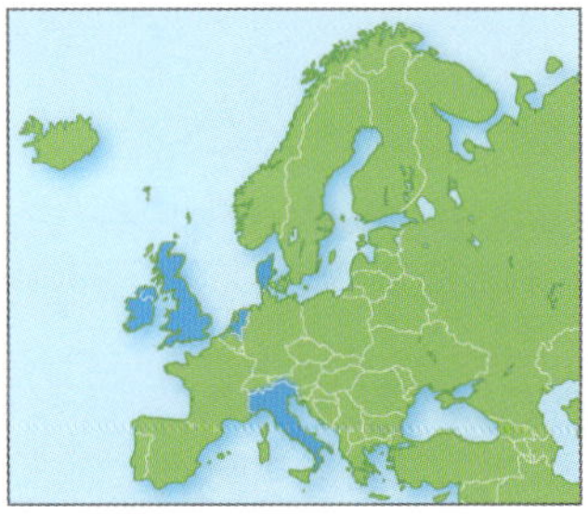

VERBREITUNG Standvogel in N-Amerika; sehr seltener Irrgast in W-Europa – vorwiegend auf den Britischen Inseln.

DIESER SELTENE Irrgast wird manchmal durch schwere Atlantikstürme verdriftet und sucht mit anderen Entenarten an westeuropäischen Küsten Schutz. Im Wasser und auf dem Land ist bei Erpeln der weiße Halbmond auf der Kopfseite am auffälligsten, im Flug hilft der hellblaue Vorderflügel bei der Bestimmung. Blauflügelenten sind auch als Ziergeflügel beliebt. Vögel, die an der Küste gesichtet werden, können deshalb Gefangenschaftsflüchtlinge sein.

BLAUER VORDERFLÜGEL Bei diesem Erpel ist auf dem gestreckten Flügel das hellblaue Feld – wichtigstes Merkmal – gut zu erkennen. Es ist auch für Weibchen typisch.

Mandarinente

FAMILIE Anatidae
ART *Aix galericulata*
LÄNGE 43 cm
HABITAT Waldseen
GELEGEGRÖSSE 9–12

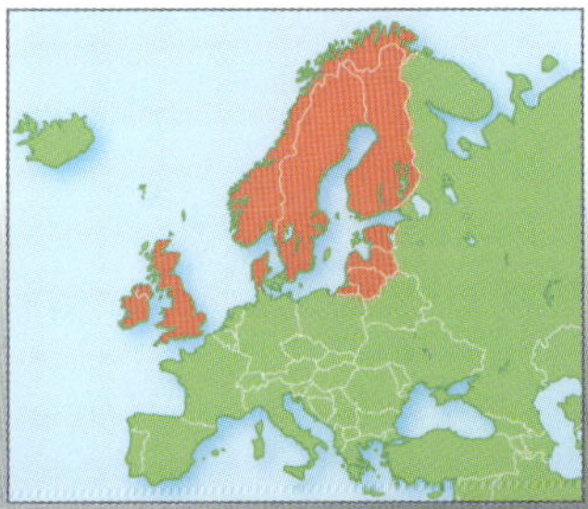

VERBREITUNG Ursprünglich aus China; in Europa mittlerweile in etlichen Ländern frei lebend und als Parkvogel eingebürgert.

DIE ÄUSSERST exotisch wirkende Mandarinente stammt aus China und wurde in Großbritannien und anderenorts als Ziergeflügel eingeführt. Zahlreiche Vögel konnten aus der Gefangenschaft flüchten und eigene Populationen aufbauen. Das unscheinbare Weibchen – braungrau gefleckt mit kleinem Schopf und deutlich hellerem Augenring – kann sich keineswegs mit dem auffälligen Erpel messen. Die Erpel führen komplizierte Balzrituale auf und präsentieren ihr auffälliges Gefieder. Mandarinenten rufen selten – die Erpel kurz und schrill pfeifend, die Weibchen kurz quakend. Die Weibchen brüten oft in mehr als 5 m Höhe in Baumhöhlen in Gewässernähe. Die frisch geschlüpften Entenküken springen aus der Nisthöhle und folgen dem Weibchen zum Wasser.

MARKANTER SCHOPF Bei der Balz stellt der Mandarin-Erpel Halsfedern, Schopf und „Segel" auf, um die Weibchen zu beeindrucken.

Pfeifente

FAMILIE Anatidae
ART *Anas penelope*
LÄNGE 46 cm
HABITAT Seen/Sumpfgebiete
GELEGEGRÖSSE 7–8

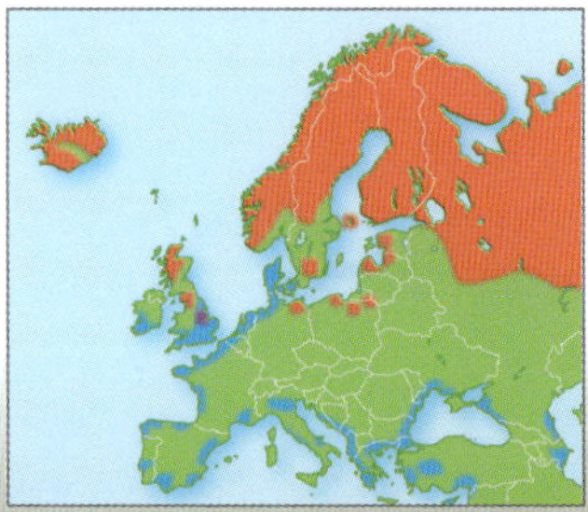

VERBREITUNG Standvogel in NW-Europa und Island; Brutvogel (Sommergast) in N-Europa und Skandinavien.

DIE KLEINE, kompakte Gründelente ernährt sich vom Pflanzenwuchs in Sümpfen und auf Agrarflächen und wird fast immer in Gewässernähe angetroffen. In rastenden und Futter suchenden Trupps kann man häufig das typische pfeifende „Huihu" des Männchens hören; der Ruf des Weibchens ist leise schnurrend. Pfeifenten-Erpel besitzen sehr farbenprächtiges Gefieder mit rostbraunem Kopf, cremefarbenem Scheitel und auffälliger weißer Linie am ansonsten grauen Flügel. Im Flug ist ein großes weißes Flügelfeld sichtbar. Die Weibchen sind wesentlich unscheinbarer – das Gefieder ist überwiegend graubraun gefleckt mit grünem Flügelspiegel. Sie lassen sich von anderen ähnlichen Entenarten durch ihren rundlicheren Kopf, kurzen Schnabel und kurzen, spitzen Schwanz unterscheiden. Im Flug ist die weiße Unterseite von Männchen und Weibchen sichtbar. Die Erpel haben im Schlichtkleid bräunliche Flanken und keinen hellen Scheitel. Pfeifenten leben meistens in großen Trupps und ziehen zum Überwintern nach Südeuropa und Nordafrika.

PFEIFENTEN-ERPEL Typisch für den Erpel sind kurzer Schnabel, steile Stirn, rostbraune Kopfseiten und cremefarbener Scheitel. Pfeifenten treten häufig in gemischten Trupps mit anderen Enten auf.

Stockente

FAMILIE Anatidae
ART *Anas platyrhynchos*
LÄNGE 58 cm
HABITAT Seen/Feuchtgebiete
GELEGEGRÖSSE 10–12

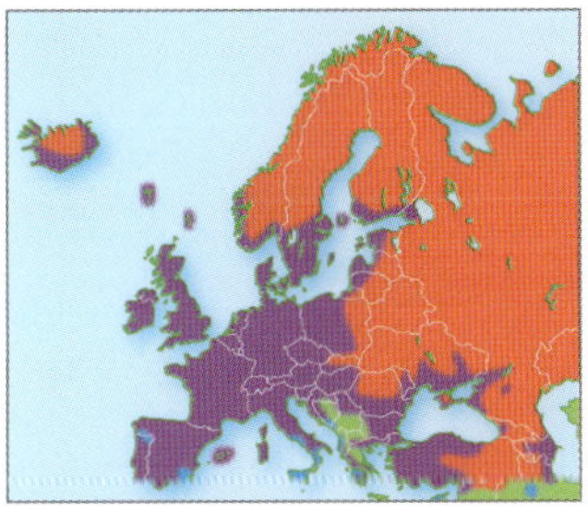

VERBREITUNG Fast in ganz Europa häufig und verbreitet, brütet im äußersten Norden jedoch nur als Sommergast; ein Teil der Vögel überwintert in N-Afrika.

STOCKENTEN SIND als bekannteste und häufigste europäische Entenart in fast allen aquatischen Lebensräumen verbreitet. Die Gefiederfarbe des Erpels – glänzend grüner Kopf mit weißem Halsring, gelbem Schnabel und brauner Brust – kommt in dieser Kombination bei keiner anderen Wildente vor. Das Weibchen ist unauffällig braun gefleckt; beide Geschlechter haben einen grünen Flügelspiegel. Stockenten sind zur Brutzeit sehr heimlich, das Weibchen nistet im Ufergebüsch oder an anderen versteckten Orten. Die Stockente ist die Stammform der Hausente.

PARKVÖGEL Stockenten treten fast immer paarweise auf und sind in städtischen Parks sehr häufig. Bei regelmäßiger Fütterung werden sie recht zahm.

Knäkente

FAMILIE Anatidae
ART *Anas querquedula*
LÄNGE 38 cm
HABITAT Sümpfe/Schilfgebiete
GELEGEGRÖSSE 8–11

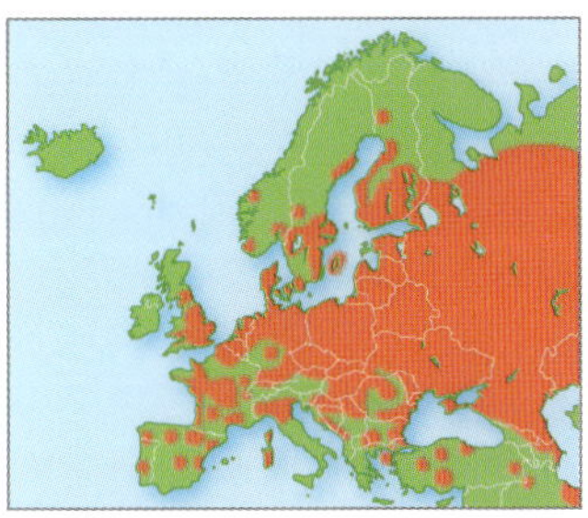

VERBREITUNG Nur als Brutvogel (Sommergast) in Europa, fehlt jedoch im äußersten Westen und Norden; überwintert auf der Iberischen Halbinsel und in N-Afrika.

DER MERKWÜRDIGE, knarrende Ruf des Knäkenten-Erpels gibt oft den einzigen Hinweis auf die Anwesenheit dieser kleinen, heimlichen Entenart. Wie die ähnliche Krickente (*siehe* S. 68) kommt sie nur selten in großer Zahl vor. Bei guter Sicht ist der weiße Überaugenstreif des Erpels ein Erkennungsmerkmal; im Flug fallen die graublauen Vorderflügel auf. Das Weibchen ist sehr unauffällig braun gefleckt, weist jedoch einen hellen Fleck an der Schnabelbasis und einen blassen Überaugenstreif auf. Im Frühling können Knäkenten in kleinen Trupps auftreten, doch sie brüten verstreut.

UNVERKENNBAR Knäkenten gehören zu den kleinsten Entenarten. Der Erpel hat ein sehr typisches Sommerkleid.

Dunkelente

FAMILIE Anatidae
ART *Anas rubripes*
LÄNGE 53–61 cm
HABITAT Sumpfgebiete/Seen
GELEGEGRÖSSE 1–12

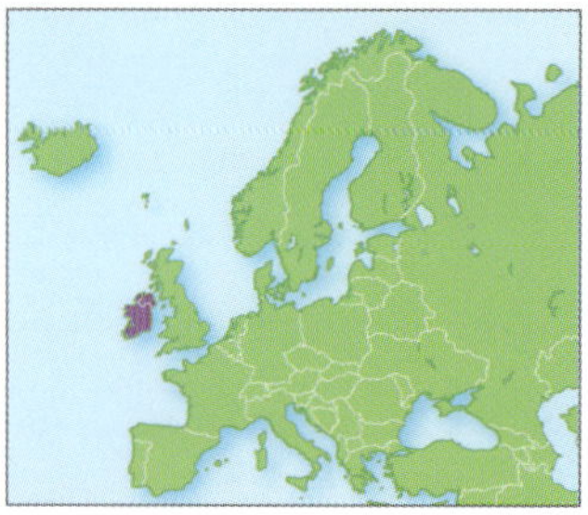

VERBREITUNG Nordamerikanischer Irrgast oder Gefangenschaftsflüchtling, der in W-Europa auftreten kann.

DIE AUS NORDAMERIKA stammende Art wirkt sehr dunkel und gleicht mit ihrem braungrauen Gefieder einer dunklen weiblichen Stockente (*siehe* S. 71). Ein einzelner Dunkelenten-Erpel fällt in einem Trupp von Stockenten-Weibchen jedoch sofort auf: Der Kopf ist hell gelblich braun, der Schnabel gelbgrün wie beim Stockenten-Erpel. Der Kopf des Weibchens ist grauer als der des Erpels, der Schnabel wirkt im Vergleich unscheinbar. Füße und Beine sind leuchtend rotorange. Der türkisfarbene bis purpurblaue Flügelspiegel ist nur schwer zu erkennen, da er nicht – wie bei der Stockente – durch weiße Ränder abgesetzt ist. Der Flügelspiegel des Weibchens ist grünblau. Dunkelenten kommen nach schweren Atlantikstürmen als seltene Irrgäste in Europa vor – hauptsächlich auf den Britischen Inseln – und gesellen sich gerne zu ähnlichen Entenarten wie Stockenten. Beiderseits des Atlantiks ist es zu Kreuzungen mit Stockenten gekommen, aus denen Hybriden mit merkwürdiger Gefiederfärbung hervorgehen, die schwer zuzuordnen sind. Einige Wissenschaftler ordnen die Dunkelente nicht als eigenständige Art ein, sondern als dunklere Unterart der Stockente. Die Stimme ist ähnlich, doch etwas tiefer als bei der Stockente. Die ursprünglichen Brutgebiete der Dunkelente sind Seen, Teiche und Sumpfgebiete im östlichen Kanada.

ERKENNUNGSZEICHEN FLÜGEL Im Flug kann man den charakteristischen weißen Unterflügel der Dunkelente deutlich erkennen.

Brautente

FAMILIE Anatidae
ART *Aix sponsa*
LÄNGE 43–51 cm
HABITAT Waldseen
GELEGEGRÖSSE 9–12

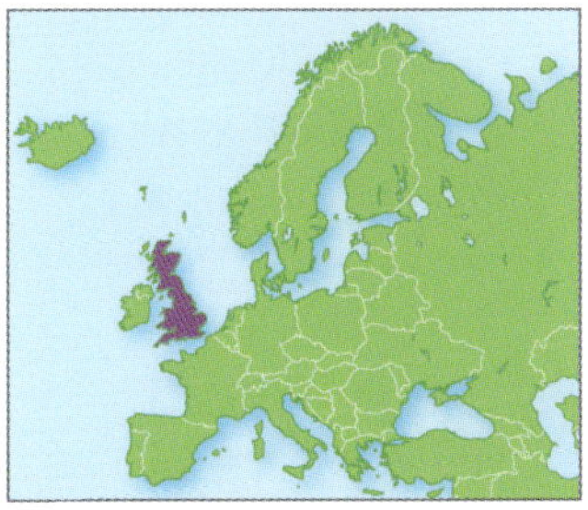

VERBREITUNG Nordamerikanische Art, oft als Ziergeflügel gehalten; kann als Gefangenschaftsflüchtling kleine Brutpopulationen bilden (in Deutschland nicht stabil).

DIE ETWAS größeren Brautenten sind nahe verwandt mit Mandarinenten (*siehe* S. 69) und kommen in ganz ähnlichen Lebensräumen vor. Die farbenprächtige Art ist als Wildvogel in Europa sehr selten – außerhalb von Vogelparks trifft man sie meistens gemeinsam mit anderen Gefangenschaftsflüchtlingen in städtischen Parks mit Seen und Baumbestand an. Der metallisch blaugrün glänzende Kopf des Erpels ist von dünnen weißen Linien durchzogen, die Flanken sind gelbbraun. Der Schnabel ist rot mit schwarzer Spitze, das Auge leuchtend rot. Das Weibchen gleicht dem Mandarinenten-Weibchen, ist jedoch insgesamt dunkler und hat mehr Weiß ums Auge.

KOPFMUSTER Das typische Kopfgefieder des Brautenten-Erpels erleichtert die Bestimmung dieser seltenen Entenart. Brautenten sitzen gerne auch auf Bäumen.

Schnatterente

FAMILIE Anatidae
ART *Anas strepera*
LÄNGE 51 cm
HABITAT Sumpfgebiete
GELEGEGRÖSSE 8–12

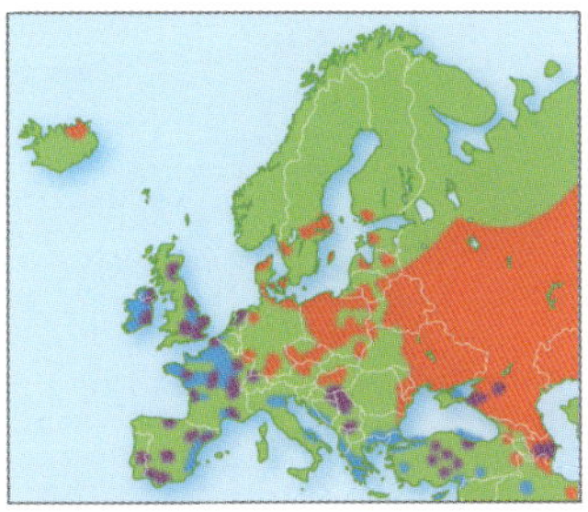

VERBREITUNG In Island und W-Europa verstreut verbreitet, als Sommergast in O-Europa; überwintert in milderen, oft küstennahen Gebieten im Süden und Westen.

BEIM SCHNATTERENTEN-ERPEL sind die schwarzen Unterschwanzdecken das auffälligste Merkmal des ansonsten einförmig graubraunen Gefieders. Das sehr auffällige graumelierte Gefiedermuster auf der Brust sieht man nur von Nahem. Im Flug ist bei Männchen und Weibchen ein kleiner weißer Flügelspiegel zu erkennen. Das Weibchen erinnert an ein sehr schlankes Stockenten-Weibchen (*siehe* S. 71), allerdings mit orangefarbener Schnabelseite. Schnatterenten bevorzugen Binnenseen mit Schilfbeständen und schlammigem Flachwasserbereich.

UNSCHEINBAR Von allen Gründelenten ist das Männchen der Schnatterente am unauffälligsten. Charakteristisch ist jedoch der weiße Flügelspiegel.

Marmelente

FAMILIE Anatidae

ART *Marmaronetta angustirostris*

LÄNGE 41 cm

HABITAT Sumpfgebiete/Teiche

GELEGEGRÖSSE 9–13

VERBREITUNG Sehr seltener Sommergast in SW-Europa, im Bestand abnehmend; weitere Populationen im Mittleren Osten und in N-Afrika.

DER BESTAND dieser heimlichen, kleinen Gründelente geht in ihren traditionellen Brutgebieten (kleinen, seichten Teichen mit gutem Pflanzenwuchs) in Südwesteuropa immer stärker zurück. Wenn die Vögel im Frühling ins Brutgebiet zurückkehren, nehmen sie ein Revier in Besitz und verhalten sich still und heimlich. Sie rufen nur selten. Während der Balz lassen die Männchen jedoch ein hohes quiekendes Pfeifen ertönen. Die Nester werden in dichtem Pflanzenwuchs versteckt, auch relativ weit von Gewässern entfernt – sogar auf alten Strohdächern von Bootshäusern! Männchen und Weibchen sind sehr ähnlich und besitzen keinen auffälligen Flügelspiegel. Sie sind durch das getupfte Gefieder im gesprenkelten Licht des Röhrichts perfekt getarnt. Im Flug sind ein heller Fleck am Flügelbug und die dunkle Flügelspitze zu erkennen. Der Unterflügel ist weiß; die Augenpartie ist dunkel und bildet einen starken Kontrast zu hellerem Gesicht und Kehle. Der dunkle, lange und schlanke Schnabel ähnelt dem der deutlich größeren Spießente (*siehe* S. 67). Manchmal ist beim Männchen ein deutlicher Schopf zu erkennen. Jungvögel gleichen den Altvögeln, doch der Kopf ist glatter und die Flanken sind gestreift statt gefleckt. Marmelenten wechseln nach der Brutzeit von Röhrichten und Sümpfen zu offenen Gewässern; manchmal tauchen sie sogar auf kurzlebigen Gewässern in der Wüste auf.

GEFLECKTES GEFIEDER Die Marmelente lässt sich am besten anhand ihres hellbraun und weiß getupften Gefieders und der dunklen Augenpartie bestimmen.

Kolbenente

FAMILIE Anatidae
ART *Netta rufina*
LÄNGE 56 cm
HABITAT Seen mit Röhricht
GELEGEGRÖSSE 6–12

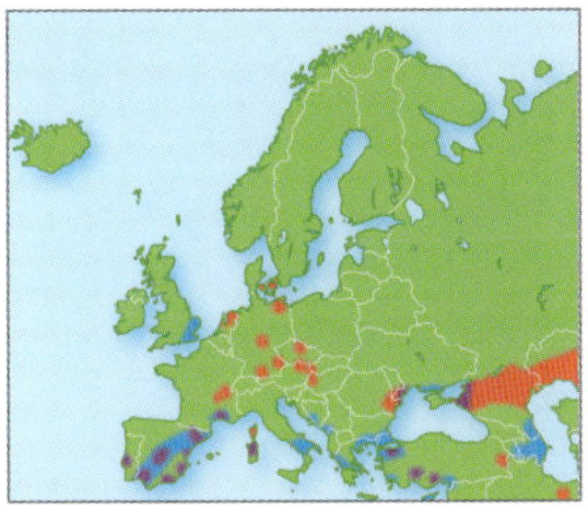

VERBREITUNG Verstreut in Mitteleuropa anzutreffen; die meisten Vögel ziehen im Winter zu den West- und Südküsten des Kontinents; einige Vögel sind Gefangenschaftsflüchtlinge.

GROSSE ENTE mit langem Körper sowie weißem, im Flug sichtbarem Flügelfeld. Der Kopf des Erpels ist groß und orangerot mit kontrastierendem, langem korallenroten Schnabel. Der übrige Körper ist schwarz mit hellen Flanken. Das Weibchen ist etwa gleich groß, hat aber eine gedämpftere Gefiederfärbung und einen dunkelgrauen Schnabel mit rosa Spitze. Im Schlichtkleid sehen die Männchen eher wie Weibchen aus, behalten aber das rote Auge und den roten Schnabel bei, während die Jungvögel den Weibchen sehr stark gleichen. Kolbenenten bevorzugen seichte Seen mit Schilfbewuchs, wo sie am Rand nach Nahrung gründeln können.

ENTE UND ERPEL Ein Paar Kolbenenten demonstriert den auffälligen Gefiederunterschied zwischen dem markant gefärbten Männchen und dem Weibchen.

Tafelente

FAMILIE Anatidae
ART *Aythya farina*
LÄNGE 46 cm
HABITAT Seen/Sumpfgebiete
GELEGEGRÖSSE 6–11

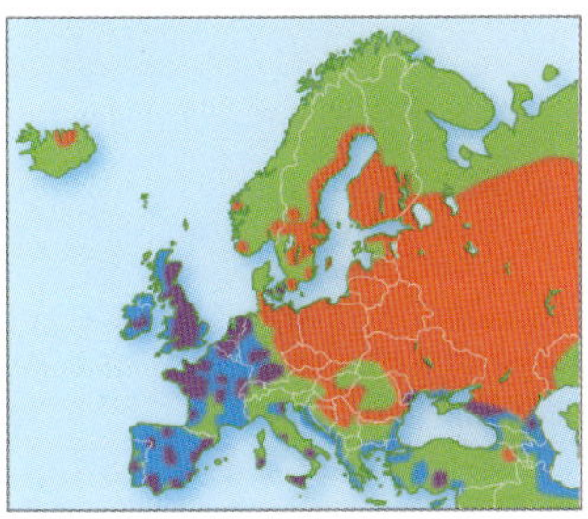

VERBREITUNG Verbreiteter Standvogel in Teilen von W-Europa; ein Großteil zieht zum Brüten ostwärts und überwintert im Süden und Westen.

DAS MÄNNCHEN der Tafelente besitzt einen klar abgesetzten dunkelbraunen Kopf und Hals, eine schwarze Brust und graue Oberseite, die auch aus der Ferne gut zu erkennen sind. Die Weibchen sind etwa gleich groß, doch das Gefieder ist heller graubraun. Die steile Stirn des Erpels ist im Profil gut zu erkennen. Jungvögel sehen wie eine braunere Version der Weibchen aus. Tafelenten tauchen nicht nur im offenen Wasser, sondern gründeln auch im Flachwasser.

ROTES AUGE Das leuchtend rote Auge des Tafelenten-Erpels hebt sich deutlich vom braunen Kopf ab und bleibt sogar im Schlichtkleid erhalten.

Reiherente

FAMILIE Anatidae
ART *Aythya fuligula*
LÄNGE 43 cm
HABITAT Seen/große Flüsse
GELEGEGRÖSSE 5–12

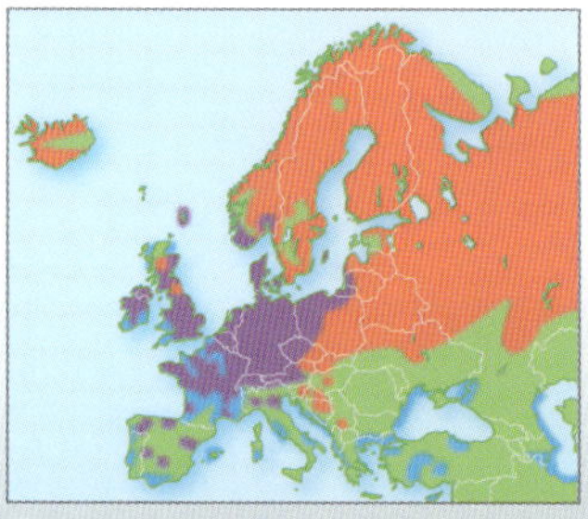

VERBREITUNG Standvogel in W- und Mitteleuropa; ein Großteil der Population brütet im Sommer in NO-Europa, Skandinavien und Island.

DIE REIHERENTE ist eine kleine Tauchente mit markantem, glänzend schwarz-weißem Gefieder und leuchtend gelbem Auge. Während der Brutzeit bilden die Erpel einen langen hängenden Schopf aus. Die dunkelbraunen Weibchen – ebenfalls mit gelber Iris – entwickeln am Hinterkopf einen sehr kurzen Schopf, außerdem manchmal auch eine weiße Schnabelbasis. Die Jungvögel gleichen den Weibchen, der Schopf ist jedoch noch kürzer. Bei beiden Geschlechtern ist im Flug ein breiter weißer Flügelstreif zu erkennen, obwohl der Erpel insgesamt viel dunkler wirkt. Reiherenten halten sich gewöhnlich in kleinen Trupps auf der Mitte von großen Seen auf und tauchen dort bis zum Grund nach Nahrung. Zur Brutzeit sind sie recht heimlich und einzelgängerisch, bilden aber auf dem Zug auch große Trupps, die sich meistens auf Binnenseen, gelegentlich aber auch an geschützten Küstenabschnitten, aufhalten. Reiherenten sind auch in vielen städtischen Parks anzutreffen.

TYPISCHES AUSSEHEN Ein Erpel im Brutkleid – auffällig der lange Schopf am Hinterkopf. Reiherenten sind oft auf Seen in städtischen Parks anzutreffen.

Bergente

FAMILIE Anatidae
ART *Aythya marila*
LÄNGE 48 cm
HABITAT Seen/Küsten
GELEGEGRÖSSE 6–15

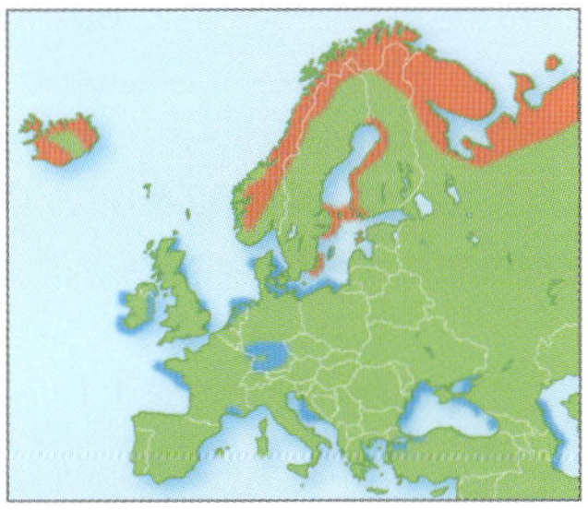

VERBREITUNG Brutvogel (Sommergast) in Island, Skandinavien und N-Russland; überwintert an geschützten Küsten im Süden und Westen.

BEI SCHLECHTER Sicht kann man die Bergente mit der etwas kleineren Reiherente verwechseln, doch das Rückengefieder des Erpels ist hellgrau, der dunkle Kopf schimmert grünlich, und der Schopf fehlt. Bergenten-Weibchen ähneln den weiblichen Reiherenten, allerdings verläuft rund um die Schnabelbasis ein großes weißes Schnabelband, und das Rückengefieder ist grau meliert. Bergenten bevorzugen sehr große Hochlandseen oder geschützte Fjorde und Meeresbuchten, wo sie nach kleinen Mollusken tauchen. Im Winter sind sie manchmal in großen Trupps anzutreffen, die sich fernab vom Land auch über tiefem Wasser aufhalten.

GRÜNER KOPF In der Sonne schimmert das Kopfgefieder des Bergenten-Erpels metallisch grün; aus der Ferne wirkt der rundliche Kopf eintönig schwarz.

Moorente

FAMILIE Anatidae
ART *Aythya nyroca*
LÄNGE 41 cm
HABITAT Seen/Sumpfgebiete
GELEGEGRÖSSE 7–11

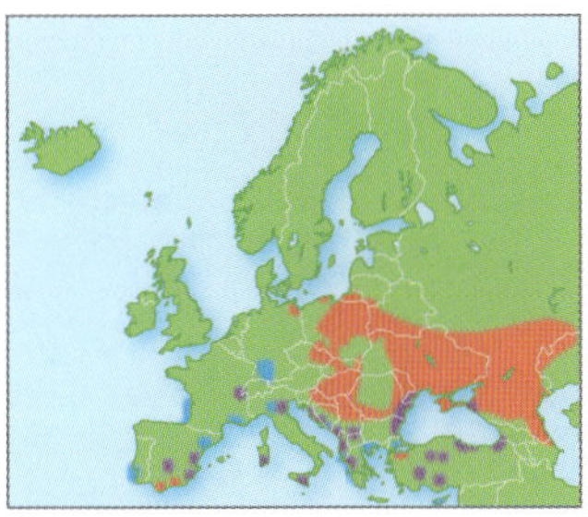

VERBREITUNG Standvogel und Teilzieher in Zentral- und O-Europa, dem Mittleren Osten und N-Afrika; in W-Europa selten.

SEHR CHARAKTERISTISCHE kleine Ente, deren Gefieder dunkel kastanienbraun ist; beim Männchen fällt außerdem das weiße Auge auf. Bei beiden Geschlechtern ist das Rückengefieder dunkler als Flanken und Kopf; die Jungvögel sind braun statt kastanienbraun. Auffällig sind ebenfalls die weißen Unterschwanzdecken bei Männchen und Weibchen. Die Stirn wirkt im Profil steil, der deutliche weiße Flügelstreif und das weiße Bauchfeld sind im Flug gut zu erkennen. Die Moorente ist sehr selten und kommt gewöhnlich nur in geringer Zahl auf großen, seichten Seen, Teichen und in Sümpfen vor.

KASTANIENBRAUN Die scheue Moorente hält sich meistens im Röhricht auf, wagt sich aber manchmal auf offenes Wasser.

Eiderente

FAMILIE Anatidae

ART *Somateria mollissima*

LÄNGE 58 cm

HABITAT Felsküsten

GELEGEGRÖSSE 4–6

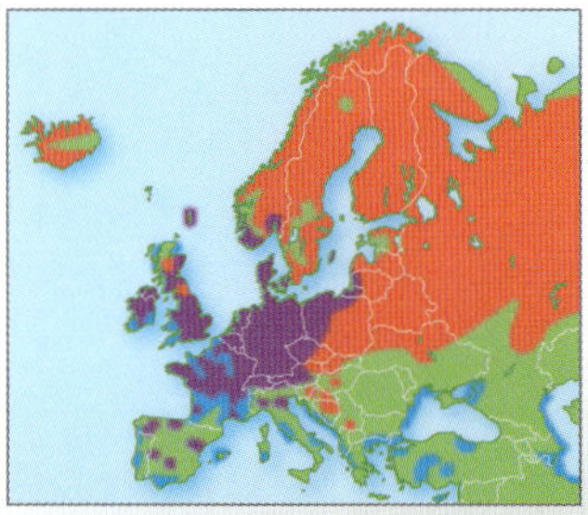

VERBREITUNG Standvogel an den Küsten von NW-Europa; ein Teil zieht zum Überwintern südwärts an die Nordseeküste.

GROSSE, KRÄFTIGE Ente mit massivem keilförmigen Schnabel, mit dessen Hilfe sie große Mollusken vom Meeresboden ablöst. Das Gefieder der Weibchen ist ganzjährig braun. Die Erpel sind während der Brutzeit oberseits hauptsächlich weiß, Flanken und Scheitel sind schwarz, die Halsseiten lindgrün. Nach der Mauser im Spätsommer ist das Gefieder der Erpel überwiegend dunkel mit weißen Flügelbereichen. Ausgewachsene Jungvögel ähneln mit ihrem braunen, fein gemusterten Federkleid den Weibchen. Die Erpel rufen in der Brutzeit laut schallend „ahoooh-eh" (uhuähnlich); die Weibchen schnattern mit leise gackernder Stimme. Nach der Brutzeit versammeln sich die mausernden Männchen in großen Trupps über Muschelbänken auf offener See und suchen dort nach Nahrung. Die Weibchen ziehen ihre Küken gemeinsam mit anderen Weibchen in „Kindergärten" auf und halten sich von den Männchen fern. Die weichen Daunen des Weibchens dienen zum Auspolstern des Nests; sie werden nach der Brutzeit besonders in Island gesammelt, um beispielsweise Kissen zu füllen.

BRUTKLEID Dieser Eidererpel zeigt die typische Kopfform mit flacher Stirn. Das Weibchen ist braun.

Prachteiderente

FAMILIE Anatidae
ART *Somateria spectabilis*
LÄNGE 56 cm
HABITAT Arktische Küsten
GELEGEGRÖSSE 4–7

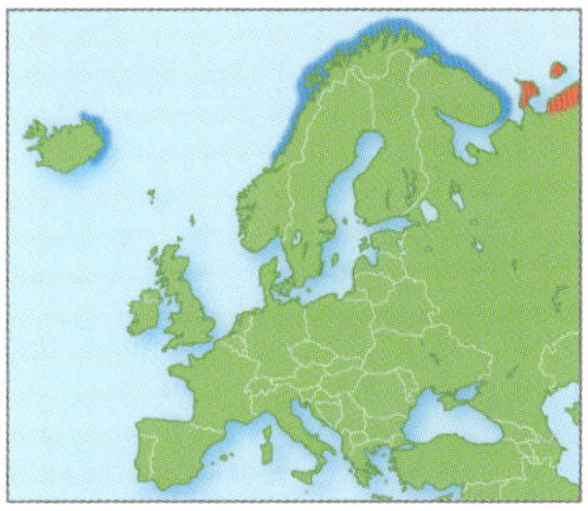

VERBREITUNG Seltener Wintergast aus der hohen Arktis; zieht zu geschützten Küstenabschnitten in N-Skandinavien und Island, in strengen Wintern weiter südwärts.

DER MARKANTE Prachteider-Erpel ist der einzige Wasservogel, der aus der Ferne von vorne hell und von hinten dunkel wirkt. Aus der Nähe ist die farbenfrohe Kopfzeichnung besser zu erkennen – wenn Prachteiderenten und gewöhnliche Eiderenten gemeinsam vorkommen, fallen der orangerote Schnabel und Schnabelhöcker besonders stark auf. Das Brutkleid der Männchen zeigt kurze schwarze „Flügelsegel", die auch nach der Mauser, wenn die Vögel insgesamt unscheinbar wirken, erhalten bleiben. Der Kopf des Weibchens ist rundlicher, das Gefieder braun gefleckt. Aus bestimmten Blickwinkeln lassen sich die kurzen Flügelsegel erkennen. Der gurrende Balzruf der Erpel erinnert an balzende Birkhähne.

KOPFPUTZ Der orangerote Schnabelhöcker des Prachteider-Erpels ist auch im Profil und bei schlechter Sicht gut zu erkennen und im Brut- oder Schlichtkleid ein wichtiges Bestimmungsmerkmal.

Scheckente

FAMILIE Anatidae
ART *Polysticta stelleri*
LÄNGE 46 cm
HABITAT Tundra/Küsten
GELEGEGRÖSSE 6–8

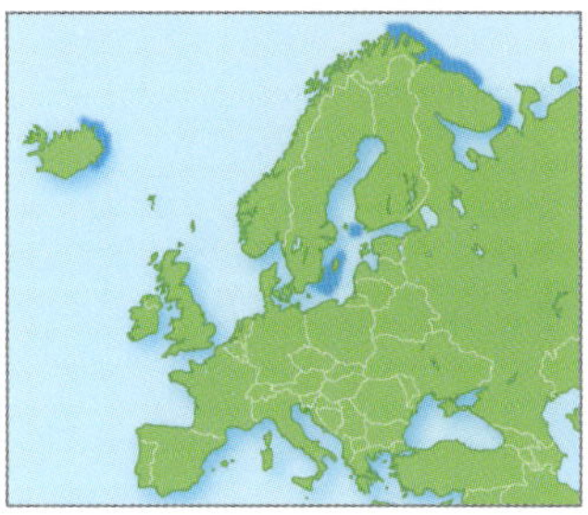

VERBREITUNG Sehr seltener Wintergast an nördlichen Küsten, in N-Norwegen häufiger auch übersommernd; brütet an den Küsten der hohen Arktis.

SCHECKENTEN GEHÖREN zu den Eiderenten, sind aber deutlich kleiner und ähneln eher den Gründelenten, denn der blaugraue Schnabel ist kürzer und nicht so keilförmig. Die Vögel tauchen auch, gründeln aber hauptsächlich im Flachwasser. Die Erpel haben einen weißen Kopf mit zwei grünen Flecken, eine schwarz-weiße Oberseite und rotbraune Flanken. Die Weibchen sind dunkelbraun mit einem weißgerandeten violetten Flügelspiegel. Außerhalb des Brutgebiets sind Scheckenten meistens schweigsam, stoßen jedoch einen pfeifenden Flugruf aus.

ERPEL Dieser Erpel sucht am Strand im Seetang nach Nahrung. Scheckenten sind zwar gute Taucher, gründeln aber lieber in Landnähe nach Futter.

EIDERENTEN IM SCHNEE (*siehe* S. 78) Eine Gruppe von Eiderenten rastet auf einem Eisfloß in der Arktis – das dichte Daunengefieder schützt hervorragend gegen die extreme Kälte. Nur das Federkleid der Erpel ist farbenprächtig.

Samtente

FAMILIE Anatidae
ART *Melanitta fusca*
LÄNGE 56 cm
HABITAT Taiga-Seen/Küsten
GELEGEGRÖSSE 7–10

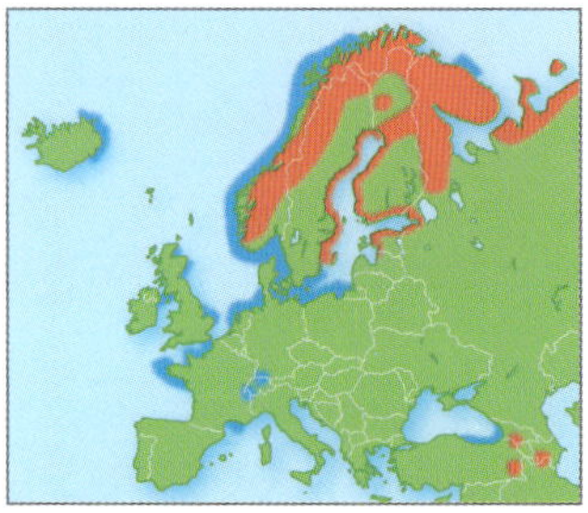

VERBREITUNG Standvogel an den Küsten von N-Skandinavien und Ostsee, im Sommer auch an Taiga-Seen; überwintert auf Nord- und Ostsee; seltener Wintergast im deutschen Binnenland.

DUNKLE, PLUMPE Meeresente, beide Geschlechter mit weißem Flügelspiegel und roten Füßen. Der sehr dunkle Erpel besitzt einen halbmondförmigen weißen Unteraugenfleck und orangegelbe Schnabelseiten. Die von der Größe ähnlichen Weibchen und Jungvögel sind viel brauner und haben zwei helle Gesichtsflecken. Samtenten versammeln sich im Winter mit anderen Entenarten an der Küste.

AUGENFLECK Der keilförmige orangegelbe Schnabel, die roten Beine und der weiße Augenfleck unterscheiden den Samtenten-Erpel von anderen Meeresenten.

Trauerente

FAMILIE Anatidae
ART *Melanitta nigra*
LÄNGE 48 cm
HABITAT Küsten/Fjäll/Tundra
GELEGEGRÖSSE 6–9

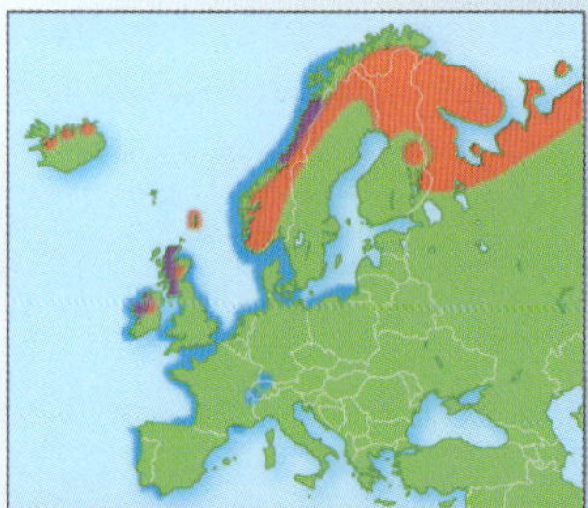

VERBREITUNG Brütet in Skandinavien, im Norden der Britischen Inseln, Island und N-Russland; überwintert an den Küsten von NW-Europa.

TRAUERENTEN-ERPEL sind die einzigen schwarzen Wasservögel in Europa – eine kleine Aufhellung sind nur der orangefarbene Schnabelfleck und die etwas helleren Schwungfedern, die im Flug sichtbar werden; bei den Jungvögeln ist die Unterseite hell. Weibchen und Jungvögel sind rußbraun mit helleren Kopf- und Halsseiten. Unterscheidungsmerkmale zur Samtente sind im Wasser der gestelzte, spitze Schwanz und der dünnere Hals. Im Winterquartier versammeln Trauerenten sich in riesigen Trupps zur Nahrungssuche.

SCHWIMMER Trauerenten sind sehr gute Schwimmer und überwintern meistens in sehr großen Trupps in Küstennähe. Der keilförmige Schnabel dient zum Ablösen von Muscheln am Meeresgrund.

Schellente

FAMILIE Anatidae
ART *Bucephala clangula*
LÄNGE 46 cm
HABITAT Seen/Küsten
GELEGEGRÖSSE 6–11

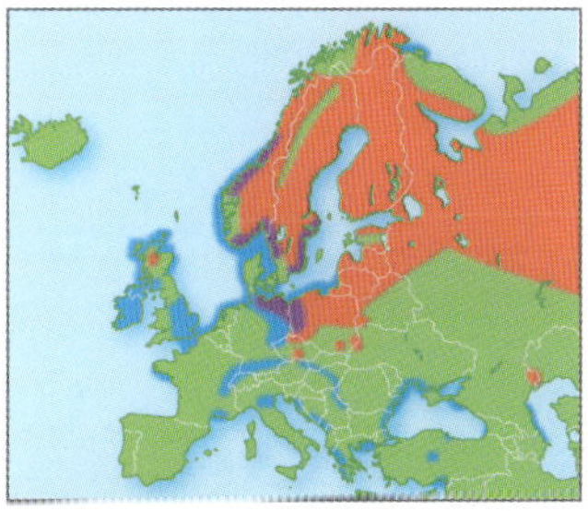

VERBREITUNG Verbreiteter Brutvogel in Skandinavien, NO-Europa und Russland; zieht zum Überwintern süd- und westwärts zu eisfreien Seen und Küsten.

TYPISCHE TAUCHENTE mit hohem rundlichen Kopf. Das Gefieder der Erpel ist schwarz-weiß mit dunklem, grün glänzendem Kopf und weißem Wangenfleck. Die Weibchen sind dunkler; der dunkelbraune Kopf besitzt keinen Wangenfleck. Bei den Altvögeln ist die Iris (des Auges) leuchtend gelb. Jungvögel ähneln den Weibchen, haben jedoch braune Augen. Im Flug fallen die weißen Flügelfelder und der große rundliche Kopf auf.

WASSERLEBEN Schellenten verbringen die meiste Zeit auf dem Wasser und tauchen nach kleinen Mollusken.

Spatelente

FAMILIE Anatidae
ART *Bucephala islandica*
LÄNGE 53 cm
HABITAT Seen/Flüsse/Küsten
GELEGEGRÖSSE 8–14

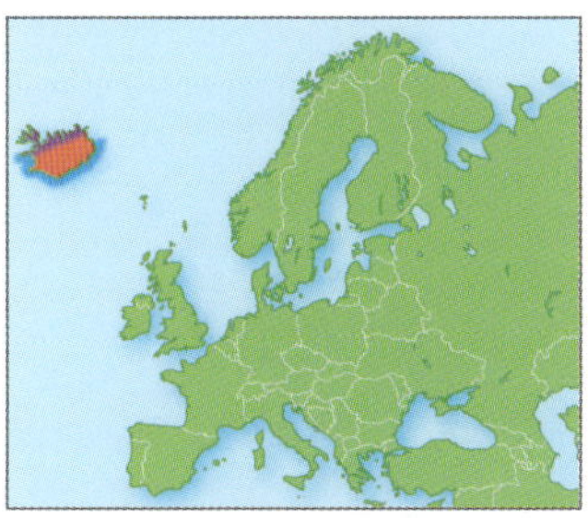

VERBREITUNG Selten außerhalb von Island; brütet dort an großen Seen und Flüssen; zieht zum Überwintern an geschützte Küstenabschnitte.

SPATEL- UND Schellenten sind auf den ersten Blick ähnlich; die Spatelenten sind jedoch größer, und der Erpel hat einen violett glänzenden Kopf mit halbmondförmigem weißen Fleck zwischen Schnabel und Auge. Der Kopf wirkt rundlicher, und der Schnabel ist etwas kürzer. Das Gefieder der Weibchen und Jungvögel wie auch der Männchen im Schlichtkleid ist überwiegend graubraun. Spatelenten kommen auf flachen Seen und an geschützten Küstenabschnitten zu großen Trupps zusammen.

GLÄNZENDER KOPF Der Spatelenten-Erpel lässt sich anhand seines rundlichen, schwarzviolett glänzenden Kopfes und des halbmondförmigen weißen Wangenflecks gut bestimmen.

Zwergsäger

FAMILIE Anatidae
ART *Mergellus albellus*
LÄNGE 41 cm
HABITAT Seen/Flüsse/Küsten
GELEGEGRÖSSE 6–9

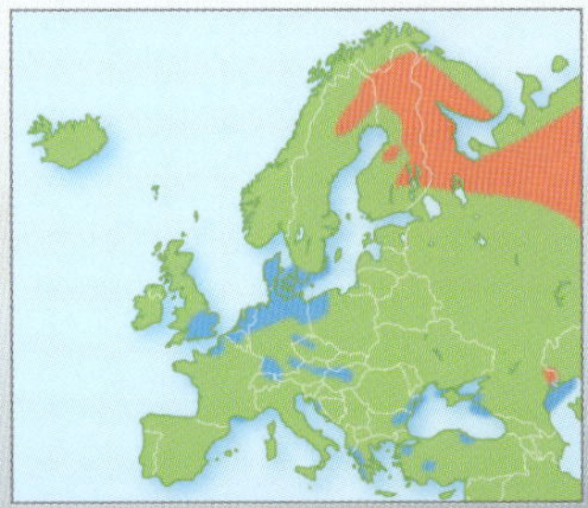

VERBREITUNG Seltener Brutvogel in Skandinavien und NO-Europa; zieht südostwärts, um an eisfreien Seen und Küstenabschnitten zu überwintern.

IM BRUTKLEID und auf dem Wasser erscheint der Zwergsäger-Erpel fast völlig weiß, doch im Flug wirkt das Gefieder stärker schwarz-weiß gescheckt. Der weiße Kopf trägt einen großen schwarzen Augenfleck, Flanken und Flügel besitzen dünne schwarze Streifen, die untere Seitenpartie ist grau. Die Weibchen sind insgesamt graubraun; auffällig sind der rotbraune Oberkopf und die weißen Wangen. Beide Geschlechter sind scheu und rastlos, tauchen sehr häufig und fliegen bei Störung in die verschiedensten Richtungen davon. Jungvögel und Erpel im Schlichtkleid ähneln den Weibchen, das Gefieder ist jedoch viel grauer, der Kopf rötlich. Im Winter versammeln sich manchmal kleine Trupps in nahrungsreichen Schilfbeständen.

KLEINER SÄGER Der Zwergsäger ist der kleinste Säger – hierzu zählen Tauchenten mit einem an den Kanten gesägten Schnabel, der besonders dem Fischfang dient.

Gänsesäger

FAMILIE Anatidae
ART *Mergus merganser*
LÄNGE 58–66 cm
HABITAT Seen/Flüsse
GELEGEGRÖSSE 7–14

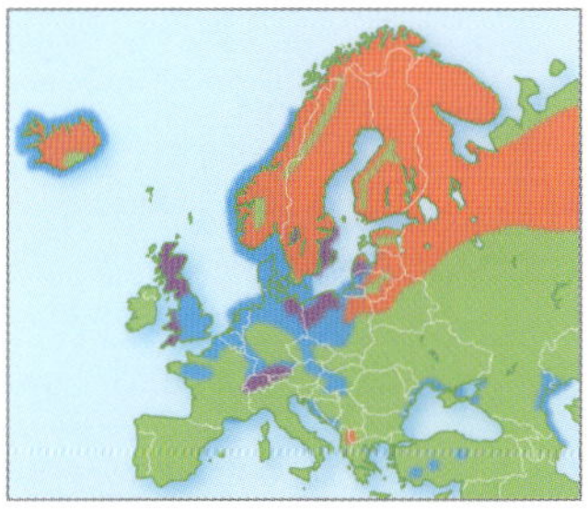

VERBREITUNG Standvogel in W-Europa; zieht zum Brüten nordwärts nach Skandinavien und Russland; überwintert an eisfreien Gewässern weiter südlich.

GÄNSESÄGER BESITZEN einen langen, stromlinienförmigen Körper und einen schmalen roten gesägten Hakenschnabel zum Ergreifen von Fischen, die tauchend in Seen und Flüssen erbeutet werden. Der Kopf des Erpels ist dunkelgrün schillernd, die Oberseite schwarz, die hellen Flanken mit lachsfarbenem Hauch. Weibchen und Jungvögel sind wesentlich grauer. Gänsesäger brüten einzeln in Baumhöhlen oder Felsspalten; im Winter können sie sich zu sehr großen Trupps zusammenfinden.

SCHOPF Der Kopf des Weibchens ist rotbraun, das Gefieder ansonsten überwiegend grau; der Schopf kann bei der Balz oder bei Störung aufgestellt werden.

Mittelsäger

FAMILIE Anatidae
ART *Mergus serrator*
LÄNGE 53–58 cm
HABITAT Seen/Küsten
GELEGEGRÖSSE 7–12

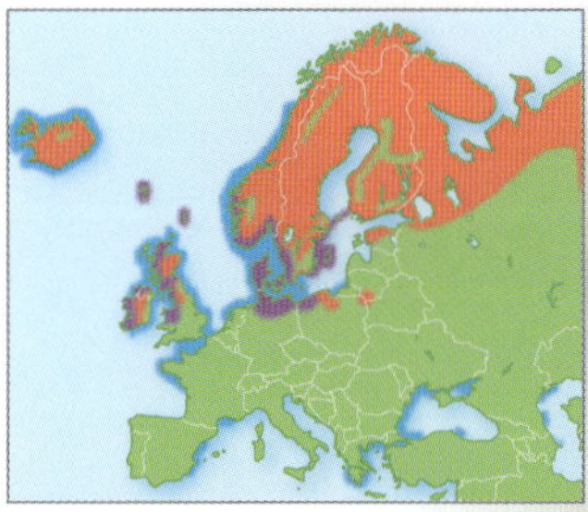

VERBREITUNG Verbreiteter Standvogel an den Küsten von NW-Europa, Island und Skandinavien; einige ziehen zum Brüten nordwärts und zum Überwintern nach Süden.

MITTELSÄGER SIND kleiner als Gänsesäger. Die Flanken sind grau, doch der bürstenartig „ausgefranste" Schopf ist auffälliger, und die rötlich braune Brust führt zu einem dunkleren Aussehen. Mittelsäger-Weibchen ähneln den Gänsesäger-Weibchen, haben aber einen kleineren Schopf, und die Begrenzung zwischen Hals- und Kopffärbung ist unscharf. Die Vögel halten sich in der Brutzeit und im Winter meistens an der Küste auf.

SCHOPFPRACHT Mittelsäger-Erpel sind bereits im Profil gut zu erkennen – der Schnabel ist lang und schmal, der Schopf wirkt zerfranst.

Schwarzkopf-Ruderente

FAMILIE Anatidae
ART *Oxyura jamaicensis*
LÄNGE 41 cm
HABITAT Flachseen
GELEGEGRÖSSE 6–10

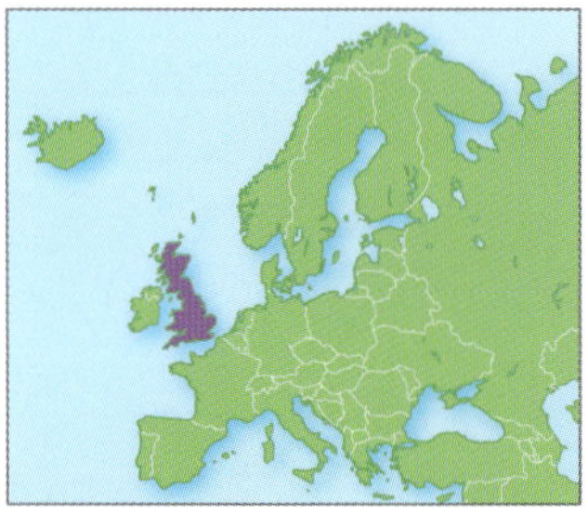

VERBREITUNG Ursprünglich nordamerikanische Art, die in Großbritannien eingebürgert wurde; kommt in S-England vermehrt vor und breitet sich von dort nach W-Europa aus.

DIESE TYPISCHEN Ruderenten zählen zur Gruppe der kleinen Tauchenten, die ihre langen, spitzen Schwanzfedern auch im Wasser „stelzen". Beim komplizierten Balzritual der Erpel werden die Schwanzfedern steil aufgerichtet und der Schnabel gegen die Brust geschlagen. Erpel besitzen ein weißes „Gesicht", einen blauen Schnabel und kastanienbraunes Gefieder; Weibchen und Jungvögel sind graubraun gefleckt mit hellerem Schnabel und gelbbraunem Gesicht. Ruderenten tauchen häufig, an Land sind sie dagegen recht unbeholfen. Schwarzkopf-Ruderenten kreuzen sich mit Weißkopf-Ruderenten und gefährden Letztere dadurch in ihrem Bestand.

GESTELZTE SCHWANZFEDERN Der Erpel richtet seine Schwanzfedern beim Balzritual auf, um das Weibchen anzulocken.

Weißkopf-Ruderente

FAMILIE Anatidae
ART *Oxyura leucocephala*
LÄNGE 46 cm
HABITAT Flache Teiche mit Röhricht
GELEGEGRÖSSE 5–12

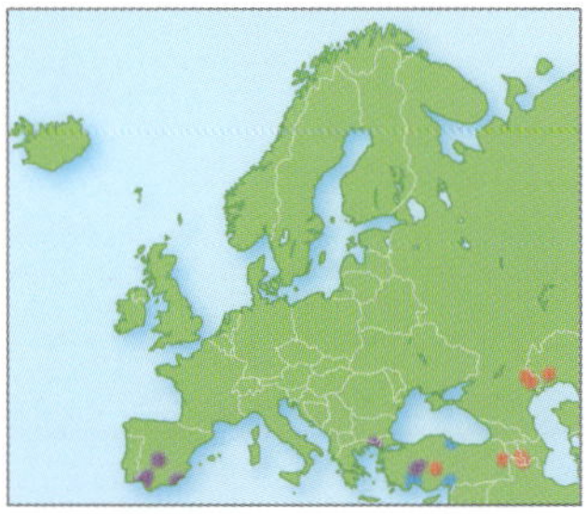

VERBREITUNG Seltener Standvogel mit lokaler Verbreitung: SW-Europa, östlicher Mittelmeerraum, Balkan und Türkei; im Sommer weiter östlich.

WEISSKOPF-RUDERENTEN SIND einerseits wegen der Hybridisierung mit Schwarzkopf-Ruderenten, andererseits wegen der Zerstörung ihres Lebensraums recht selten geworden. Der Kopf des Erpels ist überwiegend weiß mit blauem Schnabel (Kopf kann bei jungen Erpeln auch schwarz sein). Bei Weibchen und Jungvögeln sind Kopf und Schnabel dunkel, und das Gefieder ist stärker braun gefleckt.

AUFGETRIEBENE SCHNABELBASIS Beim unscheinbaren Weibchen der Weißkopf-Ruderente ist die aufgetriebene Schnabelbasis gut zu erkennen.

Eisente

FAMILIE Anatidae
ART *Clangula hyemalis*
LÄNGE 41–53 cm
HABITAT Küsten/Seen/Tundra
GELEGEGRÖSSE 5–9

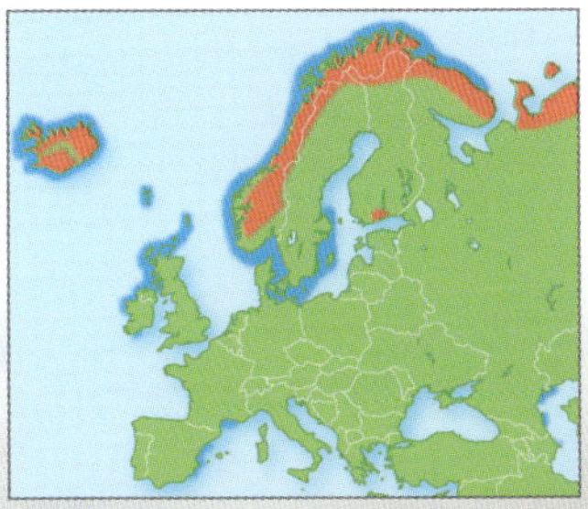

VERBREITUNG Brütet in Island und Skandinavien in Tundrengebieten; überwintert an eisfreien Küstenabschnitten an Nord- und Ostsee.

KLEINE UND kompakte Meeresente mit rundlichem Kopf und sehr kurzem Schnabel. Das Gefieder der Erpel ist im Winter überwiegend weiß mit schwarzer Brust, schwarzen Flügelfeldern und kastanienbraunem Rücken; doch im Sommer sind Kopf und Hals viel dunkler mit großem weißen Wangenfleck. Weibchen und Jungvögel sind brauner mit hellem Kopfseitenfleck. Eisenten sind häufige Wintergäste an bestimmten Küstenabschnitten, insbesondere an der Nord- und Ostsee, wo sie sich manchmal in großen Trupps versammeln. Sie sind ständig aktiv, tauchen nach Muscheln am Meeresgrund oder verfolgen sich gegenseitig. Manchmal fliegen sie plötzlich truppweise auf und sind nach der schnellen Landung extrem aufgeregt. Ende Mai sammeln sich Eisenten in großer Zahl in der Ostsee, bevor sie nach Norden zu ihren Brutplätzen ziehen. Dort sind sie eher Einzelgänger; die „jodelnden" Balzrufe sind charakteristisch für die Art.

SCHNABEL MIT ROSA BINDE Im Winter ist der Eisenten-Erpel durch seine extrem langen Schwanzfedern und den Schnabel mit rosa Binde unverkennbar.

FALCONIFORMES

Greifvögel

Diese Ordnung umfasst sehr große wie auch überraschend kleine Vertreter und zeigt damit die Anpassungsfähigkeit der Gruppe. Alle Falconiformes ergreifen ihre Beute, doch nicht alle sind aktive Jäger. Etliche Arten, besonders die Geier, sind primär Aasfresser, während andere nur bei Gelegenheit Aas zu sich nehmen. Alle besitzen einen Hakenschnabel und kräftige, klauenbewehrte Füße mit gekrümmten Zehen, sogenannte Fänge, um die Beute zu ergreifen und festzuhalten. Da Greifvögel an der Spitze der Nahrungskette stehen, ist ihre Zahl gering, und sie sind für ökologische Störungen anfällig.

Schwarzmilan

FAMILIE Accipitridae
ART *Milvus migrans*
LÄNGE 55 cm/ Spannweite 170 cm
HABITAT Offenes Gelände
GELEGEGRÖSSE 2–3

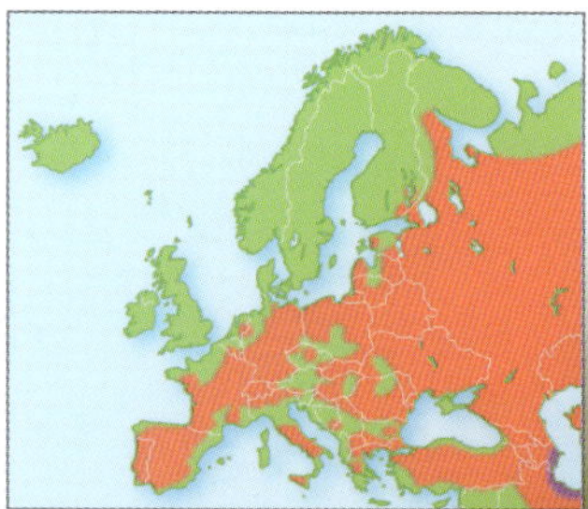

VERBREITUNG Brutvogel (Sommergast) in ganz Europa (bis Großbritannien und Skandinavien); überwintert in Afrika.

SCHWARZMILANE KOMMEN in vielen Lebensräumen vor und sind weltweit der häufigste Greifvogel. Sogar in Stadtnähe trifft man sie an, wo sie auf Mülldeponien nach Nahrung suchen; gewöhnlich werden Nagetiere und Kaninchen verzehrt.

NICHT SCHWARZ Trotz des Namens ist das Gefieder des Schwarzmilans nicht schwarz, sondern dunkelbraun und unterseits bräunlich.

Rotmilan

FAMILIE Accipitridae
ART *Milvus milvus*
LÄNGE 70 cm/ 185 cm Spannweite
HABITAT Offenes Gelände/Wald
GELEGEGRÖSSE 1–3

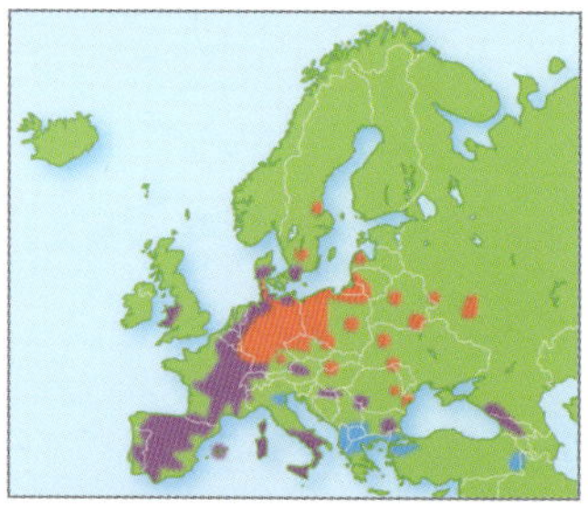

VERBREITUNG Standvogel: Iberische Halbinsel und angrenzende Gebiete; brütet in Mitteleuropa; in Wales eingebürgert.

ROTMILANE kommen in weiten Teilen Europas vor, doch das Hauptverbreitungsgebiet liegt in Deutschland, wo ungefähr die Hälfte der Weltpopulation brütet. Auffälliges Unterscheidungsmerkmal zum Schwarzmilan ist der stärker gegabelte Schwanz – daher auch die Bezeichnung Gabelweihen. Sie ernähren sich hauptsächlich von Kleinsäugern.

GEFÄHRDET Die Bestände des Rotmilans haben in den letzten Jahren durch den Einsatz von Rodentiziden (Mittel zur Bekämpfung von Nagetieren) abgenommen.

Gleitaar

FAMILIE Accipitridae

ART *Elanus caeruleus*

LÄNGE 35 cm/ Spannweite 95 cm

HABITAT Offenes Gelände

GELEGEGRÖSSE 3–4

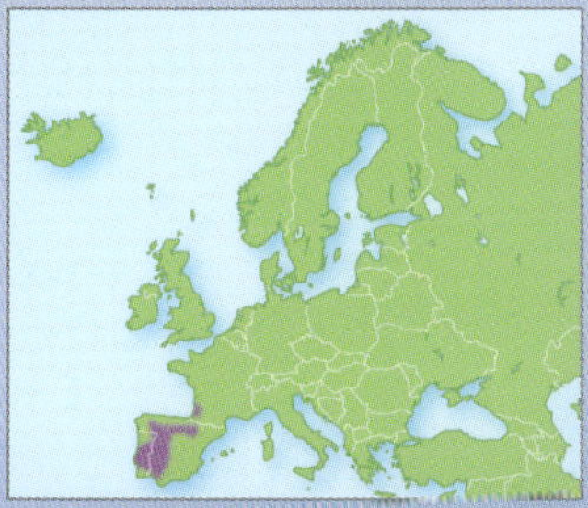

VERBREITUNG Seltene Art, kommt nur in SW-Frankreich, N- und W-Spanien sowie S-Portugal vor; auch in N-Afrika verbreitet.

KOPF UND UNTERSEITE sind beim erwachsenen Gleitaar silbrig weiß, Rücken- und Flügelgefieder hellgrau; der Schulterbereich ist schwarz. Gleitaare ernähren sich hauptsächlich von Nagetieren und jagen am liebsten im Grasland; bei Gelegenheit werden auch Kleinvögel erbeutet.

JUNGVOGEL Ein junger Gleitaar – typisch ist das rostrot überhauchte Kopf-, Brust- und Bauchgefieder.

Fischadler

FAMILIE Pandionidae

ART *Pandion haliaetus*

LÄNGE 60 cm/ Spannweite 158 cm

HABITAT An Seen und Küsten

GELEGEGRÖSSE 2–3

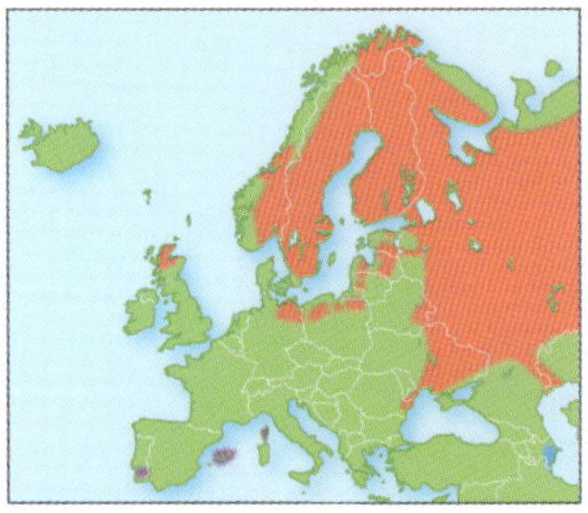

VERBREITUNG Bis auf die Polargebiete fast weltweit verbreitet; Brutvogel (Sommergast) in Teilen von Skandinavien und O-Europa sowie in Schottland; Standvogel in W-Spanien und im Mittelmeerraum; überwintert in Afrika.

DIE ART IST auf Fische spezialisiert, die sie im Meer und in Binnengewässern erbeutet. Während der Fischadler im Flug nach Beute Ausschau hält, rüttelt er über dem Gewässer, stürzt sich dann mit vorgestreckten Füßen hinab und ergreift die Beute mit seinen kräftigen Fängen. Der Neststandort liegt hoch – die Paare nisten auf Felsklippen, Bäumen oder Strommasten. Der Horst besteht aus einer bis zu 100 cm breiten Plattform aus Zweigen, Treibholz, Seetang oder anderem Material und wird oft traditionell genutzt.

FÜTTERUNG DER JUNGVÖGEL Fischadler verbringen vor dem Flüggewerden bis zu zwei Monate im Horst.

Schlangenadler

FAMILIE Accipitridae

ART *Circaetus gallicus*

LÄNGE 69 cm/ Spannweite 190 cm

HABITAT Offenes Gelände

GELEGEGRÖSSE 1

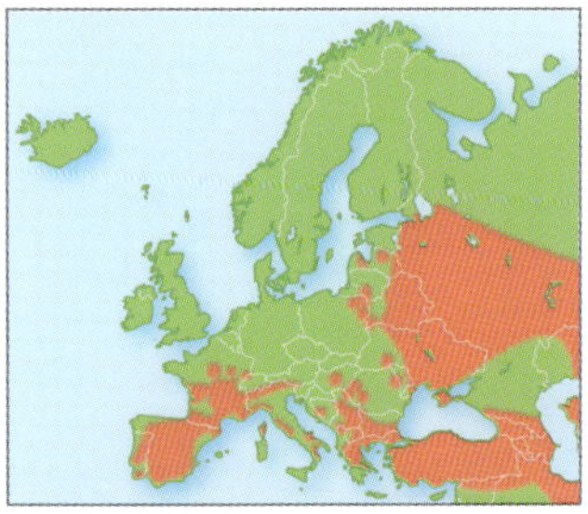

VERBREITUNG Brutvogel (Sommergast) auf der Iberischen Halbinsel, in Frankreich und O-Europa; überwintert im Mittleren Osten und in NW-Afrika.

SCHLANGENADLER LEBEN in trockenen Gebieten und ernähren sich von Reptilien – insbesondere von Schlangen; aber auch Eidechsen werden erbeutet, Säugetiere und Vögel selten. Dank ihres ausgezeichneten Sehvermögens können Schlangenadler ihre Beute noch hoch aus der Luft entdecken; sie jagen manchmal auch von einer geeigneten Warte aus. Der Vogel ergreift sogar große (über 150 cm) oder giftige Schlangen, die er mit seinen Fängen bändigt, um sie mit dem kräftigen Schnabel tot zu beißen. Ab und zu werden auch Amphibien im Wasser erbeutet.

TYPISCH Beide Altvögel sind oberseits dunkelbraun, unterseits auffällig gefleckt mit dunklem Kehllatz.

Spanischer Kaiseradler

FAMILIE Accipitridae
ART *Aquila adalberti*
LÄNGE 85 cm/ Spannweite 132 cm
HABITAT Offenes Gelände
GELEGEGRÖSSE 2–3

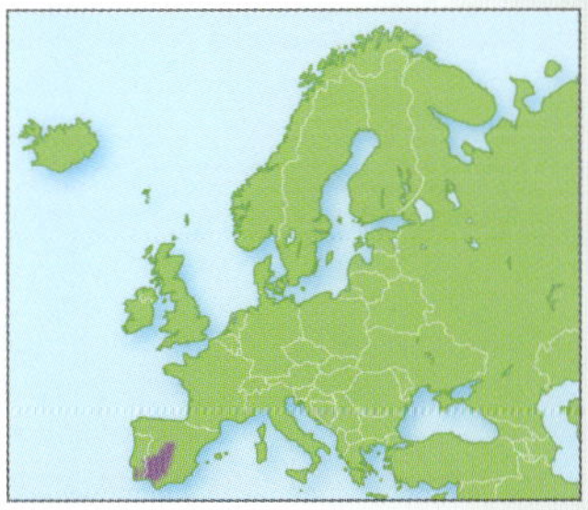

VERBREITUNG Kommt nur in Zentral- und SW-Spanien vor – also wesentlich westlicher als der nahe verwandte Kaiseradler (*siehe* S. 95).

ANSITZJÄGER Kaiseradler stürzen sich häufig von einer hohen Warte aus auf ihre Beute. Viele Jungvögel kommen um, wenn sie gegen Hochspannungsleitungen fliegen.

DAS VERBREITUNGSGEBIET des Spanischen Kaiseradlers ist während des letzten Jahrhunderts stark geschrumpft – früher war er noch auf der gesamten Iberischen Halbinsel und in Marokko vertreten, doch durch Bejagung sind die Bestandszahlen enorm zurückgegangen. Ein weiteres Problem stellt die Myxomatose (Kaninchenpest) dar, die um 1950 in Europa erstmals die Kaninchenpopulationen dezimierte – die Ernährungsgrundlage Spanischer Kaiseradler. Ende der 1960er-Jahre lag der Adlerbestand daher nur mehr bei 30 Paaren; mittlerweile brüten wieder um die 180 Paare. Damit gehören Spanische Kaiseradler immer noch zu den am stärksten gefährdeten Greifvögeln der Welt.

FISCHADLER (*siehe* S. 90) Fischadler können bis zu 2 kg schwere Fische aus dem Wasser fangen und nach oben ziehen. Im Flug wird der Fisch mit beiden Füßen getragen, der Fischkopf zeigt dabei nach vorne.

Steinadler

FAMILIE Accipitridae
ART *Aquila chrysaetos*
LÄNGE 91 cm/ Spannweite 210 cm
HABITAT Berg- und Hochgebirgsregionen
GELEGEGRÖSSE 1–3

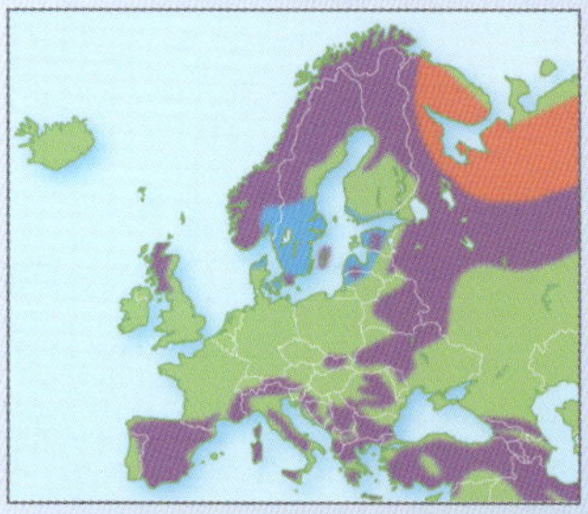

VERBREITUNG Verbreitet auf der Iberischen Halbinsel und in den Gebirgszonen ganz Europas, beispielsweise Alpen und Karpaten.

DAS GEFIEDER des Steinadlers ist dunkelbraun, im Scheitel- und Nackenbereich allerdings heller und goldbraun. Steinadler können unterschiedliche Lebensräume wie Hochgebirge, Moore oder Tundren besiedeln. Sie nutzen mehrere Jagdtechniken: Aus der Luft stürzen sie sich auf die Beute, sie fliegen dicht über dem Boden und scheuchen die Beute dabei auf, oder sie lauern als Ansitzjäger an einer geeigneten Warte auf günstige Gelegenheiten. Angeblich schlagen Steinadler auch Lämmer, doch sie fressen – wenn überhaupt – nur tote Lämmer. In Europa ernähren Steinadler sich vorwiegend von Kaninchen und Vögeln wie Schneehühnern. Insgesamt sind die Vögel sehr anpassungsfähig: Die Population auf der Insel Gotland (Schweden) erbeutet hauptsächlich Igel, weil größere Beutetiere fehlen. Der Steinadlerhorst ist besonders groß: Er kann über 150 cm breit sein und wird jedes Jahr erweitert. Die flüggen Jungvögel bleiben noch monatelang im Familienverband mit den Eltern.

EINDRUCKSVOLLER GREIFVOGEL Steinadler kontrollieren ein großes Jagdrevier – ein Paar besetzt normalerweise ein Gebiet von 100 km².

Schelladler

FAMILIE Accipitridae
ART *Aquila clanga*
LÄNGE 69 cm/ Spannweite 168 cm
HABITAT Feuchtgebiete
GELEGEGRÖSSE 1–3

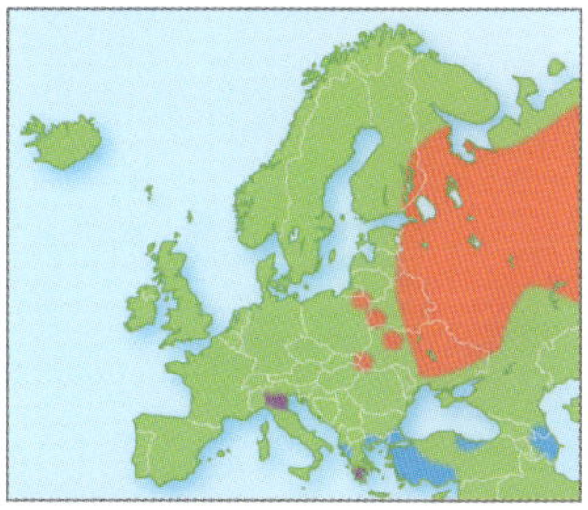

VERBREITUNG Brutvögel (Sommergast) in S-Skandinavien und O-Europa; einige überwintern in N-Italien, die meisten im Mittleren Osten und in Afrika.

SCHELLADLER WANDERN über große Entfernungen. Wie verlässliche Sichtnachweise bestätigen, können sie manchmal weit außerhalb des üblichen Verbreitungsgebiets vorkommen. Die Paare besetzen auch bei hohem Beuteaufkommen sehr große Reviere und lassen sich daher nur schwer beobachten. Weibchen sind deutlich größer als Männchen. Der große Horst aus Zweigen und anderem Pflanzenmaterial wird in Baumwipfeln errichtet. Die Jungen schlüpfen sechs Wochen nach der Eiablage und werden etwa zwei Monate später flügge.

WEISS GEFLECKT Dieser Jungvogel zeigt das typische weiß gefleckte Deckgefieder; mit fünf Jahren sind die Vögel ausgefärbt (Alterskleid).

Kaiseradler

FAMILIE Accipitridae
ART *Aquila heliaca*
LÄNGE 83 cm/ Spannweite 132 cm
HABITAT Offenes Gelände
GELEGEGRÖSSE 2–3

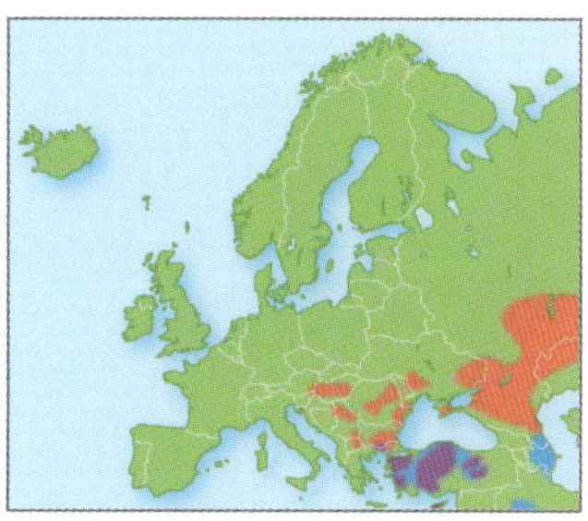

VERBREITUNG Kommt in SO-Europa sowie in Klein- und Mittelasien vor.

IM GEGENSATZ zum verwandten Spanischen Kaiseradler (*siehe* S. 91) hat der Kaiseradler ein großes Verbreitungsgebiet. Die Hauptnahrung hängt vom jeweiligen Lebensraum ab, wobei die Art ihre Beute meistens auf dem Boden und nicht aus der Luft schlägt. In Feuchtgebieten ernähren sie sich von Wasservögeln – sogar Flamingos und selbst Rohrweihen (*siehe* S. 104) werden erbeutet. Kaiseradler verzehren auch Aas, besonders in der Brutzeit, wenn die Jungvögel am Horst versorgt werden müssen. Selten werden auch Frösche gefressen.

WARMES WINTERQUARTIER Kaiseradler brüten in Südosteuropa, können aber zum Überwintern über das Niltal bis Tansania fliegen.

Steppenadler

FAMILIE Accipitridae

ART *Aquila nipalensis*

LÄNGE 74 cm/
Spannweite 190 cm

HABITAT Offenes Gelände

GELEGEGRÖSSE 1–3

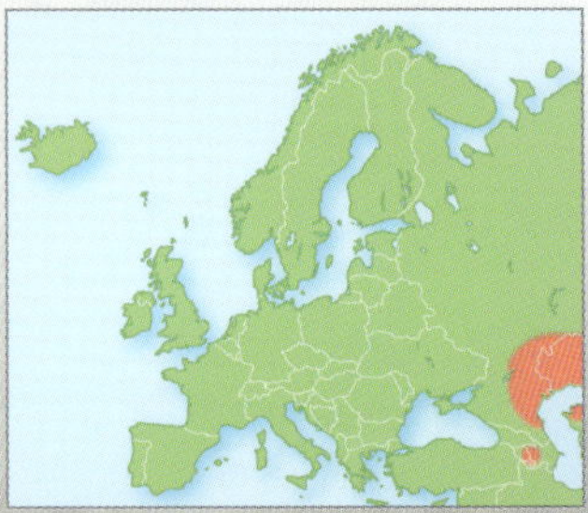

VERBREITUNG Brutvogel im äußersten SO-Europa, ansonsten auf Russland beschränkt; in der Ukraine ausgerottet; überwintert in O-Afrika.

STEPPENADLER LASSEN sich am ehesten auf dem Zug in Südosteuropa und Kleinasien beobachten. Ihr Hauptverbreitungsgebiet erstreckt sich ostwärts bis Asien. Im Brutgebiet bilden Ziesel die wichtigste Nahrungsquelle, im afrikanischen Winterquartier werden auch Termiten verzehrt, die die Vögel aus der Luft oder von Ansitzwarten aus erspähen; Ziesel werden häufig direkt neben dem Bau geschlagen. Wirbellose Tiere wie Insekten jagen Steppenadler auch „zu Fuß“. Als Bewohner des offenen Geländes brüten sie oft zwischen Felsen oder sogar in Ruinen. Der Horst besteht aus den verschiedensten Materialien wie Lumpen oder Knochen. Die Eier werden etwa 45 Tage bebrütet; die jungen Steppenadler sind etwa zwei Monate nach dem Schlüpfen flügge.

EINZELGÄNGER Nur auf dem Zug treten Steppenadler auch in größeren Trupps auf.

Schreiadler

FAMILIE Accipitridae
ART *Aquila pomarina*
LÄNGE 65 cm/ Spannweite 150 cm
HABITAT Grasland
GELEGEGRÖSSE 1–3

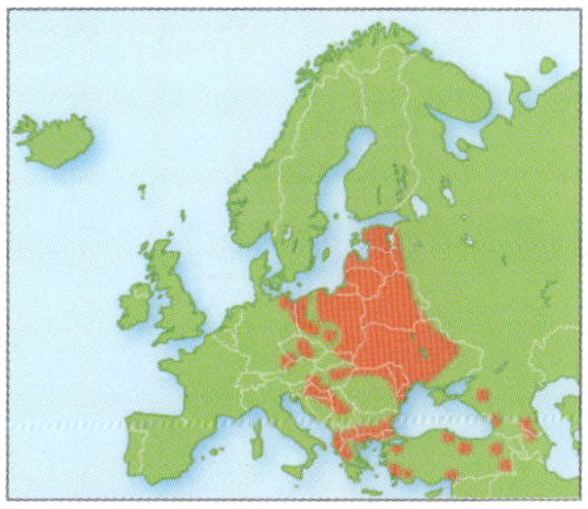

VERBREITUNG Brutvogel (Sommergast) von NO-Deutschland und Polen bis zur Türkei; überwintert in O-Afrika südlich des Äquators.

SCHREIADLER SIND etwas kleiner als Schelladler (*siehe* S. 95). Die Jungvögel lassen sich leicht anhand des kleinen rotgoldenen Nackenflecks bestimmen. Außerdem ist das Flügelgefieder nur wenig weiß gefleckt. Die Unterscheidung der Altvögel ist schwieriger, doch der Schnabel des Schreiadlers ist kleiner, und die „Hosen" (Beingefieder) sind kürzer. In manchen Gegenden sind Amphibien wichtiger Teil der Nahrung. Insgesamt bevorzugen Schreiadler kleine Beutetiere wie Frösche oder Wühlmäuse, die manchmal auch „zu Fuß" gejagt werden. Der Schreiadler ist ein Zugvogel, der im südlichen Afrika überwintert. Er nistet in Waldgebieten, meistens in Baumwipfeln; der Horst kann sehr unterschiedliche Größen haben und bis zu einem Jahrzehnt genutzt werden.

NISTPLATZ Schreiadler jagen in offenem Gelände, bevorzugen zum Brüten jedoch abgelegene Waldgebiete in der Nähe, wo sie Baumhorste errichten können.

Raubadler

FAMILIE Accipitridae
ART *Aquila rapax*
LÄNGE 72 cm/ Spannweite 185 cm
HABITAT Berge und Wälder
GELEGEGRÖSSE 1–3

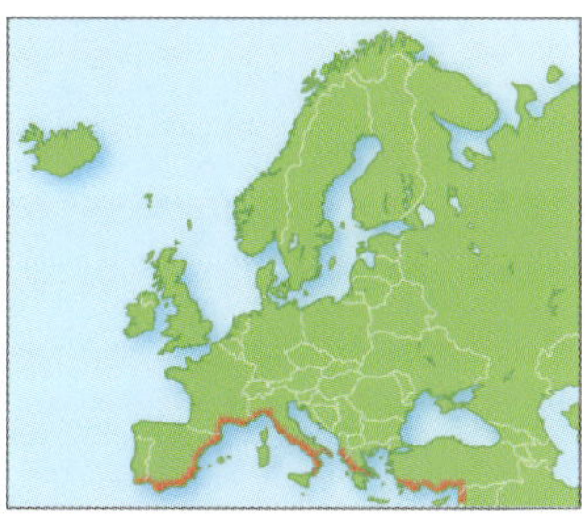

VERBREITUNG In Afrika (südlich und nördlich der Sahara) und Asien verbreitet; wird in Europa gesichtet, ist hier jedoch nicht heimisch.

DER RAUB- ODER Savannenadler wird in Europa nicht regelmäßig gesichtet. Er ist von Natur aus nomadisch, weshalb Vögel aus Nordafrika immer wieder über Gibraltar nach Südspanien gelangen. Raubadler sind oft relativ hell – typisch für Bewohner offener Lebensräume, die an ungeschützten Standorten in Halbwüsten brüten. Die insgesamt hellbeige gefärbten Jungvögel sind sogar noch heller als die Altvögel. Da der Lebensraum der Raubadler wenig Jagdmöglichkeiten bietet, verzehren sie häufig Aas und stehlen auch Nahrung von anderen Greifvögeln (daher der Name!). Ansonsten fressen sie Reptilien, Vögel und kleine Säugetiere.

BODENJÄGER Raubadler jagen auf dem Boden nach Insekten, ernähren sich aber oft auch von Aas, beispielsweise von überfahrenen Tieren.

Seeadler

FAMILIE Accipitridae
ART *Haliaeetus albicilla*
LÄNGE 91 cm/
Spannweite 274 cm
HABITAT Küsten/Flüsse
GELEGEGRÖSSE 2

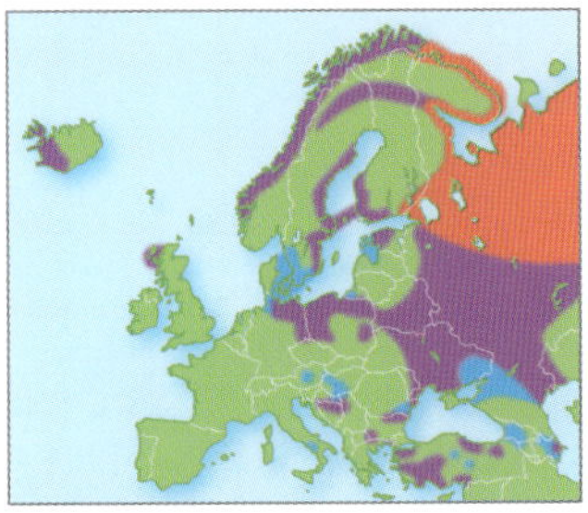

VERBREITUNG In geeigneten Lebensräumen östlich einer Linie von N-Norwegen bis zur Türkei; in Deutschland hauptsächlich im Nordosten (Müritz); in einigen Ländern (Österreich, Niederlande, Dänemark, Tschechien, Schottland) teils erfolgreiche Wiedereinbürgerungsversuche.

URSPRÜNGLICH WAR der Seeadler – der deutsche Wappenvogel – in Europa auch weiter westlich verbreitet; im 20. Jahrhundert nahmen die Bestände jedoch dramatisch ab. Mittlerweile hat man die Art in verschiedenen Ländern wieder eingebürgert, indem man Jungvögel einführte, sodass sich die Populationen inzwischen wieder ausbreiten. Seeadler ernähren sich nicht nur von Fischen, sondern auch von Wasservögeln und Aas.

PETRI HEIL Dieser Seeadler hat gerade einen Fisch erbeutet.

Habichtsadler

FAMILIE Accipitridae
ART *Hieraaetus fasciatus*
LÄNGE 65 cm/
Spannweite 180 cm
HABITAT Berge und Wälder
GELEGEGRÖSSE 1–3

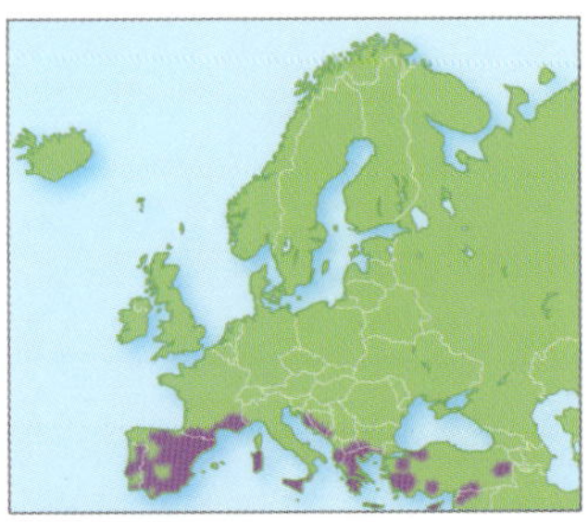

VERBREITUNG Standvogel; auf S-Europa und NW-Afrika beschränkt, am häufigsten auf der Iberischen Halbinsel.

ZEICHNUNG Altvögel haben eine weißliche, gestrichelte Unterseite; bei den Jungvögeln ist sie rostgelb, und nur der Kehlbereich ist gestrichelt.

HABICHTSADLER GEHÖREN zu den selteneren europäischen Adlerarten – die Gesamtpopulation zählt vermutlich weniger als 1000 Paare. Sogar im spanischen Kerngebiet sind die Bestandszahlen in den letzten Jahrzehnten deutlich zurückgegangen. Dies liegt an der starken Bejagung (angeblich erbeuten Habichtsadler Brieftauben), aber auch an der Zerstörung des Lebensraums, was sich wiederum auf das Beuteangebot (beispielsweise Rothühner) auswirkt. Die Beute besteht hauptsächlich aus Vögeln und Kaninchen. Man hat Habichtsadlerpaare auch bei der gemeinsamen Jagd beobachtet: Ein Vogel scheucht die Beute auf und treibt sie dem Partner zu.

Zwergadler

FAMILIE Accipitridae

ART *Hieraaetus pennatus*

LÄNGE 51 cm/
Spannweite 120 cm

HABITAT Offenes Gelände/Wald

GELEGEGRÖSSE 1–3

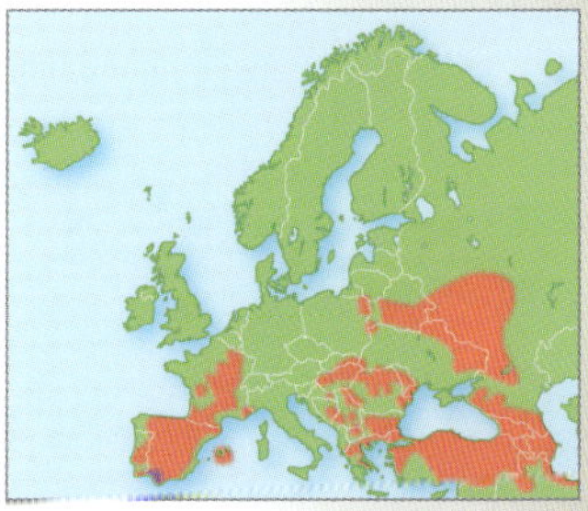

VERBREITUNG Brutvogel (Sommergast) auf der Iberischen Halbinsel und in Frankreich, auch in Teilen von O-Europa.

MINI-ADLER Die Gefiederfärbung dieser kleinen Adlerart ist variabel: Oft ist die hellere Morphe häufiger vertreten.

BEI ZWERGADLERN kann die Gefiederfarbe innerhalb einer Population deutlich variieren, und es werden zwei eindeutige Farbmorphen unterschieden. Das häufigere, sogenannte helle Morph ist hellgrau gefärbt, doch das Körpergefieder ist rötlich überlaufen. Die dunkle Morphe, früher auch als „rote Morphe“ bezeichnet, ist einfarbig dunkelrotbraun. Die meisten Zwergadler besitzen weiße Schulterflecken („Positionslichter“), die von vorn am auffälligsten sind. Anhand dieses Merkmals – falls vorhanden – lassen sich Zwergadler am besten von anderen Adlern unterscheiden. Auffällig sind auch die dichten, je nach Morphe weißen oder rötlichen „Hosen“, die bis zu den Füßen reichen.

Schmutzgeier

FAMILIE Accipitridae

ART *Neophron percnopterus*

LÄNGE 65 cm/ Spannweite 168 cm

HABITAT Bergregionen

GELEGEGRÖSSE 1–3

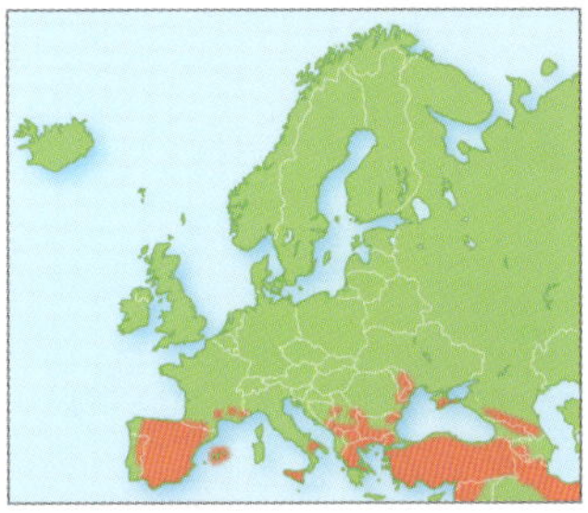

VERBREITUNG Brutvogel auf der Iberischen Halbinsel, den Balearen, Sizilien, in S-Italien und im östlichen Mittelmeerraum (Griechenland bis Türkei); überwintert in Afrika.

SCHMUTZGEIER ERNÄHREN sich von Aas und suchen häufig auf Müllhalden nach Nahrung; sie erbeuten jedoch auch wirbellose Tiere wie Wanderheuschrecken. In Afrika haben Schmutzgeier teilweise gelernt, Straußeneier gezielt mit Steinen zu zerschmettern. Schmutzgeier leben meist in kleinen Gruppen. In der Savanne trifft man sie dagegen oft nur paarweise an.

SCHMALER SCHNABEL
Der lange, dünne Schnabel des Schmutzgeiers eignet sich zum Ausweiden von Kadavern.

Bartgeier

FAMILIE Accipitridae

ART *Gypaetus barbatus*

LÄNGE 125 cm/ Spannweite 280 cm

HABITAT Bergregionen

GELEGEGRÖSSE 1–2

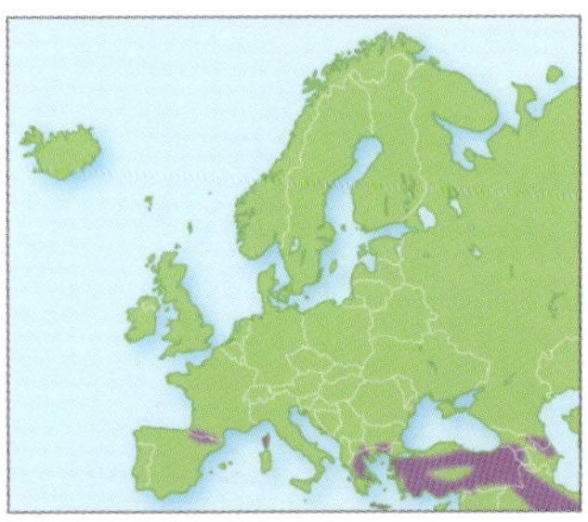

VERBREITUNG Standvogel in den Pyrenäen (Frankreich/ Spanien), auch rund ums Mittelmeer verbreitet (Korsika, O-Griechenland, Türkei); in den Alpen wieder angesiedelt.

BARTGEIER VERZEHREN außer Aas häufig auch Knochen. Sie ergreifen große Knochen (bis zu 4 kg) mit den Fängen und lassen sie aus beträchtlicher Höhe auf den Fels fallen, sodass sie in mundgerechte Stücke zerbrechen. Im Mittelmeerraum werden auch Landschildkröten auf diese Weise getötet und aufgebrochen.

KNOCHENBRECHER
Bartgeier brauchen Ausdauer – manchmal müssen sie die Knochen über 20 Mal aus der Höhe fallen lassen, bis diese zerbrechen.

Gänsegeier

FAMILIE Accipitridae
ART *Gyps fulvus*
LÄNGE 110 cm/ Spannweite 265 cm
HABITAT Bergregionen
GELEGEGRÖSSE 1

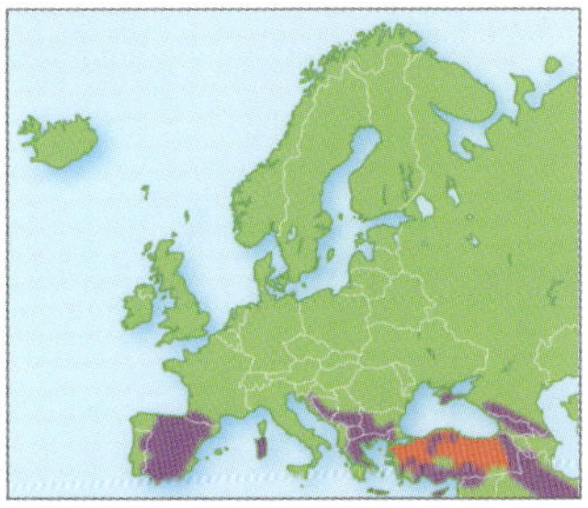

VERBREITUNG Standvogel auf der Iberischen Halbinsel, im östlichen Mittelmeerraum und in der Türkei.

DIE RIESIGEN Gänsegeier sind kaum zu übersehen und recht gesellig – bei frisch verendeten Tieren versammeln sich rasch Gruppen von bis zu 40 Vögeln. Mit dem kräftigen Schnabel wird der Kadaver größerer Säugetiere wie Ziegen geöffnet; verzehrt werden die Innereien und das Muskelfleisch. Meist sind sie in Bergregionen anzutreffen.

SCHARFE SINNE Mit ihren ausgezeichneten Augen und dem guten Geruchssinn können Gänsegeier Kadaver aus beträchtlicher Entfernung orten.

Mönchsgeier

FAMILIE Accipitridae
ART *Aegypius monachus*
LÄNGE 115 cm/ Spannweite 295 cm
HABITAT Bergregionen
GELEGEGRÖSSE 1–2

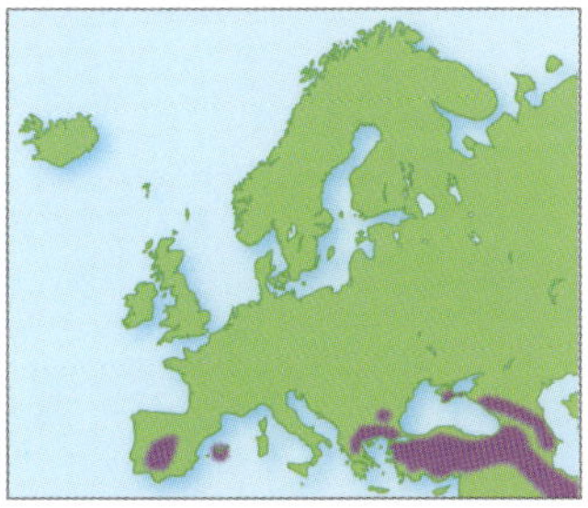

VERBREITUNG Kommt in Mittelspanien und auf den Balearen, im östlichen Mittelmeerraum von Griechenland bis zur Türkei, ferner auf der Krim und im Kaukasus vor.

DER MÖNCHSGEIER ist die größte Art der Altweltgeier. Die Geschlechter lassen sich nur schwer unterscheiden, da das Weibchen – anders als bei vielen Greifvögeln – nicht deutlich größer als das Männchen ist. Die Eier werden etwa zwei Monate bebrütet, die jungen Geier bleiben fast vier Monate im Nest. Kopf und Halskrause sind bei Altvögeln heller als bei Jungvögeln.

DUNKEL Diese Mönchsgeier im Jugendkleid sind insgesamt dunkelbraun, am Kopf sind hellere Hautpartien sichtbar.

FIESTA DER GÄNSEGEIER Beim Ausweiden von Aas fressen sich manche Geier so voll, dass sie kaum wegfliegen können. Wenn große Geiertrupps um einen Tierkadaver versammelt sind, kommen kleinere Aasfresser nicht zum Zuge.

Rohrweihe

FAMILIE Accipitridae
ART *Circus aeruginosus*
LÄNGE 55 cm/ Spannweite 122 cm
HABITAT Feuchtgebiete
GELEGEGRÖSSE 4–5

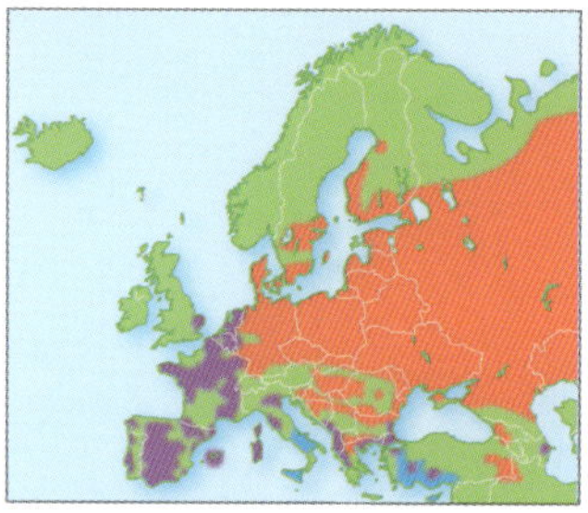

VERBREITUNG Standvogel in Spanien und W-Europa; Brutvogel (Sommergast) in Mittel-, N- und O-Europa; überwintert hauptsächlich in Afrika.

WIE DER NAME andeutet, kommen Rohrweihen vorwiegend in Feuchtgebieten mit großen Röhrichtbeständen vor, wo sie ungestört und geschützt nisten können. Sie suchen ihre Beute jedoch auch in größerer Entfernung über Agrarland und schlagen verschiedenste Wirbeltiere wie Nagetiere (als wichtigste Beute), aber auch Wasservögel oder andere Vogelarten, die sogar die Größe von Fasanen (*siehe* S. 127) haben können. Rohrweihen streifen im Suchflug durch die Lüfte und greifen die Beute im Sturzflug, sobald sie diese gesichtet haben.

JAGDAUSFLUG Rohrweihen können sich auf der Jagd bis zu 8 km vom Nistplatz entfernen. Manchmal schlagen sie keine eigene Beute, sondern stehlen diese von Kornweihen.

Kornweihe

FAMILIE Accipitridae
ART *Circus cyaneus*
LÄNGE 55 cm/ 110 cm Spannweite
HABITAT Offenes Gelände
GELEGEGRÖSSE 4–6

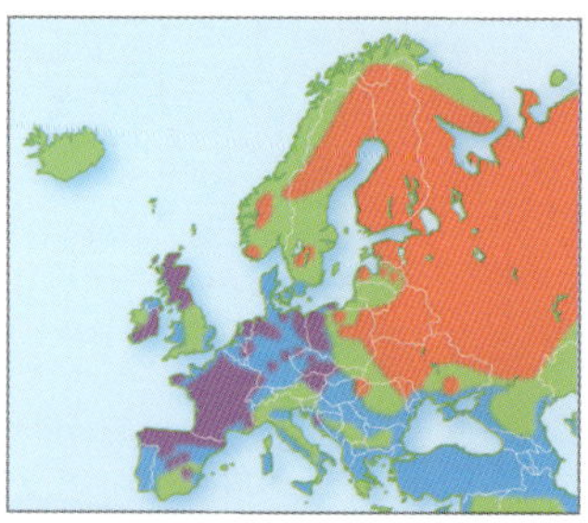

VERBREITUNG Standvogel in Teilen von Spanien, Frankreich, Irland, Schottland und Mitteleuropa; brütet in N- und O-Europa; überwintert im Süden.

KORNWEIHEN SIND sehr anpassungsfähig und kommen im gesamten Verbreitungsgebiet in offenem Gelände wie Moor- und Dünengebieten vor. Das größere Weibchen kann größere Beutetiere schlagen als das Männchen. Kornweihen sind Bodenbrüter und wählen gut getarnte Nistplätze (in Irland allerdings auch auf Bäumen). Die Jungvögel wachsen rasch und können den Horst bei Gefahr bereits zwei Wochen nach dem Schlüpfen verlassen.

FARBUNTERSCHIEDE Bei dieser Art kann man Männchen und Weibchen nicht nur anhand der Größe, sondern auch an der Gefiederfarbe unterscheiden: Die Weibchen sind braun.

Steppenweihe

FAMILIE Accipitridae

ART *Circus macrourus*

LÄNGE 50 cm/
Spannweite 110 cm

HABITAT Offenes Gelände

GELEGEGRÖSSE 4–5

VERBREITUNG Brutvogel (Sommergast) in O-Europa: nördlich des Schwarzen Meers über Kaspisches Meer bis Asien; überwintert in Afrika.

STEPPENWEIHEN STREIFEN wesentlich weiter umher, als die Verbreitungskarte vermuten lässt. Sie werden in Deutschland jedoch nur selten, in Österreich etwas häufiger beobachtet. Die Art ernährt sich von Kleinsäugern wie Wühlmäusen, erbeutet aber auch Kleinvögel und Insekten.

HELLER TEINT Steppenweihen-Männchen sind grau mit weißer Unterseite; die Weibchen sind braun mit hellem Halsband.

Wiesenweihe

FAMILIE Accipitridae

ART *Circus pygargus*

LÄNGE 50 cm/
Spannweite 112 cm

HABITAT Offenes Gelände

GELEGEGRÖSSE 4–5

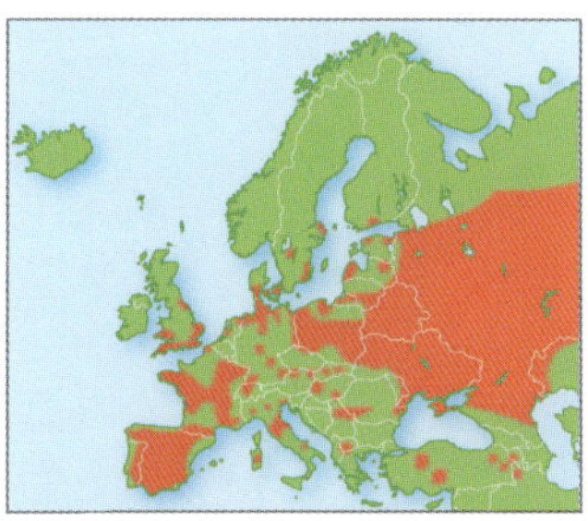

VERBREITUNG Brutvogel auf der Iberischen Halbinsel und in Frankreich, im restlichen Europa sporadisch, in O-Europa häufiger; überwintert in Afrika.

WIESENWEIHEN GEHÖREN zu den seltenen und gefährdeten Brutvögeln in Deutschland und Österreich. Wegen der Zerstörung ihres Lebensraums sind die Bestände europaweit in den letzten Jahrzehnten stark zurückgegangen. Als Bodenbrüter nisten die Paare nicht nur in Wiesen, sondern auch in Getreidefeldern, wo viele Bruten der Ernte mit Mähdreschern zum Opfer fallen. Die Jungen schlüpfen nach etwa einem Monat und sind fünf Wochen später flügge.

MÄNNCHEN Die Männchen von Wiesenweihe und Kornweihe unterscheiden sich durch die schwarze Flügelbinde.

Kurzfangsperber

FAMILIE Accipitridae

ART *Accipiter brevipes*

LÄNGE 37 cm/ Spannweite 76 cm

HABITAT Waldgebiete

GELEGEGRÖSSE 3–5

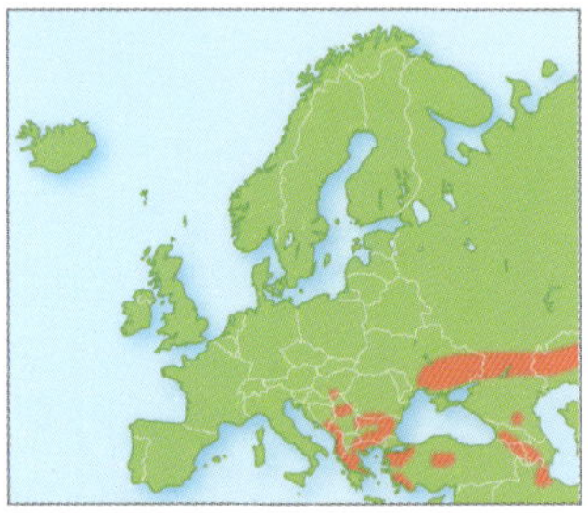

VERBREITUNG Brutvogel im östlichen Balkan, Nordosten des Schwarzen Meers und in der Türkei; überwintert in Afrika.

KURZFANGSPERBER ERNÄHREN sich hauptsächlich von Insekten und kleinen Eidechsen. Im Gegensatz zu den rostfarbenen Kopfseiten des Sperbermännchens sind die des Kurzfangsperbers grau. Die Weibchen sind unterseits rotbraun gebändert (Sperberweibchen grau). Auch die Lebensweise beider Arten ist unterschiedlich, denn Kurzfangsperber ziehen manchmal in großen Trupps zu Hunderten, obwohl sie zu anderen Zeiten alleine oder paarweise auftreten.

BAUMHORST Kurzfangsperber sind Baumbrüter und bauen ein kleines Nest aus Zweigen und anderem Pflanzenmaterial.

Habicht

FAMILIE Accipitridae

ART *Accipiter gentilis*

LÄNGE 56 cm/ Spannweite 150 cm

HABITAT Wälder

GELEGEGRÖSSE 3–4

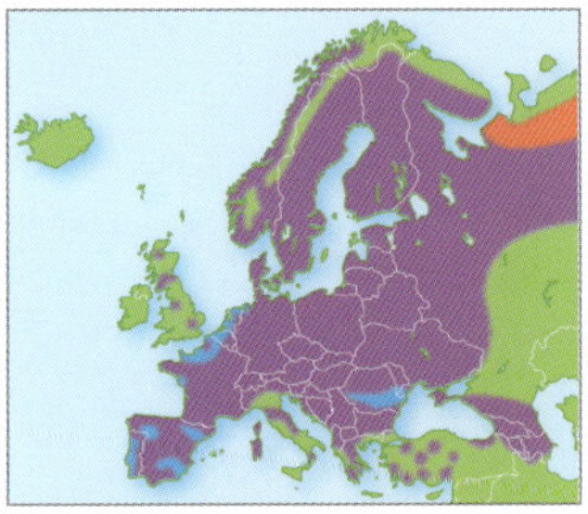

VERBREITUNG Standvogel in fast ganz Europa; fehlend oder mit eingeschränkter Verbreitung in Zentralskandinavien, Irland, Großbritannien, Italien und in der Türkei.

DER HABICHT, auch als Hühnerhabicht bezeichnet, ist ein furchtloser Jäger; er erbeutet Säugetiere und Vögel – sogar kleine Eulen und Taggreifvögel (wie Turmfalken, *siehe* S. 115) können geschlagen werden. Unter den Säugetieren gehören Eichhörnchen und Kaninchen zu seiner Beute. Die Weibchen sind überwiegend braun, die Männchen vorwiegend grau.

HABICHTHORST Habichte sind Waldbrüter und errichten ein großes, ausladendes Baumnest.

Sperber

FAMILIE Accipitridae

ART *Accipiter nisus*

LÄNGE 34 cm/
Spannweite 62 cm

HABITAT Waldgebiete/Parks

GELEGEGRÖSSE 4–6

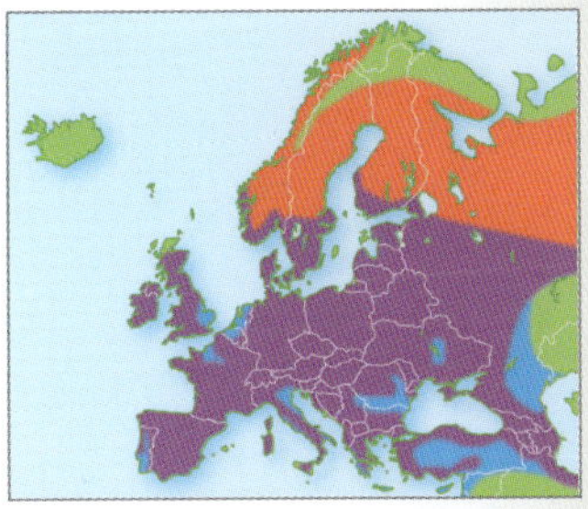

VERBREITUNG In Europa, bis auf N-Schottland und N-Skandinavien, weit verbreitet; brütet in Skandinavien und Russland jedoch nur als Sommergast.

DIE RELATIV kleinen Greifvögel können zum Beispiel in städtischen Parks recht häufig bei der Jagd auf Kleinvögel, wie Spatzen und Stare, beobachtet werden. Auf dem Land wagen sie sich an größere Vögel heran. Sperber sind sehr bewegliche Jäger; sie können im Flug eine „Rolle“ drehen, um Beute zu ergreifen, oder im schnellen Verfolgungsflug hinter flüchtenden Vögeln herjagen. Der Baumhorst besteht aus Zweigen. Die Eier werden etwa fünf Wochen bebrütet, und die Jungen sind nach ungefähr einem Monat flügge. Nach einem Bestandsrückgang in den 1950er- und 1960er-Jahren ist die Zahl der Sperber heute in Mitteleuropa wieder stabil.

SPERBERMÄNNCHEN Die Altvögel haben eine schiefergraue Oberseite; die Unterseite ist beim Männchen braun gebändert. Typisch für Jungvögel ist eine braun gebänderte Oberseite.

Mäusebussard

FAMILIE Accipitridae
ART *Buteo buteo*
LÄNGE 58 cm/ Spannweite 120 cm
HABITAT Wälder und Felder
GELEGEGRÖSSE 2–4

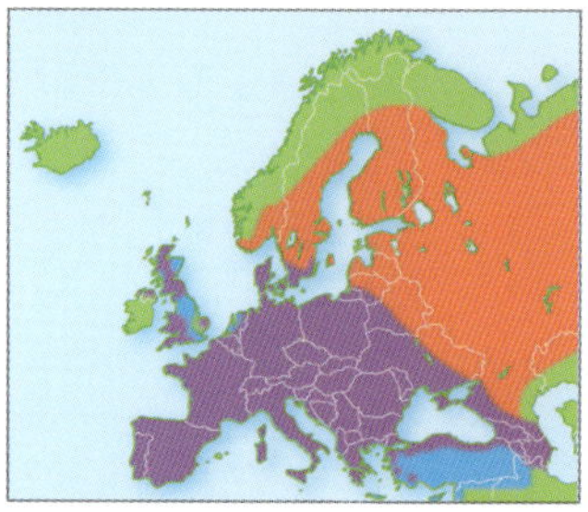

VERBREITUNG Standvogel von W-Europa bis zum Kaspischen Meer; als Brutvogel von Schweden bis W-Russland weit verbreitet; überwintert im Süden.

FAST IM GESAMTEN Verbreitungsgebiet besonders auffälliger und häufiger Greifvogel, der die verschiedensten Kleinsäuger, Vögel, Reptilien und Amphibien bejagt – diese Anpassungsfähigkeit erklärt vielleicht, warum die Art so erfolgreich ist. Insbesondere bei Nahrungsknappheit werden selbst Regenwürmer und andere kleine Wirbellose erbeutet. Die Paare bauen in etwa 25 m Höhe große Baumhorste aus Pflanzenteilen wie Zweigen, Gräsern, Laub, Moos und Rinde. Die Eier werden etwa fünf Wochen bebrütet, die Jungen sind nach ungefähr zwei Monaten flügge.

ANSITZ Mäusebussarde sitzen oft auf Zaunpfosten (wie im Bild), um nach Kleinsäugern wie Wühlmäusen Ausschau zu halten.

Raufußbussard

FAMILIE Accipitridae
ART *Buteo lagopus*
LÄNGE 59 cm/ 135 cm Spannweite
HABITAT Bergland/Tundra
GELEGEGRÖSSE 3–4

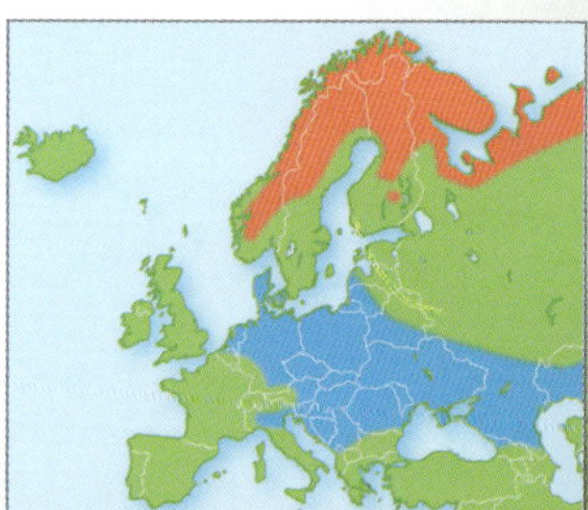

VERBREITUNG Brutvogel (Sommergast) im äußersten N-Europa von Norwegen bis Russland; Winterverbreitung östlich einer Linie von N-Italien bis Dänemark.

DIE BRUTVERBREITUNG des Raufußbussards reicht vom Meer bis in die Tundra, wo die Vögel auf dem Boden brüten müssen, wenn der Baumbestand fehlt. In diesem Lebensraum ernähren sie sich hauptsächlich von Lemmingen, aber auch von Aas. Im Winterquartier werden häufiger Kaninchen und Vögel erbeutet.

GUTE AUSSICHT Ein großer Haufen aus Zweigen dient als Basis für den Horst. Dieser kann, wie hier im Bild, auf Felssimsen errichtet werden.

Adlerbussard

FAMILIE Accipitridae

ART *Buteo rufinus*

LÄNGE 61 cm/ Spannweite 135 cm

HABITAT Aride Lebensräume

GELEGEGRÖSSE 3–4

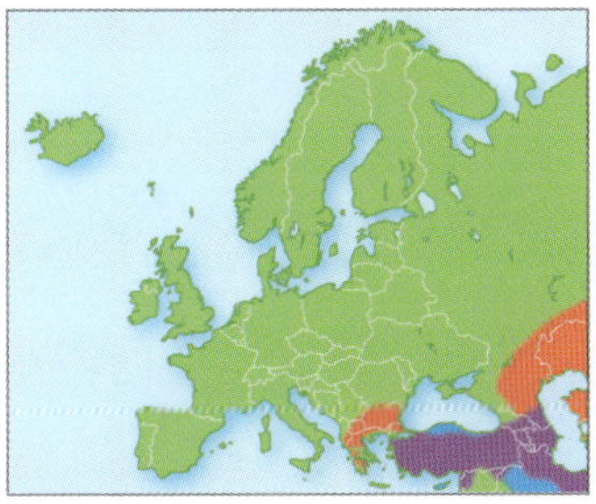

VERBREITUNG Brutvogel (Sommergast) in O-Ungarn, Griechenland, Kaukasus bis W-Mongolei; überwintert in der Türkei und östlich des Kaspischen Meers bis Zentralasien.

GELEGENTLICH GELANGEN Adlerbussarde, meistens die kleinere nordafrikanische Unterart (*ssp. cirtensis*), bis nach Spanien. Es existiert ferner eine dunklere Farbmorphe – sie tritt am häufigsten bei Vögeln aus dem östlichen Verbreitungsgebiet auf. Der große Horst wird meistens an unzugänglichen Standorten errichtet, häufig an Felswänden; manchmal werden auch alte Nester übernommen.

MISCHKOST Adlerbussarde ernähren sich in manchen Gegenden vorwiegend von Nagetieren. In trockenen Regionen besteht die Beute zum größeren Teil aus Eidechsen und Schlangen.

Wespenbussard

FAMILIE Accipitridae

ART *Pernis apivorus*

LÄNGE 59 cm/ 142 cm Spannweite

HABITAT Waldgebiete

GELEGEGRÖSSE 2

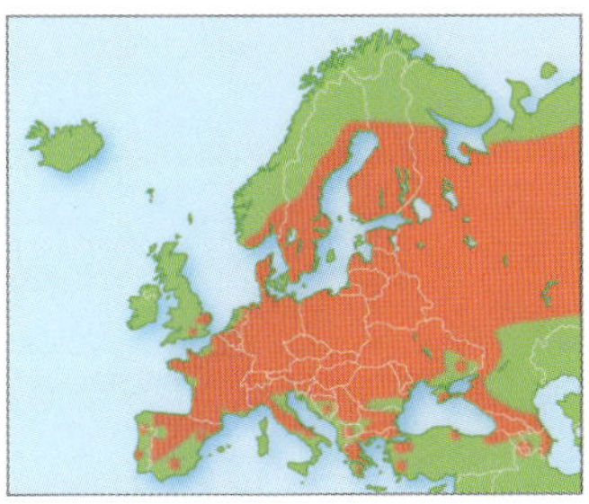

VERBREITUNG Brutvogel (Sommergast) von SO-England und der Iberischen Halbinsel bis S-Skandinavien und Russland; überwintert in Afrika.

WIE DER NAME andeutet, sucht der Wespenbussard im Brutgebiet nach Wespennestern (manchmal Hummelnestern) und gräbt sie aus, um an Waben, Larven, Puppen und erwachsene Wespen zu gelangen. Durch das dichte Kopfgefieder ist er dabei weitgehend vor Wespenstichen geschützt; die Augen hält er geschlossen. In nassen, kühlen und daher wespenarmen Jahren werden auch Amphibien, Reptilien, Wirbellose oder Nestlinge von Kleinvögeln erbeutet.

SELTEN Wespenbussarde sind im westlichen Teil des Verbreitungsgebiets (Großbritannien) selten, weiter ostwärts etwas häufiger anzutreffen.

Lannerfalke

FAMILIE Falconidae

ART *Falco biarmicus*

LÄNGE 51 cm/
Spannweite 100 cm

HABITAT Aride Lebensräume

GELEGEGRÖSSE 3–4

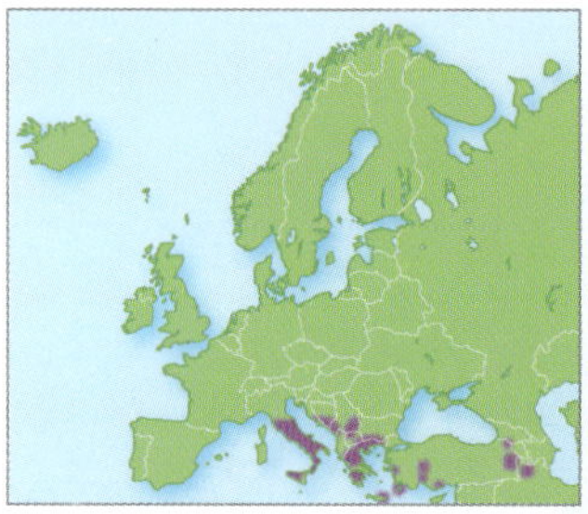

VERBREITUNG Standvogel in Teilen von S-Europa, vorwiegend im östlichen Mittelmeerraum (einschließlich Griechenland), auch in N-Afrika.

ALS BEWOHNER von offenem, aridem Gelände machen Lannerfalken Jagd auf Kleinvögel, die sie als geschickte und schnelle Flieger in der Luft erbeuten. Nicht selten jagt ein Paar gemeinsam. Lannerfalken gehören mit einer Brutpopulation von maximal 360 Paaren zu den seltenen europäischen Vögeln. Sie brüten meistens auf Felsklippen und legen die Eier in eine nackte Bodenmulde.

VOGELJÄGER Kleine Hühnervögel sind die wichtigste Beute des Lannerfalken, doch auch kleine Greifvögel werden geschlagen – auf Sizilien beispielsweise regelmäßig Rötelfalken (*siehe* S. 112).

Sakerfalke

FAMILIE Falconidae

ART *Falco cherrug*

LÄNGE 55 cm/
Spannweite 114 cm

HABITAT Waldsteppen

GELEGEGRÖSSE 3–5

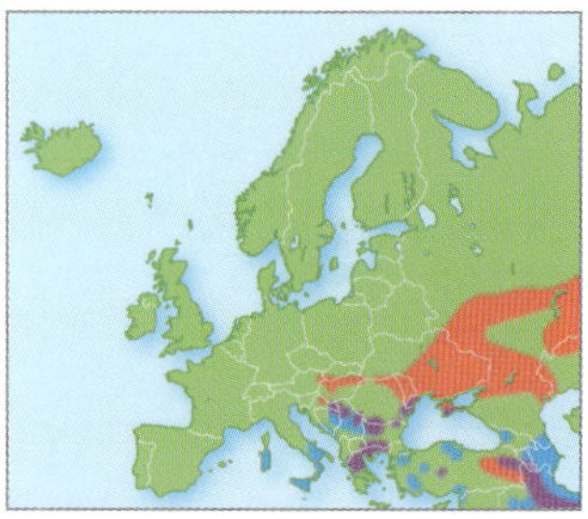

VERBREITUNG Brutvogel von O-Österreich bis Mongolei; in gemäßigten Breiten als Standvogel; überwintert in S-Asien (auch Sardinien, Sizilien).

SAKER- ODER Würgfalken erbeuten vorwiegend Kleinsäuger (Ziesel), nehmen jedoch auch mit Vögeln (Haustauben) vorlieb. Der Sakerfalke gehört zu den gefährdetsten Greifvogelarten. Der Bestand wird in Europa auf höchstens 700 Paare geschätzt. In Asien ist er jedoch deutlich häufiger. Die Falken nisten oft in bereits existierenden Baumhorsten von Störchen oder Reihern. Sie bebrüten die Eier einen Monat lang die Jungen sind nach sieben Wochen flügge.

BESONDERE NISTPLÄTZE Sakerfalken haben ein breites Beutespektrum und nisten auf Strommasten, wenn Brutbäume fehlen.

Merlin

FAMILIE Falconidae

ART *Falco columbarius*

LÄNGE 33 cm/ Spannweite 56 cm

HABITAT Offenes Gelände

GELEGEGRÖSSE 3–6

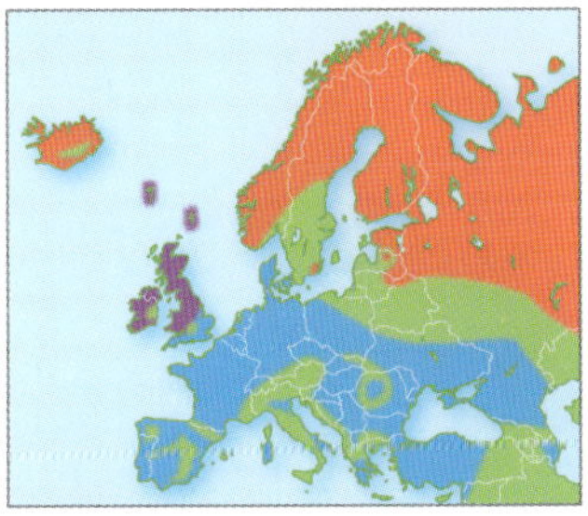

VERBREITUNG Brutvogel in Island, Skandinavien, den Ostseeländern und Russland; Standvogel auf den Britischen Inseln; überwintert auch in S-Europa.

DIE KLEINSTE Falkenart (die Körpergröße ist ein wichtiges Kennzeichen) ist ein Vogel des hohen Nordens. Er ist beispielsweise deutlich kleiner als ein Turmfalke. Merline ernähren sich von Kleinvögeln, die sie im rasanten Verfolgungsflug erbeuten, wie auch von Fluginsekten, beispielsweise Schmetterlingen und Libellen. Junge Merline bevorzugen Nagetiere, die sie auf dem Boden fangen, bis sie die nötige Gewandtheit erworben haben, um Vögel im Flug zu schlagen. Merline können auch paarweise oder in Gruppen jagen.

ANPASSUNGSFÄHIG Merline kommen je nach Jahreszeit in den verschiedensten Lebensräumen vor.

Eleonorenfalke

FAMILIE Falconidae

ART *Falco eleonorae*

LÄNGE 42 cm/ Spannweite 120 cm

HABITAT Steilfelsen auf Inseln

GELEGEGRÖSSE 2–3

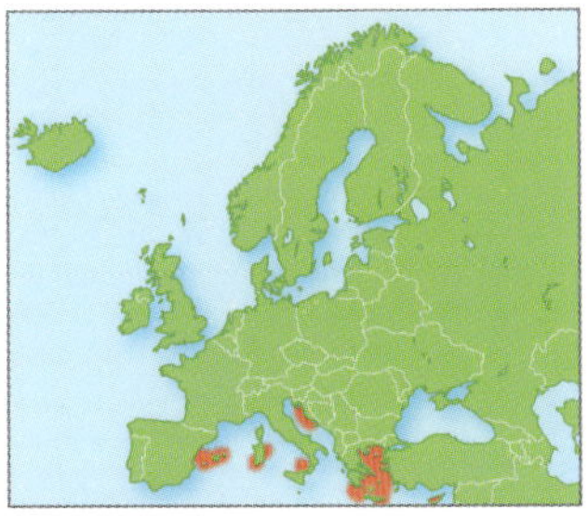

VERBREITUNG Brutvogel (Sommergast) auf Inseln im Mittelmeerraum und vor der Küste von Marokko; Verbreitungsschwerpunkt in der Ägäis; überwintert in O-Afrika und Madagaskar.

DIE HOCH SPEZIALISIERTEN Eleonorenfalken sind, anders als die meisten Greifvögel, Koloniebrüter und jagen auch gemeinsam. Es gibt etwa 100 Brutkolonien im Mittelmeerraum. Diese befinden sich immer an abgelegenen Orten, meistens mit 20 Paaren; einige Kolonien zählen sogar 300 Paare. Der Bodenhorst befindet sich häufig in Steilfelsen über dem Meer. Die Jungen schlüpfen erst im August, wenn der Singvogelzug aus Europa ins afrikanische Winterquartier bereits eingesetzt hat und eine gute Nahrungsversorgung garantiert ist.

EILIGE RÜCKREISE Junge Eleonorenfalken müssen oft bereits einen Monat nach dem Flüggewerden fortziehen.

Rötelfalke

FAMILIE Falconidae

ART *Falco naumanni*

LÄNGE 37 cm/ Spannweite 65 cm

HABITAT Offenes Gelände

GELEGEGRÖSSE 3–5

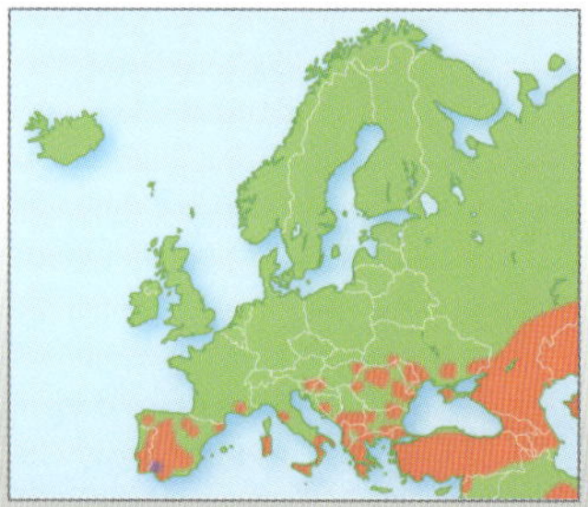

VERBREITUNG Brutvogel (Sommergast) in S-Europa bis Russland; kleine Standvogel-population in S-Spanien; überwintert in Afrika.

RÖTELFALKEN LEBEN in Kolonien, die meistens bis zu 30 Paare zählen; aber auch 250 Paare wurden in einer einzigen Kolonie nachgewiesen. Sie ähneln in Größe und Aussehen dem Turmfalken. Oft wählen die Falken hohe Gebäude wie Kirchen für die Brutkolonie aus. Andere nisten in alten Steinbrüchen oder an ähnlichen Standorten; sogar Nistboxen werden manchmal angenommen. Die Jungen schlüpfen nach etwa 28 Tagen. Sie sind nach weiteren fünf bis sechs Wochen flügge.

GEFÄHRDET Die Rötelfalken-Bestandszahlen sind seit etwa 50 Jahren europaweit stark zurückgegangen. Die Art ernährt sich hauptsächlich von wirbellosen Tieren.

Wanderfalke

FAMILIE Falconidae
ART *Falco peregrinus*
LÄNGE 45 cm/ Spannweite 105 cm
HABITAT Offenes Gelände
GELEGEGRÖSSE 3–4

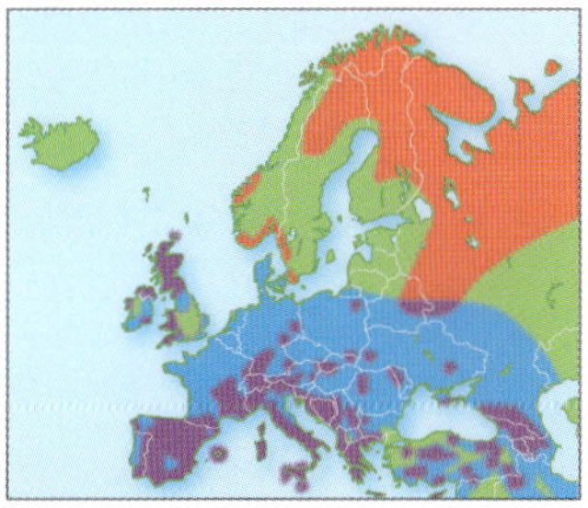

VERBREITUNG Standvogel in gemäßigten Breiten von Europa; in Skandinavien und Russland nur Sommergast (Brutvogel).

WANDERFALKEN KREISEN in großer Höhe und erbeuten die unter ihnen fliegenden Vögel im rasanten Sturzflug (angeblich mit Geschwindigkeiten bis zu 400 km/h). Wanderfalken schlagen zwar häufig Tauben und sind deshalb bei Taubenzüchtern sehr unbeliebt, doch sie erbeuten ebenfalls Stare und andere Vögel, ferner Nagetiere und sogar Insekten. Ursprünglich kommen sie in zerklüftetem Gelände vor und nisten oft auf Felssimsen – dies hat bestimmt die Anpassung an das Stadtleben erleichtert. Der Wanderfalke zählt zu den größten Vertretern der Familie der Falkenartigen. Sein Bestand wurde durch den Einsatz des Insektizids DDT stark gemindert. Seit dem Verbot von DDT hat sich die Zahl wieder erholt.

GROSSES WEIBCHEN Das Wanderfalkenweibchen ist deutlich größer und schwerer als das Männchen; dieses wird als Terzel bezeichnet, da es ein Drittel leichter ist.

Gerfalke

FAMILIE Falconidae
ART *Falco rusticolus*
LÄNGE 63 cm/ Spannweite 145 cm
HABITAT Waldgebiete/Tundra
GELEGEGRÖSSE 3–4

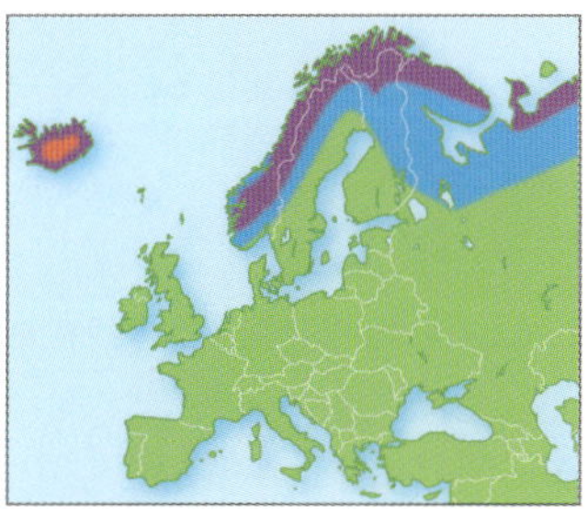

VERBREITUNG Standvogel auf Island und von N-Norwegen bis N-Russland; streift im Winter auch weiter südlich umher.

GERFALKEN SIND die größten Falken; eine Morphe mit weißlichem Gefieder tritt in schneereichen Gegenden auf und ist dort gut getarnt. Dank der kräftigen Flügel sind Gerfalken schnelle und wendige Flieger. Im Sturzflug werden Vögel wie Alpenschneehühner (*siehe* S. 117) geschlagen, aber auch Nagetiere wie Lemminge werden erbeutet. Als Horst dient eine Bodenmulde auf einem Felssims. Die Eier werden etwa einen Monat bebrütet. Die Jungfalken sind nach sieben Wochen flügge.

GRAUE MORPHE Im Bild die graue Farbmorphe; bei der dunklen Morphe ist die Oberseite dunkel schwarzbraun, die weiße Morphe ist fast völlig weiß.

Baumfalke

FAMILIE Falconidae

ART *Falco subbuteo*

LÄNGE 35 cm/ Spannweite 88 cm

HABITAT Offene Waldgebiete

GELEGEGRÖSSE 3

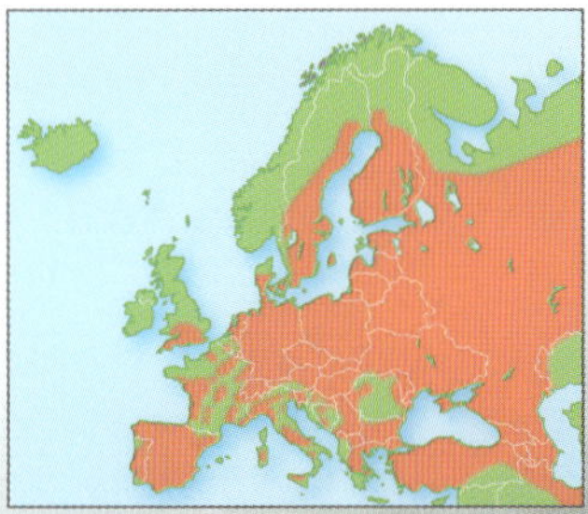

VERBREITUNG In großen Teilen Europas als Brutvogel (Sommergast) verbreitet; überwintert in Afrika südlich der Sahara.

BAUMFALKEN LEGEN jedes Jahr große Entfernungen zurück, wenn sie ins Winterquartier im südlichen Afrika wandern. In Europa ist die Art einzelbrütend, kann nach der Brutzeit auch familienweise auftreten. Im afrikanischen Winterquartier versammeln Baumfalken sich truppweise an gemeinsamen Schlafplätzen. Die Nahrung besteht vorwiegend aus Fluginsekten. Während der Brutzeit werden auch Kleinvögel gejagt – Baumfalken sind wendig genug, um Schwalben und Segler zu erbeuten. Sie nisten gerne an Waldrändern und übernehmen häufig alte Krähennester. Dies kann allerdings schlecht ausgehen, denn vermutlich werden fast die Hälfte der Nester von Krähen ausgenommen; auch Eichhörnchen stehlen die Eier. Die Witterung kann sich ebenfalls stark auf den Bruterfolg auswirken: In nassen Sommern ist es sehr schwierig, genug Insektennahrung für die Jungenaufzucht zu finden.

ROTE HOSEN Bei jungen Baumfalken sind die roten „Hosen" der Altvögel noch nicht ausgebildet.

Turmfalke

FAMILIE Falconidae
ART *Falco tinnunculus*
LÄNGE 37 cm/ Spannweite 76 cm
HABITAT Offenes Gelände
GELEGEGRÖSSE 3–6

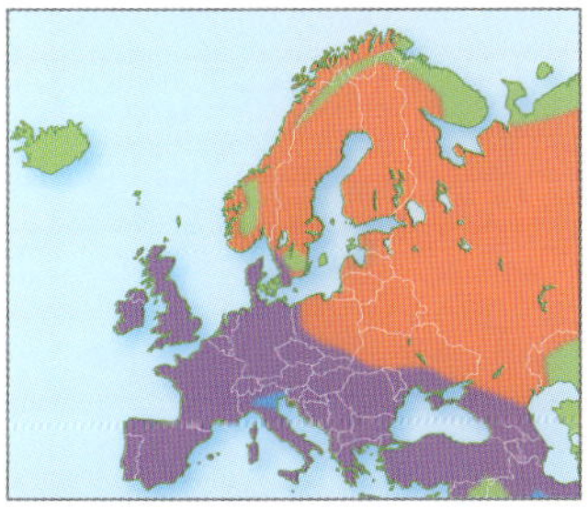

VERBREITUNG In ganz Europa, bis auf N- und O-Europa, meist als Standvogel verbreitet; nördliche und östliche Populationen überwintern im Süden.

TURMFALKEN SIND in Stadt und Land weit verbreitet. Dank der guten Augen können sie die Beute über weite Entfernungen am Boden entdecken, während sie in der Luft im typischen Rüttelflug verharren. Sie jagen auch von Ansitzwarten aus und stoßen auf die Beute nieder. Turmfalken ernähren sich vorwiegend von Nagetieren und Wirbellosen, können als Opportunisten aber auch Kleinvögel und andere Tiere erbeuten.

WEIBCHEN Turmfalkenmännchen unterscheiden sich durch den grauen Kopf und den ungebänderten Oberschwanz und Bürzel von den Weibchen.

Rotfußfalke

FAMILIE Falconidae
ART *Falco vespertinus*
LÄNGE 34 cm/ Spannweite 72 cm
HABITAT Offenes Gelände
GELEGEGRÖSSE 3–4

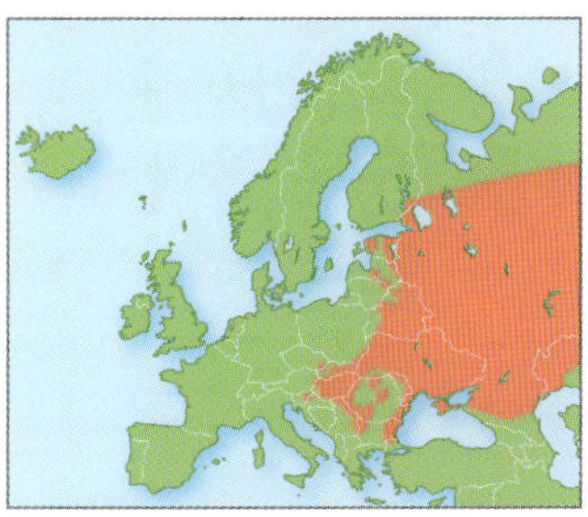

VERBREITUNG Brutvogel in O-Europa, vom Westen des Kaspischen Meeres bis zu den Ostseestaaten und S-Finnland.

BEI DER Sommerverbreitung der Rotfußfalken kann das Wetter eine wichtige Rolle spielen: Die Vögel streifen bei Hochdrucklagen weit umher und können in Deutschland, ja sogar in Schweden und Großbritannien, auftauchen. Im September ziehen Rotfußfalken zum Überwintern etwa 11 000 km nach Afrika. Sie kehren im April ins Brutgebiet zurück. Rotfußfalken ernähren sich hauptsächlich von Großinsekten und Wirbellosen.

FÜSSE UND BEINE Beim männlichen Rotfußfalken sind Füße und Beine rot – hier im Bild ein Weibchen mit orangefarbenen Beinen.

GALLIFORMES

Hühnervögel

Hühnervögel leben hauptsächlich am Boden und sind gut an die Fortbewegung „zu Fuß" angepasst; bei Gefahr können sie jedoch auffliegen. Ihr Flug wirkt meistens etwas unbeholfen, und sie gleiten rasch zur nächsten Deckung. Die Hähne sind insgesamt lebhafter gefärbt. Einige Arten leben polygam, wobei der Hahn eine Gruppe von Hennen um sich versammelt, andere Arten führen eine Gruppenbalz durch, sodass die Hennen ihre jeweiligen Partner wählen können. Die Küken sind Nestflüchter – sie können den Eltern nach dem Schlüpfen folgen, sind aber noch nicht flugfähig.

Moorschneehuhn

FAMILIE Phasianidae
ART *Lagopus lagopus*
LÄNGE 38 cm
HABITAT Tundra/Gebüsche
GELEGEGRÖSSE 7–12

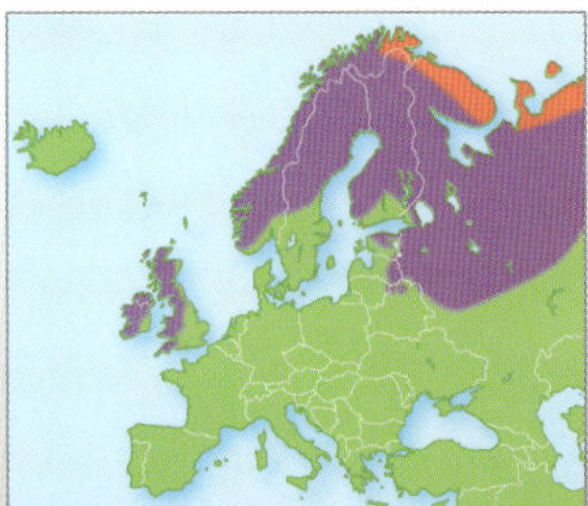

VERBREITUNG Kommt in Teilen Irlands und Schottlands vor; Hauptverbreitungsgebiet ist von Skandinavien ostwärts nach Russland und südwärts zu den Ostseestaaten.

MOORSCHNEEHÜHNER sind normalerweise in Zwergstrauchheiden („Mooren") bis in den hohen Norden verbreitet, wo es für Bäume zu kalt ist. Sie ernähren sich überwiegend von Weiden (*Salix*) – im Frühling von den Weidenkätzchen, im Winter von Knospen, Rinde oder Zweigen. Moorschneehühner wechseln ihr Federkleid mehrmals im Jahr und sind im offenen Gelände immer gut vor Fressfeinden getarnt. Im Winter passt das schneeweiße Gefieder perfekt zur verschneiten Landschaft; die Vögel treten dann in kleinen Trupps auf. Im Sommer hebt sich das bräunliche Federkleid kaum von Vegetation und Boden ab. In Schottland und Irland ist eine eigene Unterart mit sehr auffälligen roten „Rosen" über den Augen heimisch (Schottisches Moorschneehuhn, *L. l. scoticus*), die kein weißes Winterkleid ausbildet.

PARTNERTREUE Moorschneehühner bleiben während der gesamten Brutzeit als Paar zusammen und beschützen die Jungvögel (im Bild das Schottische Moorschneehuhn).

Alpenschneehuhn

FAMILIE Phasianidae
ART *Lagopus muta*
LÄNGE 36 cm
HABITAT Tundra/Felsgebiete
GELEGEGRÖSSE 6–9

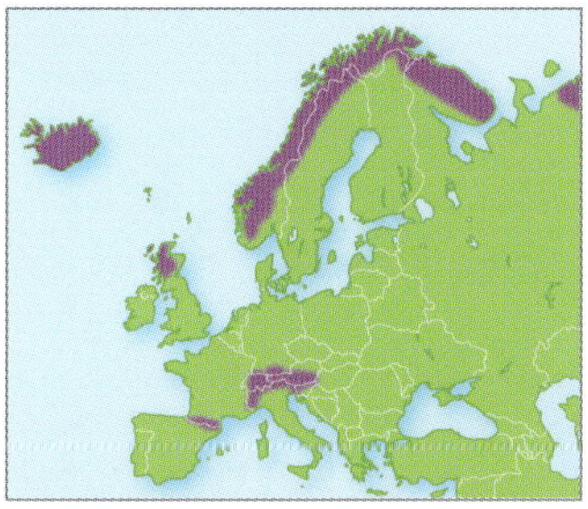

VERBREITUNG Als Relikt der letzten Eiszeit in Alpen und Pyrenäen verbreitet; Hauptvorkommen in N-Europa: Schottland, Island und von N-Skandinavien bis nach N-Russland.

ALPENSCHNEEHÜHNER LEBEN in alpinen Gebirgszonen – im arktischen Skandinavien und in den Alpen und Pyrenäen. Sie mausern mehrmals im Jahr; das Winterkleid ist bis auf den schwarzen Schwanz und einen schwarzen Zügelstreif zwischen Auge und Schnabel schneeweiß.

KÄLTESCHUTZ Beine und Füße sind bis zu den Zehen befiedert – ein guter Schutz vor Erfrierungen.

Birkhuhn

FAMILIE Phasianidae
ART *Lyrurus tetrix*
LÄNGE 58 cm
HABITAT Moore/Waldgebiete
GELEGEGRÖSSE 6–11

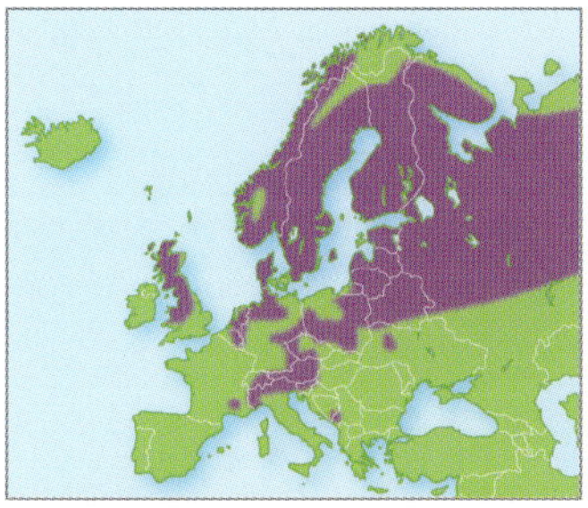

VERBREITUNG Standvogel in NW-Europa, Mitteleuropa (Alpenregion, Restpopulationen in Mittelgebirgen und Heideflächen), N- und NO-Europa (dort Hauptvorkommen).

BIRKHÜHNER LEBEN außerhalb der Brutzeit meistens in Trupps, die gewöhnlich aus Hähnen oder Hennen bestehen. Wenn der Boden im Winter schneebedeckt ist, suchen sie häufig im Geäst von Birken nach Kätzchen und Knospen. Im Frühjahr versammeln sich die Birkhähne zur Gruppenbalz auf traditionellen Balzplätzen, wo sie sich gegenseitig zu überbieten suchen, um die Gunst der Hennen zu erringen.

TYPISCHES GEFIEDER Die Birkhenne ist gelbbraun gefärbt, mit deutlicher schwarzer Bänderung. Im Flug ist eine schmale weiße Flügelbinde sichtbar.

BIRKHUHNBALZ Birkhähne bei der Arenabalz. Die gebogenen leierförmigen Schwanzfedern sind deutlich zu erkennen, da der Schwanz aufgestellt und gefächert wird.

Kaukasuskönigshuhn

FAMILIE Phasianidae
ART *Tetraogallus caucasicus*
LÄNGE 60 cm
HABITAT Bergregionen
GELEGEGRÖSSE 5–8

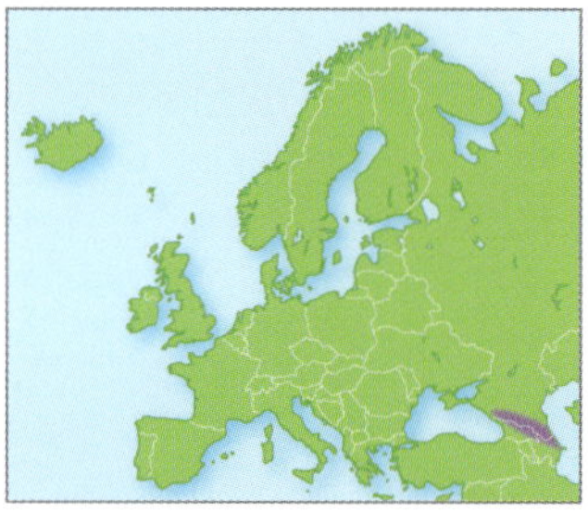

VERBREITUNG Kaukasus (zwischen Schwarzem Meer und Kaspischem Meer); Sichtungen an der NO-Küste der Türkei sind umstritten.

DAS AUFFÄLLIGE Gefieder des Kaukasuskönigshuhns ist durch einen grauen Scheitel, weißen Hals mit rostrotem Seitenstreif und rostroten Nacken gekennzeichnet. Die Hähne sind etwas lebhafter gefärbt als die Hennen. Die Art lebt in Höhenlagen bis 4000 m, im Winter bei Schnee in etwas tieferen Lagen. Sie bevorzugt felsige Gegenden, wo sie sich zwischen den Steinblöcken versteckt und dort auch brütet. In der Brutzeit sind die Paare Einzelgänger, finden sich jedoch zu anderen Jahreszeiten zu kleinen Trupps zusammen.

PFLANZENKOST Kaukasuskönigshühner ernähren sich ganzjährig vegetarisch von Zwiebeln, Blättern und Gräsersamen. Sogar die Küken verabscheuen Insektennahrung.

Auerhuhn

FAMILIE Phasianidae
ART *Tetrao urogallus*
LÄNGE 90 cm
HABITAT Nadelwälder
GELEGEGRÖSSE 7–11

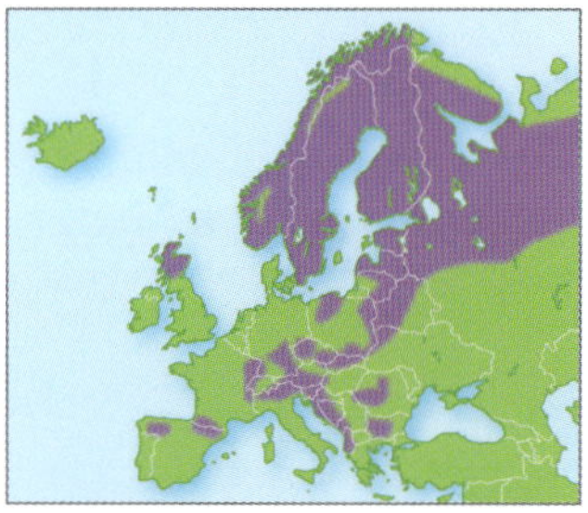

VERBREITUNG Standvogel in N-Europa von Skandinavien bis Russland; Restvorkommen in Schottland, N-Spanien, Mitteleuropa (Alpen und Mittelgebirge), Balkan.

DIE SCHEUEN Auerhühner sind ausgesprochen heimlich. Nur mit viel Glück kann man die großen Vögel während der spektakulären Balz im Spätfrühling an ihren Balzplätzen beobachten; ihre lauten Rufe sind dann weit zu hören. Auerhühner sind normalerweise bodenbewohnend. Sie leben in alten Nadelwäldern und ernähren sich im Sommer vorwiegend von Heidekrautgewächsen, in schneereichen Wintern verzehren sie Kiefernnadeln und fliegen dann bis in die Baumkronen.

BEI DER BALZ Der Auerhahn fächert seine Schwanzfedern auf, während er seinen Balzgesang vorträgt, der aus „Knappen, Triller, Hauptschlag und Wetzen" besteht.

BEFIEDERUNG Bei dieser Auerhenne sind die dicht befiederten Beine und Füße gut zu erkennen. Dieser zusätzliche Kälteschutz ist in den strengen Wintern Nordeuropas von Vorteil.

Haselhuhn

FAMILIE Phasianidae
ART *Bonasa bonasia*
LÄNGE 39 cm
HABITAT Laubmischwälder
GELEGEGRÖSSE 7–11

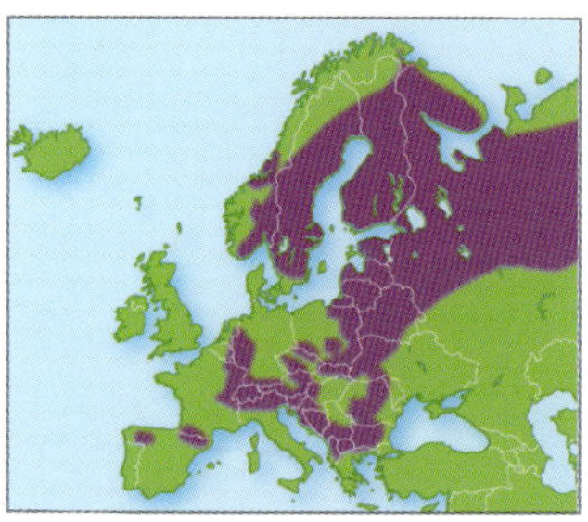

VERBREITUNG Standvogel von NO-Frankreich und Deutschland bis zum Kaspischen Meer; außerdem in Teilen von S-Skandinavien bis N-Russland.

IM GROSSEN, nach Osten sogar bis Japan reichenden Verbreitungsgebiet des Haselhuhns unterscheidet man ein Dutzend Unterarten. Bei allen zieht sich ein weißer Kehlstreif vom Schnabelwinkel bis zur Brust; der Hahn hat eine schwarze Kehle. Haselhühner leben meistens in Wäldern, vorzugsweise in Gebieten mit dichtem Unterwuchs. Dank ihres gesprenkelten Gefieders sind sie im wechselnden Licht und Schatten der Wälder in ihrem Habitat gut getarnt. Bei Störung fliegen die Haselhühner aber auf, statt sich im Unterholz zu verstecken. Gelegentlich halten die Vögel sich auf Bäumen auf und wandern die Äste entlang; meistens übernachten sie auch nicht auf dem Boden. Die Nahrung besteht überwiegend aus Haselknospen. In sehr strengen Wintern können Haselhühner eine Art Mini-Iglu im Schnee errichten, um sich zu wärmen, oder sie schlafen in hohlen Baumstämmen. Das Haselhuhn ist monogam. Im Herbst kommt es zur Paar- und Revierbildung. Die eigentliche Paarung findet aber erst während der Frühjahrsbalz statt. Die Brutzeit reicht je nach geografischer Breite von Ende März bis Juni – im hohen Norden ist sie später. Haselhühner sind Bodenbrüter. Ihre Nester liegen sehr gut versteckt. Die Henne scharrt eine einfache Bodenmulde, die sie mit Blättern und Gras auspolstert. In Mitteleuropa sind Haselhühner sehr selten, und es gibt es nur noch wenige große Vorkommen. Mit Ansiedlungsprojekten wird versucht, die Populationen in Mitteleuropa wieder zu steigern.

TERRITORIAL Ein Haselhuhn sucht im Schnee nach Futter.

Halsbandfrankolin

FAMILIE Phasianidae
ART *Francolinus francolinus*
LÄNGE 36 cm
HABITAT Offenes Gelände
GELEGEGRÖSSE 6–9

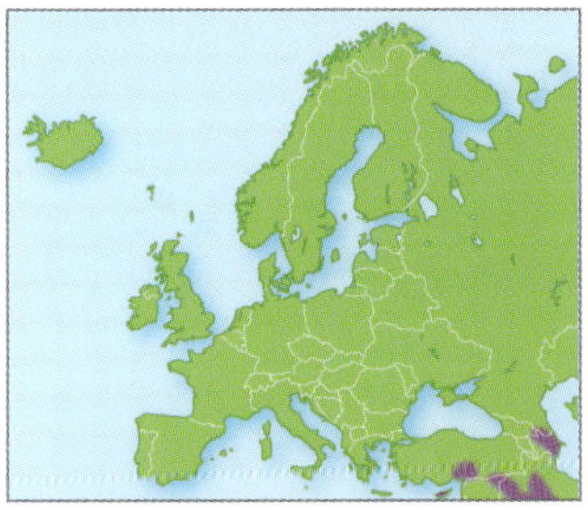

VERBREITUNG Standvogel in der Türkei, im Iran und Irak, von Afghanistan bis Turkmenistan und NO-Indien.

VOR ALLEM ihre aufrechte Körperhaltung zeichnet diese Art aus. Der Hahn besitzt einen schwarzen Kopf mit leuchtend weißem Wangenfleck und ein breites rostrotes Halsband. Die überwiegend schwarze Brust und Unterseite sind weiß gefleckt. Bei Hennen ist nur der Nacken rostrot gefärbt, der Wangenfleck ist gelblich, ein dunkler Augenstreif verläuft am Hals entlang. Der Halsbandfrankolin lebt bevorzugt in Gebieten mit niedrigem Bewuchs. In Europa versucht man zurzeit, den Halsbandfrankolin in den früheren Verbreitungsgebieten wieder anzusiedeln (zum Beispiel auf der Iberischen Halbinsel). In Zypern erholt sich die Population bereits.

AUSWEICHMANÖVER Wenn man Halsbandfrankoline, die meistens paarweise vorkommen, aus ihrer Deckung aufstöbert, fliegen sie, ähnlich wie Fasane, im Gleitflug rasch ins nächste Gebüsch.

Wachtel

FAMILIE Phasianidae
ART *Coturnix coturnix*
LÄNGE 18 cm
HABITAT Offenes Agrarland
GELEGEGRÖSSE 7–18

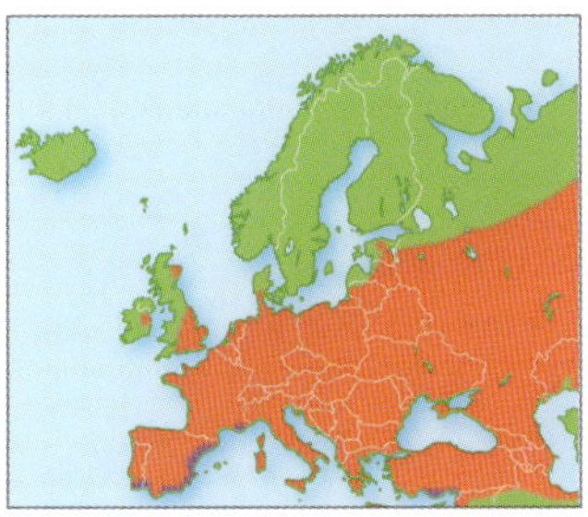

VERBREITUNG Mit Ausnahme von N- und NO-Europa Brutvogel in Europa; nur in Teilen der Britischen Inseln verbreitet; an der südlichen Mittelmeerküste Standvogel.

IM FLUG FALLEN die ungewöhnlich langen Flügel und der schnelle Flügelschlag auf; die Vögel begeben sich aber rasch wieder in Deckung. Da sie schlank und klein sind, können Wachteln sich weitgehend unbemerkt im Unterwuchs ihres Lebensraums aufhalten, wo das gesprenkelte Gefieder perfekte Tarnung bietet. Der unverkennbare Ruf („Pickwerwick") liefert oft den besten Hinweis auf ein Wachtelvorkommen. Sie sind jedoch nur schwer zu beobachten – allenfalls beim Staubbad am Wegesrand oder wenn sie einen Feldweg überqueren.

GEFIEDERMERKMALE Im Bild eine Wachtelhenne – der Hahn unterscheidet sich durch die schwarze Kehle.

Chukarhuhn

FAMILIE Phasianidae
ART *Alectoris chukar*
LÄNGE 36 cm
HABITAT Aride Lebensräume
GELEGEGRÖSSE 10–15

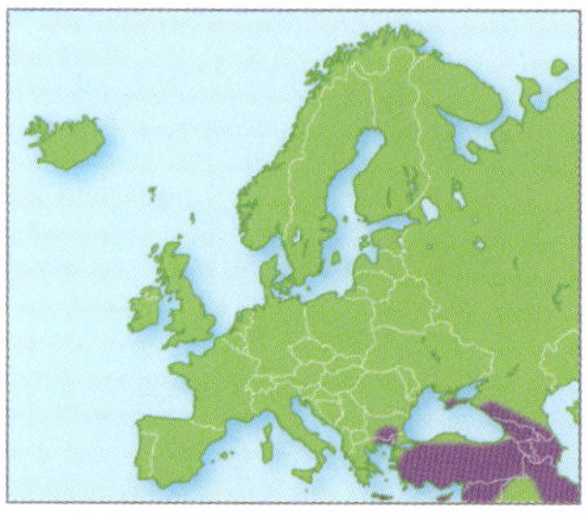

VERBREITUNG Vom östlichen Mittelmeerraum bis zum Südufer des Kaspischen Meers; südwärts bis Türkei, Zypern und Kreta.

CHUKARHUHN UND Steinhuhn sind ähnlich: Beim Chukarhuhn ist der Kehllatz aber cremefarben (beim Steinhuhn weiß). Namensgebend war der Ruf der Art („Tschukar"). Die bodenbewohnenden Chukarhühner laufen bei Gefahr davon. In ihrem ariden Lebensraum halten sie sich meistens in Wassernähe auf. Die Hennen suchen sich einen abgeschiedenen Brutplatz, oft eine Bodenmulde unter einem Fels oder Gebüsch, und bebrüten die Eier etwa drei Wochen lang alleine. Als Nestflüchter können junge Chukarhühner sofort laufen; geführt werden sie von der Henne. Im Alter von etwa zwei Wochen finden sich die Küken von Nachbarnestern zu größeren Gruppen zusammen. Danach bleiben die Jungen in einer „Kette", bis sie sich schließlich zu Beginn der Brutzeit verpaaren.

SAISONALE WANDERUNGEN Chukarhühner wandern im Winter bei kaltem Wetter in tiefere Lagen.

Steinhuhn

FAMILIE Phasianidae
ART *Alectoris graeca*
LÄNGE 36 cm
HABITAT Sonnige Gebirge
GELEGEGRÖSSE 8–14

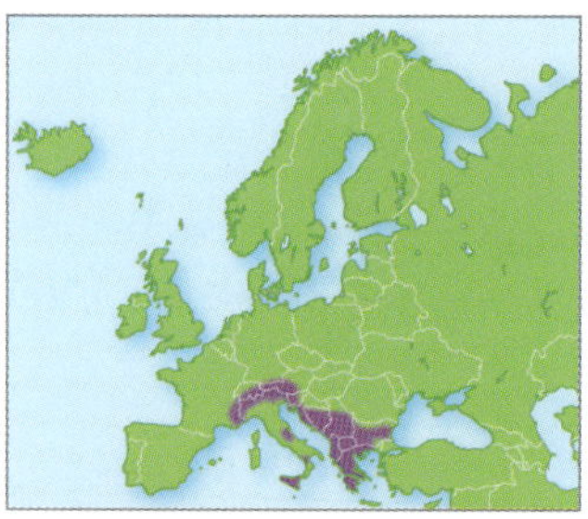

VERBREITUNG Standvogel von N-Italien (Alpen) über das ehemalige Jugoslawien bis Griechenland und Bulgarien, ferner in Teilen von Mittelitalien und Sizilien.

DAS STEINHUHN, auch Alpensteinhuhn genannt, kommt zwar hauptsächlich in Bergregionen vor, doch in einem Teil des Verbreitungsgebiets (Sizilien) leben sie auch auf Meereshöhe. Im zeitigen Frühjahr lösen sich Steinhuhntrupps auf, und die Paare sondern sich ab. Das Nest ist eine flache, von der Henne gescharrte Bodenmulde; die Küken werden von beiden Elternvögeln versorgt und geführt.

NAHRUNG Steinhühner ernähren sich vorwiegend von Samen und anderer Pflanzenkost, die Jungvögel verzehren im ersten Sommer jedoch hauptsächlich wirbellose Tiere.

Rothuhn

FAMILIE Phasianidae
ART *Alectoris rufa*
LÄNGE 35 cm
HABITAT Offenes Gelände
GELEGEGRÖSSE 11–14

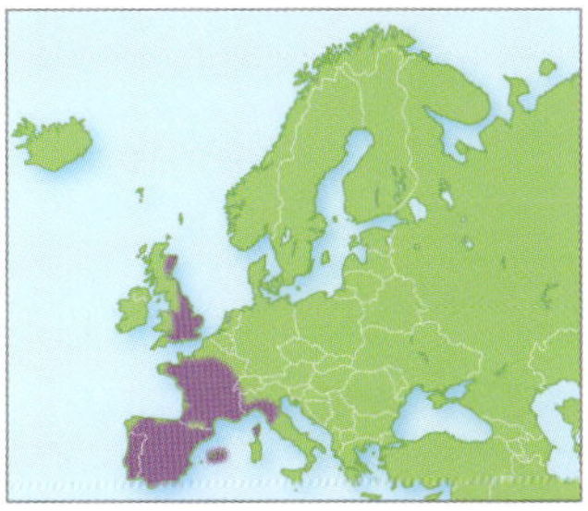

VERBREITUNG Iberische Halbinsel, Frankreich sowie NW-Italien; in S-England vor über 200 Jahren ausgewildert.

DIESE TIEFLANDART wurde in verschiedenen Gegenden – so in Teilen von Großbritannien – erfolgreich ausgewildert. In Deutschland starb sie Ende des 16., in der Schweiz im 19. Jahrhundert aus. Zu Jagdzwecken versucht man jedoch immer wieder, Rothühner auszuwildern. Innerhalb ihres Verbreitungsgebiets werden drei Unterarten unterschieden. Männchen und Weibchen sind gleich gefärbt. Von anderen Arten unterscheiden sich Rothühner durch ein kleines weißes Kehlfeld, ein breites schwarzes Halsband und eine schwarz gefleckte Brust. Der Hahn trägt außerdem einen Sporn auf der Fußrückseite und ist gewöhnlich etwas größer als die Henne. Das Rothuhn hat normalerweise nur ein Gelege pro Jahr, seltener zwei in rascher Folge. In diesem Fall übernimmt der Hahn die Bebrütung des zweiten Geleges. Jungvögel sind mit etwa zwei Monaten voll ausgewachsen, die Familienverbände bleiben allerdings bis zum nächsten Frühjahr zusammen. Rothühner ernähren sich von diversen Pflanzenteilen: Sie suchen im Herbst nach Bucheckern oder graben im Winter auch Wurzeln aus. Tagsüber ruhen Rothühner häufig und verbergen sich manchmal in Ackerfurchen, weil es auf Feldern keine andere Deckung gibt. Bei Störung fliegen sie auf, landen aber bald wieder und laufen auf dem Boden davon.

ROTHUHNPAAR Der Hahn (hinten) nimmt beim Rufen eine aufrechte Haltung ein.

Rebhuhn

FAMILIE Phasianidae
ART *Perdix perdix*
LÄNGE 32 cm
HABITAT Offenes Agrarland
GELEGEGRÖSSE 12–16

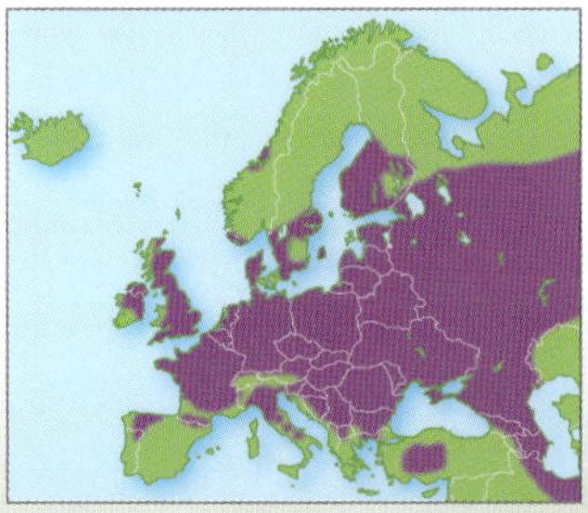

VERBREITUNG Standvogel im größten Teil Europas; fehlt aber im Mittelmeergebiet und in klimatisch ungünstigen nördlichen Regionen.

REBHÜHNER SIND in Europa weit verbreitet (früher wurden sie in sieben Unterarten unterteilt). Sie kommen ursprünglich zwar in Grassteppen vor, sind mittlerweile aber als Kulturfolger auch im Agrarland heimisch. Die Bestände sind in den letzten Jahrzehnten durch intensive Landbewirtschaftung stark rückläufig. Rebhühner verbringen die meiste Zeit am Boden, gewöhnlich an Feldrainen, wo sie die beste Deckung finden. Sie fliegen bei Störung nur ungerne auf und landen bald wieder. Außerhalb der Brutzeit finden sie sich zu kleinen Trupps mit bis zu 25 Tieren zusammen. Üblicherweise suchen Rebhühner frühmorgens und in der Abenddämmerung nach Sämereien und wirbellosen Tieren. Der Hahn verpaart sich zu Beginn der Brutzeit mit der Henne, die einen gut getarnten und geschützten Nistplatz im dichten Pflanzenwuchs sucht. Das Weibchen brütet die Eier etwa 24 Tage lang aus, während das Männchen energisch das Brutareal vor Fressfeinden verteidigt.

GEFIEDERFÄRBUNG Der Hahn links im Bild ist an der lebhafteren Gesichtsfärbung zu erkennen.

Fasan

FAMILIE Phasianidae

ART *Phasianus colchicus*

LÄNGE 60–84 cm

HABITAT Wald und Feldgehölze

GELEGEGRÖSSE 7–14

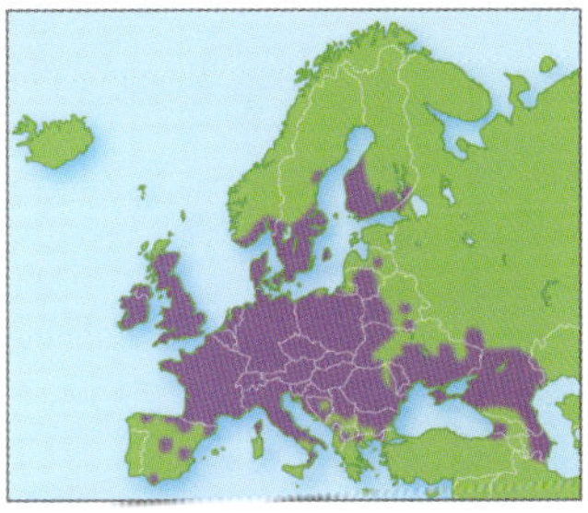

VERBREITUNG Fast in ganz W- und Mitteleuropa bis nach S-Skandinavien verbreitet, weiter bis S-Italien und zum Norden des Schwarzen Meers; die Populationen werden teilweise durch ausgesetzte Vögel aufgefüllt.

DER FASAN (Jagdfasan) war ursprünglich in Asien heimisch, wurde aber schon vor langer Zeit in Europa als Federwild eingeführt und ist mittlerweile auf dem ganzen Kontinent weit verbreitet. Die prächtigen Hähne sind wesentlich größer als die Hennen und besitzen unbefiederte, rot gefärbte Kopfseiten (zur Paarungszeit auffällig geschwollen; sogenannte Rosen), rote Kinnlappen und häufig auch einen weißen Halsring. Die unscheinbaren Hennen sind beigebraun und dunkel gefleckt. Da ursprünglich verschiedene Unterarten an den jeweiligen Orten eingeführt wurden, gibt es nach wie vor lokale Unterschiede bei den Fasanenhähnen – einige Populationen sind beispielsweise dunkler oder haben keinen weißen Halsring.

HAREM Meistens schart ein Fasanenhahn mehrere Hennen um sich, wenn er in offenem Gelände nach Nahrung sucht. Fasanen sind Bodenbruter, schlafen jedoch normalerweise auf Bäumen.

Goldfasan

FAMILIE Phasianidae

ART *Chrysolophus pictus*

LÄNGE 80–105 cm

HABITAT Wald

GELEGEGRÖSSE 5–12

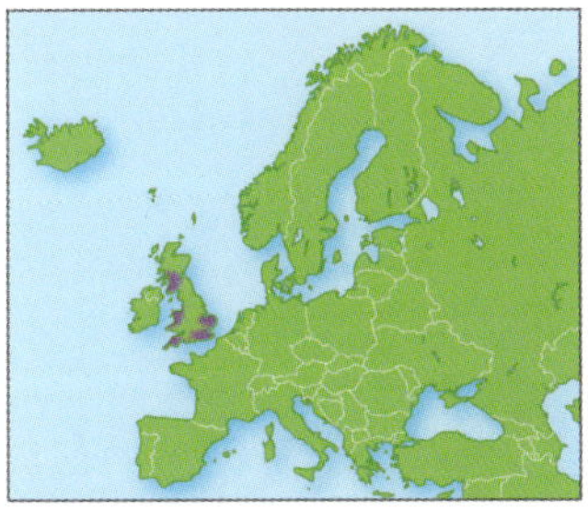

VERBREITUNG Ursprünglich aus Zentralchina; in Großbritannien, insbesondere S- und O-England, SW-Schottland und auf der Insel Anglesey (Wales) eingeführt.

DAS GOLDFARBENE Kopfgefieder des männlichen Goldfasans ist ein wichtiges Artmerkmal – tatsächlich gibt es keine andere Vogelart, mit der man ihn verwechseln könnte. Die Hennen sind jedoch viel unscheinbarer; ihre Unterseite ist im Vergleich zur Fasanenhenne deutlicher gebändert. Goldfasanen wurden im 19. Jahrhundert als Ziergeflügel in Großbritannien eingeführt und bald darauf ausgesetzt. Sie haben sich bis heute nicht weit über ihre ursprünglichen Vorkommen in wilden Kiefern- und Lärchenwäldern ausgebreitet.

PRÄCHTIGES GEFIEDER Das auffällige Federkleid des erwachsenen Goldfasanenhahns besticht durch Farbenfreude. Diese Art ist in der Regel polygam – der Hahn schart mehrere Hennen um sich.

GRUIFORMES

Kranichvögel

Diese Ordnung umfasst von den großen Kranichen bis zu den kleinen Rallen Vögel verschiedenster Körpergröße, die jedoch weitgehend an den aquatischen Lebensraum gebunden sind. Die Habitate reichen vom Salzwasser bis zum Süßwasser – einige Arten können sich an beides anpassen. Etliche Arten sind Zugvögel, wie beispielsweise der Kranich. Von Natur aus sind viele Arten scheu und nicht leicht zu beobachten; besonders die schlanken Rallen können fast unbemerkt durch Gras und Röhricht schlüpfen. Auch die relativ eintönige Gefiederfärbung bietet eine gute Tarnung.

Laufhühnchen

FAMILIE Turnicidae
ART *Turnix sylvaticus*
LÄNGE 17 cm
HABITAT Ödland mit Gestrüpp
GELEGEGRÖSSE 3–4

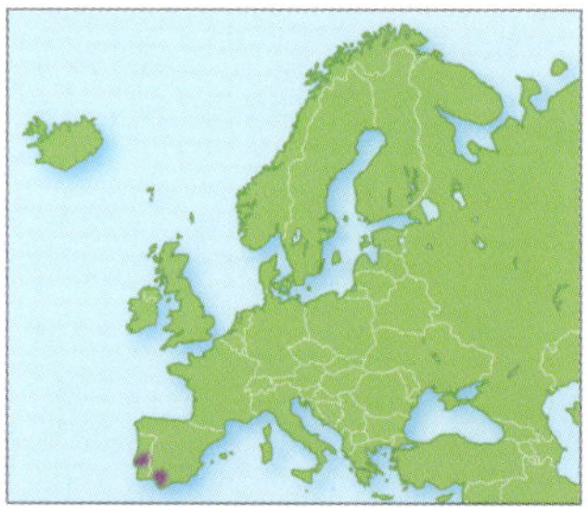

VERBREITUNG In Europa nur im Süden der Iberischen Halbinsel; außerdem an der Mittelmeerküste von N-Afrika.

LAUFHÜHNCHEN SIND wachtelähnliche Vögel, aber nicht mit ihnen verwandt. Sie werden seit Neuestem zu den Regenpfeiferartigen (Charadriiformes) gezählt. Die scheuen Vögel suchen ihre Nahrung (Sämereien) auf dem Boden und fliegen kaum auf. Beim Brüten sind die Rollen teilweise vertauscht, denn das Männchen bebrütet die Eier.

PRÄCHTIGES WEIBCHEN Die Henne ist mit dem rostfarbenen Brustgefieder auffälliger gefärbt als der Hahn. Bei beiden ist der Schwanz auffällig kurz.

Kranich

FAMILIE Gruidae
ART *Grus grus*
LÄNGE 180–220 cm/ 175 cm Spannweite
HABITAT Feuchtgebiete
GELEGEGRÖSSE 1–2

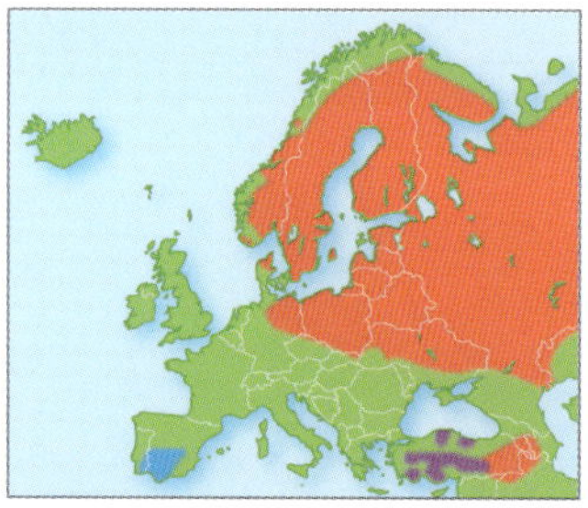

VERBREITUNG Brutvogel in NO-Europa; überwintert in Afrika, im Nahen Osten, teilweise in S-Europa.

IM BRUTGEBIET fallen Kraniche besonders durch ihre Balztänze und die lauten, trompetenden Duette der Partner auf. Sie brüten vor allem in Bruchwäldern. Das große Bodennest erhebt sich aber immer über die Wasserfläche. Kraniche sind Allesfresser, die ihre Nahrung langsam schreitend auf Wiesen, Feldern, Feldsäumen und Äckern suchen.

JUNG UND ALT Vorne der Altvogel, dahinter der Jungvogel. Männchen sind größer als Weibchen. Die kurzen Schwanzfedern sind von den buschigen Schirmfedern bedeckt.

Jungfernkranich

FAMILIE Gruidae
ART *Anthropoides virgo*
LÄNGE 85–100 cm/ 232 cm Spannweite
HABITAT Steppen/Wasserwege
GELEGEGRÖSSE 1

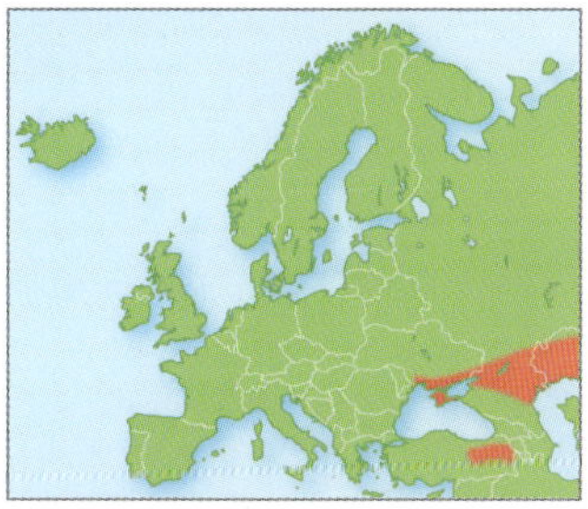

VERBREITUNG Brutvogel (Sommergast) der Steppen S-Russlands (nordöstlich des Schwarzen Meers); überwintert in Asien; während des Zugs auf Zypern zu beobachten.

JUNGFERNKRANICHE SIND kleiner als Kraniche (*Grus grus*); die schwarzen Brustfedern sind verlängert, die Schirmfedern in Schwanznähe nicht buschig. Auffällig sind auch die langen weißen Ohrbüschel, die hinter den leuchtend roten Augen bis auf den Hals fallen. Sie ernähren sich von kleineren Tieren wie Würmern und Fröschen. Jungfernkraniche nisten in trockenen Steppengebieten, jedoch immer in Wassernähe, und lassen sich am besten im Winter in Feuchtgebieten beobachten – auch in Gesellschaft anderer Kraniche. Im Flug lassen sich Kraniche gut von Störchen und Reihern unterscheiden, da sie mit ausgestrecktem Hals und meistens in Keilformation fliegen. Bei den in ähnlicher Formation ziehenden Gänsen sind keine überstehenden Beine zu erkennen. Auf dem Zug fliegen die Kraniche truppweise (oft in großer Höhe) und nutzen dabei die Thermik zum Segelflug.

FAMILIENGRUPPE In dieser Gruppe steht das etwas größere Männchen rechts, in der Mitte das Weibchen, links der Jungvogel, der sich durch fehlende Ohrbüschel und kurze Brustfedern von den Eltern unterscheidet.

KRANICHBALZ Der Balztanz der Kraniche ist spektakulär. Im Lauf des Balzrituals springen die Vögel in Intervallen hoch und werfen dabei Zweige und andere Gegenstände in die Luft.

Wasserralle

FAMILIE Rallidae

ART *Rallus aquaticus*

LÄNGE 23–26 cm

HABITAT Wasserflächen mit großen Schilfbeständen

GELEGEGRÖSSE 6–11

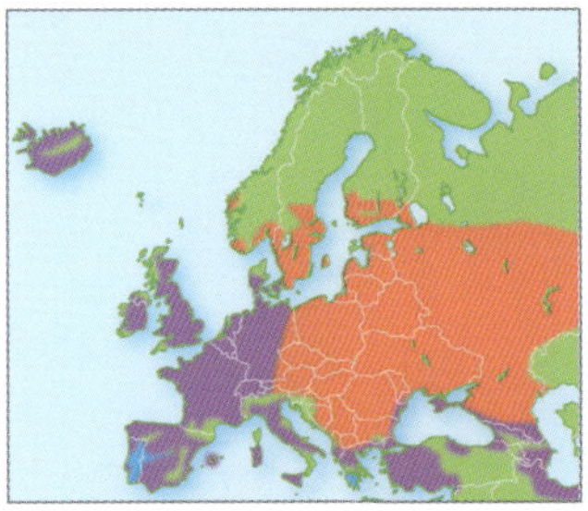

VERBREITUNG Standvogel in W-Europa und im Mittelmeerraum; in O-Europa bis S-Skandinavien Brutvogel (Sommergast).

DIESE ANPASSUNGSFÄHIGE Art kommt in Süßwasser- und Brackwassergebieten vor. Wasserrallen sind jedoch schwer zu beobachten, da sie sich bei der geringsten Störung in Röhricht und ähnlicher Vegetation verstecken. Das Weibchen ist etwas kleiner und besitzt einen schmaleren Schnabel als das Männchen. Die Nahrung besteht vorwiegend aus kleinen Wirbeltieren wie Fischen und Amphibien und Insekten.

NAHRUNGSSUCHE Wasserrallen suchen im Flachwasser nach Futter. Sie können auch schwimmen und sogar tauchen.

Wachtelkönig

FAMILIE Rallidae

ART *Crex crex*

LÄNGE 25 cm

HABITAT Feuchtwiesen

GELEGEGRÖSSE 8–12

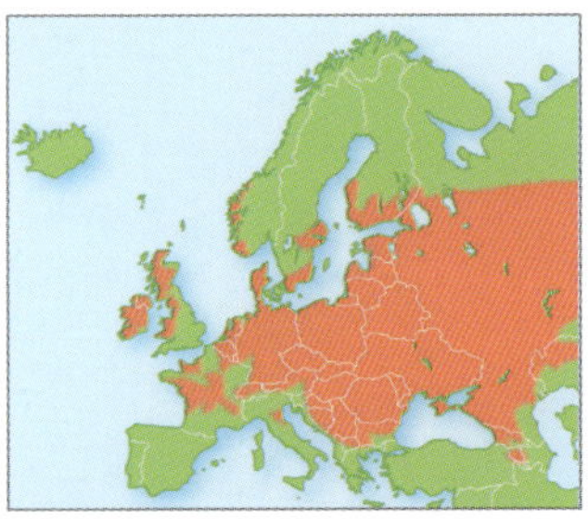

VERBREITUNG Brutvogel (Sommergast) von W-Europa (nordwärts bis Schottland und S-Skandinavien) bis W-China; überwintert hauptsächlich in O-Afrika.

WACHTELKÖNIGE BEVORZUGEN trockenere Lebensräume als andere Rallenarten. Die Bestandszahlen haben aber in vielen Regionen stark abgenommen. Vermutlich werden weniger Jungvögel aufgezogen, weil die Wiesen, auf denen Wachtelkönige brüten, früher gemäht und dadurch Gelege zerstört werden. In Gegenden mit nicht so intensiver Landwirtschaft ist die Art häufiger.

ARTENSCHUTZ Die Populationen können sich durch eine verbesserte Mähtechnik (Mähen der Wiesen von innen nach außen) und durch Schutzgebiete teilweise erholen.

Kleines Sumpfhuhn

FAMILIE Rallidae
ART *Porzana parva*
LÄNGE 19 cm
HABITAT Schilfbestände
GELEGEGRÖSSE 7–9

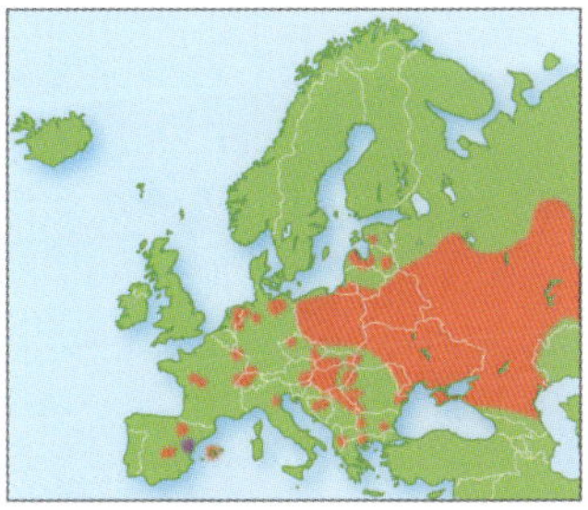

VERBREITUNG In W-Europa nur verstreute Brutvorkommen, in O-Europa (im Norden des Schwarzen Meers) weiter verbreitet; überwintert in N- und O-Afrika.

KLEINE SUMPFHÜHNER sind zur Brutzeit territorial: Das napfförmige Bodennest wird so errichtet, dass es nur über das Wasser erreicht werden kann. Nach einer Bebrütungsdauer von drei Wochen schlüpfen die mit schwarz glänzenden Daunen bedeckten Küken. Als Nestflüchter können sie sofort laufen und sind nach etwa sieben Wochen – noch vor dem Flüggewerden– von den Elternvögeln unabhängig.

FARBIGER SCHNABEL Der kurze, aber spitze Schnabel ist an der Schnabelbasis rot und ansonsten gelbgrün.

Tüpfelsumpfhuhn

FAMILIE Rallidae
ART *Porzana porzana*
LÄNGE 22 cm
HABITAT Seggenbestände
GELEGEGRÖSSE 8–12

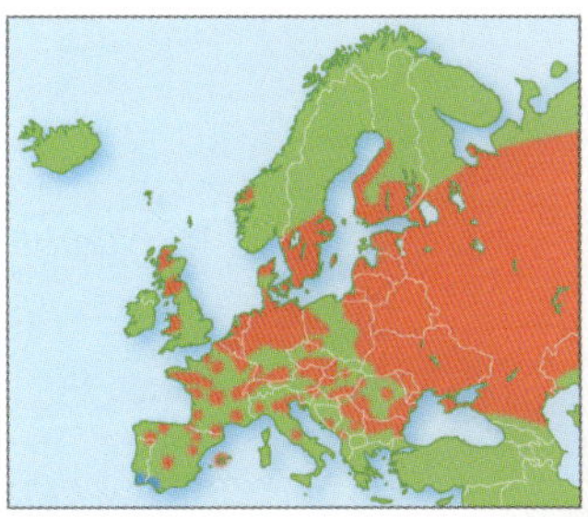

VERBREITUNG Brutvogel mit verstreuten Brutvorkommen in W-Europa (bis S-Skandinavien), in O-Europa weiter verbreitet; überwintert vorwiegend in Afrika.

BEIM TÜPFELSUMPFHUHN sind Brust, Hals und Unterseite fein gepunktet, zu den Flanken hin gehen die Punkte in weiße Querbänder über. Typisch ist der Ruf, ein scharfes „Quitt ... quitt ... quitt". Von Natur aus sind die Vögel sehr scheu und deshalb selten zu beobachten. Sie kommen nicht nur im Röhricht vor, sondern auch in offenerem Gelände, manchmal sogar in Feuchtwiesen.

TYPISCH Der Schnabel des Tüpfelsumpfhuhns ist an der Basis rotorange, ansonsten gelbgrün mit dunkler Spitze.

Zwergsumpfhuhn

FAMILIE Rallidae
ART *Porzana pusilla*
LÄNGE 18 cm
HABITAT Seggenbestände
GELEGEGRÖSSE 4–11

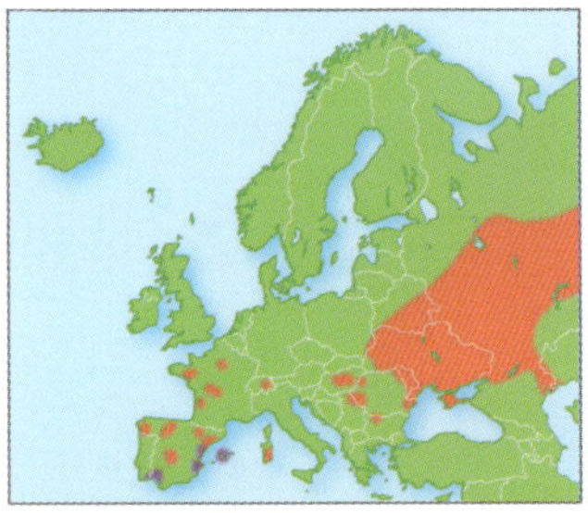

VERBREITUNG Verstreute Brutvorkommen (Sommergast) in SW-Europa; im Norden und Osten des Schwarzen Meers weiter verbreitet; in 14 Ländern nachgewiesen; überwintert in Afrika.

BEIM ZWERGSUMPFHUHN sind die Geschlechter sehr ähnlich, allerdings ist die Kehle des Weibchens etwas heller. Das Gefieder der Altvögel ist blaugrau, bei Jungvögeln ist es eher schwarzweiß gebändert. Als Nestflüchter können sie sich bereits nach wenigen Tagen selbst versorgen, doch das Vollgefieder bricht frühestens nach zehn Tagen durch das Dunenkleid.

FEUCHTES HEIM Zwergsumpfhühner nisten auf einer Plattform aus Pflanzenmaterial, die sich im Flachwasser befindet. Hier können die Jungvögel auch rasten.

Teichhuhn

FAMILIE Rallidae
ART *Gallinula chloropus*
LÄNGE 36 cm
HABITAT Binnengewässer
GELEGEGRÖSSE 8–12

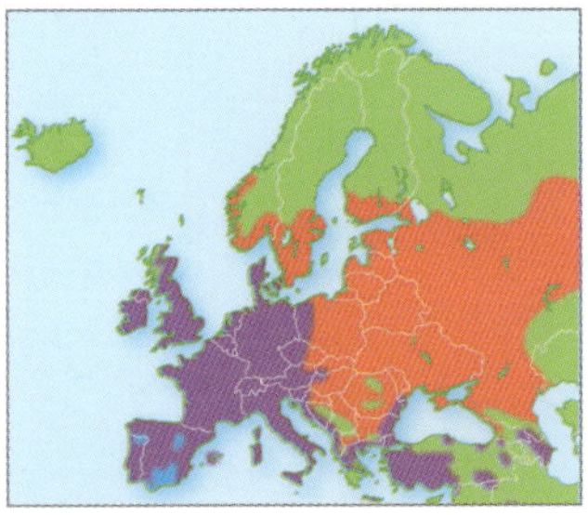

VERBREITUNG Standvogel in weiten Teilen von W-Europa und der Türkei, fehlt in Schottland; brütet in O-Europa bis S-Skandinavien nur als Sommergast.

TEICHHÜHNER, HÄUFIG auch Teichrallen genannt, kommen in vielen Lebensräumen vor – von Seen, Teichen und Sümpfen bis zu Flüssen. Die von Natur aus scheuen Vögel halten sich gerne am Gewässerrand auf, um bei der geringsten Störung ins Schilf zu flüchten. Das Gefieder des Teichhuhns ist überwiegend dunkel, der rote Stirnschild geht in einen roten Schnabel mit gelber Spitze über. Es ist etwas kleiner als das Rebhuhn.

BESCHÜTZER Ein Teichhuhn-Altvogel bewacht sein Küken (und verteidigt es notfalls). Teichhühner können gut schwimmen.

Purpurhuhn

FAMILIE Rallidae
ART *Porphyrio porphyrio*
LÄNGE 50 cm
HABITAT Seen mit Schilfgürtel
GELEGEGRÖSSE 3–5

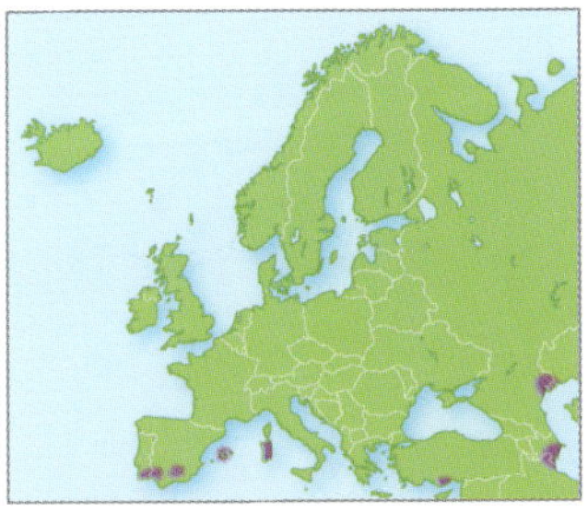

VERBREITUNG In Europa hauptsächlich von S-Spanien bis Sardinien, die Verbreitungsgebiete sind geschrumpft; ferner vom Kaspischen Meer bis Australien, ebenso in Afrika.

DIESER BESONDERS prächtige Rallenvogel beeindruckt durch sein blauviolettes Gefieder mit weißen Unterschwanzdecken und großem roten Schnabel sowie rotem Stirnschild, der bis über die Augen reicht. Die langen Beine und die langen beweglichen Zehen sind rötlich. Dank dieser Zehen kann das Purpurhuhn sehr geschickt über die Blätter von Wasserpflanzen schreiten, ohne einzusinken, denn das Körpergewicht wird gut verteilt. Die Ernährung ist überwiegend vegetarisch, doch auch wirbellose Wassertiere und kleine Wirbeltiere wie Fische werden erbeutet. Das große Nest besteht aus Gräsern und Binsen und wird an Wasserpflanzen verankert. Beim Schlüpfen tragen die Küken ein schwärzliches Dunenkleid; sie können dem Weibchen schon bald folgen. Im Alter von drei Monaten ähneln sie erwachsenen Vögeln; das Gefieder ist aber insgesamt heller und grauer. Außerhalb der Brutzeit hält sich das Purpurhuhn in größeren Gruppen auf.

SPAZIERGANG BEVORZUGT Purpurhühnchen gehen am liebsten „zu Fuß", doch sie können, falls nötig, auch schwimmen und fliegen. Die Rufe sind laut und vielfältig.

Blässhuhn

FAMILIE Rallidae

ART *Fulica atra*

LÄNGE 42 cm

HABITAT Langsam fließende Gewässer/Parks

GELEGEGRÖSSE 6–10

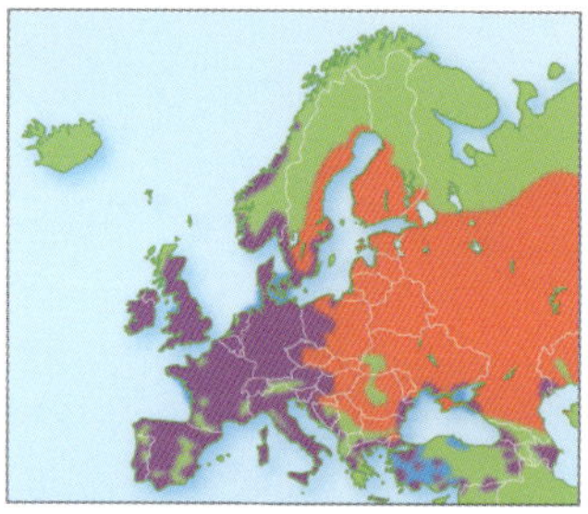

VERBREITUNG Standvogel von W-Europa bis Italien, Dänemark und zur Südküste des Schwarzen Meers; Brutvogel (Sommergast) in S-Skandinavien und weiter ostwärts.

BEIM SCHWARZGRAUEN Blässhuhn weisen die Armschwingen einen weißen Hinterrand auf, der besonders bei geöffnetem Flügel zu erkennen ist. Auffällig ist der weiße Stirnschild, der in den weißen, leicht rosa getönten Schnabel übergeht. Bei Blässhühnern sind die Zehen nicht durch Schwimmhäute verbunden, sondern tragen Schwimmlappen, die der Schwimmfähigkeit dienen. Während der Brutzeit verteidigen die Paare ihr Revier vehement. Im Winter finden sich Blässhühner auf großen Gewässern (beispielsweise Stauseen) oft zu großen Trupps zusammen und werden auch in Küstengebieten beobachtet.

VEGETARIER Blässhühner ernähren sich vorwiegend vegetarisch, sowohl an Land als auch im Wasser.

Kammblässhuhn

FAMILIE Rallidae

ART *Fulica cristata*

LÄNGE 44 cm

HABITAT Langsam fließende Gewässer/Sümpfe

GELEGEGRÖSSE 5–7

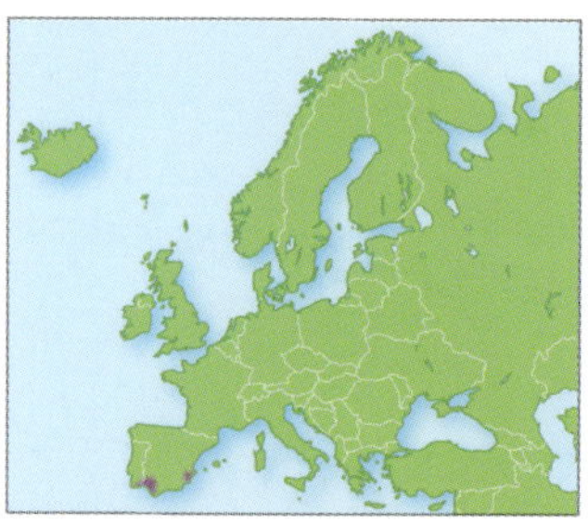

VERBREITUNG In Europa nur in S-Spanien, außerdem in NW-Marokko; Hauptpopulation im südlichen Afrika.

DIE BESTANDSZAHLEN des Kammblässhuhns in Europa sind mittlerweile so niedrig, dass die Population möglicherweise bald erlischt; weiter südlich ist es jedoch wesentlich zahlreicher. In einigen Regionen kommt das Kammblässhuhn gemeinsam mit dem Blässhuhn vor, unterscheidet sich aber durch den blaugrau (nicht rosa) überhauchten weißen Schnabel und die während der Brutzeit ausgebildeten dunkelroten Höcker auf der Stirn. Auch die Rufe von Blässhuhn und Kammblässhuhn sind sehr verschieden.

GRÜNE KOST Kammblässhühner bevorzugen Wasserpflanzen, äsen gelegentlich aber auch am Gewässerrand.

Zwergtrappe

FAMILIE Otididae
ART *Tetrax tetrax*
LÄNGE 45 cm
HABITAT Offenes Gelände
GELEGEGRÖSSE 2–4

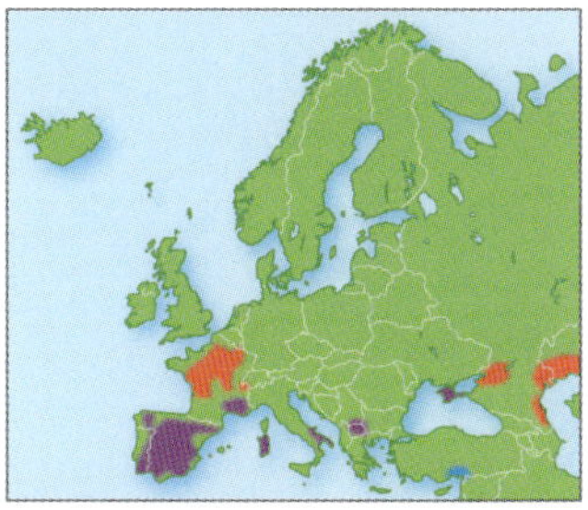

VERBREITUNG Standvogel in großen Teilen der Iberischen Halbinsel und an mehreren Standorten im Mittelmeerraum; im Sommer auch weiter nördlich, auch in Frankreich.

DIE ZWERGTRAPPE ist die kleinste europäische Trappenart. Das Gefieder der Henne ist überwiegend gestreift, Männchen im Brutkleid sind am Hals auffällig schwarz gezeichnet. Die Zwergtrappe brütet von April bis Juni. Als Teil des Balzrituals erscheint der Hals oft geschwollen, da die Kehle aufgeblasen und die Federn stark abgespreizt werden. Außerdem wirft der Hahn den Kopf in rascher Folge mehrmals zurück, sodass auch die weißen Gefiederpartien betont werden, und springt von Zeit zu Zeit in die Luft. Zwergtrappen treten oft in kleinen Trupps auf und finden sich zur Brutzeit paarweise zusammen. Sie ernähren sich von Pflanzenkost, wie Samen, Körnern und Wurzeln sowie von wirbellosen Tieren.

BEOBACHTER Dieser Zwergtrappenhahn mustert aufmerksam seine Umgebung – für Bodenbewohner in offenem Gelände ist Wachsamkeit unverzichtbar.

Großtrappe

FAMILIE Otididae
ART *Otis tarda*
LÄNGE 85–105 cm
HABITAT Offenes Gelände
GELEGEGRÖSSE 2–4

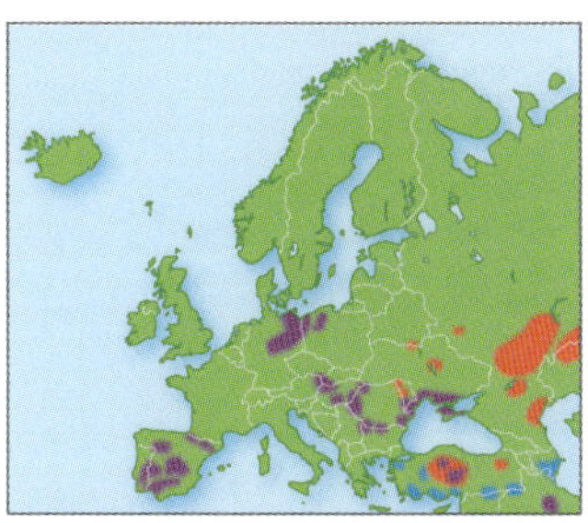

VERBREITUNG Standvogel in Teilen der Iberischen Halbinsel und O-Europas (Deutschland: Brandenburg; Österreich: Neusiedlersee).

DER GROSSTRAPPENHAHN ist der größte in Europa heimische Vogel (bis zu 18 kg) und deutlich größer als die Henne. Er zählt zu den größten flugfähigen Vögeln. Die Brust ist besonders schwer, da die Brustmuskulatur für das Auffliegen wesentlich ist. Das Halsgefieder des Männchens ist blaugrau; dieser Bereich ist beim Weibchen kleiner. Bei der Balz bläht der Hahn seinen Hals auf, klappt die Schwanzfedern nach vorn und schüttelt die Flügel – und verwandelt sich in einen weißen Federball, dessen Kopf kaum mehr zu sehen ist.

BELLEN Die Männchen sind meistens stumm, doch sie stoßen bei Alarm manchmal ein hundähnliches Bellen aus.

TRAPPENHERDE In vielen Regionen nehmen die Bestände der Großtrappe dramatisch ab; die Art gilt weltweit als gefährdet und ist streng geschützt. Kleinere Populationen existieren noch in Deutschland und Österreich.

CHARADRIIFORMES

Regenpfeiferartige

Die große und vielgestaltige Ordnung umfasst 19 Familien, deren Vertreter häufig in Küstennähe oder Grasland vorkommen. Viele sind typische Strandvögel, die mit dem Gezeitenwechsel an der Wasserlinie patrouillieren und sich auf Wattflächen versammeln. Während der Brutzeit sind sie oft auf Grasflächen im Binnenland anzutreffen. Einige Familien, zum Beispiel Möwen und Seeschwalben, kann man auf dem offenen Meer und auch im Binnenland beobachten, andere wie die Alkenvögel verbringen den größten Teil ihres Lebens auf hoher See.

Austernfischer

FAMILIE Haematopodidae
ART *Haematopus ostralegus*
LÄNGE 44 cm
HABITAT Küsten/Wattflächen
GELEGEGRÖSSE 2–4

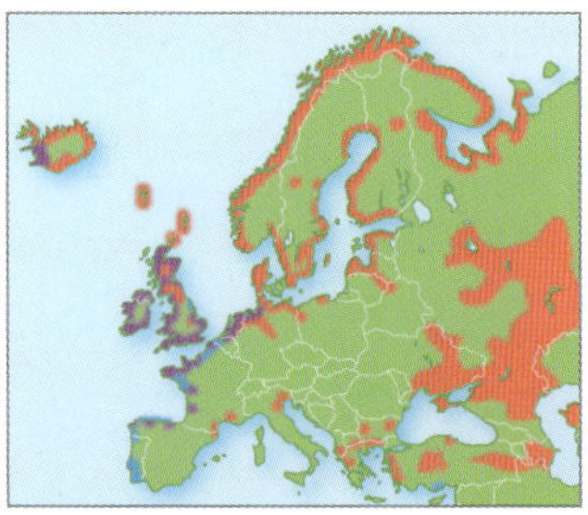

VERBREITUNG Küstenvogel; brütet teilweise auch im Binnenland, beispielsweise am Niederrhein.

AUSTERNFISCHER ZIEHEN im Sommer gelegentlich ins Binnenland, um auf Wiesen nach wirbellosen Tieren wie Würmern zu suchen. Im Winter sammeln sie sich an den westeuropäischen Küsten: Mithilfe des messerartig geformten Schnabels können sie Muscheln und Schnecken aufmeißeln, die zu dieser Jahreszeit ihre Hauptnahrung darstellen.

KLEIDERWECHSEL Erwachsener Austernfischer im Sommerkleid: Nur im Winter erscheint das weiße Kehlband. Bei Jungvögeln sind die Beine grau, die Schnabelspitze ist dunkel.

Säbelschnäbler

FAMILIE Recurvirostridae
ART *Recurvirostra avosetta*
LÄNGE 46 cm
HABITAT Lagunen/Schlickflächen
GELEGEGRÖSSE 4

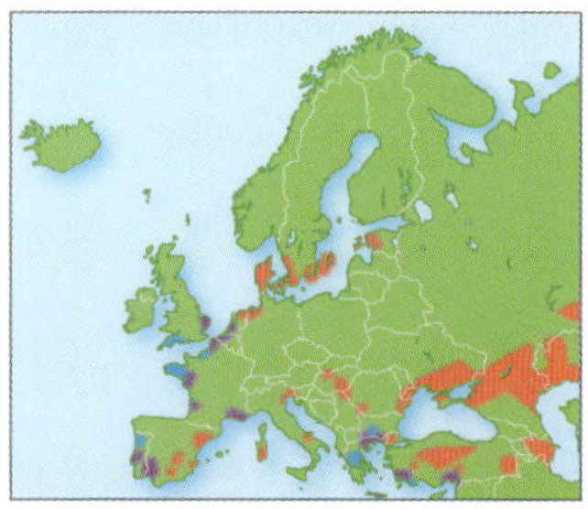

VERBREITUNG Brutvogel (Sommergast) an Nordsee- und Mittelmeerküsten; im Binnenland beispielsweise Neusiedlersee.

DER SCHLANKE aufwärtsgebogene Schnabel ist das auffälligste Merkmal des Säbelschnäblers. Er wird im Wasser hin und her geschwenkt, um Nahrung (beispielsweise Garnelen) zu ertasten; manchmal wird die Beute auch aufgepickt. Säbelschnäbler waten im Allgemeinen in seichtem Flachwasser, sie können aber auch gut schwimmen.

AUFFÄLLIGER SCHNABEL Beim männlichen Säbelschnäbler ist der Schnabel deutlich länger und nicht so stark aufwärtsgebogen wie beim Weibchen.

Kampfläufer

FAMILIE Scolopacidae
ART *Philomachus pugnax*
LÄNGE 22–32 cm
HABITAT Sumpfland/Wiesen
GELEGEGRÖSSE 4

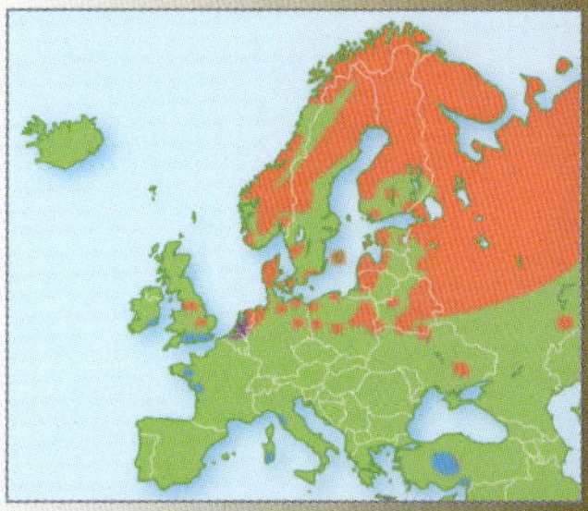

VERBREITUNG Brutvogel (Sommergast) in NO-Europa, Skandinavien und Russland, ferner in Großbritannien; überwintert südlich des Schwarzen Meers und in Afrika.

DER DEUTSCHE NAME des Kampfläufers geht darauf zurück, dass die Männchen eine sogenannte Arenabalz aufführen und dabei die Halskrause (Kragen) wie einen Schild aufstellen. Auf den gemeinsamen Balzplätzen können sich bis zu 20 Männchen versammeln. Die Halskrause selbst besteht aus längeren Federn, die genau wie das restliche Körpergefieder unterschiedlich gefärbt sind – von weiß über gelbbraun bis zu rotbraun oder schwarz. Im winterlichen Schlichtkleid ähneln die Männchen den Weibchen, doch sie sind deutlich größer.

SPEKTAKULÄR Haube und Halskrause dieses Männchens bestehen aus weiß-dunkelbraun gebänderten Federn. Das Gesichtsgefieder ist bei allen Männchen gelblich.

Stelzenläufer

FAMILIE Recurvirostridae
ART *Himantopus himantopus*
LÄNGE 36 cm
HABITAT Feuchtgebiete
GELEGEGRÖSSE 4

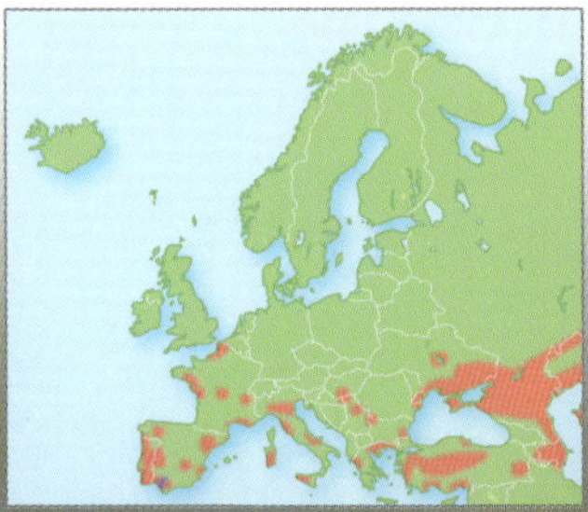

VERBREITUNG Verstreute Brutvorkommen (Sommergast) im Mittelmeerraum, Einzelvorkommen auch in Mitteleuropa; überwintert in Afrika.

DAS AUSSEHEN DES schlanken Stelzenläufers ist charakteristisch: Rücken und Flügel sind schwarz, besonders beim Weibchen braunstichig, Scheitel und Hals können weiß bis grauschwarz gefärbt sein, die Unterseite ist weiß. Der Kopf des Männchens ist häufig dunkel. Die Jungvögel gleichen den Weibchen, jedoch mit schmalem weißen Flügelhinterrand. Der lange gerade Schnabel ist schwarz, die sehr langen Beine sind rot gefärbt. Letztere erlauben auch eine Nahrungssuche im tieferen Wasser. Stelzenläufer kommen in den verschiedensten Lebensräumen vor – von Süßwasserlagunen bis zu Flussmündungen. Sie brüten in Kolonien in Gewässernähe in einer Bodenmulde, sodass die gelbbraunen Eier in dieser Umgebung perfekt getarnt sind.

SCHWEIGSAM Nur während der Brutzeit machen Stelzenläufer durch laute Rufe auf sich aufmerksam.

Triel

FAMILIE Burhinidae
ART *Burhinus oedicnemus*
LÄNGE 45 cm
HABITAT Offenes Gelände
GELEGEGRÖSSE 2

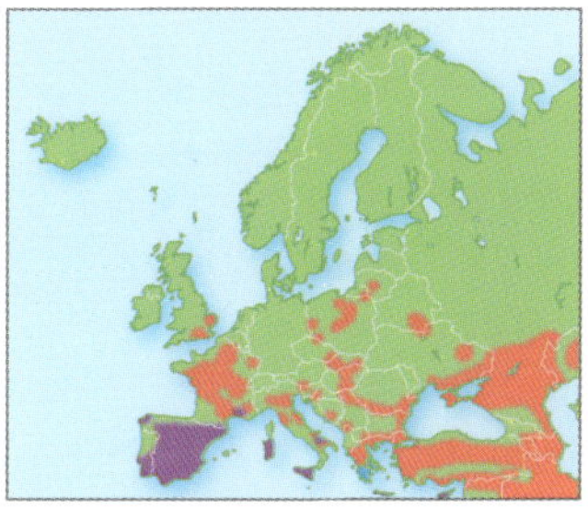

VERBREITUNG Standvogel in großen Teilen der Iberischen Halbinsel; Brutvogel (Sommergast) in Frankreich, S-England und im Teilen des Mittelmeerraums; ferner Neusiedlersee, Ungarn, SO-Europa; weiter nördlich sporadisch.

DAS TARNFARBENE Gefieder des Triels bietet ihm in seinem ariden Lebensraum einen perfekten Schutz; brütende oder herumlaufende Vögel werden nicht erkannt. Auch die nachtaktive Lebensweise dient in diesem offenen Gelände dem Schutz vor Fressfeinden. Mit ihren langen Beinen können Triele Beutetiere wie Wirbellose oder Eidechsen schnell verfolgen. Männchen und Weibchen sehen gleich aus. Die gut getarnten Eier werden in einer Bodenmulde bebrütet. Unterscheidungsmerkmal für junge Triele ist die schwächer ausgebildete Flügelbinde.

ERKENNUNGSZEICHEN Typisch für Triele sind die gelben Augen und die gelbe Schnabelbasis. Der nachtaktive Triel ist tagsüber von Natur aus heimlich.

Schwarzflügel-Brachschwalbe

FAMILIE Glareolidae
ART *Glareola nordmanni*
LÄNGE 28 cm
HABITAT Feuchtgebiete
GELEGEGRÖSSE 2–3

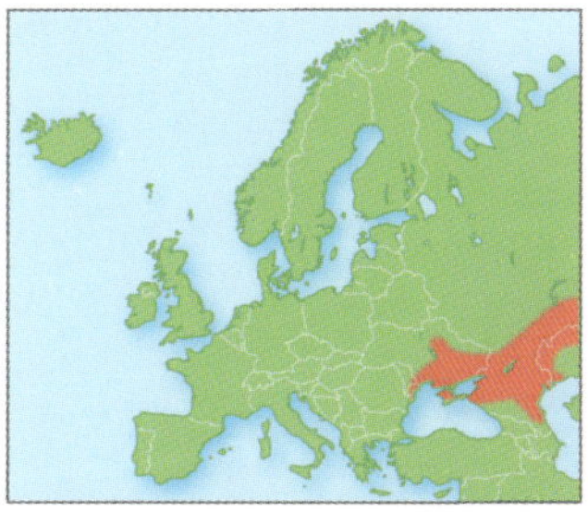

VERBREITUNG Brutvogel (Sommergast) in Regionen nördlich und östlich des Schwarzen Meers; überwintert generell im südlichen Afrika und zieht durch den Mittleren Osten.

IM FLUG LÄSST sich die Schwarzflügel-Brachschwalbe gut bestimmen, da der weiße Flügelhinterrand fehlt. Am Boden ist die Länge der Schwanzfedern – sie sind kürzer als die Flügelspitzen – wichtig, um sie von der ähnlichen Rotflügel-Brachschwalbe (*siehe* S. 144) zu unterscheiden. Im Osten überlappt das Verbreitungsgebiet beider Arten, doch Schwarzflügel-Brachschwalben bevorzugen etwas feuchtere Lebensräume. Gelegentlich tritt die Art als seltener Irrgast auch weiter westlich in Europa auf. Sie überwintert hauptsächlich in Afrika.

VERHALTEN Brachschwalben sind Koloniebrüter im offenen Gelände. Als wendige Flugkünstler erbeuten sie Insekten und andere Wirbellose.

Rotflügel-Brachschwalbe

FAMILIE Glareolidae
ART *Glareola pratincola*
LÄNGE 28 cm
HABITAT Arides Gelände
GELEGEGRÖSSE 2–3

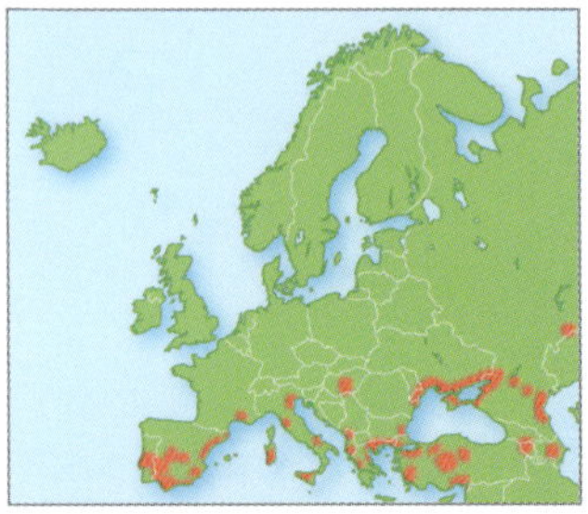

VERBREITUNG Iberische Halbinsel, gesamter Mittelmeerraum und rund ums Schwarze Meer; überwintert in Afrika südlich der Sahara.

DIESE ART ÄHNELT der Schwarzflügel-Brachschwalbe (*siehe* S. 143) stark, allerdings sind die Schwanzfedern länger als die Flügelspitzen, die Oberseite ist etwas heller und der Schnabel etwas lebhafter gefärbt. In den Gebieten, wo Rotflügel- und Schwarzflügel-Brachschwalben zusammen vorkommen, gibt es angeblich Hybride. Weibchen der Rotflügel-Brachschwalbe zeigen einen etwas brauneren „Zügel" und unterscheiden sich dadurch von den Männchen. Als wendige Flugkünstler können sie diverse Insekten in der Luft erbeuten, jagen diese aber auch auf dem Boden. Im Flug fällt besonders der schwarze Gabelschwanz auf. Die Vögel brüten auf dem Boden und bilden lockere Kolonien.

GEMEINSCHAFT Rotflügel-Brachschwalben treten in großen Trupps auf. Sie erbeuten Fluginsekten und jagen meistens in der Morgen- und Abenddämmerung.

Rennvogel

FAMILIE Glareolidae
ART *Cursorius cursor*
LÄNGE 27 cm
HABITAT Arides Gelände
GELEGEGRÖSSE 2–3

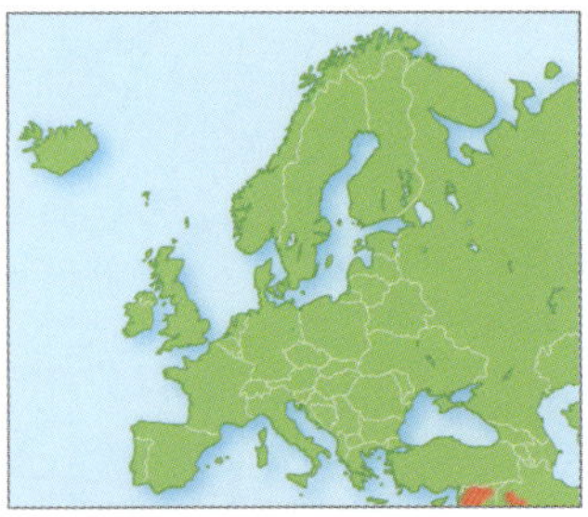

VERBREITUNG Als Irrgast in vielen Teilen Europas nachgewiesen, als Brutvogel (Sommergast) jedoch nur östlich des Mittelmeers; überwintert in Afrika.

DAS GEFIEDER des Rennvogels ist insgesamt sandfarben, doch die Altvögel besitzen einen blaugrauen Scheitel mit auffälligem schwarzen Augen- und weißen Überaugenstreif. Die Jungvögel sind auf der Oberseite fein gefleckt. Im Flug fallen die schwarzen Unterflügel und oberseits der schwarze Handflügel auf. Rennvögel bewohnen sandige Halbwüsten und bewegen sich, wie der Name sagt, hauptsächlich laufend und nur selten fliegend fort. Der typische aufrechte Gang erinnert an Regenpfeifer.

SPEZIALISIERUNG Die abwärtsgekrümmte Schnabelspitze hilft dem Rennvogel, bodenlebende Insekten zu ergreifen.

Steinwälzer

FAMILIE Scolopacidae
ART *Arenaria interpres*
LÄNGE 24 cm
HABITAT Felsküsten/Strände
GELEGEGRÖSSE 4

VERBREITUNG Brutvogel (Sommergast) an der skandinavischen Küste; überwintert an den Küsten der Britischen Inseln und W-Europas.

DER NAME Steinwälzer beschreibt treffend die Ernährungsweise des Vogels, denn er dreht Steine und Seetang um, um nach wirbellosen Tieren zu suchen. Das unverkennbare Sommerkleid des Steinwälzers ist durch orangerotes Rücken- und Flügelgefieder sowie schwarze Zeichnung auf Kopf und Brust charakterisiert, ferner durch orangefarbene Beine. Die Weibchen sind insgesamt etwas matter gefärbt. Das Winterkleid ist oberseits dunkelbraun mit schwarzer Bänderung, unterseits weiß. Bei Jungvögeln erscheint die Oberseite eher geschuppt und nicht gebändert.

KÜSTENBEWOHNER Steinwälzer entfernen sich fast nie weit von der Küste – sogar die Brutgebiete liegen in Meeresnähe.

Großer Brachvogel

FAMILIE Scolopacidae
ART *Numenius arquata*
LÄNGE 58 cm
HABITAT Feuchtgebiete
GELEGEGRÖSSE 3–4

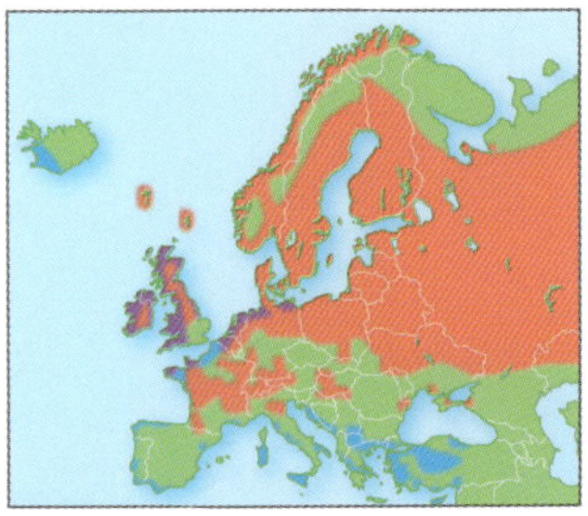

VERBREITUNG Brutvogel (Sommergast) in NW- und NO-Europa, lokal in Mitteleuropa; überwintert an Küsten von SW-Dänemark bis zum Mittelmeer.

DER GROSSE BRACHVOGEL ist der größte in Europa vorkommende Watvogel. Sein großer, nach unten gebogener Schnabel – bei den Weibchen etwas länger – ist bis zu 15 cm lang. Das graubraune, dunkelbraun gefleckte Gefieder bietet auf dem Boden eine gute Tarnung. Rücken und Bürzel sind weiß, was besonders im Flug auffällt – nur der Schwanz ist gebändert. Grasgebiete im Binnenland werden als Brutplätze genutzt und recht große Brutreviere besetzt. Je nach geografischer Lage können diese in moorigen Sümpfen (im Norden), in Heidemooren oder Wiesen liegen. Im Winter schließen sich die Vögel zu großen Trupps zusammen. Sie kommen besonders in Flussmündungen in großen Mengen vor, wo sie im Gezeitenbereich nach Würmern und anderer Nahrung stochern. Krabben und Mollusken werden auch an der Wasseroberfläche ergriffen. Anders als viele Zugvögel, die zum Überwintern südwärts ziehen, fliegen einige Brachvögel nordwärts nach Island und überwintern dort. Das Zugverhalten der Art ist recht vielfältig: Einige begeben sich als Langstreckenzieher bis nach Afrika, andere bleiben in der Nähe der Brutgebiete. Die Jungvögel brüten im ersten Jahr noch nicht und verbringen auch den ersten Sommer im Winterquartier.

VORSICHTIG UND AUFMERKSAM Der Große Brachvogel ist besonders während der Brutzeit ausgesprochen scheu.

Regenbrachvogel

FAMILIE Scolopacidae
ART *Numenius phaeopus*
LÄNGE 37 cm
HABITAT Offenes Gelände
GELEGEGRÖSSE 4

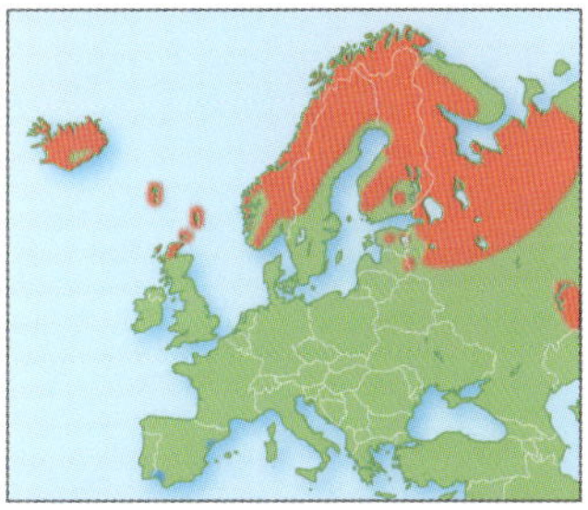

VERBREITUNG Brutvogel (Sommergast) im hohen Norden von Schottland bis Island und von N-Skandinavien bis N-Russland; überwintert an der afrikanischen Küste.

DER SCHNABEL des Regenbrachvogels ist kürzer und gedrungener als bei den verwandten Arten, was Rückschlüsse auf seine Lebensweise zulässt. Im Winter halten die Vögel sich meistens an der Küste auf und stochern dort nicht tief nach Nahrung, sondern lesen essbares Material von der Schlickoberfläche auf. Regenbrachvögel sind bei der Nahrungssuche relativ territorial und patrouillieren oft allein bestimmte Küstenabschnitte. Im Sommer ernähren sie sich hauptsächlich von Beeren. Auf dem Zug kann man sie manchmal auch auf Agrarland beobachten.

GESCHLECHTSMERKMALE Männchen und Weibchen lassen sich beim Regenbrachvogel äußerlich nicht unterscheiden; im Brutgebiet kann man jedoch an den Balzflügen die Männchen erkennen.

Dünnschnabel-Brachvogel

FAMILIE Scolopacidae
ART *Numenius tenuirostris*
LÄNGE 41 cm
HABITAT Feuchtwiesen
GELEGEGRÖSSE 4

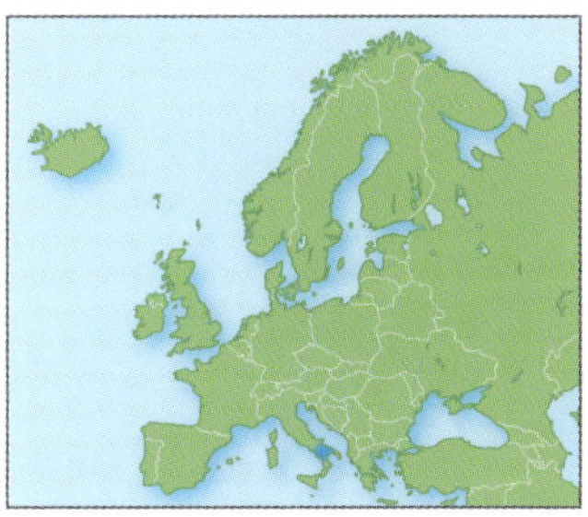

VERBREITUNG Brutvogel (Sommergast) in Sibirien; überwintert in N-Afrika, auf dem Winterzug in S-Italien und SO-Europa; extrem selten.

DER DÜNNSCHNABEL-BRACHVOGEL gehört zu den seltensten Vögeln Europas und gilt als vom Aussterben bedroht. Die größte in den letzten Jahren gesichtete Anzahl war ein Trupp von etwa 20 Vögeln in Südostitalien. Typisch ist eine tropfenförmige Fleckung auf dem weißen Grund des Brust- und Bauchgefieders; besonders charakteristisch ist der dünnere und relativ kurze Schnabel. Trotzdem ist es schwierig, einen Einzelvogel in Trupps mit anderen Brachvogelarten zu erkennen.

BEDROHT Der Dünnschnabel-Brachvogel wird in Europa immer seltener gesichtet; die Gründe des Rückgangs sind unklar.

Seeregenpfeifer

FAMILIE Charadriidae

ART *Charadrius alexandrinus*

LÄNGE 17 cm

HABITAT Offenes Gelände/ Schlickflächen

GELEGEGRÖSSE 4

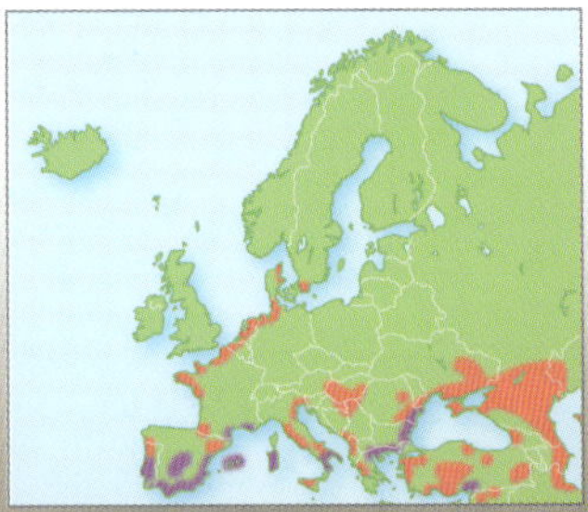

VERBREITUNG Brutvogel (Sommergast) in W-Europa, im Mittelmeerraum und am Schwarzen Meer; überwintert rund ums Mittelmeer.

SEEREGENPFEIFER BRÜTEN häufig in Küstennähe sowie besonders in Osteuropa in offenem Gelände an Salzseen (wie dem Neusiedlersee). Männchen und Weibchen lassen sich im Brutkleid gut unterscheiden: Das Männchen hat zwei schwarze Brustseitenflecken und einen rotbraunen Scheitel, während das Weibchen deutlich breitere und graubraunere Brustseitenflecken und einen graubraunen Scheitel besitzt. Seeregenpfeifer sind Bodenbrüter; beide Partner bebrüten die Eier. Nach dem Schlüpfen lässt das Weibchen die Nestflüchter-Jungen jedoch oft in der Obhut des Männchens und produziert häufig noch ein zweites Gelege – so kann es zwei Bruten in einem Sommer aufziehen. Außerhalb der Brutzeit wirken beide Geschlechter eher wie Weibchen.

SORGSAME ELTERN Ein Paar Seeregenpfeifer am Nest; links im Bild das Männchen.

Flussregenpfeifer

FAMILIE Charadriidae
ART *Charadrius dubius*
LÄNGE 18 cm
HABITAT Sandige Ufer/ Flussmündungen
GELEGEGRÖSSE 4

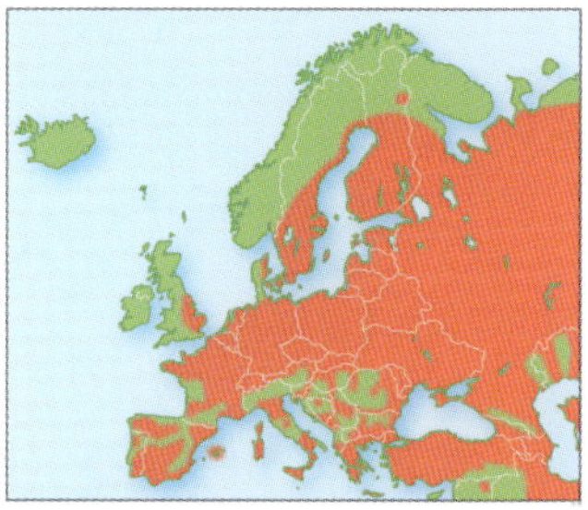

VERBREITUNG Brutvogel (Sommergast) in fast ganz Europa: von S-Skandinavien und O-England bis zum Mittelmeerraum; überwintert in Afrika.

FLUSSREGENPFEIFER BRÜTEN bevorzugt an Binnengewässern; an der Küste selbst werden sie selten gesichtet, kommen jedoch häufig an Flussmündungen vor. In Bezug auf den Lebensraum ist die Art besonders anpassungsfähig und kolonisiert oft frisch angelegte Sand- und Kiesgruben. Meistens nisten die Paare in der Grube selbst oder auf Nachbarflächen und bevorzugen einen sandigen Untergrund, auf dem sie das Nest als Bodenmulde anlegen. Während der Brutzeit trägt das Männchen ein auffälliges schwarzes Kehlband und eine dunkle Kopfmaske, während diese beim Weibchen bräunlicher sind.

ERSCHEINUNG Ein Flussregenpfeifer-Männchen im Brutkleid. Die wichtigen Merkmale der Art sind gut erkennbar: dunkler Schnabel, gelber Lidring und graurosa Beine.

Sandregenpfeifer

FAMILIE Charadriidae
ART *Charadrius hiaticula*
LÄNGE 19 cm
HABITAT Offenes Gelände/ Küsten
GELEGEGRÖSSE 4

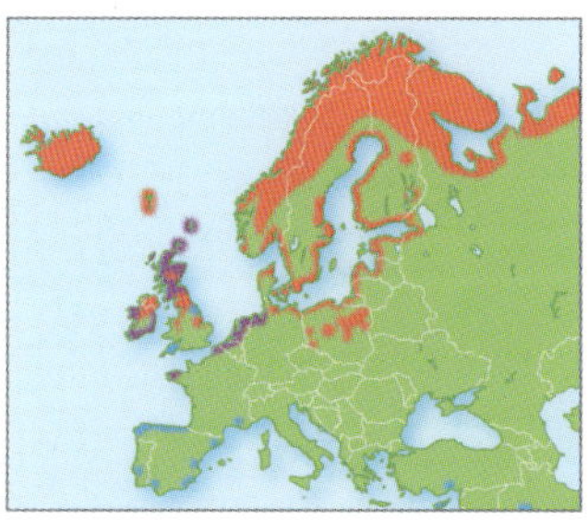

VERBREITUNG Brutvogel (Sommergast) in Island, N-Skandinavien und angrenzenden Teilen von Russland; an den Küsten von W-Europa Standvogel.

SANDREGENPFEIFER TRETEN meistens in größeren Gruppen als Flussregenpfeifer auf und sind auch am Meer häufiger anzutreffen. Sie halten sich außerdem öfter in Küstengebieten auf. Bei Hochflut kann man Trupps mit mehreren Hundert Vögeln beobachten. Sandregenpfeifer können auch im Binnenland, beispielsweise in der nördlichen Tundra, brüten und werden teilweise an Flussmündungen gesichtet. Die Ähnlichkeit mit dem Flussregenpfeifer ist groß: Die Vögel sind jedoch kompakter, die Beine gelborange, und der Schnabel ist orangefarben.

SAISONALE WANDERUNGEN Die meisten Sandregenpfeifer ziehen im Herbst aus Europa weg, um im Süden – von der iberischen Küste bis Afrika – zu überwintern. Einige Populationen bleiben als Standvögel in Westeuropa.

Mornellregenpfeifer

FAMILIE Charadriidae

ART *Charadrius morinellus*

LÄNGE 24 cm

HABITAT Bergland/offenes Gelände

GELEGEGRÖSSE 3–4

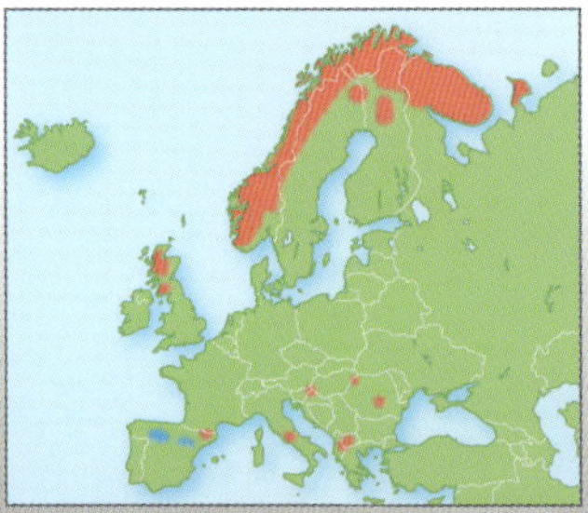

VERBREITUNG Brutvogel (Sommergast) in N-Europa: N-Schottland, Zentralskandinavien sowie lokal in Mitteleuropa (Alpen); überwintert in N-Spanien und Afrika.

MORNELLREGENPFEIFER NISTEN vor allem im Bergland oberhalb der Baumgrenze, auch im hohen Norden in der Tundra. Dort verweilen sie relativ kurz, gewöhnlich nur von Mitte Juni bis Mitte August. Nach der Eiablage überlässt das Weibchen den größten Teil des Brutgeschäfts dem Männchen und kümmert sich meistens auch nicht um die Jungen. Stattdessen kann es sich mit einem anderen Partner verpaaren und durch ein zweites Gelege dafür sorgen, dass eine weitere Brut in dieser relativ kurzen Zeit aufgezogen wird. Beim Weibchen ist die Kehle hellgrau, die Brust rostrot (mit schmalem weißen Brustband), der Bauch schwarz. Das Männchen ist ähnlich, aber insgesamt matter gefärbt. Außerhalb der Brutzeit sehen die Geschlechter gleich aus: Die Unterseite ist weißlich, Brust und Flanken sind gräulich gefärbt. Mornellregenpfeifer wandern nicht in großen Trupps, sondern werden auf dem Zug meistens in offenem Gelände (Wiesenflächen) einzeln oder in geringer Zahl beobachtet.

UNGEWÖHNLICH Beim Mornellregenpfeifer ist das Weibchen auffälliger gefärbt als das Männchen – einzigartig bei den europäischen Regenpfeifern.

Goldregenpfeifer

FAMILIE Charadriidae
ART *Pluvialis apricaria*
LÄNGE 28 cm
HABITAT Moore/Weideland
GELEGEGRÖSSE 4

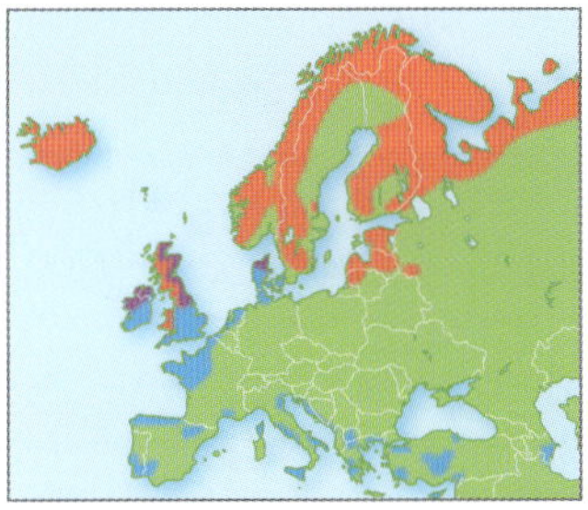

VERBREITUNG Brutvogel (Sommergast) auf Mooren und Tundren in N-Europa; überwintert auf Wiesen und Äckern in Küstennähe von der Nordsee bis zu den Britischen Inseln sowie ein SW- und S-Europa.

AUCH BEIM Goldregenpfeifer lassen sich Männchen und Weibchen nur im Brutkleid unterscheiden. Das Männchen hat eine markante schwarze Unterseite, die von der Kehle bis an die Augen und bis zum Bauch reicht. Dagegen sind die Weibchen, insbesondere auf den Gesichtsseiten, viel blasser gefärbt und weisen auf der Unterseite größere weißere Partien auf. Insgesamt variiert das Gefieder individuell und nach Jahreszeit jedoch sehr stark. Goldregenpfeifer brüten in offenem Gelände, auch im Bergland über der Baumgrenze. Das Nest ist eine Bodenmulde, oft inmitten von Pflanzenwuchs. Im Winter ziehen Goldregenpfeifer in großen Trupps in niedrigere Lagen und halten sich, oft zusammen mit Kiebitzen (*siehe* S. 153), auf Wiesen und Feldern, nicht jedoch in Feuchtgebieten auf.

FUTTERSUCHE Zur Nahrung des Goldregenpfeifers zählen Beeren, wirbellose Tiere, aber auch Samen.

Kiebitzregenpfeifer

FAMILIE Charadriidae
ART *Pluvialis squatarola*
LÄNGE 29 cm
HABITAT Tundra/Wattflächen
GELEGEGRÖSSE 4

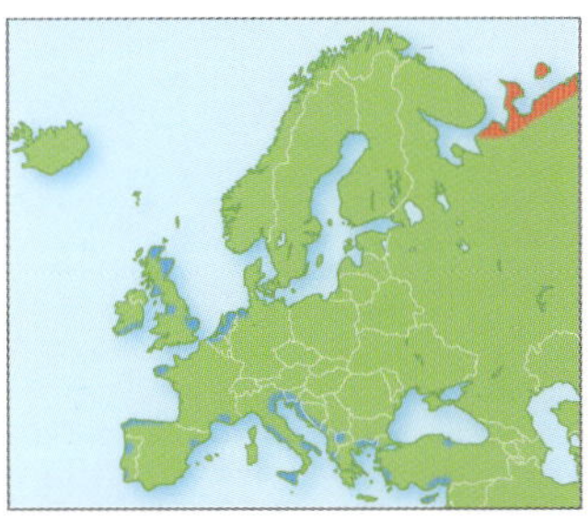

VERBREITUNG Brutvogel (Sommergast) in der Tundra N-Russlands; überwintert teilweise an den Küsten von W-Europa und des Mittelmeerraums, überwiegend aber in W-Afrika.

KIEBITZREGENPFEIFER WERDEN in Europa meistens außerhalb der Sommermonate beobachtet. Viele Vögel sind Durchzügler, die vom Brutgebiet in der hohen Arktis zum Winterquartier in Afrika ziehen. Einige bleiben an den Küsten Westeuropas und halten sich im Winter meistens auf Wattflächen auf.

FARBWECHSEL Ein Kiebitzregenpfeifer im Winterkleid. Das Sommerkleid ist überwiegend schwarz-weiß, beim Weibchen ist die schwarze Unterseite weiß gefleckt.

Steppenkiebitz

FAMILIE Charadriidae
ART *Vanellus gregarius*
LÄNGE 30 cm
HABITAT Steppen/Sandgebiete
GELEGEGRÖSSE 4

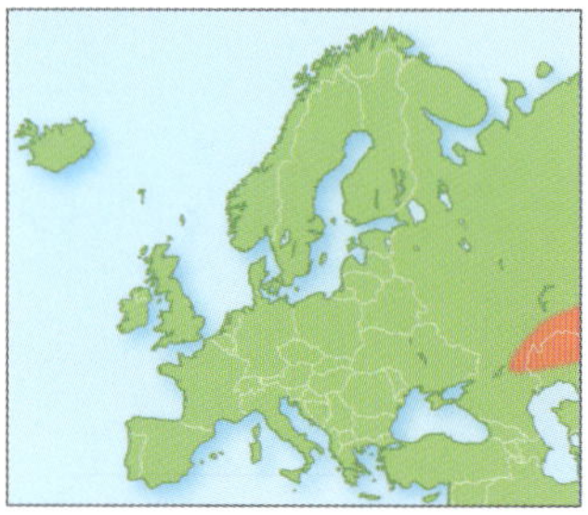

VERBREITUNG Brutvogel (Sommergast) in Zentralasien und SW-Sibirien; in SO-Europa als Durchzügler auf dem Weg nach NO-Afrika (Winterquartier).

DER SCHWARZE Augenstreif des Steppenkiebitzes ist im Sommerkleid deutlich ausgeprägt. Der Wangenbereich ist gelblich, die Unterseite ist grau und wird zum Bauch hin dunkel. Männchen und Weibchen sind gleich gefärbt. Das Schlichtkleid ist durch eine graubraune Brust und ansonsten weiße Unterseite gekennzeichnet. Der Bestand ist in den letzten Jahren stark zurückgegangen, was möglicherweise mit der veränderten Beweidung der Steppenflächen, der damit einhergehenden Abnahme des Lebensraums und mit der Zunahme der Saatkrähen (*siehe* S. 333) zusammenhängt, die die Nester ausräubern. In Europa sehr selten; in Kiebitzschwärmen tritt die Art ab und zu auf.

GESELLIG Steppenkiebitze sind von Natur aus gesellig. Sie suchen auf dem Boden nach Nahrung und verzehren Käfer, Heuschrecken und andere wirbellose Tiere.

Rotlappenkiebitz

FAMILIE Charadriidae
ART *Vanellus indicus*
LÄNGE 35 cm
HABITAT Grasland
GELEGEGRÖSSE 4

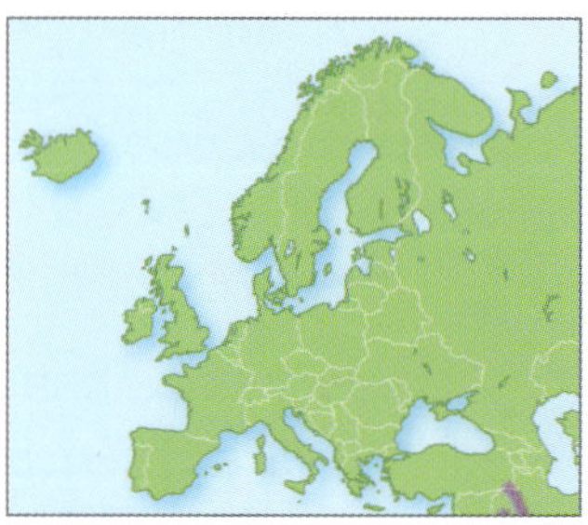

VERBREITUNG Brütet hauptsächlich in S-Asien (bis nach Malaysia), kommt jedoch auch in der SO-Türkei in der Umgebung von Cizre (SO-Anatolien) oder am Tigris vor.

KENNZEICHNEND FÜR diese Art ist der rote „Zügel" aus nackter Haut zwischen Augen und rotem, nur an der Spitze schwarzem Schnabel. Im Flug fällt der weiße, schwarz gebänderte Schwanz auf. Durch die hellbraune Oberseite sind Rotlappenkiebitze als Bodenbrüter perfekt getarnt, während sie auf den Eiern sitzen. Der Rotlappenkiebitz ist recht stimmfreudig und ruft häufig auch bei Nacht; auch seine Nahrung sucht er oft im Schutz der Dunkelheit.

LANGE BEINE Rotlappenkiebitze sind recht hochbeinig. Sie kommen oft auf Agrarland vor, wo sie besonders in Gewässernähe nach wirbellosen Tieren suchen.

Spornkiebitz

FAMILIE Charadriidae
ART *Vanellus spinosus*
LÄNGE 28 cm
HABITAT Offenes Gelände
GELEGEGRÖSSE 4

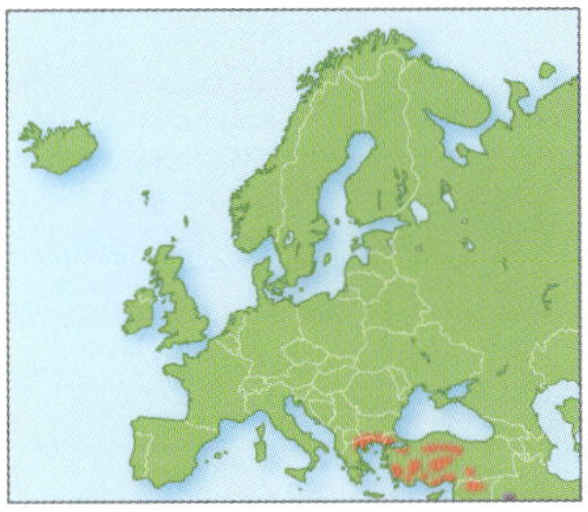

VERBREITUNG Seltener Brutvogel (Sommergast) in SO-Europa; ferner im Mittleren Osten, dort teilweise Standvogel; als Irrgast gelegentlich in W- und Mitteleuropa gesichtet.

WIE DER NAME andeutet, besitzt der Spornkiebitz ein kleines spornartiges Horngebilde am Flügelbug; der Sporn ist jedoch nur selten (im Flug) sichtbar. Auch das scharf abgesetzte dunkle Brust- und Bauchgefieder ist ein wichtiges Merkmal zur Abgrenzung der Art von anderen Kiebitzen. Spornkiebitze brüten auf Salzwiesen und anderen Flächen mit spärlichem Pflanzenwuchs – meistens in Gewässernähe.

GESPORNT Der Spornkiebitz ist trotz seines Namens nicht die einzige Kiebitzart mit einem Sporn am Flügelbug.

Kiebitz

FAMILIE Charadriidae
ART *Vanellus vanellus*
LÄNGE 31 cm
HABITAT Offenes Gelände/Agrarland
GELEGEGRÖSSE 4

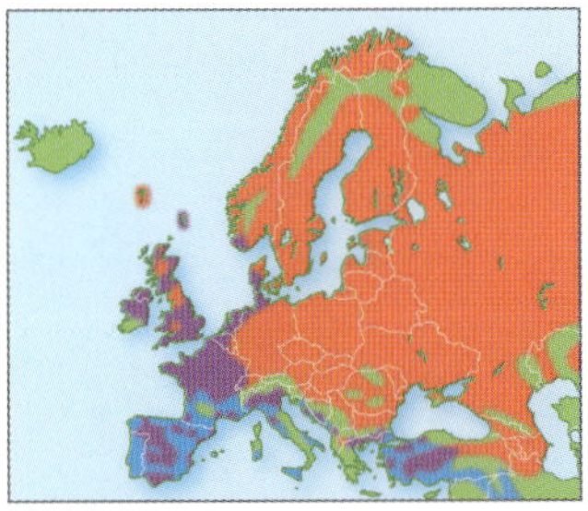

VERBREITUNG Brutvogel (Sommergast) in großen Teilen von O- und Mitteleuropa bis nach Skandinavien; Standvogel in W- und NW-Europa; überwintert bei kalter Witterung häufig in S-Europa.

AUSSER IM Flug, wenn sie flach am Kopf anliegt, ist die unverkennbare „Federholle" des Kiebitzes gut sichtbar. Bei Jungvögeln ist die Holle kurz und unauffällig. Außerhalb der Brutzeit halten sich Kiebitze oft in großen Trupps meistens in Gewässernähe auf Wiesen und Äckern auf und jagen dort nach wirbellosen Tieren. Der Name Kiebitz oder „Kiviet" (niederländisch) ist lautmalerisch und erinnert an den für die Art typischen kurzen Ruf, der ihn von anderen Kiebitzarten unterscheidet.

FAMILIENBILD Ein Kiebitzmännchen mit einem kleinen Küken. Beim Weibchen ist das schwarze Brustschild mit weißen Federn durchsetzt.

Pfuhlschnepfe

FAMILIE Scolopacidae
ART *Limosa lapponica*
LÄNGE 41 cm
HABITAT Tundra/Wattflächen
GELEGEGRÖSSE 4

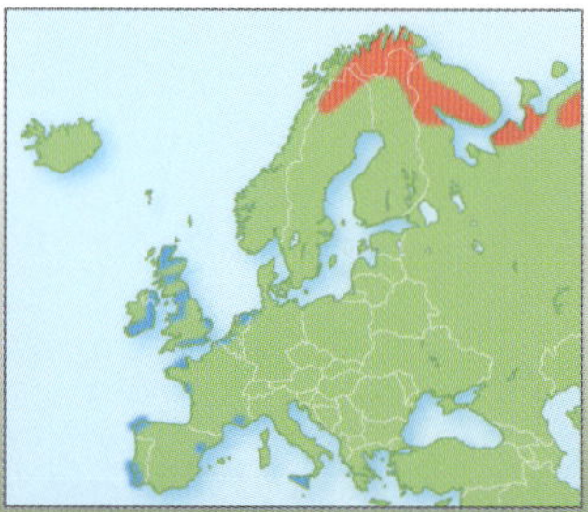

VERBREITUNG Brutvogel (Sommergast) in N-Skandinavien und der Tundra N-Russlands; überwintert an den Küsten der Britischen Inseln, W-Europas, des Mittelmeerraums und in Afrika.

DIE PFUHLSCHNEPFE lässt sich ganzjährig anhand der oberseits gebänderten Schwanzfedern erkennen. Das Brutkleid des Männchens ist auf dem Rücken braun gefleckt, während Kopf, Hals und Unterseite rostbraun und nicht gemustert sind. Im Schlichtkleid sieht es jedoch völlig anders aus, da der Rücken dann graubraun gebändert und die Unterseite weißlich gefärbt ist. Das Gefieder der Weibchen ist heller, der Schnabel etwas länger. Mit dem leicht gekrümmten Schnabel (im Unterschied zur Uferschnepfe) können sie unter Wasser beispielsweise nach Würmern suchen. Die Weibchen gehen mit ihrem längeren Schnabel in etwas tieferem Wasser auf Nahrungssuche und stehen daher nicht in direkter Nahrungskonkurrenz zu den Männchen.

GEMEINSAME PFLICHTEN Ein Pfuhlschnepfen-Männchen im Brutkleid. Beide Elternvögel bebrüten das Gelege.

Uferschnepfe

FAMILIE Scolopacidae
ART *Limosa limosa*
LÄNGE 42 cm
HABITAT Feuchtgebiete
GELEGEGRÖSSE 4

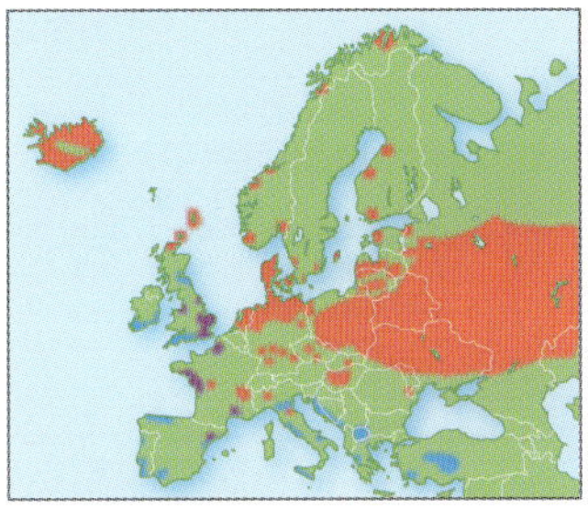

VERBREITUNG Brutvogel (Sommergast) in Island und N-Europa, besonders von Deutschland und Dänemark ostwärts; überwintert in Küstengebieten und im Mittelmeerraum bis nach Afrika.

NAHRUNGSGRÜNDE Uferschnepfen suchen ihre Nahrung außerhalb der Brutzeit auf Wiesen und Schlickflächen. Mit ihrem Schnabel können sie im Watt nach Futter stochern.

DIE UFERSCHNEPFE, auch als Schlammling bekannt, ist der größte Vertreter der Gattung *Limosa*. Der relativ schlanke Vogel hat einen geraden orangegelben Schnabel mit schwarzer Spitze, die kurzen Schwanzfedern sind überwiegend schwarz mit schmalem weißen Saum. Das Brutkleid des Männchens ist auffällig rostbraun getönt, Bauch und Unterschwanzdecken sind weißlich, der Bauch ist schwarz gebändert. Uferschnepfen sind Bodenbrüter und nisten in Binnenland-Feuchtgebieten, häufig in lockeren Kolonien. Bei Bedrohung durch potenzielle Feinde wird der Aggressor durch die gesamte Kolonie gemobbt. In einigen Überwinterungsgebieten versammeln sich die Uferschnepfen zu Tausenden. In den letzten Jahren hat die Population der Uferschnepfe in Westeuropa deutlich zugenommen.

Sanderling

FAMILIE Scolopacidae
ART *Calidris alba*
LÄNGE 20 cm
HABITAT Sandstrände
GELEGEGRÖSSE 4

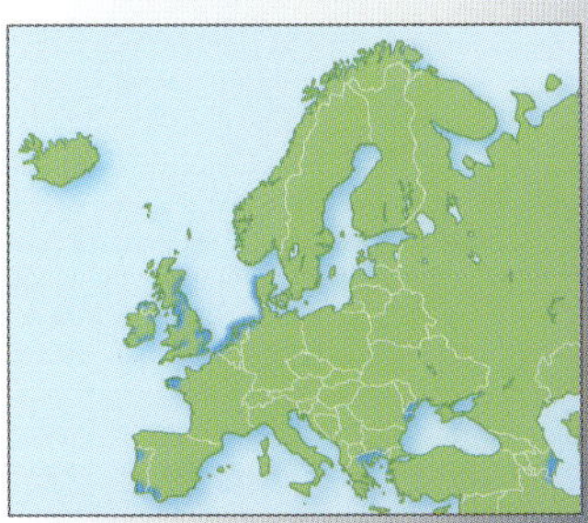

VERBREITUNG Brutvogel (Sommergast) der hohen Arktis; überwintert an Nordseeküsten südwärts bis Spanien; kommt außerdem im Mittelmeerraum und in Afrika vor.

DIESE STRANDLÄUFERART weist im Brutkleid eine schwärzlich, rostbraun und weißlich gefleckte Brust und Oberseite auf; der Kopf ist eher gestreift, die Unterseite weiß. Im Schlichtkleid ist die Art jedoch oberseits grau (manchmal mit schwärzlichem Flügelbug). Die Jungvögel ähneln den Altvögeln im Schlichtkleid, das Grau ist aber dunkler und das Rückengefieder häufig weiß gefleckt. Männchen und Weibchen lassen sich äußerlich nicht unterscheiden.

NICHT WÄHLERISCH Sanderlinge sind Opportunisten, was die Nahrung angeht: Sie laufen am Strand umher und ergreifen wirbellose Tiere mit ihrem kurzen Schnabel aus der Brandung.

UFERSCHNEPFE Die langen Beine dieser Art reichen im Flug bis über die Schwanzfedern hinaus. Uferschnepfen legen wie viele Watvögel jedes Jahr große Entfernungen zwischen Brut- und Winterquartier zurück.

Alpenstrandläufer

FAMILIE Scolopacidae
ART *Calidris alpina*
LÄNGE 22 cm
HABITAT Tundra/Wattflächen
GELEGEGRÖSSE 4

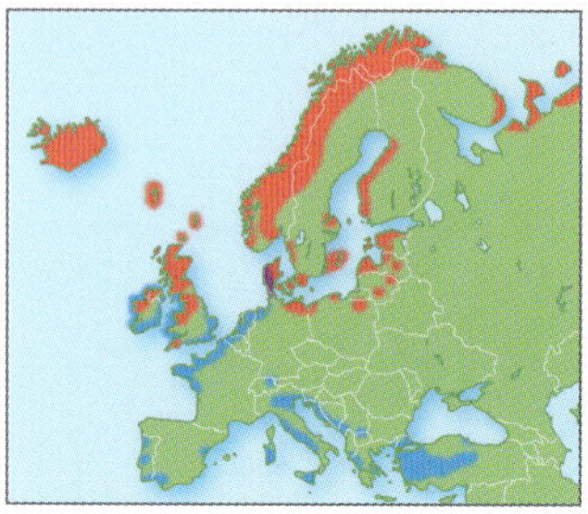

VERBREITUNG Brutvogel (Sommergast) in Island, N-Skandinavien und dem restlichen N-Europa; überwintert an den Küsten von Nordsee, S-England, W-Europa und Mittelmeerraum.

ALPENSTRANDLÄUFER SIND im Winter oberseits graubraun und auf der Unterseite weiß. Das Sommerkleid ist oberseits rostbraun, auffällig ist der schwarze Bauchfleck. Bei der Nahrungssuche waten die Vögel durch das Flachwasser und stochern nach Krustentieren und ähnlichen Wirbellosen.

SCHNABELFORM Der schwarze Schnabel des Alpenstrandläufers ist an der Basis wesentlich dicker als an der Spitze und etwas nach unten gekrümmt.

Knutt

FAMILIE Scolopacidae
ART *Calidris canutus*
LÄNGE 27 cm
HABITAT Sandstrände/Wattflächen
GELEGEGRÖSSE 4

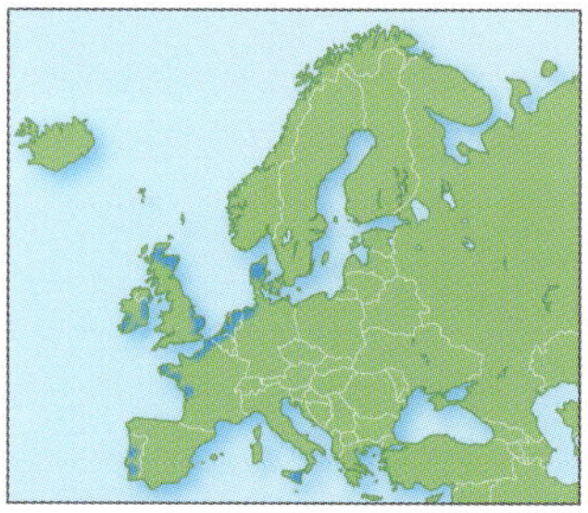

VERBREITUNG Brutvogel der hohen Arktis; überwintert an den Küsten der Nordsee, Britischen Inseln, W-Europas bis zum Mittelmeer und N-Afrika.

NUR IM BRUTKLEID ist die rostbraune Unterseite mit der kontrastierenden, graubraun, schwarz und rotbraun gefleckten Oberseite ausgeprägt. Der Knutt ist im Schlichtkleid oberseits hellgrau und auf der Unterseite weißlich. Außerhalb der Brutzeit finden die Vögel sich häufig zu großen Trupps zusammen, tauchen im Binnenland aber nur selten auf.

BRUTKLEID Ein Knutt im Brutkleid – Männchen und Weibchen lassen sich äußerlich nicht unterscheiden. Die Jungvögel sind grau gefärbt.

Sichelstrandläufer

FAMILIE Scolopacidae
ART *Calidris ferruginea*
LÄNGE 20 cm
HABITAT Wiesenflächen/ Schlickflächen
GELEGEGRÖSSE 4

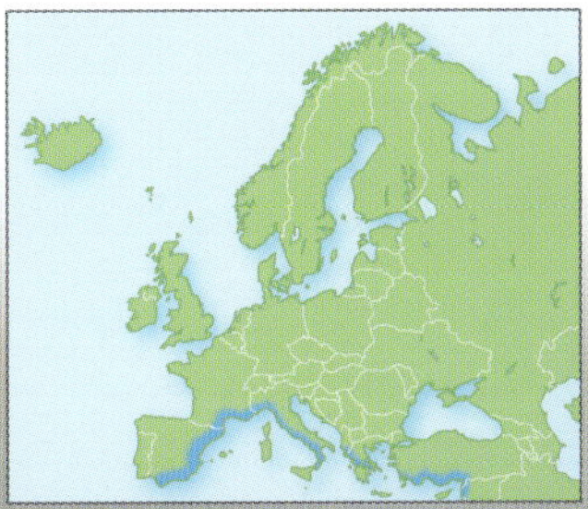

VERBREITUNG Brutvogel (Sommergast) im arktischen Sibirien, in Europa als Durchzügler auf dem Weg ins afrikanische Winterquartier gesichtet; überwintert manchmal im Mittelmeerraum, selten in W-Europa.

SICHELSTRANDLÄUFER WERDEN in Europa nur selten im Frühling, am ehesten als Durchzügler im Herbst gesichtet, wenn sie zum Überwintern nach Afrika fliegen. Die Männchen, deren Brutkleid durch rötlichen Kopf und Unterseite charakterisiert ist, mausern zuerst und verlassen die Brutgebiete in der Tundra bereits im Juni. Sie ziehen in südwestlicher Richtung nach Afrika. Die Weibchen ziehen meistens später weg und wandern im August oder September gemeinsam mit den Jungvögeln nach Süden. Sichelstrandläufer können am besten auf Schlickflächen im Binnenland oder an der Küste beobachtet werden und treten auch in gemischten Trupps mit anderen Watvögeln auf. Bei der Nahrungssuche waten sie aber häufig ins tiefere Wasser hinaus. Sie picken ihr Futter direkt auf oder stochern mit ihrem abwärtsgebogenen Schnabel im Schlick; dabei fördern sie Würmer und andere Wirbellose zutage.

LANGBEINIG Sichelstrandläufer können dank ihrer langen Beine in tieferes Wasser waten. Die Zehen ragen im Flug über die Schwanzfedern hinaus.

Meerstrandläufer

FAMILIE Scolopacidae
ART *Calidris maritima*
LÄNGE 22 cm
HABITAT Moorgebiete/Küsten
GELEGEGRÖSSE 4

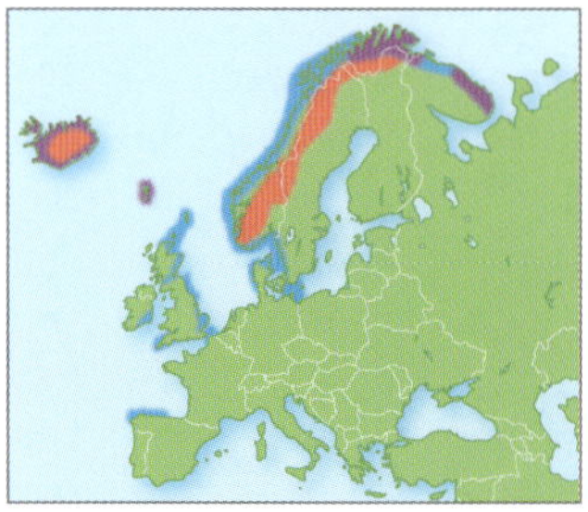

VERBREITUNG Brutvogel im Binnenland von N-Skandinavien und Island; an den Küsten Standvogel; überwintert an den Westküsten Europas bis Spanien.

MEERSTRANDLÄUFER BRÜTEN häufig im Binnenland, am liebsten in einer einfachen Bodenmulde inmitten von Moorgebieten. Die Altvögel mausern, bevor sie nach der Brut ins Winterquartier ziehen. Sie überwintern immer an Felsküsten, häufig gemeinsam mit Steinwälzern (*siehe* S. 145). Sie erscheinen mutig, da sie ihre Nahrung auf Felsen in der Spritzwasserzone suchen, können allerdings, falls nötig, auch schwimmen. Sie ernähren sich vorwiegend von kleinen Muscheln und Krebsen.

BEINFARBE Die Beine des Meerstrandläufers sind im Winter gelborange gefärbt, im Sommer unscheinbar gelbgrau.

Graubrust-Strandläufer

FAMILIE Scolopacidae
ART *Calidris melanotos*
LÄNGE 22 cm
HABITAT Wattflächen
GELEGEGRÖSSE 4

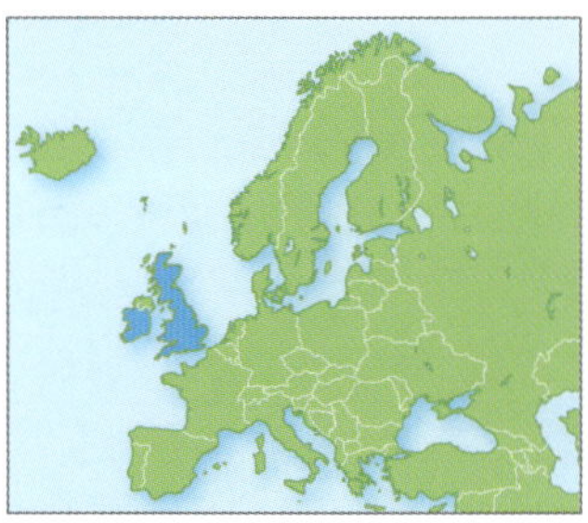

VERBREITUNG In N-Amerika heimisch – möglicherweise in Europa, mit Sicherheit auf den Britischen Inseln der häufigste Irrgast.

GRAUBRUST-STRANDLÄUFER verbringen mehr Zeit im Binnenland als viele verwandte Arten und werden sogar auf überfluteten Wiesen gesichtet. Im Frühsommer tauchen sie häufig auf dem europäischen Festland auf, werden aber noch öfter während des Herbstzugs auf den Britischen Inseln beobachtet. Im Winter kommen sie dort allerdings nur selten vor. Die Grundfärbung ist wie bei anderen Strandläufern, die graubraun gestrichelte Brust ist jedoch von der weißen Unterseite deutlich abgesetzt.

VERBREITUNGSGEBIET Graubrust-Strandläufer brüten von N-Amerika bis NO-Sibirien und überwintern auf der Südhalbkugel.

Zwergstrandläufer

FAMILIE Scolopacidae
ART *Calidris minuta*
LÄNGE 15 cm
HABITAT Tundra/Küsten
GELEGEGRÖSSE 4

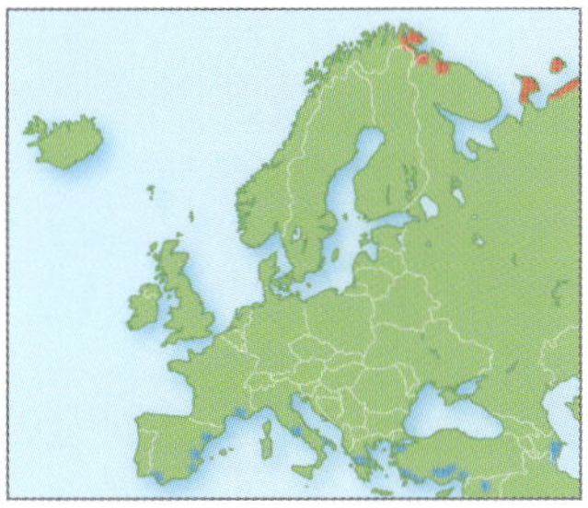

VERBREITUNG Brutvogel (Sommergast) der Tundra im äußersten NO-Skandinavien bis N-Russland; überwintert rund ums Mittelmeer und in N-Afrika.

ZWERGSTRANDLÄUFER WERDEN meistens auf dem Durchzug im Frühherbst (seltener im Frühjahr) beobachtet, wenn sie ins Winterquartier fliegen. Sie rasten dann häufig an Binnengewässern und sind oft mit Alpenstrandläufern (*siehe* S. 158) zusammen.

BRAUNER RÜCKEN Das braune Rückengefieder wird im Winter durch ein silbergraues Federkleid ersetzt.

Temminckstrandläufer

FAMILIE Scolopacidae
ART *Calidris temminckii*
LÄNGE 15 cm
HABITAT Schlickflächen/Küsten
GELEGEGRÖSSE 4

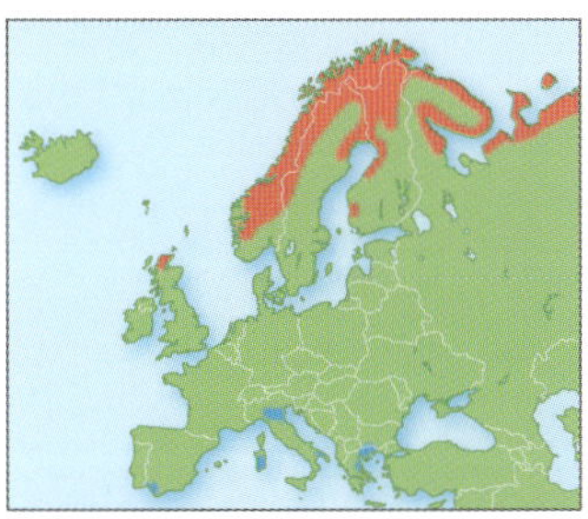

VERBREITUNG Brutvogel (Sommergast) in N-Schottland, N-Skandinavien und N-Russland (Tundra); überwintert im Mittelmeerraum und in N-Afrika.

TEMMINCKSTRANDLÄUFER KÖNNEN in Mitteleuropa auf dem Zug im Frühjahr (Mai) oder Frühherbst (Juli bis September) beobachtet werden. Sie rasten hauptsächlich im Binnenland an mäßig bewachsenen Schlickflächen. Das Gefieder, insbesondere auf den Flügeln, wirkt eintöniger als beim Zwergstrandläufer, doch das deutlichste Unterscheidungsmerkmal sind die gelben (statt schwarzen) Beine des Temminckstrandläufers. Die Art ist außerdem stimmfreudiger und stößt im Flug ständig trillernde Laute aus.

LANGSAM Temminckstrandläufer knicken ihre Beine bei der Nahrungssuche deutlich ein – ihre Fortbewegung wirkt fast kriechend.

Dunkler Wasserläufer

FAMILIE Scolopacidae
ART *Tringa erythropus*
LÄNGE 33 cm
HABITAT Tundra/Schlickflächen
GELEGEGRÖSSE 4

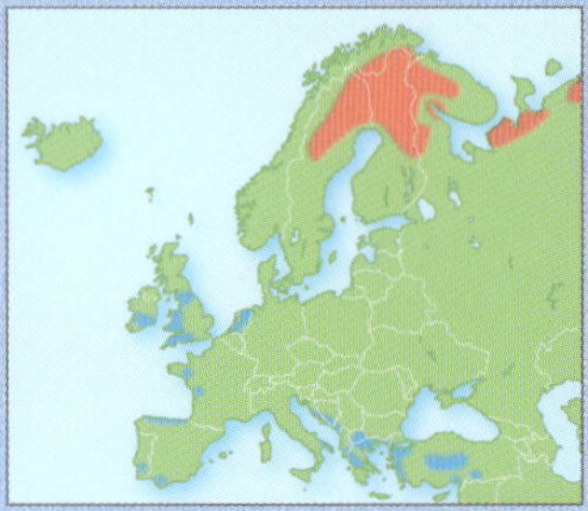

VERBREITUNG Brutvogel im Norden Skandinaviens und Russlands; überwintert an den Küsten W-Europas, im Mittelmeerraum und in Afrika.

MIT BEGINN DER Brutzeit wechselt der Dunkle Wasserläufer vom grauen Schlichtkleid mit weißer Unterseite zum überwiegend schwarzen Brutkleid. Sogar die Beine dunkeln in dieser Zeit nach. Die Bänderung an den Flanken bleibt jedoch sichtbar, die Flügel sind weiß gefleckt. Dunkle Wasserläufer sind Bodenbrüter; auf dem Zug treten sie häufig in kleinen Gruppen auf. Meistens verlässt das Weibchen das Brutgebiet vor dem Männchen, zuletzt folgen die Jungvögel. Nicht brütende Jungvögel bleiben manchmal im ersten Sommer im Winterquartier oder streifen außerhalb des Brutgebiets umher.

FLÖTENTÖNE Der Ruf des Dunklen Wasserläufers ist ein zweisilbiges flötendes „Tjuit", das von einer Warte vorgetragen wird.

Bruchwasserläufer

FAMILIE Scolopacidae
ART *Tringa glareola*
LÄNGE 21 cm
HABITAT Moorige Wälder
GELEGEGRÖSSE 4

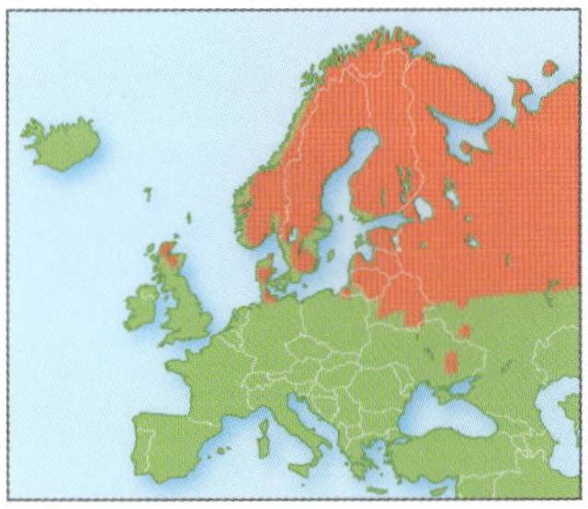

VERBREITUNG Brutvogel (Sommergast) in N-Europa (Schottland, Skandinavien, Russland); überwintert in Afrika südlich der Sahara, wird auch an der Mittelmeerküste gesichtet.

BRUTZEIT Ein Bruchwasserläufer im Brutgebiet. Die Brutzeit dauert von Mai bis Juli. Die Flügel der Jungvögel sind durch auffällige hellbraune Flecken gekennzeichnet.

DIE AUFFÄLLIG WEISS gefleckte Oberseite dient als Bestimmungsmerkmal. Typisch sind auch der helle Überaugenstreif und der dunkle, bis zum Hals reichende Augenstreif. Die relativ langen Beine sind gelblich und überragen im Flug die Schwanzspitze. Der Schnabel ist dunkel. Zwischen Schlicht- und Brutkleid gibt es nur geringe Unterschiede: Außerhalb der Brutzeit fehlt die Bänderung auf den Flanken, die Oberseite ist schwächer gestrichelt. Bruchwasserläufer brüten in der Nähe von Bruchwäldern und Sümpfen – in der Regel am Boden, manchmal aber auf Bäumen, wo sie alte Vogelnester nutzen. Sie überwintern vorwiegend auf Schlickflächen an Binnengewässern und sind Langstreckenzieher. In Mitteleuropa ist diese Art vollständig verschwunden, da ihr Lebensraum, das Moor, weitgehend zerstört wurde.

Grünschenkel

FAMILIE Scolopacidae
ART *Tringa nebularia*
LÄNGE 34 cm
HABITAT Nadelwälder/Küsten
GELEGEGRÖSSE 4

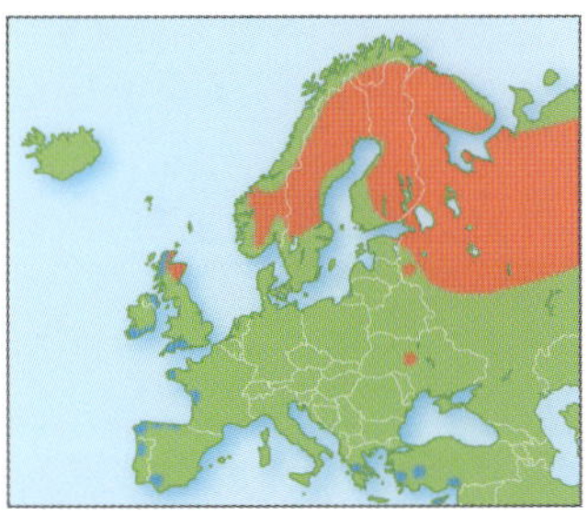

VERBREITUNG Brutvogel (Sommergast) der Taigazone in N-Europa, von Schottland über Skandinavien bis Russland verbreitet; überwintert in S-Irland, England, Spanien.

DIE BEINE DES Grünschenkels sind nur im Winter grüngrau, im Sommer sind sie gelblich. Auch die dunkle Zeichnung, die sich von der oberen Brust bis zur Unterseite zieht, ist, ebenso wie die schwarzen Flügelflecken, im Sommer ausgeprägter. Die gelenkigen Grünschenkel erbeuten nicht nur wirbellose Tiere, sondern auch Kleinfische im Flachwasser – insbesondere im Winter. Die Vögel nisten in Waldgegenden, meistens in Gewässernähe.

FUTTERSUCHE Manchmal laufen Grünschenkel ihrer Beute im Wasser sogar hinterher; meistens geht es jedoch gemächlicher zu.

Waldwasserläufer

FAMILIE Scolopacidae
ART *Tringa ochropus*
LÄNGE 24 cm
HABITAT Moorige Wälder
GELEGEGRÖSSE 4

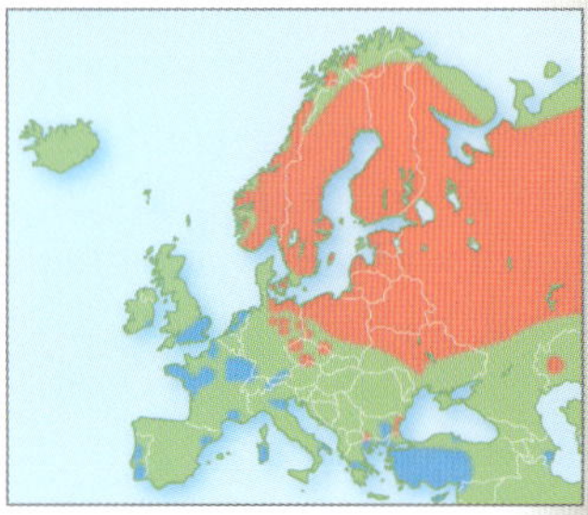

VERBREITUNG Brutvogel (Sommergast) in Skandinavien und NO-Europa; überwintert von S-England bis Afrika.

TYPISCH FÜR DEN Waldwasserläufer sind die reinweiße Unterseite und die dunkelbraunen fein gefleckten Flügel. Die Beine sind graugrün und reichen im Flug bis zur Schwanzspitze, überragen sie aber nicht. Die Schwanzfedern sind breit schwarz gebändert. Das Deck- und Brustgefieder ist im Schlichtkleid viel dunkler als zur Brutzeit. Im Gegensatz zu vielen anderen Wasserläufern brütet diese Art in Bäumen und nutzt alte Vogelnester, beispielsweise von Drosseln oder Tauben. Der Waldwasserläufer lässt sich am besten in Moorgebieten beobachten, wo er nach Nahrung sucht. Außerhalb der Brutzeit bevorzugt er kleine offene Gewässer und tritt häufiger im Binnenland als in Küstengebieten auf.

ÄNGSTLICH Waldwasserläufer sind von Natur aus ängstlich und kommen nicht in großen Trupps vor.

Teichwasserläufer

FAMILIE Scolopacidae
ART *Tringa stagnatilis*
LÄNGE 25 cm
HABITAT Nasse Wiesen/Teiche
GELEGEGRÖSSE 4

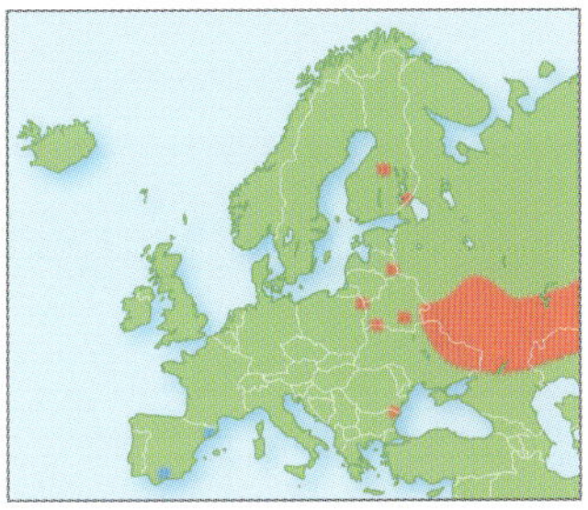

VERBREITUNG Brutvogel (Sommergast) der Steppenzone im Norden des Kaspischen Meers, vereinzelte weitere Brutvorkommen; überwintert im Mittelmeerraum und in Afrika.

TEICHWASSERLÄUFER UNTERSCHEIDEN sich durch ihren schlanken, geraden Schnabel und die langen Beine deutlich von verwandten Arten. Die Füße sind im Flug gut zu erkennen, da sie deutlich über die dunkel gebänderten Schwanzfedern hinausragen. Im Brutkleid sind die Vögel oberseits schwarz gefleckt, Hals und Brust sind bis zu den Flanken gestreift. Im Winter ist der Teichwasserläufer unauffälliger gefärbt: Die Unterseite ist von der Kehle an fast völlig weiß, die Flügel sind einfarbig graubraun. Teichwasserläufer brüten in offenem Gelände, entweder einzeln oder in kleinen Gruppen. Beide Partner bebrüten die Eier und versorgen die Jungen.

WINTERKLEID Ein Teichwasserläufer im Schlichtkleid. Die Art tritt im Winter oft in größeren Trupps auf, die gemeinsam kleine wirbellose Wassertiere erbeuten.

Rotschenkel

FAMILIE Scolopacidae
ART *Tringa totanus*
LÄNGE 33 cm
HABITAT Feuchtgebiete/Küsten
GELEGEGRÖSSE 4

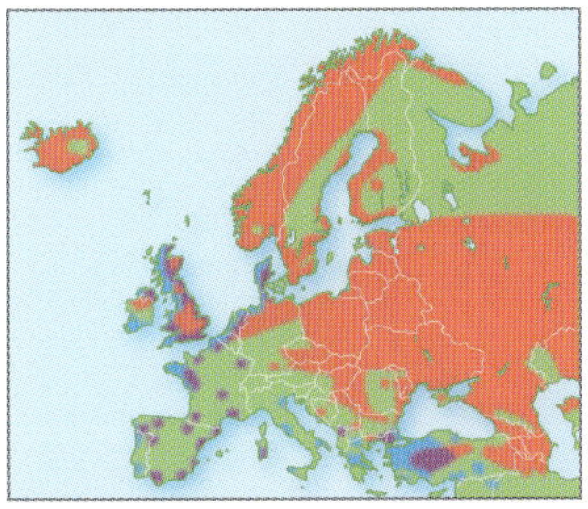

VERBREITUNG Brutvogel (Sommergast) von Island bis Skandinavien und O-Europa; Standvogel in Teilen der Britischen Inseln, Dänemark und weiter südwärts.

DER ROTSCHENKEL lässt sich anhand seiner leuchtend roten Beine ganzjährig gut erkennen. Er ist in Europa weit verbreitet – in manchen Regionen als Standvogel – und überwintert in Südeuropa. Die Schnabelbasis ist ebenfalls rot, die Spitze dunkler. Im Brutkleid ist die dunkle Strichelung der Unterseite auffällig auch die Flügel sind dunkel gezeichnet. Die stimmfreudigen Rotschenkel stoßen bei Gefahr laute Rufe aus, die auch andere Watvögel warnen, sodass es schwierig ist, sich den Vögeln zu nähern. Häufig kann man sie bei der Nahrungssuche in großen Trupps beobachten.

WINTERKLEID Rotschenkel sind im Schlichtkleid überwiegend mattbraun gefärbt. In manchen Gegenden zeigen sie in der Brutzeit ein Revierverhalten.

Kleiner Gelbschenkel

FAMILIE Scolopacidae
ART *Tringa flavipes*
LÄNGE 26 cm
HABITAT Tundra/Küsten
GELEGEGRÖSSE 4

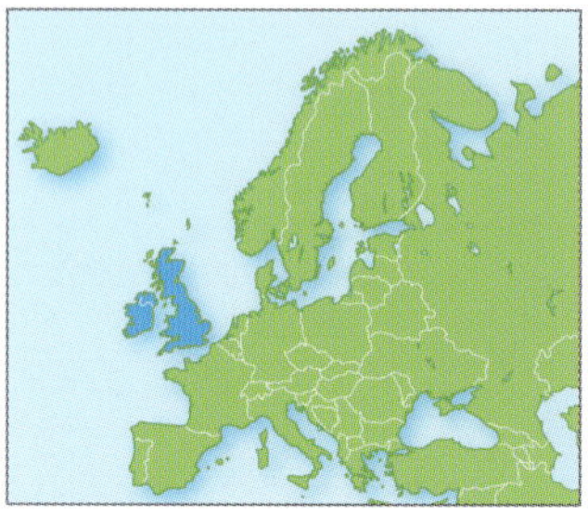

VERBREITUNG Nordamerikanischer Irrgast, der jedes Jahr in Europa, zum Beispiel auf den Britischen Inseln, gesichtet wird.

DAS DUNKLE, gefleckte Gefieder von Rücken und Flügeln, die hellere Unterseite und die gelben Beine helfen bei der Bestimmung dieses Irrgasts. Kleine Gelbschenkel werden in Europa meist im Spätsommer bis Herbst gesichtet und sind dann noch im Brutkleid mit reinweißen oder nur leicht gebänderten Flanken. (Dagegen sind sie beim Großen Gelbschenkel stark gebändert.) Im Schlichtkleid lassen sich die beiden Arten nur anhand der Größe unterscheiden. Der Kleine Gelbschenkel watet auf der Suche nach kleinen Wirbellosen durch das Flachwasser und gesellt sich auch zu anderen Watvögeln. Die Art tritt am häufigsten in Marschgebieten auf.

REISEFREUDIG Auch in seiner nordamerikanischen Heimat legt der Kleine Gelbschenkel jedes Jahr auf dem Weg ins nördliche Brutquartier große Entfernungen zurück.

Großer Gelbschenkel

FAMILIE Scolopacidae
ART *Tringa melanoleuca*
LÄNGE 36 cm
HABITAT Schlickflächen
GELEGEGRÖSSE 3–4

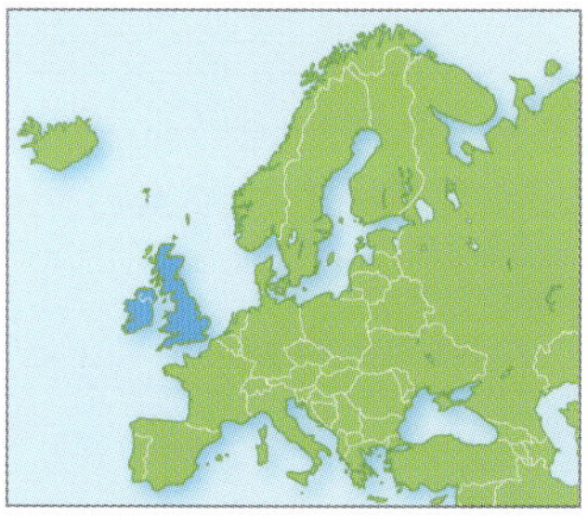

VERBREITUNG Nordamerikanischer Irrgast, der jedes Jahr in Europa, besonders in Großbritannien und Irland, gesichtet wird.

BIS AUF DIE Körpergröße ist der Große Gelbschenkel im Aussehen mit dem Kleinen Gelbschenkel identisch. Die größere Art ist in Kanada als Brutvogel weit verbreitet. Einzelne Vögel gelangen aber über den Atlantik und werden im Herbst in Europa gesichtet. Aufgrund des Gesamteindrucks besteht am ehesten Verwechslungsgefahr mit dem Grünschenkel (*siehe* S. 163), aber durch die Farbe der Beine unterscheiden sie sich deutlich. Große Gelbschenkel bilden gemischte Trupps mit anderen Watvögeln und suchen nach wirbellosen Tieren und Fischen.

NAMENSGEBEND Typisch für diese Art sind der leicht aufgeworfene Schnabel, der lange Hals, der gefleckte Rücken und die gelben Beine.

RASTPLATZ Dieser Flussuferläufer rastet am Ufer in Gewässernähe und wartet auf Beute.

Flussuferläufer

FAMILIE Scolopacidae
ART *Actitis hypoleucos*
LÄNGE 20 cm
HABITAT Wälder/Küsten
GELEGEGRÖSSE 3–4

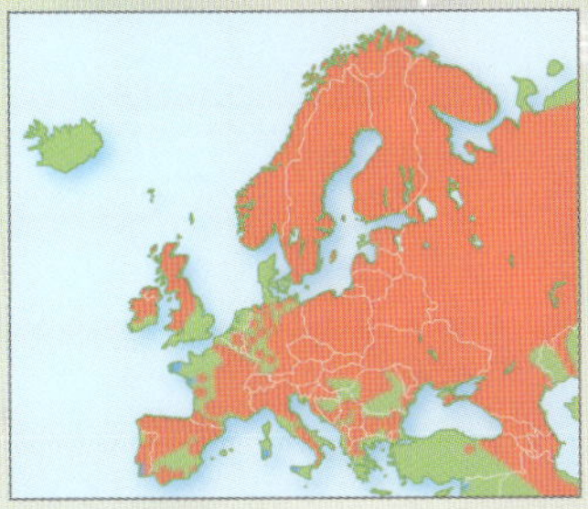

DER FLUSSUFERLÄUFER wirkt etwas kurzbeinig, besitzt eine reinweiße Unterseite und dunkel gestricheltes Brustgefieder. Flügel und Schwanz sind braun und schwarz gemustert, der Schwanz ist ziemlich lang. Flussuferläufer bewegen sich auf typische Weise und wippen oft mit dem Hinterkörper, was bei den verwandten Arten nicht der Fall ist. Sie brüten in Wäldern in Gewässernähe und errichten ein gut verstecktes Bodennest, können aber auch in Küstennähe nisten. In Europa sind sie normalerweise von April bis August anzutreffen und fliegen danach zum Überwintern nach Afrika. Einzelne Exemplare können auch in Südeuropa überwintern. Flussuferläufer ziehen im Dunkeln – einzeln oder in kleinen Trupps, selten jedoch in großer Zahl. Im Gegensatz zu anderen Watvögeln suchen Flussuferläufer ihr Futter manchmal auch neben Straßen, die nicht in direkter Nähe von Gewässern liegen.

VERBREITUNG Brutvogel (Sommergast) in weiten Teilen Europas, im Westen etwas verstreuter, fehlt in S-England und S-Irland; überwintert in Afrika.

Drosseluferläufer

FAMILIE Scolopacidae
ART *Actitis macularius*
LÄNGE 19 cm
HABITAT Bäche/Sumpfgebiete
GELEGEGRÖSSE 3–4

VERBREITUNG Nordamerikanischer Irrgast; wird in Europa jedes Jahr in geringer Zahl gesichtet, vor allem auf den Britischen Inseln.

DROSSELUFERLÄUFER SIND in Nordamerika als Brutvogel weit verbreitet und kommen in Küstennähe und im Binnenland in verschiedenen gewässernahen Lebensräumen vor. Der Vogel wippt – ähnlich wie der Flussuferläufer – mit dem Hinterkörper. Bei dem etwas „steif" wirkenden Flug wird ein weißer Flügelstreif sichtbar. Im Schlichtkleid sind Rücken und Brust braun, die Unterseite ist weiß; im Brutkleid fällt vor allem die drosselartig gefleckte weiße Unterseite (namensgebend!) auf, der Rücken ist braun. In Europa tritt der Drosseluferläufer meistens im Spätsommer und Frühherbst auf, doch auch überwinternde Vögel wurden gesichtet, gelegentlich auch im Frühjahr. In Schottland wurde sogar ein Brutversuch nachgewiesen – für Irrgäste sehr ungewöhnlich! Als Nest dient eine Bodenmulde in Wassernähe. Häufig werden die Eier vorwiegend vom Männchen bebrütet, während das Weibchen die Brut verlässt und gemeinsam mit einem anderen Partner ein weiteres Gelege produziert.

LANGE ZEHEN Die langen Zehen von Watvögeln (nicht nur dieser Art) sind nur an Land deutlich zu erkennen.

Terekwasserläufer

FAMILIE Scolopacidae
ART *Xenus cinereus*
LÄNGE 25 cm
HABITAT Flüsse/Seen
GELEGEGRÖSSE 3–4

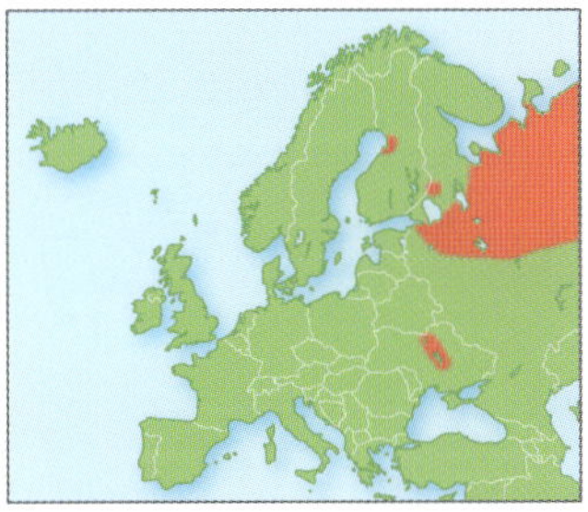

VERBREITUNG Brutvogel (Sommergast) von NO-Europa bis Asien; die europäische Brutpopulation zieht ostwärts ums Mittelmeer und überwintert in Afrika.

DIESER WASSERLÄUFER lässt sich anhand des aufgeworfenen Schnabels und der kurzen Beine gut bestimmen. Die Beine sind orangegelb, ein schwarzer Längsstreifen läuft über Rücken und Schulter. Terekwasserläufer brüten an größeren Gewässern. Sie kommen im Mai ins Brutgebiet und ziehen nach kurzem Aufenthalt bereits im Juli wieder südwärts. Das Nest ist eine im Gras verborgene Bodenmulde. Neuere Sichtungen deuten darauf hin, dass die Art ihr Verbreitungsgebiet möglicherweise westwärts erweitert; zumindest in Finnland gibt es mittlerweile mehr Brutvögel. Bei der Nahrungssuche läuft der Vogel auffällig rasch und erratisch umher.

SCHNABELFORM Sogar von vorn ist der aufgeworfene Schnabel des Terekwasserläufers deutlich zu erkennen.

Sumpfläufer

FAMILIE Scolopacidae
ART *Limicola falcinellus*
LÄNGE 18 cm
HABITAT Nasse Moore/Küsten
GELEGEGRÖSSE 3–4

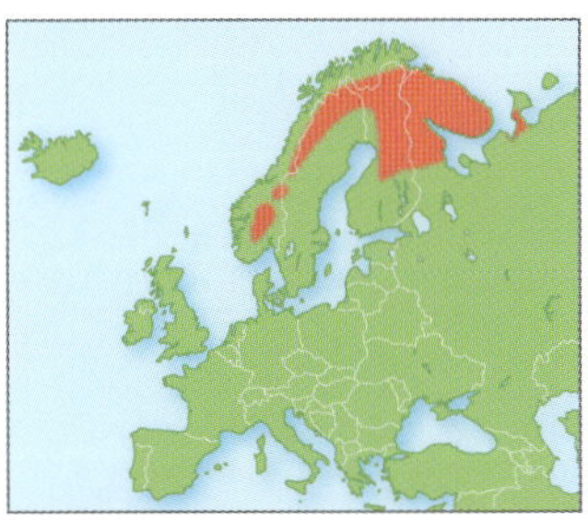

VERBREITUNG Brutvogel (Sommergast) in Skandinavien; in O-Europa (selten Mitteleuropa) am ehesten auf dem Zug gesichtet; überwintert in Afrika.

DER RELATIV BREITE Schnabel des Sumpfläufers ist an der Spitze abwärtsgeknickt. Im Schlichtkleid sind die Federn überwiegend grau, in der Mitte dunkel gestreift, im Brutkleid wirkt der Vogel dagegen oberseits fast schwarz, die Federn sind weiß-braun gesäumt. Auch die dunkle Strichelung der Unterseite ist stärker ausgeprägt. Das Nest ist eine Bodenmulde, oft in einem Grasbüschel getarnt und mit Pflanzen ausgekleidet.

LANGE REISE Die Altvögel ziehen bereits Ende Juli südwärts, die Jungvögel folgen im August. Einige erreichen erst im Oktober ihr Winterquartier.

Thorshühnchen

FAMILIE Scolopacidae
ART *Phalaropus fulicarius*
LÄNGE 22 cm
HABITAT Tundra/Meer
GELEGEGRÖSSE 2–4

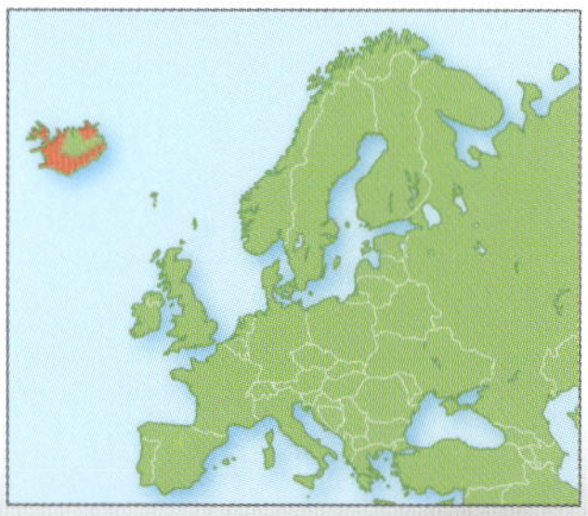

VERBREITUNG Brütet auf Island und in der Arktis; erreicht auf dem Herbstzug gelegentlich die Britischen Inseln, Nordseeküste und Biskaya.

DAS AUSSEHEN DER Thorshühnchen wechselt je nach Jahreszeit sehr stark: Im Brutkleid unterscheiden sich Männchen und Weibchen deutlich, wobei die Geschlechterrollen vertauscht sind, denn das Weibchen ist bunter gefärbt als das Männchen. Dieses ist auf der rostroten Unterseite weiß gestreift; die Färbung ist insgesamt nicht so intensiv. Im Schlichtkleid sind beide Partner jedoch überwiegend grau gefärbt. Thorshühnchen kann man am ehesten auf dem Herbstzug beobachten, wenn sie durch Stürme in Küstennähe und ausnahmsweise ins Binnenland verdriftet werden. Zu Beginn der Brutzeit werben die Weibchen in Trupps um die Männchen (Rollentausch!), die dann sämtliche Elternpflichten übernehmen.

MEERESÜBERQUERUNG Ein weibliches Thorshühnchen im Brutkleid. Die Vögel fliegen auf dem Zug gewöhnlich über das Meer.

Odinshühnchen

FAMILIE Scolopacidae
ART *Phalaropus lobatus*
LÄNGE 19 cm
HABITAT Tundra/Küsten
GELEGEGRÖSSE 2–4

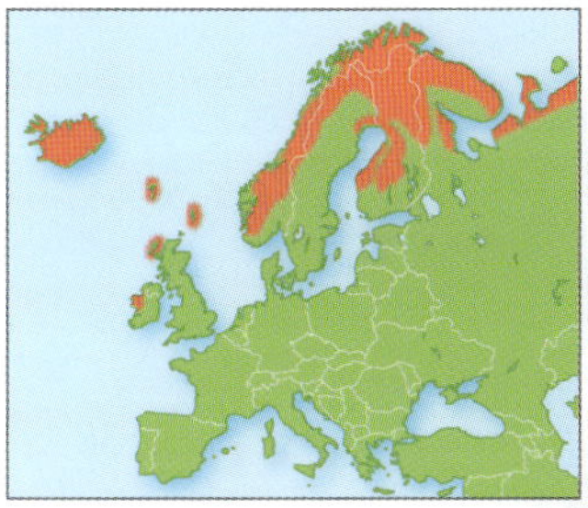

VERBREITUNG Brutvogel (Sommergast) in N-Europa (Island, Skandinavien, N-Schottland, N-Irland), zieht auf dem Herbstzug südostwärts über Europa und überwintert auf dem Arabischen Meer.

DAS GEFIEDER DES Odinshühnchens wechselt je nach Jahreszeit sehr stark: Im Schlichtkleid ist die Färbung mit grauer Oberseite und weißer Unterseite recht unauffällig. Der Rücken ist heller gestrichelt, Augenmaske und Scheitel sind schwarz gefiedert. Unmittelbar vor der Brutzeit mausern die Vögel jedoch ins Prachtkleid, und wie beim Thorshühnchen ist das Brutkleid des Weibchens prächtiger als beim Männchen. Typisch sind beim Weibchen die beiden gelben Flügelbinden; Hals und Oberbrust sind rostrot, die Kehle ist weiß. Nach der Eiablage bewacht das Weibchen das Nest, während das Männchen das Gelege bebrütet. Die Küken schlüpfen nach drei Wochen.

SCHLICHTKLEID Ein erwachsenes Odinshühnchen im Schlichtkleid – Männchen und Weibchen lassen sich zu dieser Zeit äußerlich nicht unterscheiden. Die Vögel verbringen den Winter meist auf See.

Grasläufer

FAMILIE Scolopacidae
ART *Tryngites subruficollis*
LÄNGE 20 cm
HABITAT Küsten/Grasland
GELEGEGRÖSSE 3–4

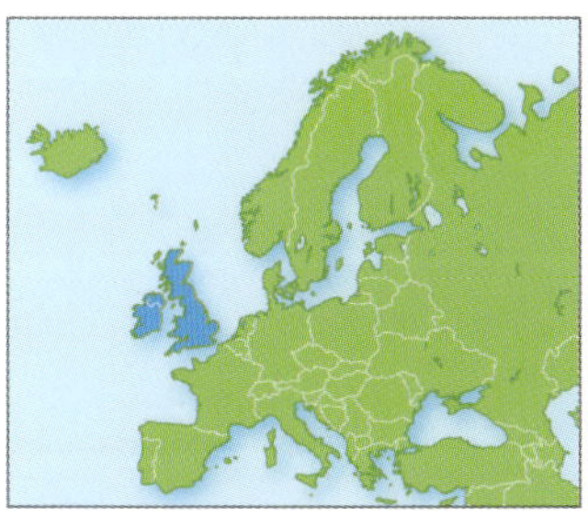

VERBREITUNG Nordamerikanischer Irrgast; wird in Europa jedes Jahr gesichtet, vor allem auf den Britischen Inseln.

GRASLÄUFER TRETEN auf den Britischen Inseln nicht nur als seltener Irrgast, sondern regelmäßig in kleinen Trupps auf; im übrigen Europa sieht man sie kaum. Das Gefieder bleibt ganzjährig gleich: Die Unterseite ist auf der Brust gelbbraun, an den Flanken schwarz gefleckt; die Unterschwanzdecken sind weiß. Beine und Füße sind gelblich. Im Flug wird von unten auf dem ansonsten weißen Unterflügel ein dunkelgrauer Halbmond in der Nähe der Flügelspitzen sichtbar.

BESUCHER Grasläufer werden manchmal in offenem Gelände, zum Beispiel auf Golfplätzen, gesichtet. Sie brüten in der arktischen Tundra.

Waldschnepfe

FAMILIE Scolopacidae

ART *Scolopax rusticola*

LÄNGE 30 cm

HABITAT Waldgebiete/ Feuchtgebiete

GELEGEGRÖSSE 4

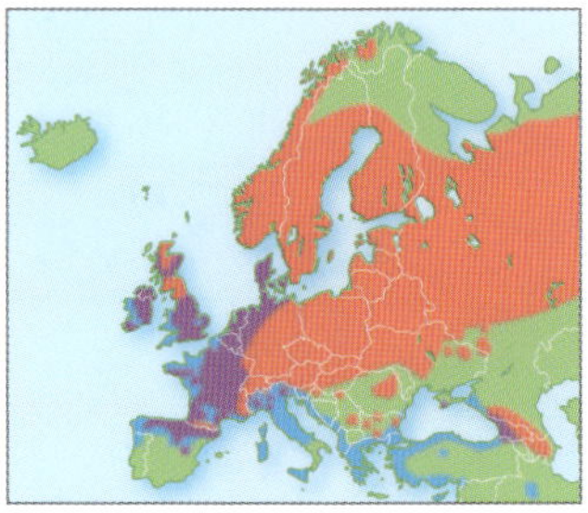

VERBREITUNG Brutvogel (Sommergast) in weiten Teilen Europas; Standvogel in Teilen von W- und SW-Europa; überwintert im Mittelmeerraum.

DIE RELATIV GROSSEN Augen der Waldschnepfe weisen bereits auf ihre nachtaktive Lebensweise hin. Sogar der spektakuläre Balzflug der Männchen findet in der Dämmerung statt. Die Vögel rasten tagsüber in Waldgebieten und jagen in der Dunkelheit auf offenen Flächen nach Würmern, die sie mit dem langen Schnabel gut ergreifen können. Bei Gefahr schmiegen sie sich lieber dicht an den Boden, statt aufzufliegen, und sind dort dank ihres braun gefleckten Gefieders perfekt getarnt.

GUT GETARNT Die Waldschnepfe ist sehr heimlich und dank des Gefieders sogar aus nächster Nähe kaum zu entdecken. Sie ist von Natur aus einzelgängerisch.

Bekassine

FAMILIE Scolopacidae

ART *Gallinago gallinago*

LÄNGE 28 cm

HABITAT Feuchtgebiete

GELEGEGRÖSSE 4

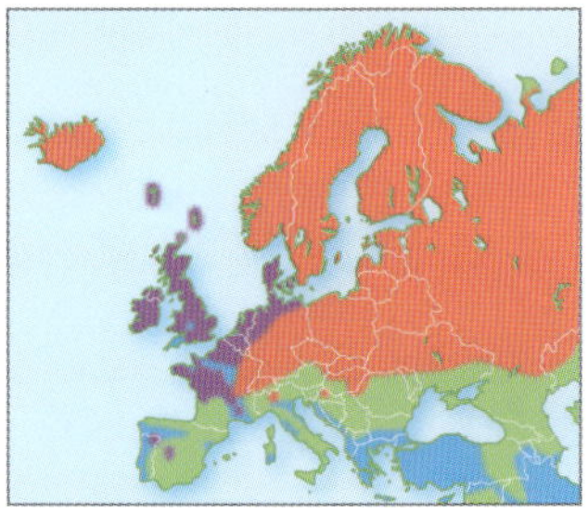

VERBREITUNG Brutvogel in Island und Mittel-, N- und NO-Europa, weiter im Westen auch Standvogel; überwintert auf der Iberischen Halbinsel und im südöstlichen Mittelmeerraum.

TYPISCH FÜR Bekassinen ist die weiße Unterseite, ein heller Scheitelstreif sowie der lange, gerade Schnabel, der an der Spitze beweglich ist und das Ergreifen von Beute im Boden ermöglicht. Männchen und Weibchen sind äußerlich gleich, doch beim Weibchen ist der Schnabel meist etwas länger. Die scheue Bekassine legt meist zwischen Grasbüscheln ein gut getarntes Bodennest an. Außerhalb der Brutzeit, die von April bis August reicht, können Bekassinen sich zu großen Trupps mit mehreren Hundert Vögeln zusammenfinden.

ZAUNPFAHL ALS WARTE Bekassinen wählen nicht selten einen Zaunpfosten als Warte – besonders während der Brutzeit.

Doppelschnepfe

FAMILIE Scolopacidae

ART *Gallinago media*

LÄNGE 30 cm

HABITAT Wiesenmoore/ Bergland

GELEGEGRÖSSE 4

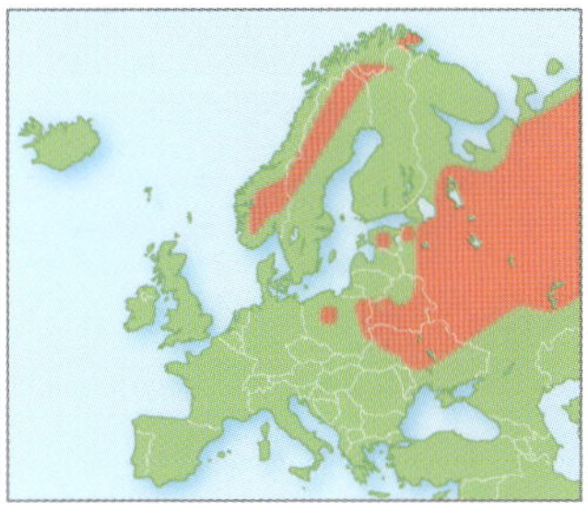

VERBREITUNG Brutvogel (Sommergast) in O-Europa und Teilen von Skandinavien und Russland; überwintert in Afrika.

DIE MÄNNCHEN der Doppelschnepfe führen eine Arenabalz auf gemeinsamen Balzplätzen auf. Dort rufen sie ihre zukünftigen Partnerinnen, die sich in der Abenddämmerung versammeln. Das Weibchen nistet alleine. Doppelschnepfen treten gelegentlich auch weiter westlich in Europa auf.

GEFÄHRDET Die Bestände der Doppelschnepfe sind in den letzten Jahren stark zurückgegangen.

Zwergschnepfe

FAMILIE Scolopacidae

ART *Lymnocryptes minimus*

LÄNGE 20 cm

HABITAT Nasse Moore/ schlammige Tümpel

GELEGEGRÖSSE 4

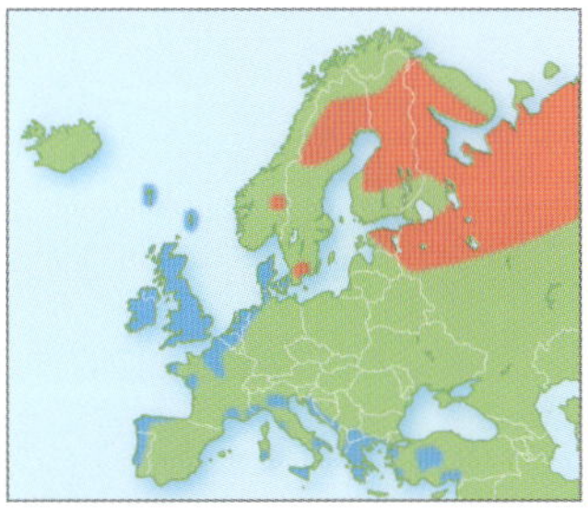

VERBREITUNG Brutvogel in O-Skandinavien und Russland; überwintert auf den Britischen Inseln, von Dänemark bis Portugal und im Mittelmeerraum.

DIESE KLEINSTE Schnepfenart besitzt einen recht kurzen Schnabel. Die Flügel sind durch zwei auffällige gelbliche Längsstreifen gekennzeichnet, die eine besondere Rolle bei der Tarnung des Vogels spielen. Hierbei verschmilzt das Muster mit dem Hintergrund aus Zweigen und Laub, wenn die Zwergschnepfe sich bei Gefahr zu Boden duckt. Die Fluchtdistanz ist gering, und die Vögel fliegen kaum auf.

SPÄTE ABREISE Zwergschnepfenpaare halten sich bis zum Ende der Herbstmauser (September) im Brutgebiet auf und kehren im April zurück.

Skua

FAMILIE Stercorariidae
ART *Stercorarius skua*
LÄNGE 58 cm/ Spannweite 140 cm
HABITAT Hochsee/Küsten
GELEGEGRÖSSE 1–2

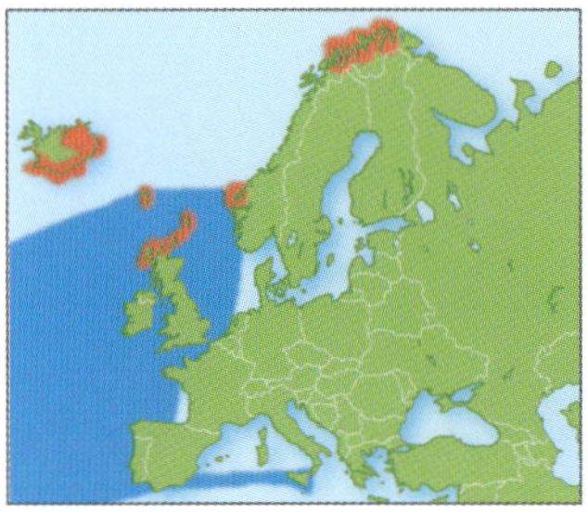

VERBREITUNG Brütet in Teilen von N-Skandinavien und von Island bis Schottland; streift im Winter auf Atlantik und Mittelmeer umher.

SKUAS SIND kräftig gebaute Vögel mit gestreiftem braunen Gefieder und kurzem Schwanz. Sie sind Bodenbrüter und versuchen häufig, Eier oder Küken von anderen, in der Nähe brütenden Seevögeln zu stehlen. Auch Arten wie der Papageitaucher (*siehe* S. 194) werden so lange bedrängt, bis sie die Fische auswürgen, die sie an die eigene Brut verfüttern wollten. Nach Ende der Brutzeit verlassen Skuas das Land und streifen über den Atlantik. Sie ernähren sich in dieser Zeit von Fischen und anderen Meerestieren, verzehren aber auch Aas wie tote Robben oder Fischereiabfälle von Trawlern. Im März kehren sie ins Brutgebiet zurück.

WELTENBUMMLER
Skuas, die in Europa brüten, werden nicht selten vor der amerikanischen Küste nachgewiesen und können bis zur Küste von Brasilien fliegen.

Falkenraubmöwe

FAMILIE Stercorariidae
ART *Stercorarius longicaudus*
LÄNGE 40 cm/ Spannweite 115 cm
HABITAT Meer/Küsten
GELEGEGRÖSSE 1–2

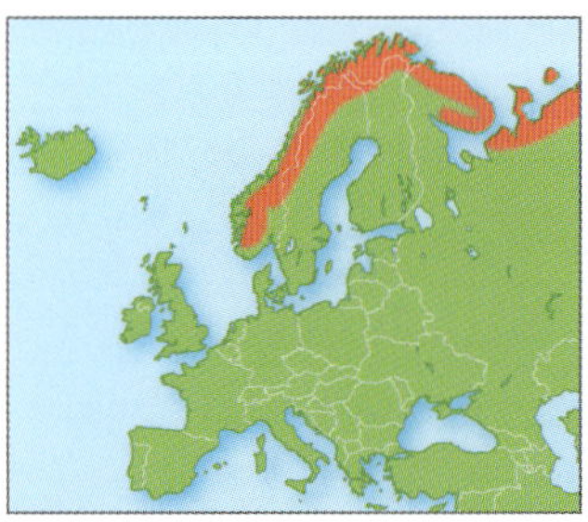

VERBREITUNG Brütet in Skandinavien und Russland; überwintert auf südlichen Meeren bis hin zur Antarktis.

DIE FALKENRAUBMÖWE ist zwar die kleinste Raubmöwe, legt bei ihren Wanderungen aber die größten Distanzen zurück. Die langen Schwanzfedern machen fast ein Viertel der Körperlänge aus. Die Flügel sind lang und spitz. Falkenraubmöwen sind im Flug – vermutlich aufgrund ihrer Größe – besonders wendig und bedrängen schwerfälligere Seevögel, bis diese ihren Fang auswürgen, den die Falkenraubmöwen dank ihres Hakenschnabels von der Wasseroberfläche auflesen können.

FERNREISENDER
Nur wenige Vögel fliegen im Lauf des Jahres so weit wie die Falkenraubmöwe, die nur während der Brutzeit kurze Zeit an Land verbringt.

Schmarotzerraubmöwe

FAMILIE Stercorariidae

ART *Stercorarius parasiticus*

LÄNGE 44 cm/ Spannweite 115 cm

HABITAT Meer/Küsten

GELEGEGRÖSSE 1–2

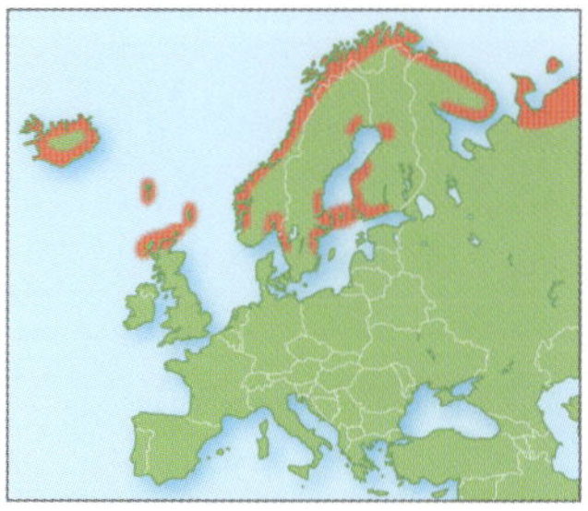

VERBREITUNG Brütet an den Nordküsten von Europa (Island, Schottland, Skandinavien, Russland); streift außerhalb der Brutzeit weit umher.

WIE DER NAME sagt, versuchen Schmarotzerraubmöwen durch Diebstahl vom Fang anderer Seevögel zu profitieren, statt selbst Nahrung zu erbeuten. Sie sind primär an Küsten gebunden, begeben sich gelegentlich auch aufs offene Meer.

SCHWIMMFÜSSE Wie alle Raubmöwenarten besitzen Schmarotzerraubmöwen Füße mit Schwimmhäuten. Männchen und Weibchen sind gleich.

Spatelraubmöwe

FAMILIE Stercorariidae

ART *Stercorarius pomarinus*

LÄNGE 50 cm/ 125 cm Spannweite

HABITAT Meer/Küsten

GELEGEGRÖSSE 1–2

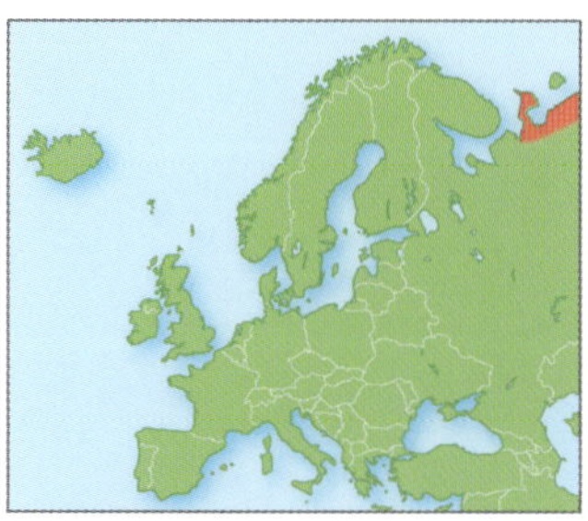

VERBREITUNG Brutvogel im hohen Norden von Europa; wird während des Frühjahrs- oder Herbstzuges gesichtet.

DA SPATELRAUBMÖWEN im hohen Norden brüten, wo das Futter knapp ist, haben sich diese Seevögel (wie auch die Falkenraubmöwe) auf die Jagd von Lemmingen spezialisiert, deren Populationen jedoch zyklische Schwankungen durchlaufen. Dies beeinflusst wiederum den Bruterfolg der Spatelraubmöwen, die bei guter Versorgungslage mehr Jungvögel aufziehen können. Zu anderen Zeiten machen sie Jagd auf Vögel oder verzehren Aas. Nach Ende der Brutzeit ziehen sie aufs Meer und ernähren sich dort vorwiegend von Fisch.

OHNE NEST Spatelraubmöwen legen die Eier auf den Boden und bauen kein Nest. Bei manchen Individuen ist das Gefieder viel schwärzer als bei anderen.

Elfenbeinmöwe

FAMILIE Laridae

ART *Pagophila eburnea*

LÄNGE 47 cm/ Spannweite 112 cm

HABITAT Küsten/Meer

GELEGEGRÖSSE 2–3

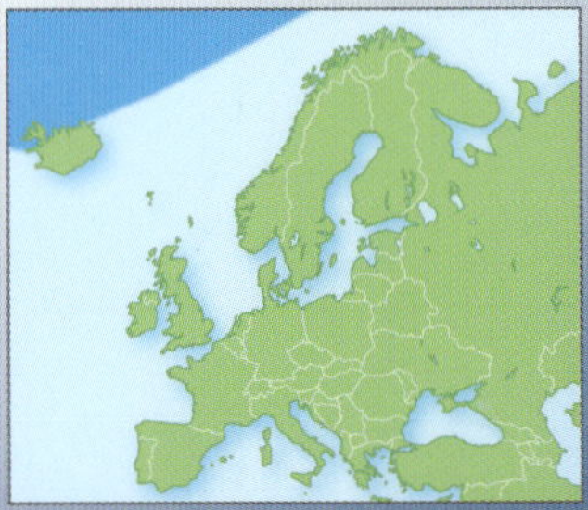

VERBREITUNG Brutvogel der hohen Arktis, südwärts bis N-Island; auch als Irrgast auf den britischen Inseln.

DAS REINWEISSE Gefieder der Elfenbeinmöwe unterscheidet sie von allen anderen Möwenarten. Ihr Schnabel ist an der Basis bläulich, an der Spitze gelb, Füße und Beine sind schwarz. Letzteres dient als Unterscheidungsmerkmal zu Albinovögeln anderer Möwenarten. Im ersten Winter weisen Jungvögel jedoch eine variable dunkle Fleckung auf Oberseite und Schwungfedern auf, die erst mit der Frühjahrsmauser ins Alterskleid verschwindet. Bis zu diesem Stadium ist auch der Bereich zwischen Augen und Schnabelbasis dunkel verwaschen gefärbt.

AASFRESSER Die Elfenbeinmöwe sucht als Aasfresser Robbenkadaver auf, folgt aber auch Fischereiflotten.

Silbermöwe

FAMILIE Laridae
ART *Larus argentatus*
LÄNGE 63 cm/ Spannweite 146 cm
HABITAT Küsten/Seen
GELEGEGRÖSSE 2–3

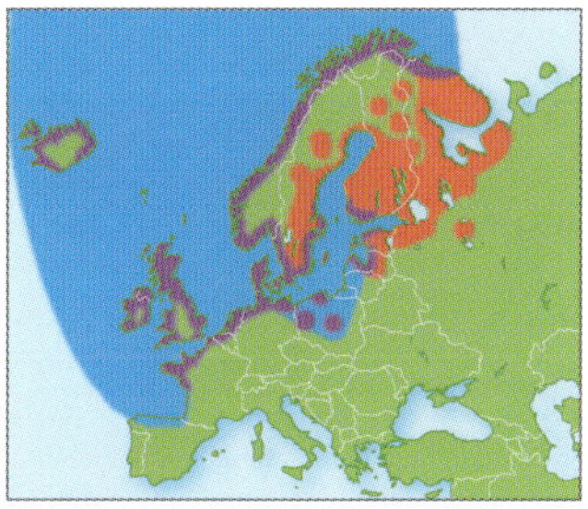

VERBREITUNG Standvogel an den Küsten von O-Atlantik und Nordsee (teilweise Ostsee); im Sommer auch in S-Skandinavien und in angrenzenden Gebieten.

ERWACHSENE SILBERMÖWEN sind am gelben Schnabel mit orangerotem Fleck vor der Unterschnabelspitze zu erkennen. Der Hals ist im Winterkleid braun gestreift, der Unterschnabelfleck schwächer ausgeprägt. Silbermöwen ernähren sich eigentlich von Fisch, sind aber auch Allesfresser, die Aas und Abfälle verzehren. Daher sind sie weiter ins Binnenland vorgedrungen und auf den Britischen Inseln mittlerweile sogar in küstenfernen Städten etabliert, wo sie zum Beispiel auf Dächern nisten. Die Elternvögel verteidigen ihre Brut sehr nachdrücklich und schießen im Sturzflug auf alle Eindringlinge hinab.

ELTERNPFLICHTEN Diese Silbermöwe brütet auf einem Dach und ist gerade im Begriff, die Jungvögel (mit grau geflecktem Gefieder und dunklem Schnabel) zu füttern.

Korallenmöwe

FAMILIE Laridae
ART *Larus audouinii*
LÄNGE 52 cm/ Spannweite 125 cm
HABITAT Küsten/Meer
GELEGEGRÖSSE 2–3

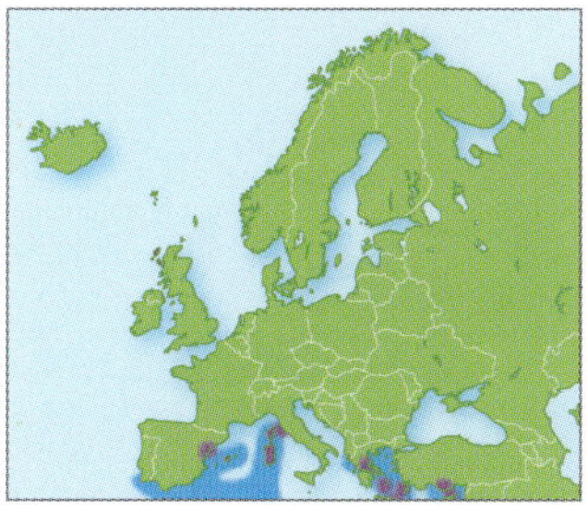

VERBREITUNG Standvogel vorwiegend auf Inseln im Mittelmeerraum; die Population hat im westlichen Mittelmeerraum etwas zugenommen.

KORALLENMÖWEN ZÄHLEN zu den seltensten Möwenarten der Welt. Bei Altvögeln ist der dunkelrote Schnabel mit gelber Spitze kennzeichnend. Die Beine sind graugrün. Das braune Gefieder der Jungvögel wechselt im Lauf des ersten Winters zu Grau. Korallenmöwen ernähren sich überwiegend von Fischen, die sie manchmal tauchend erbeuten.

AUSSEHEN Korallenmöwen besitzen lange Flügel, die über die Schwanzspitzen hinausragen; hinten im Bild steht ein Jungvogel.

Weißkopfmöwe

FAMILIE Laridae

ART *Larus cachinnans*

LÄNGE 58 cm/
Spannweite 140 cm

HABITAT Küsten/Seen

GELEGEGRÖSSE 2–3

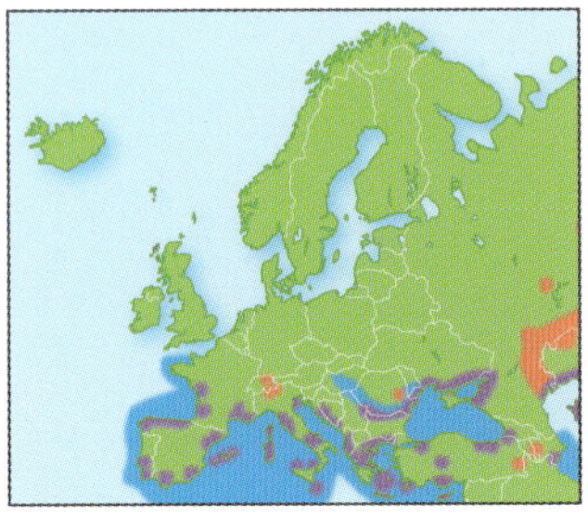

VERBREITUNG Standvogel im Mittelmeerraum bis N-Frankreich; eine eigene Brutpopulation (Sommergast) existiert im osteuropäischen Binnenland.

EIN AUFFÄLLIGER roter Fleck vor der Unterschnabelspitze (Schnabel insgesamt gelb), graue Flügel und weißer Körper sind die Kennzeichen dieser Art. Sie ähnelt insgesamt der Silbermöwe (*siehe* S. 177), kann aber durch ihre gelben (anstatt rosafarbenen) Beine gut unterschieden werden. Junge Weißkopfmöwen sind gewöhnlich heller als die Immaturen; sie besitzen einen helleren Kopf und eine dunkel gefleckte Unterseite; allerdings variieren die Vögel individuell. Diese anpassungsfähige Möwenart breitet sich zurzeit aus, denn sie hat weiter nördlich neue Brutgebiete an der Kanalküste und vereinzelt auch in Deutschland besiedelt.

NICHT WÄHLERISCH Weißkopfmöwen suchen auf dem Meer oder im Binnenland nach Nahrung. Manchmal versammeln sie sich auf Mülldeponien, um nach essbaren Abfällen zu suchen.

Sturmmöwe

FAMILIE Laridae

ART *Larus canus*

LÄNGE 41 cm/
Spannweite 108 cm

HABITAT Küsten/Seen

GELEGEGRÖSSE 2–3

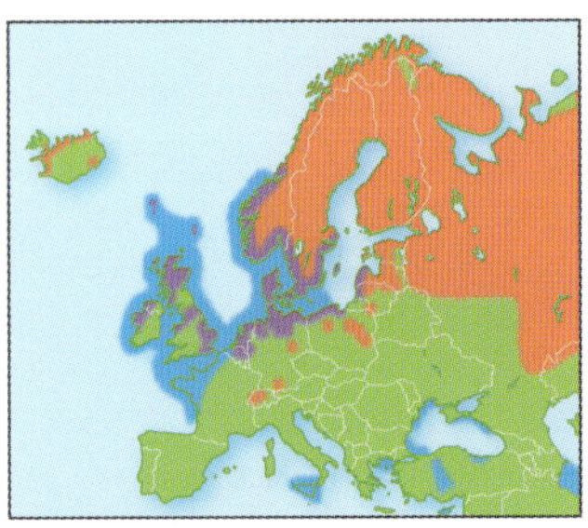

VERBREITUNG Standvogel in Teilen von NW-Europa (Schottland bis S-Skandinavien); Brutvogel (Sommergast) in nördlichen Regionen.

DER SCHMALE gelbe Schnabel und die gelben Beine helfen beim Bestimmen dieser Art. Das Rücken- und Flügelgefieder ist grau, die Unterseite weiß. In der Winterzeit ist der weiße Gefiederbereich auf Kopf und Hals braun überlaufen. Sturmmöwen sind Koloniebrüter und überwintern an der Küste. Sie ernähren sich von wirbellosen Tieren wie Würmern und Mollusken, fressen aber kein Aas. Das Gefieder der Jungvögel ist braun gefleckt; sie bilden erst nach drei Jahren das Alterskleid aus.

RUF Der Ruf der Sturmmöwe kann ähnlich wie das Miauen einer Katze klingen.

Heringsmöwe

FAMILIE Laridae

ART *Larus fuscus*

LÄNGE 56 cm/
Spannweite 130 cm

HABITAT Küsten/Meer

GELEGEGRÖSSE 2–3

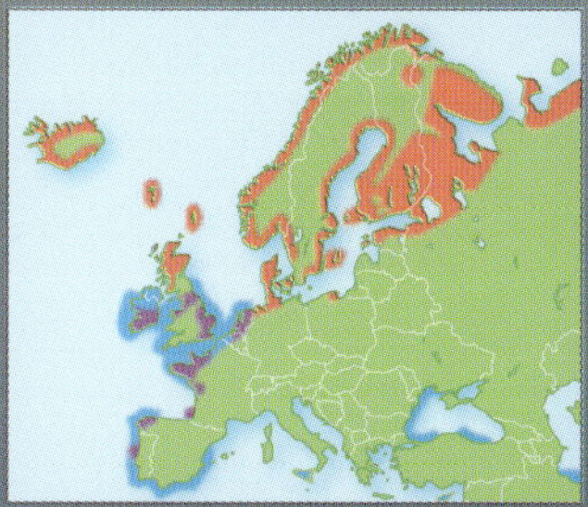

VERBREITUNG Brutvogel (Sommergast) im hohen N-Europa; Standvogel in Teilen von W-Europa; überwintert am Schwarzen, Kaspischen und am Mittelmeer.

DAS DUNKLE RÜCKEN- und Flügelgefieder der Heringsmöwe kann je nach geografischer Herkunft von schwarz bis grau variieren – die Vögel aus Westeuropa sind beispielsweise heller als Vögel aus dem Norden. Im Gegensatz zur ähnlichen Mantelmöwe (*siehe* S. 182) sind die Beine der Heringsmöwe gelb; außerdem ist sie kleiner als die Mantelmöwe. Die Jungvögel haben braun geflecktes Gefieder, doch bei der Heringsmöwe sind die weißen Spitzen der dunkelbraunen Schwungfedern kleiner.

AUSDAUERNDE FLIEGER Heringsmöwen sind zum Teil Langstreckenzieher. Die Brutvögel aus NO-Europa ziehen nicht nur bis zum Mittelmeer, sondern manchmal bis nach Afrika.

Dünnschnabelmöwe

FAMILIE Laridae

ART *Larus genei*

LÄNGE 40 cm/ Spannweite 100 cm

HABITAT Küsten/Seen

GELEGEGRÖSSE 2–3

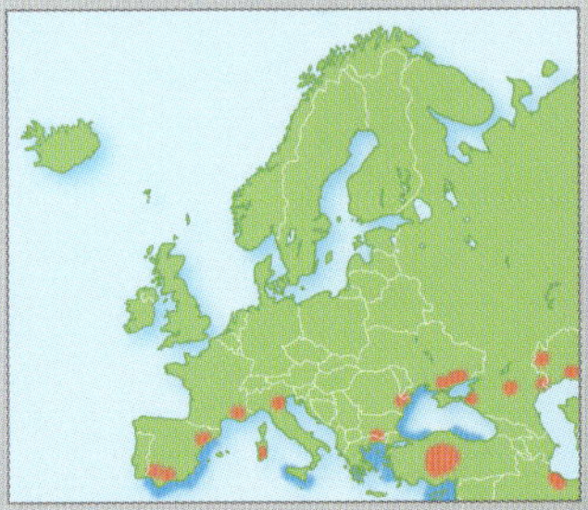

VERBREITUNG Brutvogel (Sommergast) in ganz S-Europa, häufig an der Küste, aber auch im Binnenland; überwintert im Mittelmeerraum bis Afrika.

DIE DÜNNSCHNABELMÖWE ist relativ selten, tritt aber gelegentlich außerhalb ihres normalen Verbreitungsgebiets auf – ab und zu wurde sie sogar in Deutschland beobachtet. Der relativ lange Schnabel verändert im Jahresverlauf seine Farbe von schwarzrot im Sommer zu gelblich mit dunkler Spitze im Winter. Als weiteres Merkmal der Dünnschnabelmöwe fällt zum Beispiel bei der Nahrungssuche der „Giraffenhals" auf. Die Vögel sind Bodenbrüter und nisten in Kolonien. Nach Ende der Brutzeit wandert ein Teil der Population bis zum Horn von Afrika (Somali-Halbinsel) und überwintert dort.

JUNGVOGEL Eine Dünnschnabelmöwe im zweiten Jahr – wie an den Überresten des braunen Gefieders zu erkennen ist.

Polarmöwe

FAMILIE Laridae
ART *Larus glaucoides*
LÄNGE 64 cm/ Spannweite 135 cm
HABITAT Küsten/Meer
GELEGEGRÖSSE 2–3

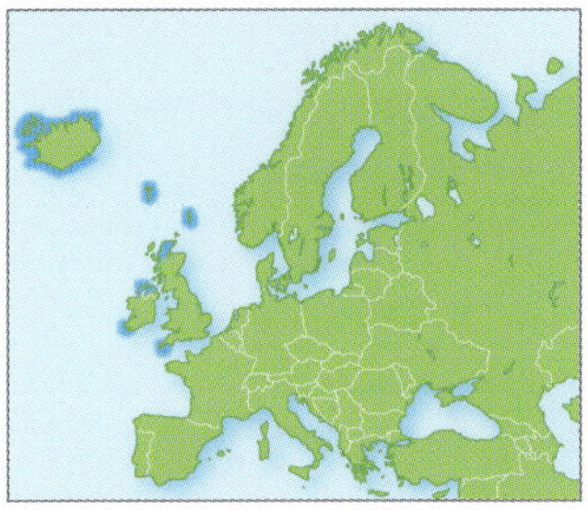

VERBREITUNG Brutvogel in Grönland und NO-Kanada; Wintergast in Island, gelegentlich an der Nordseeküste, im Binnenland vereinzelt auch an Mülldeponien.

SCHNABELFARBE Polarmöwen ernähren sich von Abfällen und Aas, fangen manchmal aber auch selbst Fische. Dieser Jungvogel ist an seiner Schnabelfarbe zu erkennen.

ERWACHSENE POLARMÖWEN sind insgesamt weiß gefärbt, Rücken und Flügel sind hellgrau, Kopfseiten und Hals braun gestrichelt. Die Jungvögel haben anfangs hellbraunes Gefieder mit weißen Handschwingen; es wird aber von Mauser zu Mauser weißer. Auch die Schnabelfärbung verändert sich von fleischfarben mit schwarzer Spitze zu bläulich, bis sie schließlich gelblich ist. Altvögel weisen zusätzlich einen roten Fleck vor der Unterschnabelspitze auf (dieser „Gonysfleck" wirkt vermutlich als Schlüsselreiz für die um Futter bettelnden Küken). Männchen und Weibchen sind äußerlich gleich. Bei in Island gesichteten Polarmöwen handelt es sich meistens um Brutvögel aus Nordostgrönland. Die Population im südlichen Grönland lebt dort ganzjährig als Standvogel.

Eismöwe

FAMILIE Laridae
ART *Larus hyperboreus*
LÄNGE 69 cm/ Spannweite 156 cm
HABITAT Küsten/Meer
GELEGEGRÖSSE 2–3

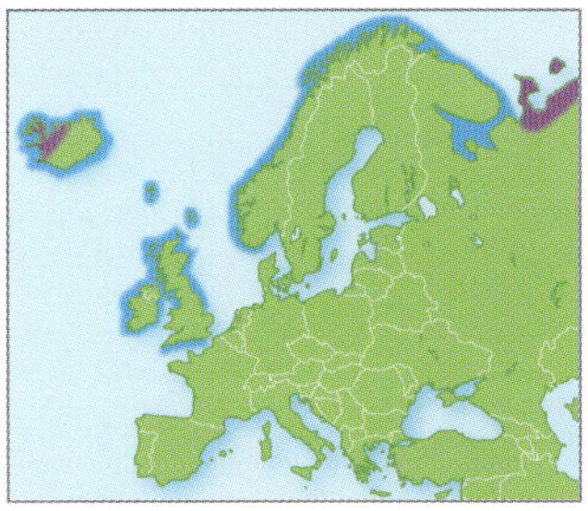

VERBREITUNG Brutvogel an den nördlichsten Küsten von Europa, Asien und Amerika; im restlichen Europa nur als Wintergast an Küsten N- und W-Europas.

DIE EISMÖWE brütet erstaunlicherweise nur im hohen Norden und kommt in lockeren Kolonien an Küstenklippen, auf Inseln und in der Tundra vor. Anhand ihrer Größe und des hellen Gefieders kann man sie von anderen Möwen unterscheiden. Männchen und Weibchen gleichen einander: Rücken- und Flügelgefieder sind silbergrau, der Körper ist ansonsten weiß. Kopf und Hals sind im Winter hellbraun gestrichelt. Die Jungvögel erreichen nach vier Jahren das Alterskleid. Eismöwen gesellen sich auch zu Ansammlungen anderer Großmöwen und bleiben meistens in Küstennähe.

RÄUBER Die Eismöwe ist eine räuberische Art: Sie stiehlt Eier und Nestlinge anderer Vögel oder bedrängt Meeresenten, bis der erbeutete Fisch ausgewürgt wird, verzehrt gelegentlich aber auch Abfälle und Aas.

MEERESMÖWE Mantelmöwen können gut schwimmen und verbringen besonders im Winter viel Zeit auf dem Meer.

Mantelmöwe

FAMILIE Laridae

ART *Larus marinus*

LÄNGE 76 cm/ Spannweite 165 cm

HABITAT Küsten/Seen

GELEGEGRÖSSE 2–3

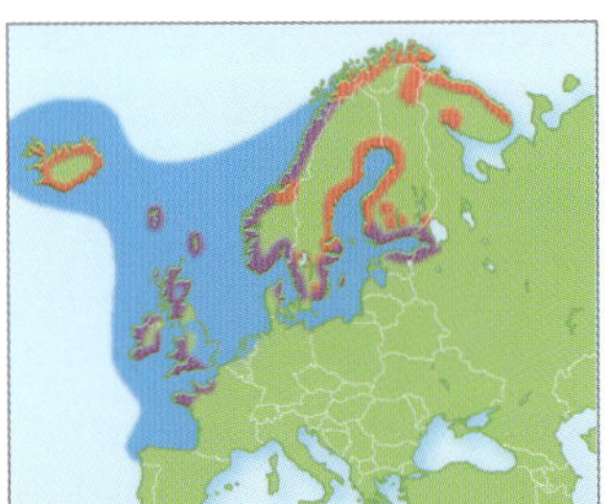

VERBREITUNG Brütet an nordeuropäischen Küsten: Sommervogel in Island und Skandinavien, Standvogel an Küsten W-Europas.

DIE GROSSE UND aggressive Mantelmöwe hat ihr Verbreitungsgebiet in manchen Regionen ins Binnenland ausgedehnt und sucht dort auf Mülldeponien nach essbaren Abfällen. Gelegentlich treten Mantelmöwen auch an Seen auf. An der Küste brüten sie oft inmitten von Seevogelkolonien und holen sich dort als Nesträuber einen Teil ihrer Nahrung. Sie attackieren auch heimkehrende Seevögel und rauben deren Beute, können sogar kleinere Vögel wie Papageitaucher (*siehe* S. 194) fangen und töten. Mantelmöwen brüten entweder einzeln oder in kleinen Kolonien. Die gefleckten Eier werden in einem Bodennest aus Pflanzenmaterial bebrütet. Als größte europäische Möwe und anhand ihres schwarzen „Mantels“ ist die Mantelmöwe einfach zu erkennen. Der gelbe Schnabel weist einen auffälligen roten Fleck (Gonysfleck, für viele Großmöwen typisch) vor der Unterschnabelspitze auf. Die Jungvögel sind insgesamt weiß, dabei deutlich braun gestrichelt und gefleckt, die Schwungfederspitzen sind jedoch überwiegend weiß. Mantelmöwen erreichen erst nach vier Jahren ihr Alterskleid. Wie die meisten Möwen sind sie potenziell langlebig und haben eine Lebenserwartung von 20 oder mehr Jahren. Zudem besitzen sie nur wenige Feinde, wenn man von der Gefahr durch Ölverschmutzung in Küstengebieten absieht.

Schwarzkopfmöwe

FAMILIE Laridae
ART *Larus melanocephalus*
LÄNGE 40 cm/ Spannweite 100 cm
HABITAT Flüsse/Küsten
GELEGEGRÖSSE 2–4

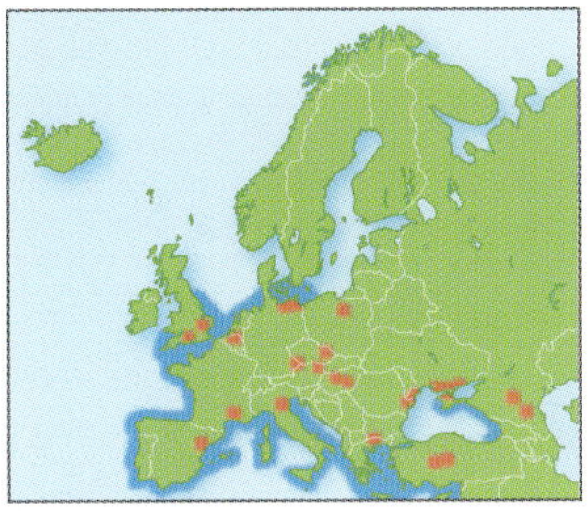

VERBREITUNG Ursprünglich an der Schwarzmeerküste beheimatet (dort heute noch zahlreich), von dort aus Besiedelung des Mittelmeerraums und Mitteleuropas bis zur Nordseeküste; ferner Brutvorkommen im Binnenland; überwintert in Küstengebieten.

BRUT- UND SCHLICHTKLEID der Schwarzkopfmöwe unterscheiden sich deutlich: Erwachsene Vögel besitzen im Winter eine dunkle „Kopfmaske", im Sommer hingegen eine pechschwarze „Kapuze"; die blutroten Beine und der in derselben Farbe gehaltene Schnabel bilden einen starken Kontrast. Typisch ist ferner der weiße Lidring. Brust und Unterseite sind ebenfalls weiß, Rücken und Flügel hellgrau. Das bräunliche Rückengefieder der Jungvögel ist heller gerandet („geschuppt"), Schnabel und Füße sind dunkel gefärbt. Schwarzkopfmöwen erreichen erst nach etwa drei Jahren ihr Alterskleid.

AM NISTPLATZ Schwarzkopfmöwen, hier am Brutplatz, brüten nahe beieinander; Männchen und Weibchen sind identisch gefärbt.

Zwergmöwe

FAMILIE Laridae
ART *Larus minutus*
LÄNGE 27 cm/ Spannweite 67 cm
HABITAT Sumpfgebiete/Küsten
GELEGEGRÖSSE 2–4

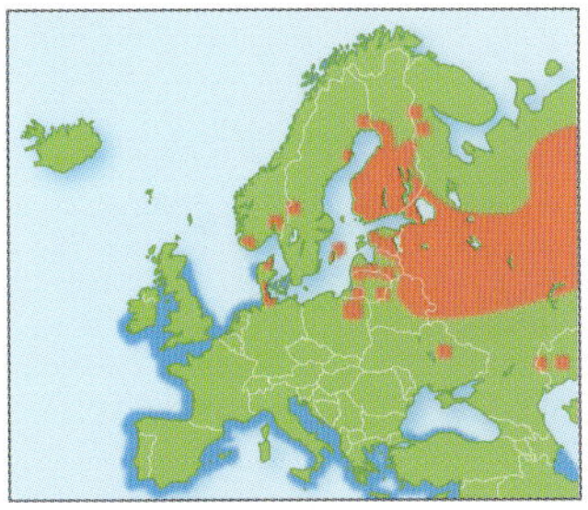

VERBREITUNG Brutvogel (Sommergast) in Teilen von S-Skandinavien sowie in O-Europa bis Asien; überwintert an den Küsten von W- und S-Europa.

DIESE KLEINSTE europäische Möwenart zählt zu den geschickten Fliegern, die ihre Beute von der Wasseroberfläche aufnehmen oder Fluginsekten fangen. Sie brütet in kleineren Kolonien an Seen und in Süßwassersümpfen. Das typische schwarz-weiß gemusterte Jugendkleid ist unverkennbar, die schwarzen Rücken- und Schirmfedern sind hell gerandet; die schwarzen Gefiederbereiche werden mit jeder Mauser kleiner und durch graues Gefieder ersetzt.

ORIGINELL Eine Zwergmöwe im Brutkleid – der Kopf ist schwarz gefärbt („Kapuze"), im Schlichtkleid ist er überwiegend weiß.

STÜRMISCHES WETTER Ein Möwenschwarm auf stürmischer See. Die Möwen schießen hinab, um alles Essbare aufzupicken, das durch die Wellen hochgespült wird. Sie rütteln im Flug, um ihre Beute zu erspähen.

Lachmöwe

FAMILIE Laridae

ART *Larus ridibundus*

LÄNGE 38 cm/
Spannweite 96 cm

HABITAT Stehende Gewässer/
Binnenland/Küsten

GELEGEGRÖSSE 2–4

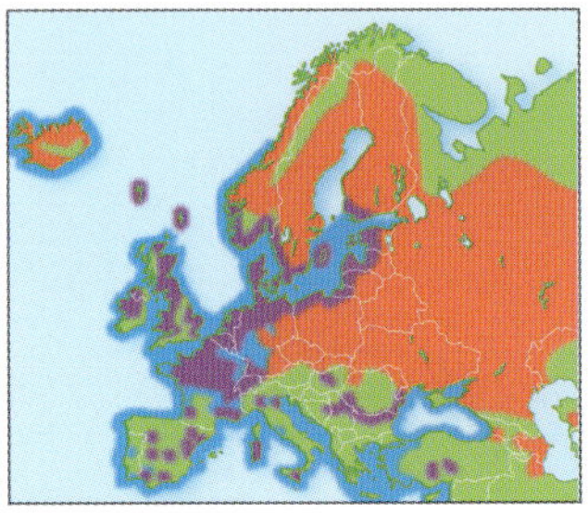

VERBREITUNG Brutvogel in Island und fast ganz O-Europa (Sommergast) sowie W- und Mitteleuropa (Standvogel); überwintert (je nach Witterung) an Küsten von S-Skandinavien bis zum Mittelmeer.

DIE LACHMÖWE ist in Europa eine der verbreitetsten und häufigsten Möwenarten. Im Sommerkleid ist die dunkle schokoladenbraune Kapuze charakteristisch, die nicht so pechschwarz wie bei einigen anderen Möwenarten ist. Im Schlichtkleid zeigt sie nur einen schwarzen Ohrfleck und ein dunkles Augenabzeichen; der zu dieser Zeit hellere Schnabel ist rot mit dunkler Spitze. Lachmöwen sind von Natur aus sehr gesellig und können sogar im Binnenland in Schwärmen auftreten, häufig auch auf Agrarflächen.

VIELSEITIG Lachmöwen sind, was die Ernährung angeht, sehr vielseitig: So folgen sie dem Pflug, um im Boden nach wirbellosen Tieren zu suchen, oder lassen sich in Stadtparks mit Brot füttern.

Schwalbenmöwe

FAMILIE Laridae

ART *Xema sabini*

LÄNGE 35 cm/
Spannweite 85 cm

HABITAT Tundra/Meer

GELEGEGRÖSSE 3

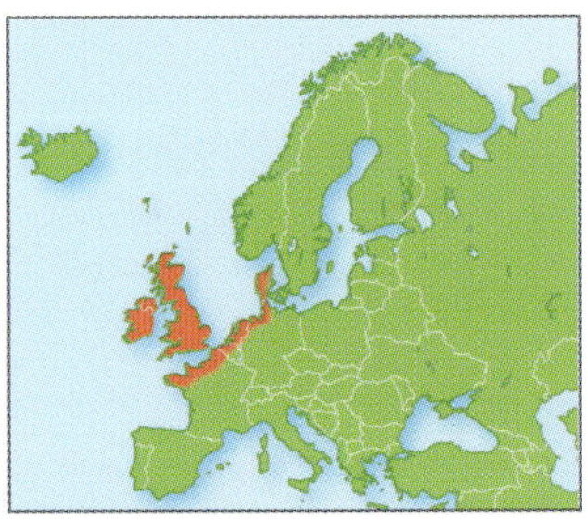

VERBREITUNG Brutvogel der hohen Arktis; während des Zugs gelangen nordamerikanische Vögel manchmal an die Küsten von W-Europa und Nordsee.

SCHWALBENMÖWEN treten zwar nur als Irrgast in Europa auf, doch werden sie durch Stürme relativ häufig auf dem Zug nach Südwestafrika (August bis Oktober) verdriftet. Je nach Windrichtung gelangen sie nordwärts zu den Britischen Inseln und sogar nach Deutschland. Das Schlichtkleid ist durch den dunkelgrauen Hinterkopf und Nacken sowie durch die schwarze Vorderseite der Handschwingen gekennzeichnet.

SCHNABELFÄRBUNG Typisches Kennzeichen der Schwalbenmöwe ist der dunkle Schnabel mit gelber Spitze.

Dreizehenmöwe

FAMILIE Laridae
ART *Rissa tridactyla*
LÄNGE 43 cm/ Spannweite 105 cm
HABITAT Küsten/Meere
GELEGEGRÖSSE 2

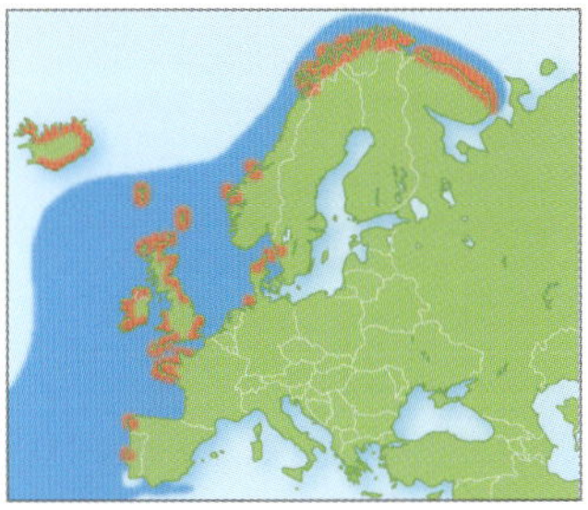

VERBREITUNG Brutvogel an Küsten von Island und N-Skandinavien bis zur Iberischen Halbinsel; überwintert auf See.

DIESE MEERESBEWOHNENDEN Möwen brüten an der Küste und kommen im Binnenland praktisch nicht vor. Dreizehenmöwen sind geschickte Flieger, können aber dank der mit Schwimmhäuten ausgestatteten Füße auch gut schwimmen. Sie erbeuten ihre Nahrung nicht ausschließlich an der Wasseroberfläche, sondern tauchen und verfolgen Fische gelegentlich auch unter Wasser. Manchmal fliegen sie hinter Fischertrawlern her und ernähren sich von Fischabfällen. Typische Merkmale sind der gelbe Schnabel sowie die schwarzen Beine und Füße. Der englische Name „Kittiwake" umschreibt lautmalerisch den typischen Balzruf „Kitti-uääh". Dreizehenmöwen brüten meistens an Felsklippen in riesigen Kolonien, die Tausende von Vögeln zählen, und nisten auf schmalen und häufig sehr exponierten Simsen. Das Nest besteht aus Seetang. Vermutlich bieten die engen und steilen Nistplätze einen gewissen Schutz gegen potenzielle Feinde – vor allem gegen größere Vögel wie Mantelmöwen (*siehe* S. 182). Junge Dreizehenmöwen besitzen ein schwarzes Nackenband und einen schwarzen Ohrfleck; auch der Schnabel ist schwarz. Erst nach drei Jahren ist das vollständige Alterskleid ausgebildet. Das Schlichtkleid der Altvögel zeichnet sich durch ein recht schmales dunkles Nackenband aus. Im Sommer ist der Kopf hingegen völlig weiß.

TYPISCHES GEFIEDER Wie viele Möwenarten haben auch Dreizehenmöwen einen weißen Kopf und Körper, während Flügel und Rücken grau sind.

Weißbartseeschwalbe

FAMILIE Laridae

ART *Chlidonias hybrida*

LÄNGE 28 cm/ Spannweite 62 cm

HABITAT Seen/Flüsse

GELEGEGRÖSSE 2–3

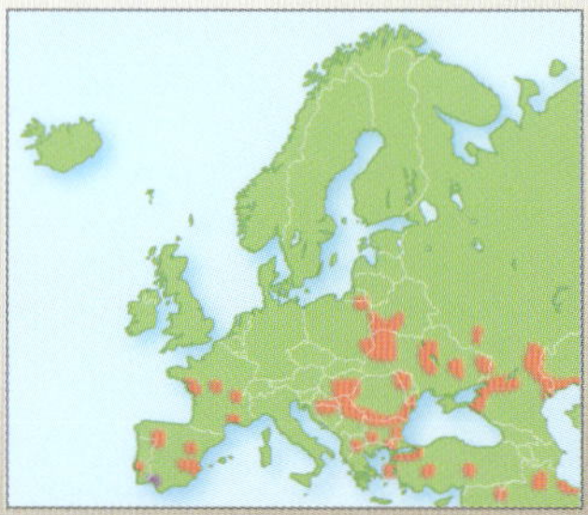

VERBREITUNG Brütet verbreitet in ganz S-Europa; überwintert teilweise im Mittelmeerraum, größtenteils aber weiter südlich in Afrika.

IM SOMMER trägt die Weißbartseeschwalbe eine schwarze, über die Augen reichende „Kappe“; darunter ist das Kopfgefieder weiß. Rücken und Bauch sind grau, die Unterschwanzdecken weiß. Wie bei allen Seeschwalben sind die Flügel lang und reichen angelegt bis zum Schwanzende. Im Winter verändert sich das Federkleid: Die schwarze Kappe schrumpft zu einem Streifen am Hinterkopf, Brust und Bauch werden komplett weiß. Der recht kräftige Schnabel ist ganzjährig gedeckt dunkelrot. Beide Geschlechter sehen gleich aus. Jungvögel sind auf dem Rücken braun und schwarz getupft.

BRUT Eine Weißbartseeschwalbe an ihrem Nest am Boden, in dem ein geflecktes Ei liegt.

Weißflügelseeschwalbe

FAMILIE Laridae
ART *Chlidonias leucopterus*
LÄNGE 24 cm/
Spannweite 55 cm
HABITAT Marschen
GELEGEGRÖSSE 2–3

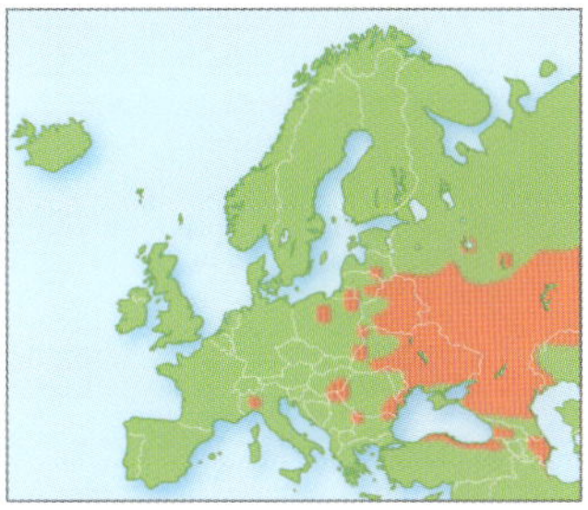

VERBREITUNG Brütet hauptsächlich in O-Europa, vor allem nördlich des Schwarzen und des Kaspischen Meers; überwintert in Afrika.

ALLE SEESCHWALBEN sind Langstreckenflieger, wie die Form ihrer Flügel verrät, und tatsächlich sichtet man die Weißflügelseeschwalbe regelmäßig in Teilen Europas, die außerhalb ihres Verbreitungsgebietes liegen – im Westen sogar bis zu den Britischen Inseln, wo eigentlich eher Trauerseeschwalben anzutreffen sind. Beide Arten lassen sich im Sommerkleid leicht unterscheiden, denn wie der Name schon andeutet, hat die Weißflügelseeschwalbe auffällige weiße Flügeldecken. Während die Trauerseeschwalbe im Winter ihre schwarze Kappe behält, reduziert sich die Kopfzeichnung der Weißflügelseeschwalbe auf schwarzgraue Streifen und je einen schwarzen Fleck hinter den Augen.

NAHRUNG UND VERHALTEN Diese Seeschwalben ernähren sich fast nur von Wirbellosen, die sie im Flug oder auf dem Wasser fangen. Sie brüten in Kolonien.

Trauerseeschwalbe

FAMILIE Laridae
ART *Chlidonias niger*
LÄNGE 24 cm/
Spannweite 62 cm
HABITAT Seen/Marschen
GELEGEGRÖSSE 2–3

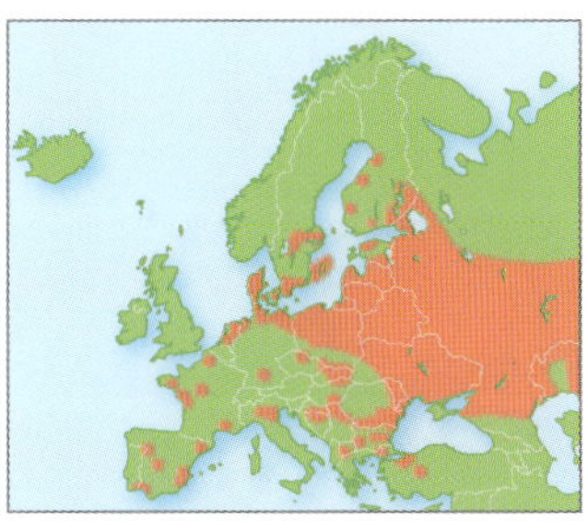

VERBREITUNG Brutvogel (Sommergast) vielerorts in Mittel- und O-Europa, nur gelegentlich in W-Europa; überwintert in Afrika.

TRAUERSEESCHWALBEN sind fast einheitlich schwarz gefärbt. Die Flügel sind grau, und der relativ kurze Schwanz ist gegabelt. Die Unterschwanzdecken sind weiß. Im Winter ist das Gefieder vorwiegend weiß, nur Kopf und Schultern sind schwarz. Trauerseeschwalben brüten im Inland; dabei bilden sie kleine Kolonien auf im Wasser treibender Vegetation. Oft nisten sie in Gesellschaft von Lachmöwen.

RAST Eine rastende Trauerseeschwalbe. Die Art fängt unter anderem Insekten im Flug – auf ähnliche Weise wie Schwalben.

Zwergseeschwalbe

FAMILIE Laridae

ART *Sternula albifrons*

LÄNGE 22 cm/ Spannweite 46 cm

HABITAT Strände/Seen

GELEGEGRÖSSE 2–3

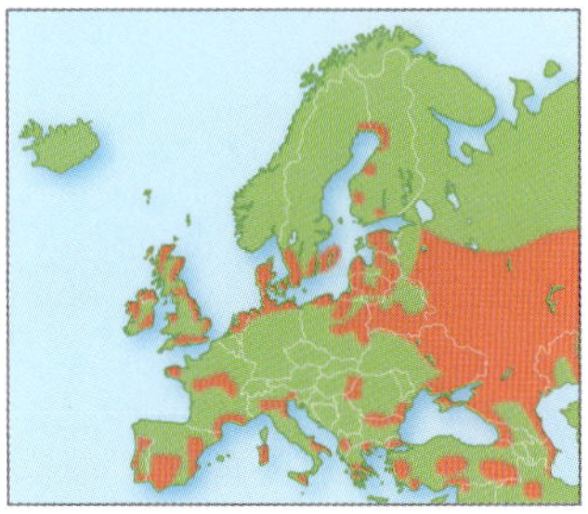

VERBREITUNG Hauptbrutgebiet ist O-Europa, doch nistet sie vielfach auch in anderen Teilen Europas; im Norden nur selten; überwintert in Afrika.

IHRE GERINGE GRÖSSE macht diese Art praktisch unverwechselbar. Im Sommerkleid ist die Stirn weiß, schwarze Zeichnungen reichen über die Augen bis in den Nacken. Der Schnabel ist hellgelb, färbt sich im Herbst aber schwarz. Der weiße Stirnbereich dehnt sich im Winter weiter nach hinten aus. Die Vögel ernähren sich von kleinen Fischen.

BESTECHUNG Eine männliche Zwergseeschwalbe umwirbt ein Weibchen mit einem Fisch. Die Paare brüten am Boden in Kolonien auf Sandbänken und an Stränden.

Rosenseeschwalbe

FAMILIE Laridae

ART *Sterna dougallii*

LÄNGE 35 cm/ Spannweite 75 cm

HABITAT Strände

GELEGEGRÖSSE 2–3

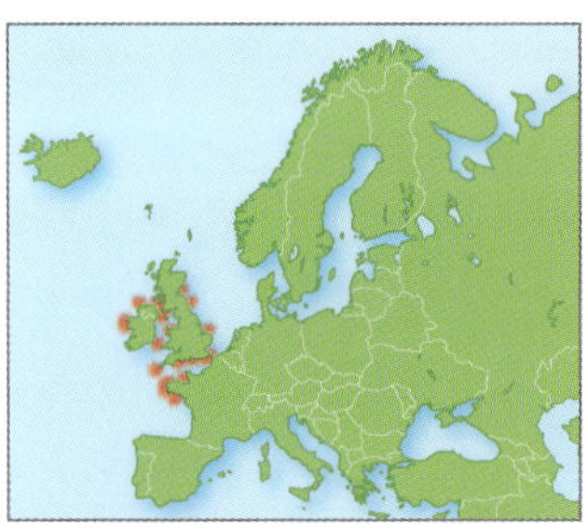

VERBREITUNG Verschiedene Brutgebiete an der Küste der Britischen Inseln und N-Frankreichs; überwintert in W-Afrika.

DA SIE IN IHREM Winterquartier bejagt wurde, ist die Art heute recht selten. Ihren Namen verdankt sie der zartrosa Färbung des Brustgefieders. Rosenseeschwalben nisten in Kolonien an Stränden. Die Brutzeit beträgt typischerweise 24 Tage; meist werden alle Jungvögel nach etwa vier Wochen flügge. Die Tiere beginnen mit drei Jahren zu brüten. Dieses Alter erreicht aber nur etwa jeder fünfte Jungvogel.

FARBWECHSEL Zu Beginn der Brutsaison färbt sich der Ansatz des bis dahin durchgehend schwarzen Schnabels rot.

Flussseeschwalbe

FAMILIE Laridae
ART *Sterna hirundo*
LÄNGE 37 cm/ Spannweite 80 cm
HABITAT Strände/Gewässer
GELEGEGRÖSSE 2–3

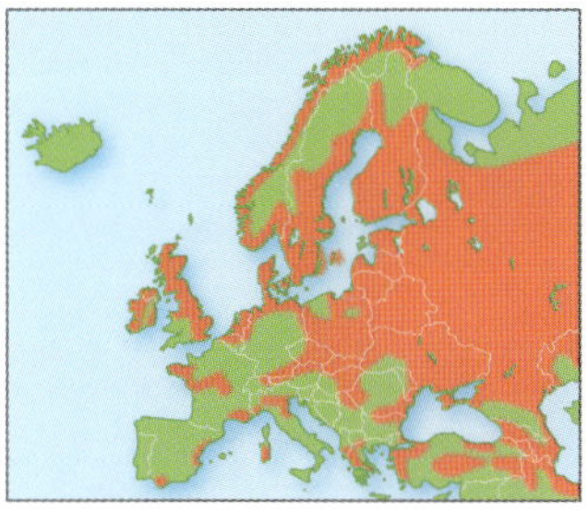

VERBREITUNG Brütet fast überall in Europa, im Südwesten jedoch nur selten; auch an den Küsten Skandinaviens zu finden; überwintert in W- und S-Afrika.

BRUTPAARE NISTEN am Boden, meist in sandigen, wassernahen Bereichen und auf Inseln. Die Tiere zeigen in der Brutsaison eine bräunliche, sonst eine eher gräuliche Rückenzeichnung. Sie tauchen ins Wasser ein, um ihre Beute zu fangen, und ernähren sich hauptsächlich von kleinen Fischen.

GEFIEDER Im Sommer sind die Schwanzspieße etwa gleich lang wie die angelegten Flügel.

Küstenseeschwalbe

FAMILIE Laridae
ART *Sterna paradisaea*
LÄNGE 39 cm/ Spannweite 75 cm
HABITAT Tundra/Strände
GELEGEGRÖSSE 2–4

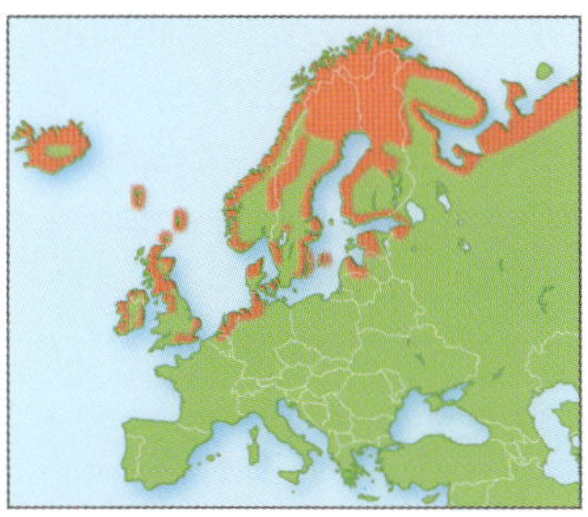

VERBREITUNG Brutvogel (Sommergast) im nördlichen Europa bis zum Polarkreis; um die Britischen Inseln und Küsten südlich von Dänemark.

DIESE ART VERBRINGT DEN SOMMER im hohen Norden und zieht praktisch von einem Ende der Welt ans andere. Küstenseeschwalben sind absolute Langstreckenflieger; allerdings kehren Jungvögel, die in die Arktis geflogen sind, nicht gleich im nächsten Frühling wieder in den Norden zurück, sondern bleiben bis zum Folgejahr dort. Küstenseeschwalben verteidigen ihre Nester vehement und versuchen, jeden möglichen Eindringling mit heftigen Attacken zu vertreiben.

ARTTYPISCH Im Brutkleid tragen die Vögel eine schwarze Kappe; der Körper ist grau und der Kopf seitlich weiß gefärbt.

Lachseeschwalbe

FAMILIE Laridae

ART *Gelochelidon nilotica*

LÄNGE 36 cm/
Spannweite 42 cm

HABITAT Marschen/Strände

GELEGEGRÖSSE 3–5

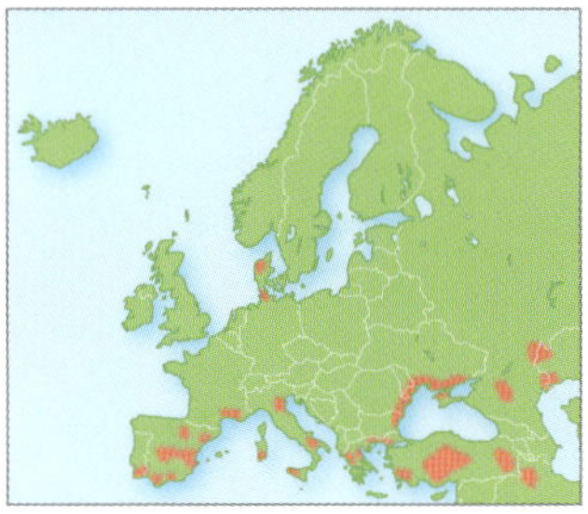

VERBREITUNG Vor allem im südlichen Europa, im Sommer bis hinauf nach Dänemark anzutreffen; überwintert im südlichen Afrika.

BESONDERS AUFFÄLLIG ist bei dieser Art der schwarze Schnabel, der kurz und gedrungen ist und eher dem einer Möwe als dem einer Seeschwalbe gleicht. Im Brutkleid sind die gesamte Kopfoberseite und der Nacken schwarz gefärbt. Lachseeschwalben – ihr Ruf wird als „hähähä“ beschrieben – fangen Insekten, aber auch Fische und Amphibien. Allerdings tauchen sie auch an der Küste nicht ins Wasser, um Beute zu machen. Ihr Nahrungsspektrum ist äußerst vielfältig – sie sollen sogar Wühlmäuse und Eidechsen fressen, die sie im Stoßflug erbeuten.

WINDSCHUTZ Abgewandt von der Hauptwindrichtung ducken sich diese Lachseeschwalben tief auf den Sand. Die Art brütet in Kolonien.

Raubseeschwalbe

FAMILIE Laridae

ART *Hydroprogne caspia*

LÄNGE 53 cm/
Spannweite 110 cm

HABITAT Küsten/Seen

GELEGEGRÖSSE 2–4

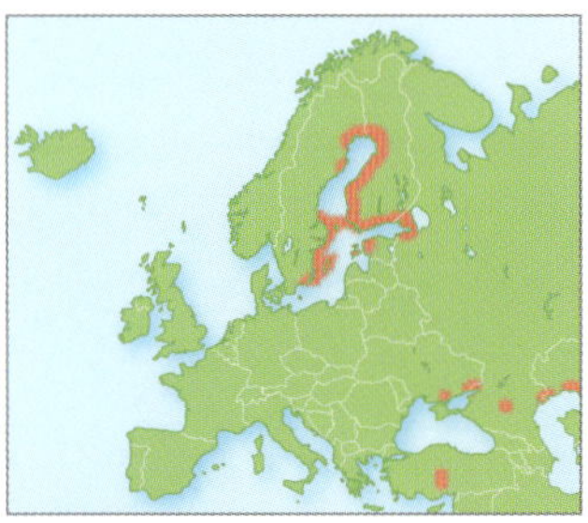

VERBREITUNG Brütet in Europa an den Küsten S-Skandinaviens sowie am Kaspischen und am Schwarzen Meer; überwintert in W-Afrika.

DIESE GRÖSSTE europäische Seeschwalbenart ist im Brutkleid mit schwarzer Kappe, hellgrauem Körper und etwas dunkleren Flügeldecken unverkennbar. Im Winterkleid ist ihr Kopfgefieder weiß gestromt. Typisch ist auch die Art der Nahrungssuche: Sie erbeutet Fische im Stoßflug aus großer Höhe und entfernt sich dabei bis zu 60 km weit vom Nest.

WANDERROUTE Raubseeschwalben folgen bei ihren Wanderungen dem Verlauf größerer Flüsse, in denen sie Nahrung finden.

Brandseeschwalbe

FAMILIE Laridae

ART *Thalasseus sandvicensis*

LÄNGE 38 cm/ Spannweite 95 cm

HABITAT Strände/Inseln

GELEGEGRÖSSE 1–2

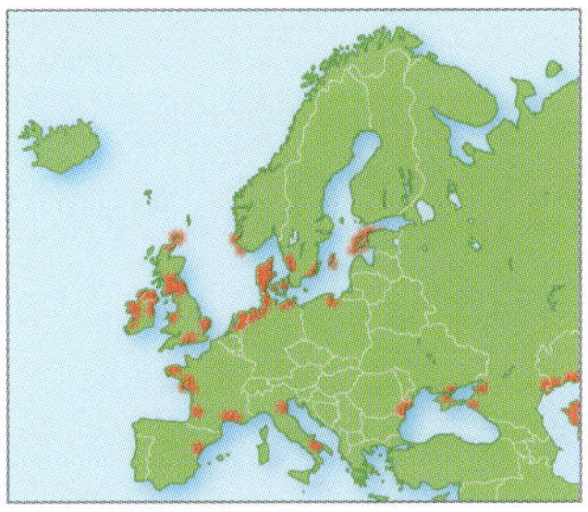

VERBREITUNG Brutvogel rund um die Britischen Inseln und im nordwestlichen Europa, auch am Mittelmeer, am Kaspischen und am Schwarzen Meer zu finden; überwintert dort und in Afrika.

EINE SCHWARZE KAPPE mit struppigem Kamm am Hinterkopf sowie schwarze Beine kennzeichnen diese Art. Der Schnabel ist schwarz mit gelber Spitze. Brandseeschwalben wechseln recht früh das Gefieder; dann färbt sich die Stirn weiß, manchmal mit dunklen Sprenkeln, während Hinterkopf (und Kamm) schwarz bleiben. Die Tiere fangen ihre Beute – meist Sandaale und Kalmare –, indem sie aus Höhen von manchmal über 10 m ins Wasser hinabstoßen. In geeigneten Nahrungsgründen finden sie sich dazu manchmal in Gruppen zusammen. Die Vögel brüten in großen Kolonien und legen ihre Eier direkt auf den Boden. Brandseeschwalben sind vor allem an der Küste anzutreffen und begeben sich fast nie ins Inland. Sie sind recht lautstark und äußern knarrend-quietschende Rufe. Im 19. Jahrhundert wurden sie stark bejagt, weil ihre Kammfedern als Hutschmuck dienten; heute haben sich die Bestände erholt.

PARTNERWERBUNG Ein Brandseeschwalbenpaar bei der Balz in der Brutkolonie. Die Geschlechter unterscheiden sich äußerlich nicht, wohl aber im Verhalten.

Krabbentaucher

FAMILIE Alcidae
ART *Alle alle*
LÄNGE 21 cm
HABITAT Felsküsten/Ufer
GELEGEGRÖSSE 1

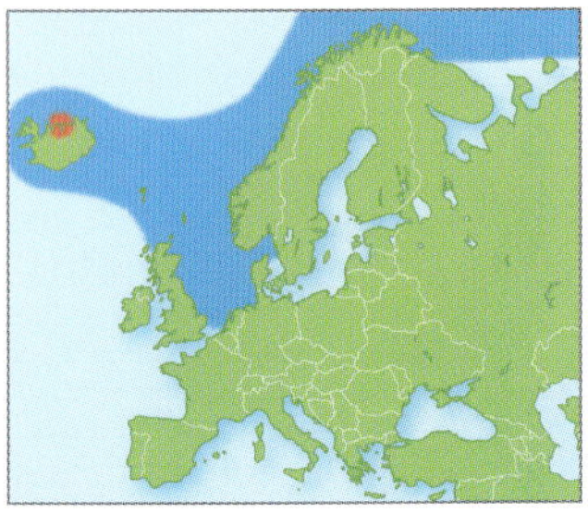

VERBREITUNG Im Winter im gesamten Nordseeraum bis hinunter nach S-England, rund um Island und ostwärts bis N-Skandinavien; Brutvogel in der Arktis.

TYPISCH FÜR DIESE ART ist der kurze, gedrungene Schnabel. Kopf und Brust sind ebenso wie Rücken und Flügel schwarz, die Unterseite ist weiß. Im Winterkleid erstreckt sich die weiße Färbung auch über die Brust bis hinter die Augen. Die Geschlechter unterscheiden sich äußerlich nicht. Beim Schwimmen zeigt sich ihre kompakte Körperform besonders deutlich. Die Vögel tauchen viel und sind behende Flieger, die sich knapp über der Wasseroberfläche bewegen. Gelegentlich werden sie vom Sturm in Gruppen landeinwärts getrieben.

NAHRUNG Krabbentaucher fressen kleine Planktontiere, die sie auf offener See fangen.

Papageitaucher

FAMILIE Alcidae
ART *Fratercula arctica*
LÄNGE 32 cm
HABITAT Offenes Meer/Inseln
GELEGEGRÖSSE 1

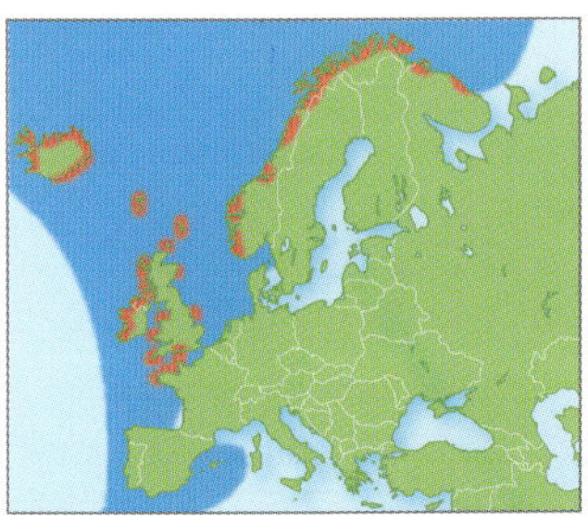

VERBREITUNG Brutvogel an den nordeuropäischen Küsten (Island, Skandinavien, Großbritannien und Frankreich), dringt aber südwärts auch bis in den Mittelmeerraum und weiter vor.

DER SCHNABEL des Papageitauchers ist während der Brutzeit besonders groß und prachtvoll gefärbt. Die Paare brüten kolonieweise in Bruthöhlen, gelegentlich auch unter Felsvorsprüngen. Das Weibchen brütet allein, während das Männchen Nahrung herbeischafft. Nach etwa 30 Tagen schlüpfen die Jungvögel, die mit etwa sieben Wochen flügge werden. Ihr Schnabel ist anfangs noch grau; erst nach rund fünf Jahren stellt sich die typische Färbung ein.

NISTPLÄTZE Papageitaucher leben hauptsächlich auf dem offenen Meer und kommen im Frühling nur zur Fortpflanzung an Land. Sie nisten bevorzugt auf Inseln, wo sie ungestört sind.

Tordalk

FAMILIE Alcidae
ART *Alca torda*
LÄNGE 43 cm
HABITAT Kliffe/offenes Meer
GELEGEGRÖSSE 1

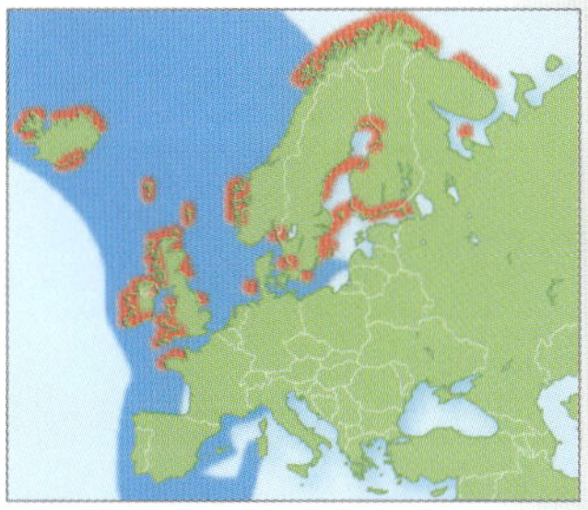

VERBREITUNG Brutvogel an den nördlichen Küsten Europas von Island bis N-Frankreich sowie in Skandinavien; im Winter südwärts bis in den Mittelmeerraum anzutreffen.

DER SCHMALE, HOHE, fast eckige Schnabel kennzeichnet diese Art. Er ist kurz und trägt auf jeder Seite eine weiße Linie. Kopf, Rücken, Flügel und Hals sind – bis auf weiße Ränder an der Hinterseite der Flügel – schwarz. Beide Geschlechter sind gleich gefärbt. Die Unterseite ist weiß, im Winterkleid bis zur Kehle hinauf. Tordalken sind an Land recht gut „zu Fuß" und laufen dann ähnlich watschelnd wie Pinguine. Sie sind gute Flieger und ergreifen ihre Nahrung oft dicht über dem Wasser fliegend, tauchen aber auch bis zu 18 m tief, um Kalmare, Fische und Krustentiere zu fangen.

KOPFZEICHNUNG
Im Brutkleid zieht sich eine weiße Linie von den Augen bis zum Schnabel.

Trottellumme

FAMILIE Alcidae
ART *Uria aalge*
LÄNGE 44 cm
HABITAT Offenes Meer
GELEGEGRÖSSE 1

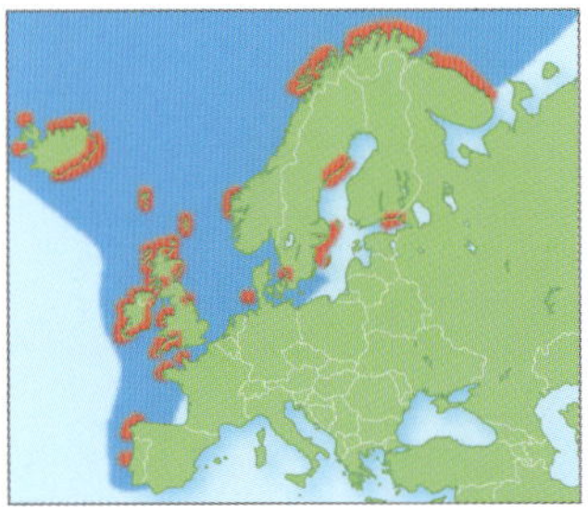

VERBREITUNG Brutgebiete von Island und Skandinavien südwärts bis Frankreich und zur Iberischen Halbinsel; im Winter jedoch nicht im Mittelmeerraum anzutreffen.

DIE TROTTELLUMME ist die größte heute lebende Alkenart. Äußerlich ein typischer Seevogel, ist sie hauptsächlich schwarzweiß gefärbt. Die Paare nisten im Sommer in Kolonien auf schmalen Felsvorsprüngen. Das Ei ist stark birnenförmig, damit es nicht über den Felsrand rollen kann.

FARBWECHSEL Im Brutkleid trägt die Trottellumme beiderseits einen weißen Streifen, der von den Schnabelseiten über die Wangen zu den Augen verläuft.

Dickschnabellumme

FAMILIE Alcidae
ART *Uria lomvia*
LÄNGE 40 cm
HABITAT Felsküsten/Meer
GELEGEGRÖSSE 1

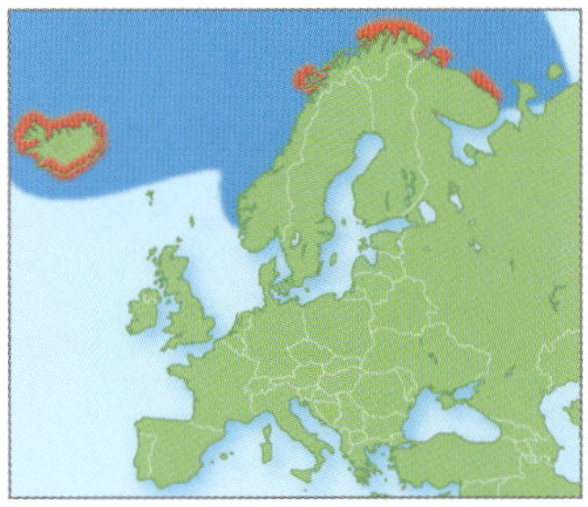

VERBREITUNG Ausschließlich im hohen Norden; Brutvogel an den Küsten Islands und Skandinaviens; als Wintergast bis hinunter in den Süden Skandinaviens.

EIN WEISSER STREIFEN seitlich am Schnabel erleichtert das Erkennen der Dickschnabellumme. Die Flanken sind ebenfalls reinweiß, und der Schnabel ist kürzer und kräftiger als bei der Trottellumme. Nur im Flug erkennbar sind die ebenfalls typischen, teilweise weißen Flügelunterseiten.

GESPRENKELT Dickschnabellummen nisten auf Felsvorsprüngen; ein gesprenkeltes Ei ist im Vordergrund sichtbar. Ihre Körperhaltung ist an Land eher aufrecht.

Gryllteiste

FAMILIE Alcidae
ART *Cepphus grylle*
LÄNGE 33 cm
HABITAT Felsküsten/Meer
GELEGEGRÖSSE 1–2

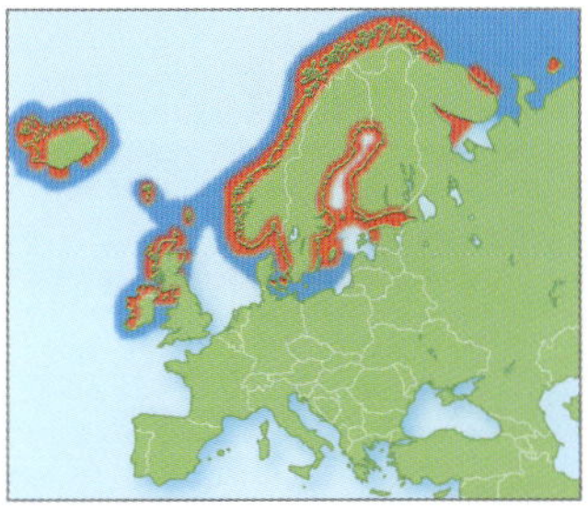

VERBREITUNG Zwei voneinander isolierte Brutpopulationen an der isländischen Küste bzw. von Irland über Schottland bis Skandinavien; auch im Winter kaum südlicher anzutreffen.

BEI DIESEN ALKEN unterscheiden sich Winter- und Sommerkleid erheblich voneinander. Unterseite und Flügeldecken sind im Schlichtkleid weiß, die Flügel ansonsten schwarz. Der Rücken ist schwarzweiß gesprenkelt. Mit Beginn der Brutsaison ist das Federkleid – abgesehen von den weißen Flügeldecken – ganz schwarz. Der Schnabel ist schwarz mit leuchtend roter Innenseite. Beine und Füße sind ebenfalls rot. Mit ihren recht breiten, abgerundeten Flügeln können Gryllteisten nicht nur gut fliegen, sondern auch unter Wasser wie mit Flossen gut schwimmen. Paare brüten an Felsküsten, manchmal eher vereinzelt als in Gesellschaft von Artgenossen.

STIMMGEWALTIG Gryllteisten sitzen oft auf Felsen und äußern lautstark ihre pfeifenden und kreischenden Rufe.

DICHT GEDRÄNGT Dieses Felskliff beherbergt eine große Zahl von Trottellummen (*siehe* S. 196). Dank ihres instinktiven Sozialverhaltens kommt es trotz des dichten Gedränges nur selten zu heftigen Zankereien.

COLUMBIFORMES

Taubenvögel

Flughühner sind gedrungene Vögel, die ihre Nahrung am Boden suchen. Mit ihrem kleinen Kopf und kurzen Hals erinnern sie an Wachteln oder Rebhühner. Die guten Flieger finden sich bei Tagesanbruch oder abends oft in Trupps an ihren Tränken ein. Alle Flughühner sind Bodenbrüter. Tauben halten sich weniger am Boden auf und nisten in Bäumen. Ihr Körper ist meist plump, der Kopf klein; sie fliegen mit schnellem, kraftvollem Flügelschlag. Zwischen den Taubenarten gibt es beträchtliche Größenunterschiede. Anders als alle anderen Vögel saugen Tauben beim Trinken das Wasser an.

Spießflughuhn

FAMILIE Pteroclididae
ART *Pterocles alchata*
LÄNGE 28–37 cm
HABITAT Arides Tiefland
GELEGEGRÖSSE 2–3

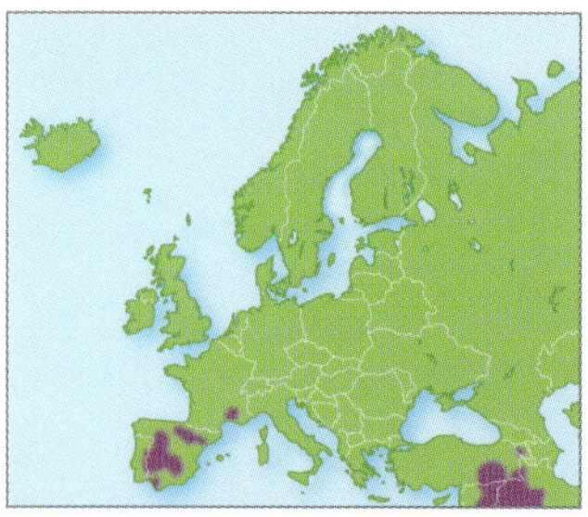

VERBREITUNG Standvogel in den Ebenen der Iberischen Halbinsel und S-Frankreichs; bevorzugt sandiges Brachland und ausgetrockene Flussbetten.

OFT FALLEN am Morgen Tausende von Spießflughühnern an Wasserstellen ein, um zu trinken, und suchen dann tagsüber im offenen Land nach Nahrung. Im Flug sind der weiße Bauch und die weißen Flügelunterseiten zu erkennen. Der kratzende Flugruf des Spießflughuhns erinnert an den der Schwarzkopfmöwe (*siehe* S. 183).

GEFIEDER Beide Geschlechter haben einen schwarz umrahmten Brustfleck und lange mittlere Schwanzfedern; beim Männchen ist allerdings der Schwanz länger.

Sandflughuhn

FAMILIE Pteroclididae
ART *Pterocles orientalis*
LÄNGE 30–35 cm
HABITAT Arides Flachland
GELEGEGRÖSSE 2–3

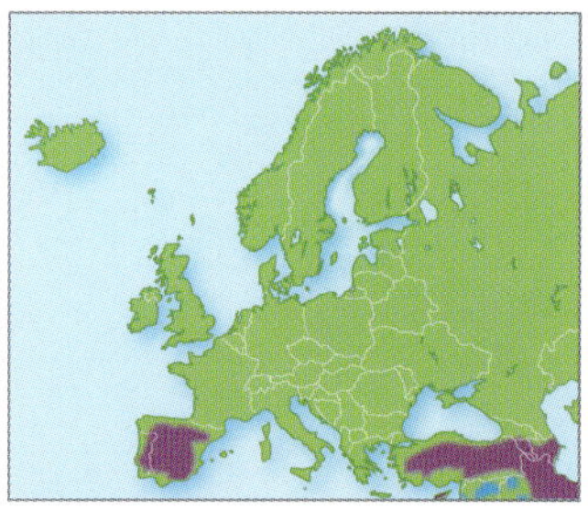

VERBREITUNG Standvogel auf der Iberischen Halbinsel und in N-Afrika, auch im Hochland; auf trockenen, schwach bewachsenen Ebenen.

DIESE ART ist massiger als das Spießflughuhn; beide Geschlechter haben einen kurzen Schwanz und den großen schwarzen Bauchfleck. Im Flug zeigen sich die typischen schwarzen Flügelschwingen. Das Weibchen ist stärker gesprenkelt als das Männchen und trägt einen Fleck unterhalb der gefleckten Brust. Beide haben schwarze Kehlflecken.

IMMER WACHSAM Sandflughühner sind scheu und schreckhaft, besonders an der Tränke, die sie oft allmorgendlich aus kilometerweiter Entfernung anfliegen.

Felsentaube

FAMILIE Columbidae
ART *Columba livia*
LÄNGE 31–34 cm
HABITAT Felsküsten/-gebirge
GELEGEGRÖSSE 2

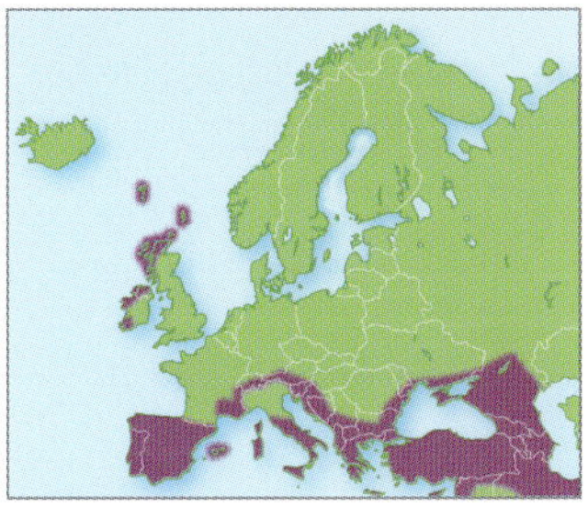

VERBREITUNG Standvogel in felsigen Gebieten in fast ganz Europa, N-Afrika und Skandinavien, nicht jedoch im hohen Norden; als Haustaube in Groß- und Kleinstädten.

DIE SCHLANKEN, stromlinienförmigen Felsentauben sind hauptsächlich grau, zeigen aber im Flug zwei schwarze Flügelstreifen. Die roten Augen sind von einem gelben Ring umgeben. Ihr Ruf ähnelt dem der Haus- oder Straßentaube. Diese Variante zeigt mehr Vielfalt in der Gefiederzeichnung.

HABITAT Die an Felsküsten heimische Felsentaube sucht sich schattige Felsvorsprünge und Spalten. Hohe Gebäude bieten Straßentauben ähnliche Lebensräume.

Hohltaube

FAMILIE Columbidae
ART *Columba oenas*
LÄNGE 32–34 cm
HABITAT Wälder/Parks/Felder
GELEGEGRÖSSE 2

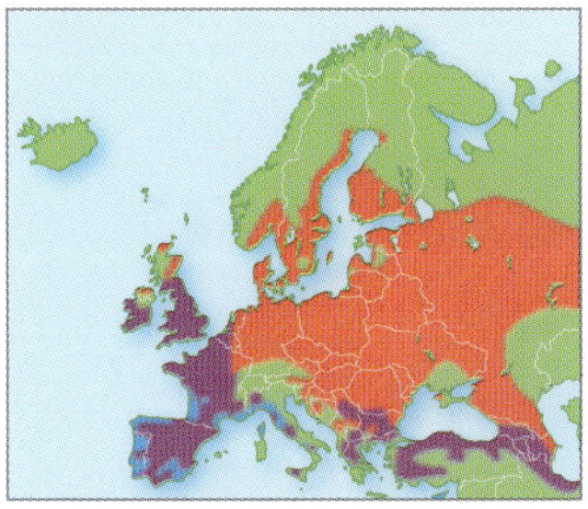

VERBREITUNG Standvogel in weiten Gebieten W-Europas; als Sommergast auch in O-Europa; bevorzugt unterschiedliche Lebensräume.

DIE HOHLTAUBE ähnelt im Körperbau der Felsentaube, hat aber weder schwarze Flügelbänder noch einen hellen Bürzel. Die Tiere verraten sich oft nur durch ihren „Uh-luk"-Ruf aus den Baumkronen nahe der Bruthöhle. In gemischten Schwärmen heben sie sich deutlich von den massigeren Ringeltauben ab. Abgesehen von einem kreisenden, gleitenden Imponierflug mit angehobenen Flügeln suchen sie meist die Deckung der Bäume.

SCHLICHT Im Anflug an die Nisthöhle zeigen sich die typische, einheitlich graue Unterseite und schlichte Färbung der Hohltaube. Jungvögeln fehlt der grünlich schimmernde Halsfleck.

Ringeltaube

FAMILIE Columbidae
ART *Columba palumbus*
LÄNGE 40–42 cm
HABITAT Wälder/Parks/Gärten/Städte
GELEGEGRÖSSE 2

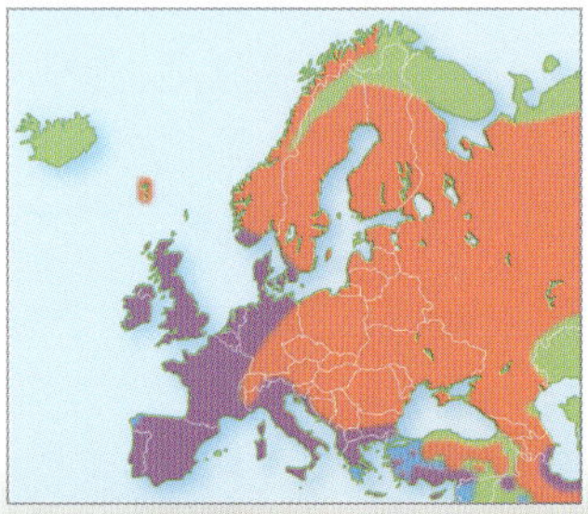

VERBREITUNG Standvogel hauptsächlich in W-Europa; im Sommer in ganz Europa verbreitet; zieht im Winter in großen Schwärmen westwärts.

DIESE GRÖSSTE TAUBENART wirkt äußerlich viel plumper als ihre Verwandten; im Flug erscheint jedoch der Kopf kleiner und der Schwanz länger. Besonders typisch sind die weißen Flecken seitlich am Hals sowie die breiten weißen Flügelbänder. Die Geschlechter gleichen sich äußerlich; Jungvögeln fehlen die weißen Halsflecken, und ihre Färbung ist weniger leuchtend. In Nestnähe zeigen Ringeltauben oft unter Flügelklatschen ihren kreisförmigen Imponierflug. Besonders im Winter suchen große Schwärme auf Feldern nach Nahrung. Von einer Sitzwarte aus geben die Vögel einen fünftönigen, monotonen Ruf mit Betonung auf der zweiten „Silbe“ von sich. Daneben gibt es einen fast knurrenden Laut, der meist in der Brutsaison zu hören ist. Die eigentlich sehr scheuen Ringeltauben sind heute auch zunehmend in Stadtgebieten und Parks zu beobachten. Der vermehrte Anbau von Ölsaaten wie Raps förderte ihre Ausbreitung und ließ die Individuenzahl der Tiere enorm steigen. Ringeltauben nisten in Bäumen und Büschen, bei mildem Klima fast ganzjährig. Wie bei allen Tauben werden die Jungvögel mit einem besonderen Sekret, der „Kropfmilch“, gefüttert.

EINFACHES NEST Die Ringeltaube baut ein flaches Nest aus Zweigen, das sie nicht auspolstert.

Türkentaube

FAMILIE Columbidae
ART *Streptopelia decaocto*
LÄNGE 31–34 cm
HABITAT Städte/Dörfer/Parkanlagen
GELEGEGRÖSSE 2

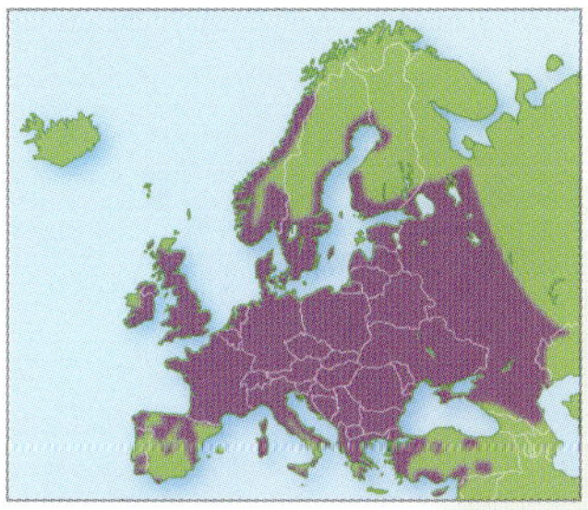

VERBREITUNG Standvogel in fast ganz Europa; im Westen eher in Städten und Dörfern, im Osten in trockenen, offenen Landschaften anzutreffen.

IM VERGLEICH zu anderen Tauben ist die Art heller und schlanker. Das hellbeige Gefieder ziert ein schwarzer Nackenring; auch Flügelspitzen und äußere Schwanzfedern sind schwarz, was vor allem im Flug sichtbar ist. Der wiederholte, dreitönige Ruf mit Betonung auf der zweiten „Silbe" ist in städtischen Parks und Wäldern oft zu hören. Bei Abflug oder Landung ertönt zudem oft ein gedämpftes „Blöken", das an ein Lamm erinnert. Die Art hat sich seit Mitte des 20. Jahrhunderts in Westeuropa stark ausgebreitet. In Deutschland brütet sie seit Ende der 1940er-Jahre; heute ist sie in Parks und Gärten häufig, seltener aber in der offenen Landschaft anzutreffen.

IN MENSCHLICHER NÄHE Türkentauben suchen ihre Nahrung am Boden, oft auf abgeernteten Kornfeldern oder an Futterstellen im Garten.

Orientturteltaube

FAMILIE Columbidae
ART *Streptopelia orientalis*
LÄNGE 30–35 cm
HABITAT Taiga/Waldsteppe
GELEGEGRÖSSE 2

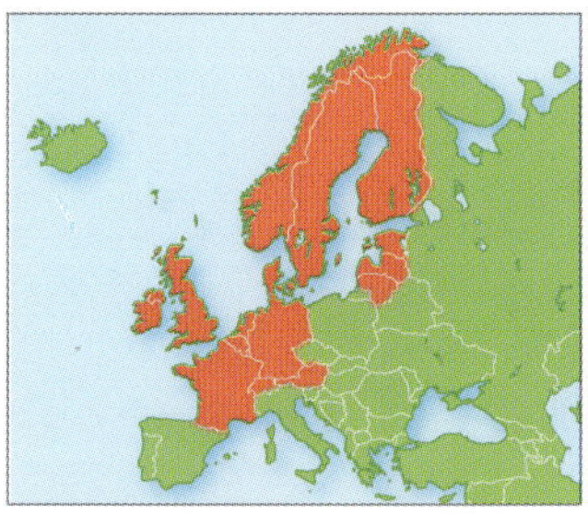

VERBREITUNG Seltener Gast in N- und W-Europa; eigentliches Brutgebiet in der sibirischen Taiga und in Wäldern Zentralasiens.

DIE GEDRUNGENERE Orientturteltaube ist der Turteltaube (*siehe* S. 204) sehr ähnlich. Ihre Halszeichnung ist aber auffälliger und die Unterseite dunkler; insgesamt ist sie ausgeprägter rotbraun gefärbt. Die Flügeldecken sind stark gemustert und tragen ein oder zwei helle Binden. Das Flugbild ähnelt dem der Ringeltaube. Ihr heiserer Ruf besteht aus vier sich wiederholenden Tönen.

IDENTIFIZIERUNG Die hellen Spitzen der Armschwingen unterscheiden diese Art von der häufigeren Turteltaube.

Palmtaube

FAMILIE Columbidae

ART *Streptopelia senegalensis*

LÄNGE 23–26 cm

HABITAT Oasen/Palmenhaine/Parks

GELEGEGRÖSSE 2

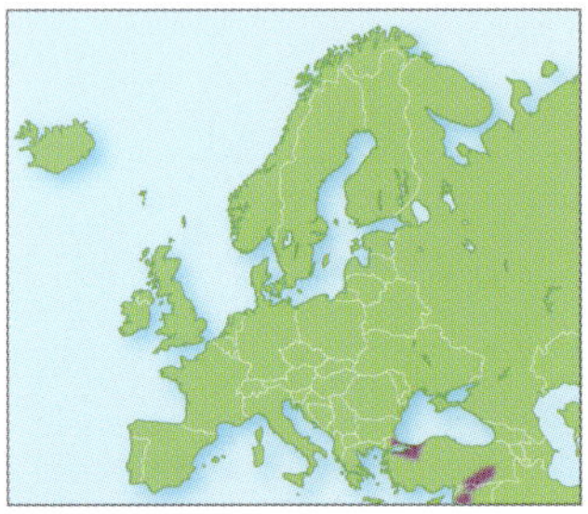

VERBREITUNG Standvogel in den Ebenen N-Afrikas, im östlichen Mittelmeerraum (Israel, Türkei) und Nahen Osten.

IM FLUG erscheint der Schwanz der kleinen, zierlichen Taube relativ lang, die Flügel wirken dagegen kurz. Die insgesamt rotbräunliche Färbung mit blaugrauen Streifen auf den Flügeln ist erst aus der Nähe gut erkennbar. Besonderes Merkmal ist der schwarz gesprenkelte Fleck in der Kropfgegend. Ihren Namen verdankt sie ihrem bevorzugten Lebensraum; in Indien heißt sie auch Little Brown Dove, „kleine braune Taube". Ihr typischer, fünftöniger Ruf klingt wie „uh-kuk-kuk-uh-uh".

TREFFPUNKTE Palmtauben kommen regelmäßig in kleinen Trupps zum Trinken und Baden in Wüstenoasen.

Turteltaube

FAMILIE Columbidae

ART *Streptopelia turtur*

LÄNGE 26–28 cm

HABITAT Lockere Wälder/Parks/Agrarland/Buschland

GELEGEGRÖSSE 2

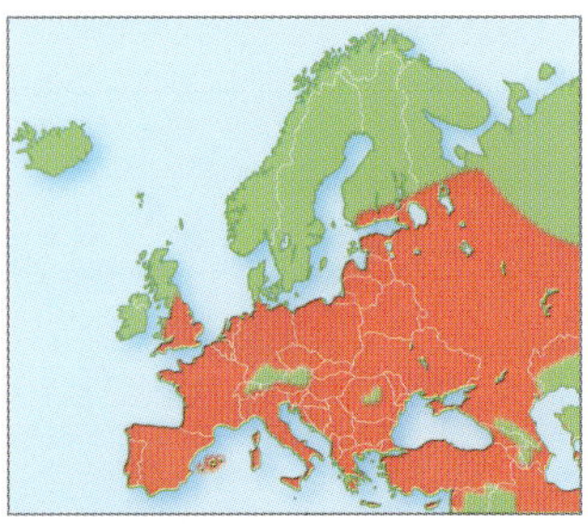

VERBREITUNG Brutvogel (Sommergast) in fast ganz Europa außer dem Norden und Skandinavien; bevorzugt Felder, Wiesen und offenes Flachland.

DIE KLEINE, schlanke Taube mit ihren braun-schwarz gemusterten Flügeldecken und schwarz-weißen Halsflecken ist im Flug gut an ihrem fächerförmigen, schwarz-weißen Schwanz erkennbar. Der Ruf, ein anhaltendes „Turr-turr", erklingt von hoher Warte aus. Die Turteltaube sucht ihre Nahrung auf freien Flächen, ist aber sehr scheu. Im Mittelmeerraum wird sie während ihrer Wanderung bejagt.

VERSTECKT Turteltauben sitzen gern hoch in den Baumkronen versteckt, verraten sich aber durch ihre Rufe.

PSITTACIFORMES

Papageivögel

Papageien sind bunte tropische Vögel, die nicht in Europa heimisch sind. Allerdings wurden sie – ob durch ungewollt entflogene oder gezielt freigelassene Tiere – mancherorts eingeschleppt. Der typische kurze, oft von einer farbigen Wachshaut umgebene Papageienschnabel ist für den Verzehr harter Früchte und Samen geeignet, wobei der Oberschnabel über den Unterschnabel greift. Ihr langer Schwanz und die kurzen Flügel sind Anpassungen an ihr Leben im Wald. Sie nisten in großen Baumhöhlen. Papageien fliegen meist lärmend umher und finden sich abends oft in Schwärmen zum Schlafen zusammen.

Halsbandsittich

FAMILIE Psittacidae
ART *Psittacula krameri*
LÄNGE 38–42 cm
HABITAT Baumreiche Stadtgebiete
GELEGEGRÖSSE 3–4

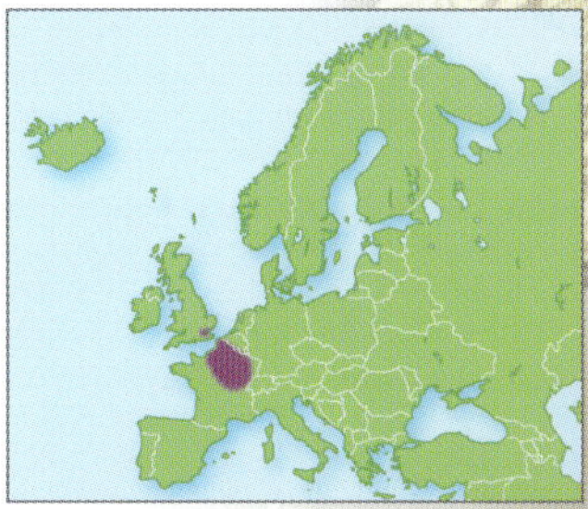

VERBREITUNG Aus Asien nach Europa eingeführt; zunehmend in Städten Großbritanniens, Frankreichs und Deutschlands anzutreffen.

IDEALES PLÄTZCHEN
Halsbandsittiche bevorzugen große Bäume, die ihnen passende Nisthöhlen sowie Früchte, Samen und Knospen als Nahrung bieten.

EIN LANGSCHWÄNZIGER, kleiner Papagei mit durchgehend grünem, unter dem Schwanz leicht gelblichem Gefieder und leuchtend rotem Schnabel. Die Männchen haben ein rosa Nackenband, das sich mit dem schwarzen Kinn und Unterschnabel verbindet. Den ansonsten ähnlichen Weibchen sowie den Jungen fehlt das „Halsband"; die blasseren Jungvögel haben außerdem einen kürzeren Schwanz. Die Sittiche fallen im Flug durch ihren typischen raschen Flügelschlag und laute, kreischende Rufe auf. In manchen Städten sammeln sie sich in großer Zahl auf Bäumen und Dächern. Gärtner lieben die Tiere nicht, weil sie sich im Winter von Baumknospen ernähren; andernorts unterstützt man sie durch Fütterung.

CUCULIFORMES

Kuckucksartige

Kuckucke sind mittelgroße, schlanke Vögel mit langen Schwänzen; im Flug erinnern sie an Raubvögel. Am sitzenden Vogel erkennt man die kurzen Beine. Die Tiere sind meist Einzelgänger, verraten sich aber durch laute Rufe. Eine Besonderheit vieler Arten ist das Brutschmarotzertum – sie legen ihre Eier in die Nester anderer Vogelarten und lassen ihre Jungen von den „Pflegeeltern" aufziehen. Ihr schmaler, abwärtsgebogener Schnabel weist sie als Insektenfresser aus, die Raupen und dergleichen verspeisen. Alle Kuckucke sind Sommergäste und ziehen gleich nach der Brutsaison wieder in den Süden.

Kuckuck

FAMILIE Cuculidae
ART *Cuculus canorus*
LÄNGE 33 cm
HABITAT Lockere Wälder/Tundra/Marschen
GELEGEGRÖSSE 1–25

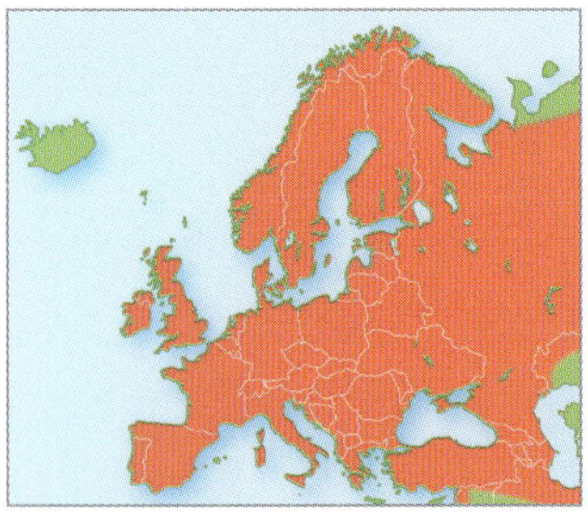

VERBREITUNG Brutvogel (Sommergast) überall in Europa in geeigneten Lebensräumen; kehrt im Winter nach Afrika zurück.

DAS KUCKUCKS-MÄNNCHEN verkündet seine Ankunft im Frühling unüberhörbar mit seinem typischen, namensgebenden Ruf. Die Weibchen rufen gurgelnd-schrill. Sie sind auf Wirte wie Wiesenpieper oder Rohrsänger spezialisiert und legen jeweils ein passendes Ei in deren Nest. Das Kuckucksjunge schiebt nach dem Schlüpfen die anderen Eier oder Jungen aus dem Nest.

BÄNDERUNG Adulte Kuckucke sind grau mit gebänderter Brust und zum Ende hin hellem gefleckten Schwanz. Jungvögel sind grau oder braun mit gebänderter Brust.

Häherkuckuck

FAMILIE Cuculidae
ART *Clamator glandarius*
LÄNGE 39 cm
HABITAT Offene Landschaften
GELEGEGRÖSSE 5 (pro Nest)

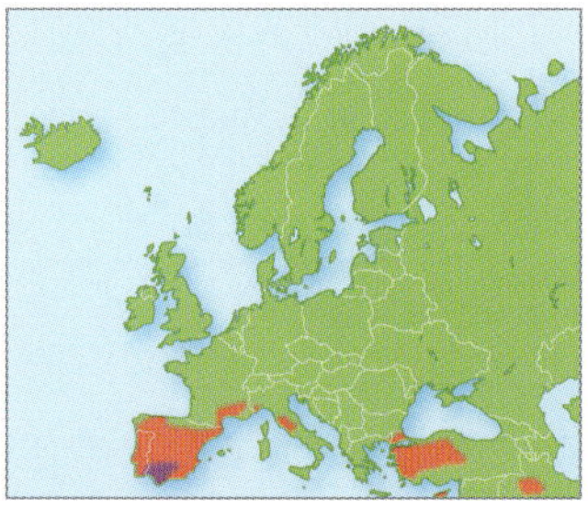

VERBREITUNG Brutvogel (Sommergast) in SW-Europa und dem östlichen Mittelmeerraum; seltener Gast im übrigen Europa; überwintert in Afrika; im Verbreitungsgebiet von Elstern anzutreffen.

GEFLECKTES GEFIEDER, Schopf und langer Schwanz mit weißer Endbinde kennzeichnen den großen Häherkuckuck. Die Zeichnung fällt auf, wenn ihn zeternde Elstern – seine bevorzugten Wirte – verfolgen. Er äußert rau klingende Rufe, häufig im Flug. Der Häherkuckuck sucht Elstern- und Krähennester in Olivenhainen und lockeren Wäldern auf und ernährt sich von Raupen, Käfern und Eidechsen.

BEOBACHTUNGSPOSTEN Häherkuckucke sitzen oft auf offener Warte und halten nach Wirtsvögeln auf dem Weg zum Nest oder nach Nahrung Ausschau.

Hopfkuckuck

FAMILIE Cuculidae

ART *Cuculus saturatus*

LÄNGE 31 cm

HABITAT Kiefern- und Pinienwälder

GELEGEGRÖSSE 1–25

VERBREITUNG Wälder und Taiga in Russland und Sibirien, sehr seltener Irrgast außerhalb dieses Gebiets; überwintert in SO-Asien.

DIESE ART ähnelt dem Kuckuck sehr stark, lebt aber heimlicher und ruft verhalten „du-du, du-du", ähnlich dem Wiedehopf; so sind beide am sichersten zu unterscheiden. Der Hopfkuckuck ist etwas kleiner als der Kuckuck. Der Schnabel ist kräftiger, die Farben sind dunkler. In der braunen Morphe sind die Zeichnungen viel kräftiger im Vergleich zur ähnlichen Morphe des Kuckucks. Die Unterschwanzdecke ist manchmal gelbbraun, doch das ist kein sicheres Unterscheidungsmerkmal. Die Art schmarotzt in Nestern von Laubsängern, deren Warnrufe sie manchmal verraten.

IDENTIFIZIERUNG Der Hopfkuckuck ist vom Kuckuck praktisch nur durch seinen Ruf zu unterscheiden und hält sich meist hoch oben in Pinien- und Kiefernbäumen auf.

STRIGIFORMES

Eulen

Eulen sind vornehmlich nachtaktive Jäger mit kompaktem Rumpf, langen, abgerundeten Flügeln, kurzem Schwanz und meist befiederten Beinen und Füßen. Der große Kopf trägt große, nach vorn gerichtete Augen, umgeben von einem flachen „Schleier" aus Federn. Der kurze Hakenschnabel ist meist unter Federn verborgen. Im Allgemeinen sehen die Geschlechter gleich aus. Einige Arten haben Feder-„Ohren"; ein gutes Gehör ist allen gemein. Große Arten fliegen langsam gleitend, kleinere meist schneller. Alle sitzen aufrecht. Eulen brüten in Baumhöhlen, verlassenen Vogelnestern und auch in Erdhöhlen.

Europäische Schleiereule

FAMILIE Tytonidae

ART *Tyto alba*

LÄNGE 34 cm/ Spannweite 85–93 cm

HABITAT Kulturland/ offene Landschaften

GELEGEGRÖSSE 4–6

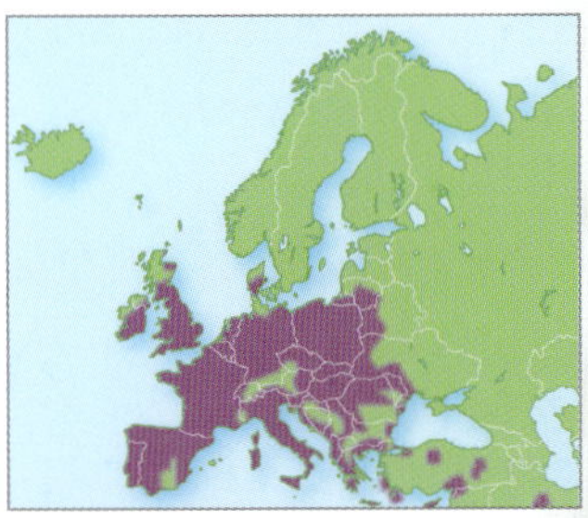

VERBREITUNG Standvogel in vielen Teilen Europas und N-Afrikas, jedoch selten in großer Zahl; bevorzugt offenes Flachland mit lockerem Baumbestand.

IM LICHTKEGEL erscheint die Schleiereule – unterseits weiß, oberseits goldbraun– nachts fast weiß. Die Weibchen sind meist kräftiger gefärbt. Schleiereulen äußern im Flug, aber auch vom Nest in Scheunen, Kirchen, Baum- oder Felslöchern aus, gespenstische, kreischend-zischende Rufe. Zu ihrer Beute zählen Kleinsäuger, Frösche und Insekten.

LEISER JÄGER Ein herzförmiger Gesichtsschleier umgibt die dunklen Augen. Ihr hervorragender Gesichts- und Gehörsinn hilft der mit weichen Federn lautlos fliegenden Schleiereule nachts beim Aufspüren der Beute.

Streifenohreule

FAMILIE Strigidae
ART *Otus brucei*
LÄNGE 21 cm/ Spannweite 55–64 cm
HABITAT Kulturland/Wüste
GELEGEGRÖSSE 4–6

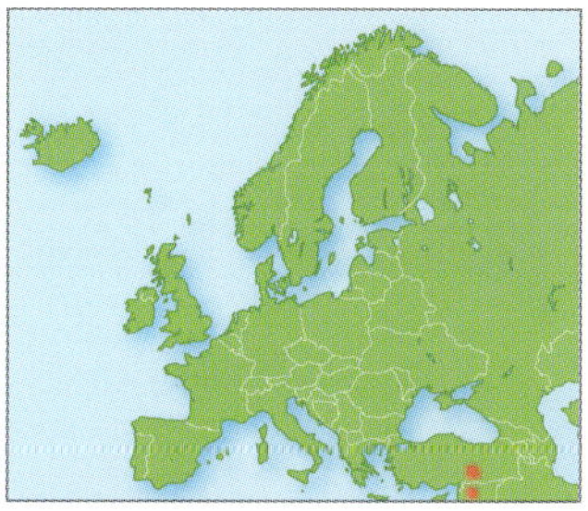

VERBREITUNG Das tatsächliche Verbreitungsgebiet der Art ist noch unklar; im Sommer findet man sie bis hinauf in den östlichen Mittelmeerraum, im Winter im Süden Israels.

DIESE BLASSERE, stärker gestreifte Form der Zwergohreule zeigt zwei Farbvarianten. Die Tiere sind gelblich oder graubraun, aber stets ohne weiße Flecken am Kopf. Am besten sind sie durch ihren viel leiseren Ruf von der Zwergohreule zu unterscheiden, ein dunkles, langsam wiederholtes Gurren.

TARNUNG Die Streifenohreule ist im dichten Laub bestens getarnt.

Zwergohreule

FAMILIE Strigidae
ART *Otus scops*
LÄNGE 19 cm/ Spannweite 47–54 cm
HABITAT Wälder/Obstgärten/ Palmenhaine
GELEGEGRÖSSE 4–6

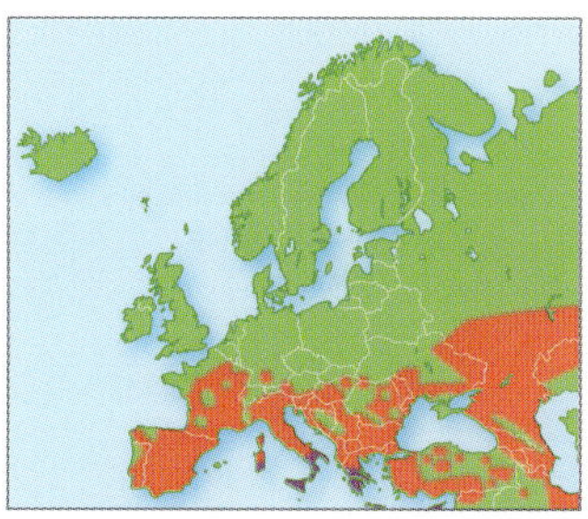

VERBREITUNG Brutvogel in S-Europa und im Nahen Osten; Überwinterung in Afrika; Standvogel im Mittelmeerraum.

DIESE EULE IST am besten aufgrund ihres Rufes aufzuspüren, einem anhaltend wiederholten „Pjuh-pjuh-pjuh“. Beide Geschlechter singen manchmal im Duett. An ihrem Tageseinstand sitzt sie aufrecht mit geschlossenen Augen und aufgestellten Federohren. Die Art nistet in Mauer- und Baumlöchern oder verlassenen Rabenvogelnestern und füttert ihre Jungen mit Großinsekten.

VÖLLIG BEWEGUNGSLOS Die Zwergohreule verlässt sich tagsüber auf ihre Tarnung und sitzt stundenlang bewegungslos im Ansitz, den sie meist täglich aufsucht.

SCHLEIEREULE (*siehe* S. 208) Die Schleiereule lokalisiert Beutetiere im lautlos gleitenden Pirschflug anhand ihrer Geräusche. Mit den nach vorn gerichteten Augen fällt es ihr leicht, die Beute auszumachen.

Uhu

FAMILIE Strigidae

ART *Bubo bubo*

LÄNGE 66–71 cm/ Spannweite 175 cm

HABITAT Dichte Wälder/ Schluchten/Wüsten

GELEGEGRÖSSE 2–3

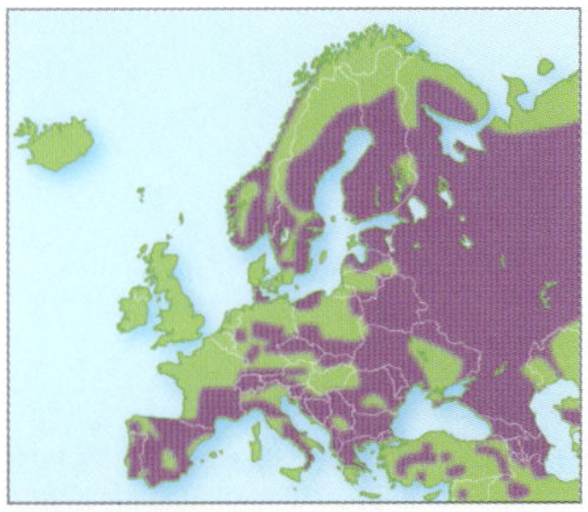

VERBREITUNG In weiten Teilen Europas, in Russland und N-Afrika beheimatet.

DIE GRÖSSTE EULE Europas hat die Größe eines Adlers; das dichte Gefieder, die großen, orangefarbenen Augen und die langen Federohren verleihen ihr ein imposantes Aussehen. Bei Gefahr richtet sich der Uhu auf und wirkt so noch größer und bedrohlicher. Von seiner Sitzwarte auf Felsen oder hohen Bäumen greift er verschiedene Säuger und Vögel an, darunter auch Hasen, Igel, Möwen, Krähen, Rehkitze und sogar andere Raubvögel. Uhus brauchen ein großes Jagdrevier, um genug Nahrung zu finden; daher leben sie weit verstreut und sind schwer zu beobachten – auch, weil sie fast ausschließlich nachtaktiv sind. In der Dämmerung ertönt manchmal der scharfe Warnruf („kweck-kweck“), in der Dunkelheit weithin hörbar ihr tiefes „Uu-hu“ oder „Buh-hu“. Im Flug sind sie schon durch ihre Größe zu erkennen. Allerdings sind die Federohren angelegt, und die befiederten Beine und Füße wirken überproportional groß. Der Uhu gleitet wie ein Bussard, jedoch mit kräftigem Flügelschlag und dichter am Boden. Entdecken ihn Krähen und andere Vögel, warnen sie lautstark und machen auf ihn aufmerksam. Es gibt verschiedene Farbvarianten; in Sibirien findet man hellere Schläge. Die Uhus Südwesteuropas sind etwas kleiner. Der Uhu wurde in Großbritannien eingeführt, lebt dort aber nur vereinzelt.

KRAFTVOLL Mit seiner beachtlichen Spannweite und den kräftigen Klauen greift der Uhu sogar Rehkitze an.

Steinkauz

FAMILIE Strigidae

ART *Athene noctua*

LÄNGE 22 cm/
Spannweite 50–56 cm

HABITAT Agrarland/offene Landschaften/Wüsten/Inseln

GELEGEGRÖSSE 3–4

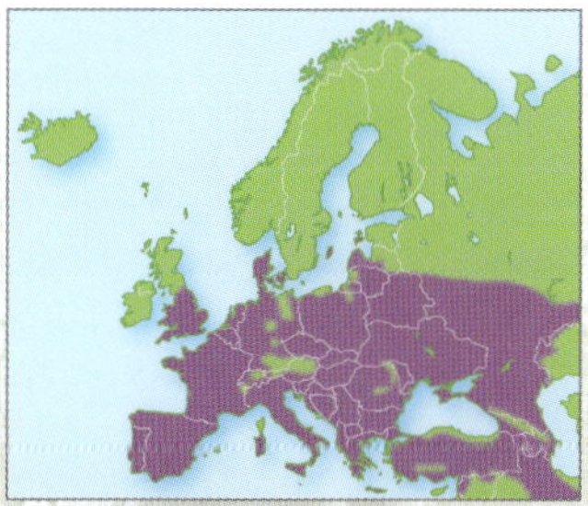

VERBREITUNG In weiten Teilen Europas und in N-Afrika; fehlt in Irland, Skandinavien sowie der Tundra und Steppe des hohen Nordens.

DER KLEINE, meist nachtaktive Steinkauz ist auf dem Land eine der häufigsten Eulenarten und nicht selten auf einem Zaunpfahl oder Baumstumpf sitzend zu beobachten. Bei Gefahr schaukelt er auf und ab, duckt sich und dreht den Kopf bis um 180°. Sein katzenartiges „Gu-iek" erklingt in der Dämmerung; die Nestlinge geben zischende Bettellaute von sich. Die Tiere erbeuten große Insekten und kleine Vögel, Reptilien und Nager. Sie rütteln gelegentlich über Wiesen, um große Käfer aufzuspüren, deren Deckflügel in ihren Gewöllen zu finden sind.

SPUREN Steinkäuze nisten gern in kleinen Baumhöhlen. Die darunterliegenden Gewölle enthalten Nahrungsreste.

Raufußkauz

FAMILIE Strigidae

ART *Aegolius funereus*

LÄNGE 25 cm/
Spannweite 50–62 cm

HABITAT Dichte Wälder in Höhenlagen Nordeuropas

GELEGEGRÖSSE 3–6

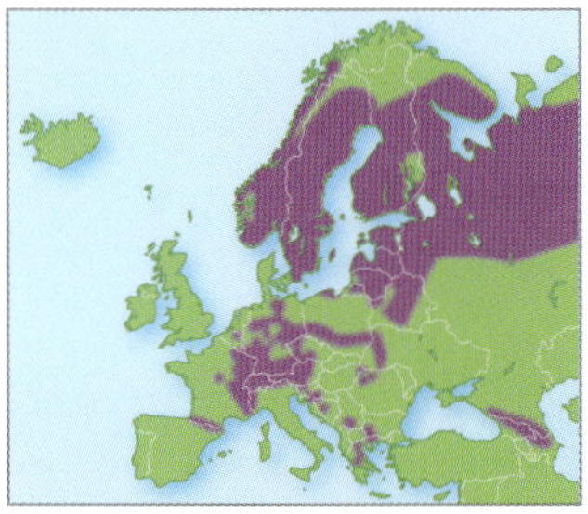

VERBREITUNG Standvogel in europäischen Nadelwäldern der höheren Lagen, besonders solchen mit sumpfigen Lichtungen; zieht im Winter manchmal südwärts in wärmere Gebiete.

DER RAUFUSSKAUZ ist ausschließlich nachtaktiv und fast nur in der Nähe seines Nestes zu beobachten, das er meist in einer verlassenen Schwarzspechthöhle oder einem Nistkasten baut. Sein Gesichtsschleier gibt ihm einen scheinbar entsetzten Gesichtsausdruck mit „hochgezogenen Augenbrauen". Wie der Steinkauz (*siehe* S. 213) sitzt er sehr aufrecht. Adulte Tiere sind braun gefleckt mit schwarz umrandetem, hellem Gesichtsschleier; Jungvögel sind einförmiger braun. Der Ruf, ein wiederholtes, anschwellendes „Hu-hu", ertönt aus dichter Deckung heraus; der Warnruf ist ein schrilles „Tschiak". Zu seiner Hauptbeute zählen Wühlmäuse.

NACHTAKTIV Aufrecht auf seinem hohen Tagesansitz im dichten Nadelwald sitzend ist der Raufußkauz schwer auszumachen, zumal er tagsüber nicht aktiv ist.

Waldkauz

FAMILIE Strigidae

ART *Strix aluco*

LÄNGE 38 cm/
Spannweite 94–104 cm

HABITAT Laubwälder/Parks/Städte

GELEGEGRÖSSE 2–3

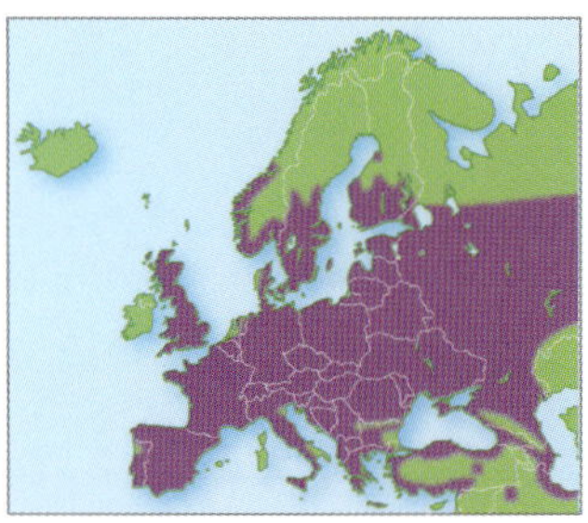

VERBREITUNG Standvogel in fast ganz Europa außer in Irland, N-Skandinavien, Russland und Sibirien.

DER WALDKAUZ ist die am häufigsten auftretende mittelgroße Eule Europas. Er ist oft in seinem Tageseinstand zu beobachten, umgeben von schimpfenden Kleinvögeln. Sein braunes, gesprenkeltes Federkleid unterscheidet ihn von der Schleiereule (*siehe* S. 208), die schwarzen Augen und fehlenden Federohren von Sumpf- und Waldohreule (*siehe* S. 216). Im Flug erscheint der Waldkauz kompakt mit kurzen Flügeln; er jagt vollkommen lautlos. Im Herbst hört man das schrille „Ku-wick", das tremolierende „Huu-u-u-u-u" erklingt als Balzruf.

TAGESRUHE Der Waldkauz ist zwar nachtaktiv; man kann ihn aber auch tagsüber hoch oben in einem Laubbaum ruhend beobachten.

FEINES GEHÖR Der Bartkauz kann Mäuse und Lemminge, die unter dem Schnee in Gängen laufen, akustisch lokalisieren.

Bartkauz

FAMILIE Strigidae
ART *Strix nebulosa*
LÄNGE 69 cm/ Spannweite 130–150 cm
HABITAT Borealer Nadelwald
GELEGEGRÖSSE 3–5

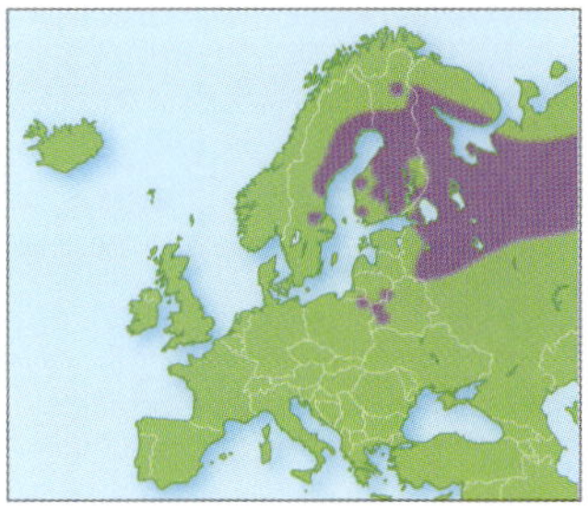

DER SEHR GROSSE, graue Bartkauz sieht mit dem dicken Hals und relativ großen Kopf im Profil fast aus wie ein Baumstumpf, wenn er abseits der Deckung ansitzt. Die Augen wirken klein im Verhältnis zum großen Gesichtsschleier mit den konzentrischen dunklen Streifen und dem pechschwarzen Kinn. In der Größe ähnelt er dem Uhu, doch hat er keine Federohren und ein deutlich graueres Gefieder. Im Flug zeigt der Schwanz eine dunkle Endbinde. Der Ruf klingt wie beim Waldkauz, aber viel tiefer. Man sieht ihn auch tagsüber am Waldboden Kleinsäuger, auch Eichhörnchen, jagen. Der Bruterfolg hängt von der Zahl der Beutetiere ab; in manchen Jahren wandern die Tiere auf der Suche nach Nahrung. Sie nisten in verlassenen Krähen- und Rabennestern. Das Jugendkleid ähnelt dem der adulten Tiere, jedoch mit dunklerem Gesicht. Weibchen sind größer als Männchen.

VERBREITUNG Standvogel in skandinavischen und russischen Wäldern, oft in Sumpfnähe; im Gefolge milderer Temperaturen und abwandernder Beutetiere manchmal südlicher anzutreffen.

Habichtskauz

FAMILIE Strigidae

ART *Strix uralensis*

LÄNGE 61 cm/ Spannweite 115–125 cm

HABITAT Wälder/Parks

GELEGEGRÖSSE 3–4

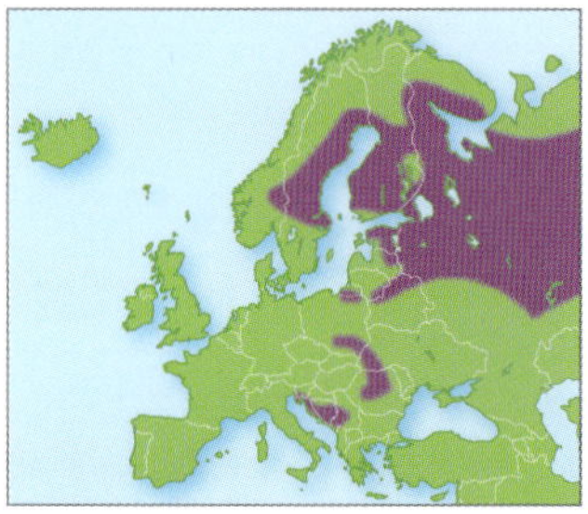

VERBREITUNG Standvogel in den Wäldern N-Europas und in höher gelegenen Wäldern S-Europas; oft in der Nähe von Lichtungen, Seen und Gehöften zu finden.

DER HABICHTSKAUZ ähnelt dem größeren Bartkauz (*siehe* S. 215), hat aber dunkle Augen, einen fahlen, ungemusterten Gesichtsschleier und kein schwarzes Kinn. Vom viel kleineren Waldkauz (*siehe* S. 214) unterscheidet er sich durch den längeren Schwanz, der im Flug herunterhängt, und die kleineren Augen. Er brütet in Baumhöhlen, verlassenen Krähennestern und sogar am Boden und verteidigt sein Nest aggressiv gegen Eindringlinge. Vom Ansitz aus macht er Jagd auf Beutetiere – Frösche und Kleinsäuger, aber auch große Vögel und sogar andere Eulen. Das Männchen gibt tiefe, rhythmische Huplaute von sich; daneben gibt es schrille Warnlaute.

AGGRESSIV Das grau gestromte Gefieder und der lange Schwanz kennzeichnen den großen, aggressiven Habichtskauz; dem Nest sollte man sich nicht nähern.

Sumpfohreule

FAMILIE Strigidae

ART *Asio flammeus*

LÄNGE 38 cm/ Spannweite 90–105 cm

HABITAT Ebenen/Moore/ Tiefland/Marschen

GELEGEGRÖSSE 4–8

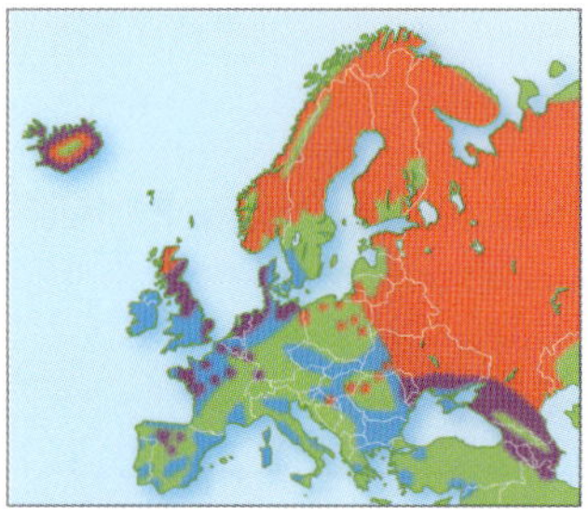

VERBREITUNG In fast allen Teilen Europas verbreitet; Brutvogel im Norden; überwintert weiter südlich.

DIE SUMPFOHREULE kann auch tagsüber beobachtet werden, wenn sie auf langen Flügeln dahingleitet oder auf offenem Ansitz mit gelben Augen und scheinbar missmutigem Ausdruck nach Beute späht. Im Flug zeigen die Flügelunterseiten dunkle „Ellbogenflecken“. Die kurzen Federohren sind meist nicht sichtbar. Beim flügelklatschenden, hohen Balzflug ertönt oft wiederholt ein dreifacher „Hup“-Laut. Der Flugruf ist scharf bellend. Die Tiere fangen kleine Vögel und Nager; an Nahrungsgründen bilden sie im Winter oft größere Trupps.

GUT SICHTBAR Sumpfohreulen sitzen häufig tagsüber auf offener Warte, manchmal sogar am Boden.

Waldohreule

FAMILIE Strigidae

ART *Asio otus*

LÄNGE 36 cm/
Spannweite 84–95 cm

HABITAT Wälder/
Parklandschaften

GELEGEGRÖSSE 4–5

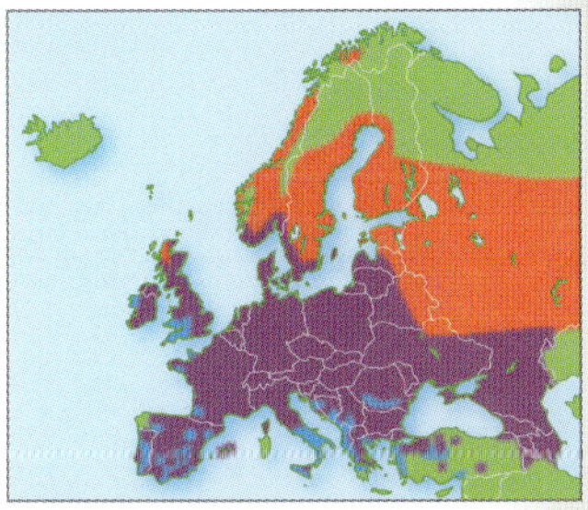

VERBREITUNG Standvogel in fast ganz Europa, außer im hohen Norden; Einzeltiere ziehen zum Brüten nordwärts oder im Winter südwärts in wärmere Gebiete.

DIE WALDOHREULE ist kleiner und schlanker als der Waldkauz (*siehe* S. 214), unterscheidet sich aber vor allem durch ihre orangefarbenen Augen und die langen Federohren, die sie bei Gefahr und bei der Balz aufstellt; im Flug sind sie nicht sichtbar. Die versteckt lebenden Tiere jagen nachts kleine Säuger; am Tag ruhen sie in Bäumen. Selbst bei Entdeckung bleiben sie regungslos, da sie sich auf ihre exzellente Tarnung verlassen. Im Winter findet man oft mehrere Tiere dicht beieinander am Schlafplatz. Sie nisten in verlassenen Krähennestern, gern in Nadelbäumen, jagen aber über offenen Flächen und tauchen nachts auch im Scheinwerferlicht des Autos auf. Die selten hörbaren Rufe klingen wie dunkle Huplaute.

ABWEHR Die starr blickenden, orangefarbenen Augen und die langen Federohren geben der Waldohreule ein bedrohliches Aussehen und lassen sie größer erscheinen.

Sperlingskauz

FAMILIE Strigidae

ART *Glaucidium passerinum*

LÄNGE 17 cm/ Spannweite 37–41 cm

HABITAT Nadelwald/ Berghänge

GELEGEGRÖSSE 4–6

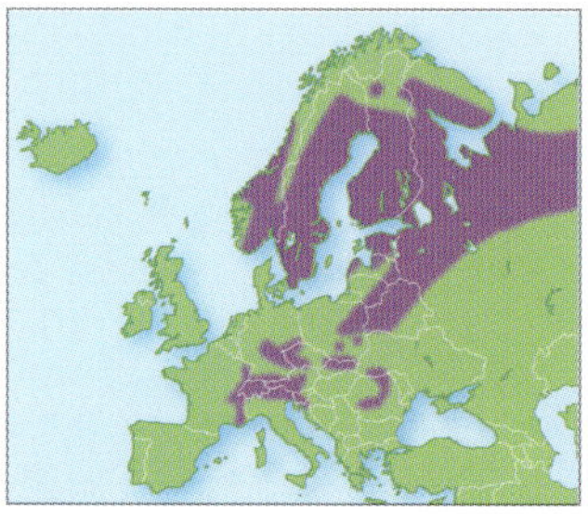

VERBREITUNG Standvogel in Nadel- oder Mischwäldern N-Europas und Skandinaviens; bevorzugt in höheren Lagen im Süden des Verbreitungsgebiets.

DIE KLEINSTE EULE Europas ist nur etwa starengroß und am ehesten in der Dämmerung auf einem hohen Baum zu entdecken; die geringe Größe, der kleine Kopf und das häufige Zucken des Schwanzes sind typisch. Der Starenkauz scheint mit den weißen „Brauen" über den gelben Augen ernst dreinzublicken; die Federohren sind nicht sichtbar. Er äußert verschiedene pfeifende und quiekende Laute. Ahmt man ihren Ruf nach, antworten die Männchen bald. Trotz ihrer geringen Körpergröße sind die Tiere aggressiv und greifen sogar größere Beutetiere wie Drosseln an, vor allem aber Wühlmäuse. Ihre Nester bauen sie meist in verlassenen Spechthöhlen.

DÄMMERUNGSAKTIV Sperlingskäuze jagen meist in der Abenddämmerung, da sie nachts nicht gut sehen. Oft sieht man sie an exponierter Stelle auf Beute ansitzen.

Sperbereule

FAMILIE Strigidae

ART *Surnia ulula*

LÄNGE 36–40 cm/ Spannweite 78 cm

HABITAT Nördliche Wälder/ Sümpfe/Gebirge

GELEGEGRÖSSE 3–10

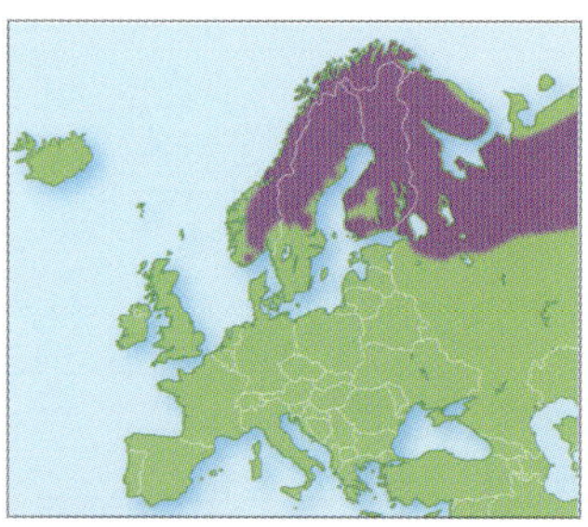

VERBREITUNG Standvogel in Wäldern N-Skandinaviens, Russlands und Sibiriens; auch südlicher anzutreffen.

DIE SPERBEREULE hat sitzend und im Flug ein unverwechselbares Äußeres. Keine andere Eule hat solch einen langen Schwanz, der dem Vogel im Flug ein sperberähnliches Aussehen gibt. Der große Kopf mit den hellgelben Augen und dem schwarz umrandeten Gesichtsschleier ist jedoch sehr eulentypisch. Die Tiere wählen oft hohe Baumstümpfe als Sitzwarte. Bei Gefahr äußern sie merlinähnlich keckernde Rufe; der Balzruf ist ein weiches Trillern. Bevorzugte Beute sind Wühlmäuse, die von hoher Warte aus gejagt werden, doch greifen die Eulen selbst Vögel von der Größe eines Haselhuhns (*siehe* S. 122) an.

ÄHNLICHKEITEN Die Sperbereule sitzt tagsüber oft hoch oben auf prominenter Warte. Aus der Entfernung ähnelt sie einem Habicht.

Schneeeule

FAMILIE Strigidae

ART *Bubo scandiaca*

LÄNGE 53–66 cm/
Spannweite 154 cm

HABITAT Arktische Tundra/
offenes Hochland

GELEGEGRÖSSE 4–10

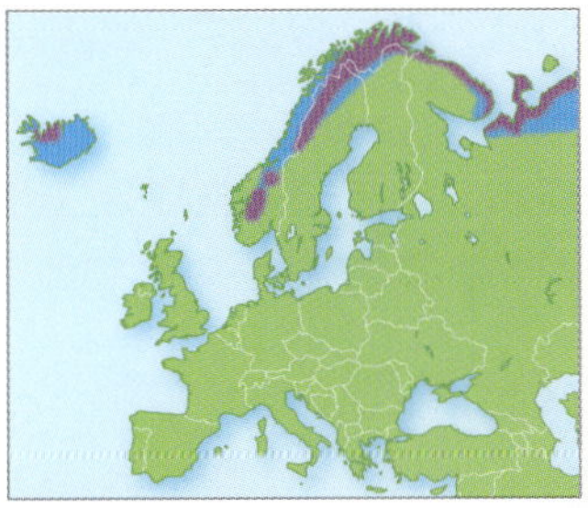

VERBREITUNG Lockere Bestände in der Tundra im Norden Skandinaviens, Russlands und Sibiriens; oft jenseits des Polarkreises; zieht im Winter weiter südwärts.

DIE STATTLICHE Schneeeule ist mit ihrem weißen Gefieder und den großen gelben Augen unverwechselbar. Die Geschlechter unterscheiden sich äußerlich – ungewöhnlich für Eulen. Ausgewachsene Männchen sind fast reinweiß, die viel größeren Weibchen tragen dunkle Flecken auf Kopf und Flügeln sowie schmale Streifen auf der Unterseite. Im Flug wirken die langsam und kräftig schlagenden Flügel der Schneeeule recht kurz. Während der Brut sieht man die Altvögel manchmal auf Felsen sitzen, wo sie sich von Vegetation und Gestein deutlich abheben. Die Tiere äußern nur selten ein raues Bellen oder einen sehr tiefen Huplaut. Ihre Hauptnahrung sind Lemminge, deren Bestand wiederum die Aufzuchtrate beeinflusst. Nach guten „Lemmingen-Jahren" dringen Schneeeulen oft in neue Reviere vor.

UNTERSCHIEDE Das Schneeeulenweibchen ist viel größer als das Männchen, sein Gefieder stark gebändert.

CAPRIMULGIFORMES

Schwalmvögel

Schwalmvögel sind nachtaktiv, leben verborgen und sind nur zu sehen, wenn man sie vom Boden aufscheucht oder auf einem Zweig ruhend entdeckt. Sie verlassen sich auf die vollendete Tarnung durch ihr braun gesprenkeltes Gefieder und bleiben auch still sitzen, wenn man ihnen sehr nahe kommt. Lange Flügel und ein langer Schwanz machen sie zu agilen Fliegern, die im Flug nachtaktive Insekten wie Nachtfalter und Käfer fangen und nachts auch ihren Balzflug vollführen. Alle Arten dieser Ordnung lassen im Brutgebiet typische, weithin hörbare Rufe ertönen.

Pharaonenziegenmelker

FAMILIE Caprimulgidae
ART *Caprimulgus aegypticus*
LÄNGE 25 cm
HABITAT Wüsten/aride Landschaften
GELEGEGRÖSSE 2

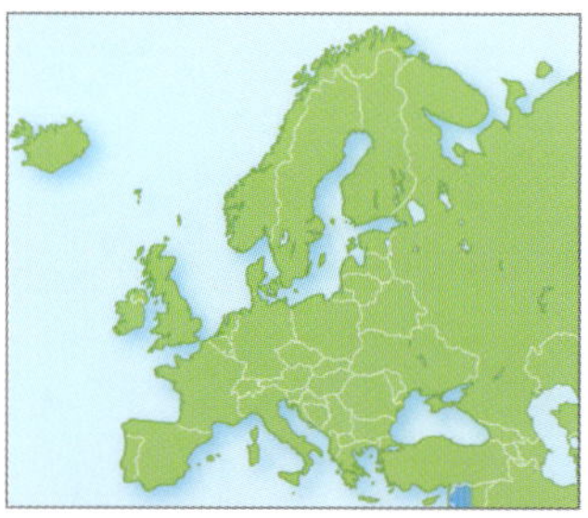

VERBREITUNG Brutvogel N-Afrikas und der Wüsten des Nahen Ostens; überwintert weiter südlich in ähnlich ariden Gebieten, oft in der Nähe von Siedlungen.

DIESER HELLSTE VERTRETER der Ziegenmelkerfamilie ist mit seinem Federkleid in der Wüste bestens getarnt. Er hat einen hellen Kehlfleck, Flügel und Schwanz sind weniger typisch gezeichnet als bei den anderen Arten. Nachts äußert er anhaltend „kre-kre-kre" oder mehrfach hintereinander „tok-tok", das scheinbar aus verschiedenen Richtungen kommt, weil der Vogel den Kopf dabei dreht. Nomadenlager ziehen ihn an, weil das Vieh Fliegen anlockt. So jagt er – mit recht trägem Flügelschlag – in deren Nähe. Die Eier werden in eine Mulde am Boden gelegt, meist im Schatten und nahe einer Quelle oder eines Bachbetts. In der offenen Wüste müssen sich die rastenden Vögel irgendwann einmal bewegen, weil sich der Boden so stark aufheizt, dass sie sich eine Abkühlung verschaffen müssen.

VERHALTEN Ziegenmelker ruhen am Boden oder auf Zweigen, da sie mit ihren kurzen Beinen auf anderen Plätzen keinen Halt finden.

Ziegenmelker

FAMILIE Caprimulgidae

ART *Caprimulgus europaeus*

LÄNGE 27 cm

HABITAT Lockere Wälder/ Heidelandschaften/Halbwüsten

GELEGEGRÖSSE 2

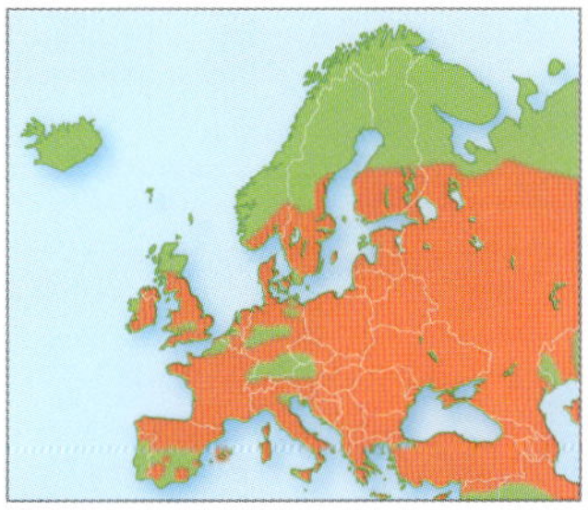

VERBREITUNG Verbreitetste Art; als Brutvogel in geeigneten Habitaten in fast ganz Europa außer dem hohen Norden anzutreffen; überwintert in Afrika.

SEIN ANHALTENDER, schnurrender Ruf, der etwa eine halbe Stunde nach Sonnenuntergang einsetzt, verrät den Ziegenmelker meist. Er ruft auch leise „ku-ick" und zeigt einen flügelklatschenden Balzflug. Im Flug gleicht er einem kleinen Raubvogel, hat aber einen kleinen, geraden Schnabel und weiße Flügelflecken.

SCHWER ZU ENTDECKEN Die vollendete Tarnung des Ziegenmelkers und seine Fähigkeit, regungslos dazusitzen, schützen ihn auf dem Nest am Boden.

Rothals-Ziegenmelker

FAMILIE Caprimulgidae

ART *Caprimulgus ruficollis*

LÄNGE 31 cm

HABITAT Offene, trockene Landschaften/Halbwüsten

GELEGEGRÖSSE 2

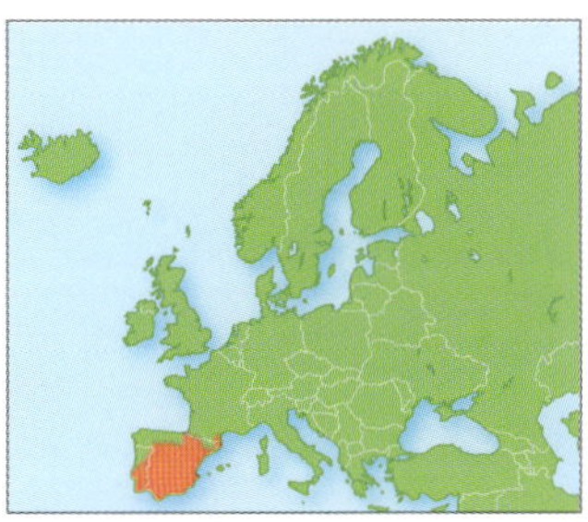

VERBREITUNG Brutvogel in einzelnen ariden Gebieten SO-Europas und N-Afrikas; im Winter in den afrikanischen Wüsten anzutreffen.

DIESE GRÖSSTE ART Europas hat ein auffallendes rotes Halsband mit deutlichem weißen Kehlfleck. Im Flug zeigen Flügel und Schwanz ebenfalls weiße Flecken, auffälliger als beim Ziegenmelker. Sein typischer Stakkatoruf, ein wiederholtes „Katak", scheint wie ein Echo widerzuhallen. Dank seiner exzellenten Tarnung sieht man ihn kaum, wenn man ihn nicht zufällig vom Boden aufscheucht oder er nachts umherfliegt.

UNSICHTBAR Nur die schwarz glänzenden Augen verraten den Rothals-Ziegenmelker auf seinem Nest unter Bäumen.

APODIFORMES

Seglerartige

Die Segler sind stromlinienförmige Schnellflieger, hervorragend angepasst an das Leben in der Luft. Ihre Beine und Füße sind sehr klein und werden nur benutzt, um sich auf dem Weg ins Nest an Mauern festzukrallen. Fast alles erledigen sie im Flug – sie fressen, paaren sich, ja schlafen sogar in der Luft. Segler gelangen in Höhen von bis zu 1000 m, wo sie Insekten fangen. Zum Nisten allerdings müssen sie sich niederlassen. Als Standort wählen sie hohe Gebäude, Felsvorspünge und selten große Baumhöhlen. Das Nistmaterial – Federn, Tierhaare und Pflanzenfasern – fügen sie mit Speichel zusammen.

Haussegler

FAMILIE Apodidae

ART *Apus affinis*

LÄNGE 12 cm

HABITAT Aride Landschaft mit einzelnen Ansiedlungen

GELEGEGRÖSSE 2–3

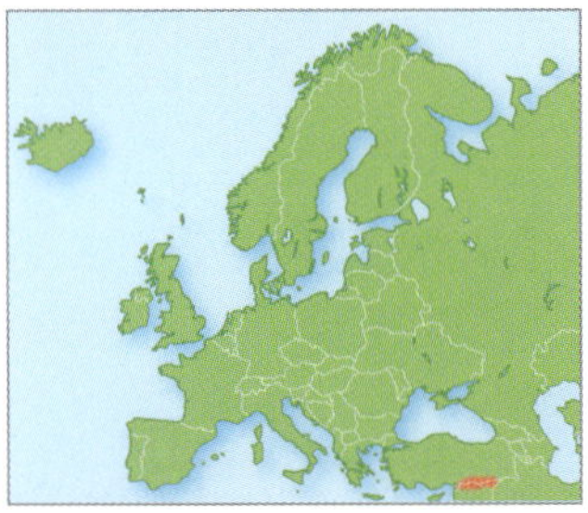

VERBREITUNG Standvogel in ariden Regionen N-Afrikas und des Nahen Ostens; Brutvogel (Sommergast) im östlichen Mittelmeerraum.

BEI DIESEM KLEINSTEN unter den Seglern sind Bürzel und Flanken weiß, der Schwanz ist fast rechtwinkling umrissen. Äußerlich ähnelt er der gabelschwänzigen Mehlschwalbe (*siehe* S. 248). Im Vergleich zu den größeren Seglern ist sein Flug eher flatternd; charakteristisch ist auch der leise zwitschernde Ruf. Oft nistet er an Gebäuden von Wüstensiedlungen.

IDENTIFIZIERUNG Der Haussegler unterscheidet sich durch seine geringe Größe von den größeren Mitgliedern der Seglerfamilie.

Mauersegler

FAMILIE Apodidae

ART *Apus apus*

LÄNGE 17 cm

HABITAT Städte/offenes Land/große Seen

GELEGEGRÖSSE 3

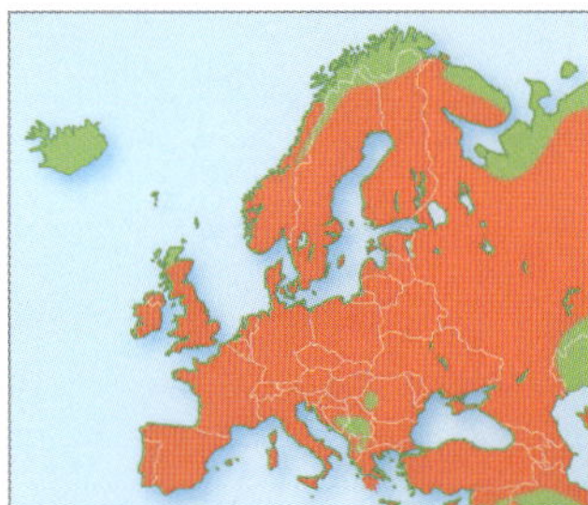

VERBREITUNG Brutvogel (Sommergast) in geeigneten Habitaten in ganz Europa außer dem hohen Norden; überwintert in Afrika.

FAST JEDER KENNT den Mauersegler, der im Sommer kreischend hoch über unseren Städten dahinsaust. Die sichelförmige Silhouette unterscheidet ihn von den Schwalben, mit denen er oft die Nahrungsgründe teilt. Im schnellen Flug wechseln sich rasche Flügelschläge und lange Gleitphasen ab. Sein Federkleid ist bis auf einen helleren Kinnfleck dunkel.

TRADITION Mauersegler kehren alljährlich zur selben Niststätte zurück. Mit den winzigen Füßen halten sie sich fest, während sie Löcher und Spalten für den Nestbau prüfen.

Alpensegler

FAMILIE Apodidae
ART *Tachymarptis melba*
LÄNGE 22 cm
HABITAT Gebirge/Felsküsten
GELEGEGRÖSSE 3

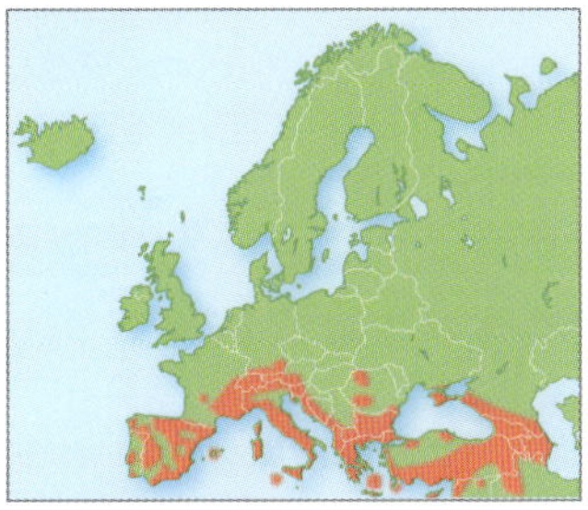

VERBREITUNG Brutvogel (Sommergast) in fast ganz S-Europa und N-Afrika, wenn Nistgelegenheiten vorhanden sind; zieht im Winter ins südliche Afrika.

DER ALPENSEGLER, mit einer beeindruckenden Spannweite von über 50 cm, ist der größte seiner Art. Am besten erkennt man ihn an seiner weißen Bauchbinde und dem weißen Kinn. Sein Flügelschlag ist träger als bei den anderen Seglern, sein Ruf ein langes, lebhaftes Zwitschern. Alpensegler nisten in großen Kolonien, meist an Felswänden oder hohen Gebäuden. Die Paare bleiben lebenslang zusammen.

GEFIEDER Die weiße Kehle des Alpenseglers ist auf große Entfernung oder bei schwachem Licht oft schlecht erkennbar.

Fahlsegler

FAMILIE Apodidae
ART *Apus pallidus*
LÄNGE 17 cm
HABITAT Aride Landschaften/ Siedlungen
GELEGEGRÖSSE 2

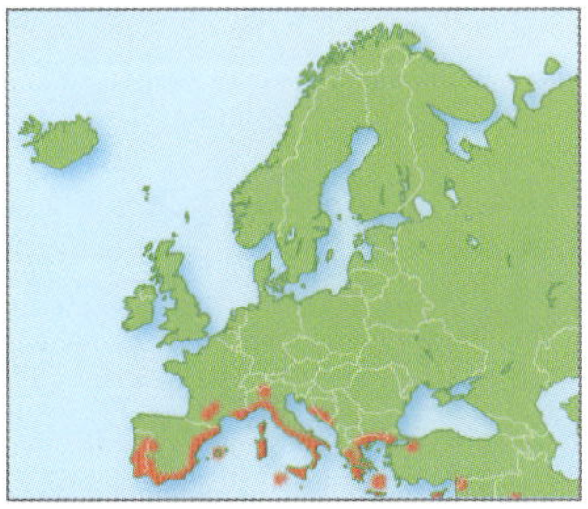

VERBREITUNG Brutvogel (Sommergast) an der Küste und auf Inseln des Mittelmeers; überwintert in Afrika.

AUSSEHEN UND RUF des Fahlseglers ähneln stark denen des Mauerseglers. Der Ruf des Fahlseglers ist jedoch tiefer, das braune Gefieder – nur bei gutem Licht erkennbar – heller. Er hat einen großen weißen Kehlfleck und eine fahle Stirn; im Flug erkennt man den Kontrast zwischen den dunklen Hand- und den helleren Armschwingen. Die Tiere nisten auf Kliffen, gelegentlich auch in kleinen Kolonien an großen Gebäuden.

NACHBARN Der Fahlsegler lebt in Regionen südlich der Verbreitungsgrenze des Mauerseglers; manchmal treten beide nebeneinander auf.

CORACIIFORMES

Rackenvögel

Diese Ordnung umfasst Baum- und Bodenbrüter, darunter einige der farbenfrohsten Arten Europas. Eisvögel sind mittelgroße, kurzbeinige Vögel, darauf adaptiert, stoßtauchend Fische zu fangen. Mit ihrem langen Schnabel, kompakten Körperbau und der aufrechten Haltung sind sie unverkennbar. Zu den Rackenvögeln zählt auch der Wiedehopf. Spinte (Bienenfresser) sind sehr schlanke, farbenprächtige Vögel, die mit ihrem gebogenen Schnabel große Insekten – auch Bienen – fangen. Die farbenfrohen, auffälligen Racken schließlich ähneln Krähen und verdanken ihren Namen ihrem Ruf.

Roller

FAMILIE Coraciidae

ART *Coracias garrulus*

LÄNGE 31 cm

HABITAT Offene Landschaften/ Busch-, Parklandschaften

GELEGEGRÖSSE 4–5

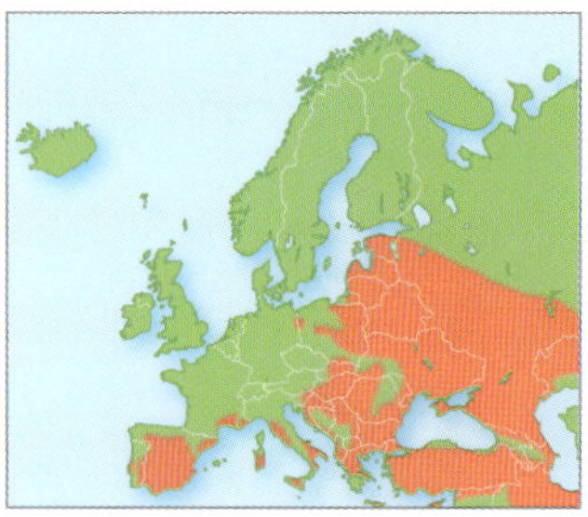

VERBREITUNG Brutvogel (Sommergast) in wärmeren Regionen S- und O-Europas, N-Afrikas und des Nahen Ostens; überwintert in Afrika.

DER DOHLENGROSSE Vogel hat ein buntes Federkleid. Er erscheint blau mit braunen Flügeln; im Flug zeigen sich auf Flügeln und Schwanz große blaue Flächen. Der Flug ist recht kraftvoll und gezielt, manchmal aber von abrupten Richtungswechseln unterbrochen. Bevorzugter Nistplatz sind Baumhöhlen; verfallene Gebäude werden ebenfalls angenommen.

KRÄFTIGER SCHNABEL Mit ihrem großen, kräftigen Schnabel fängt die Blauracke große Bodeninsekten wie Käfer und Heuschrecken.

Wiedehopf

FAMILIE Upupidae

ART *Upupa epops*

LÄNGE 28 cm

HABITAT Kulturland/Grasland mit lockerem Baumbestand

GELEGEGRÖSSE 5–8

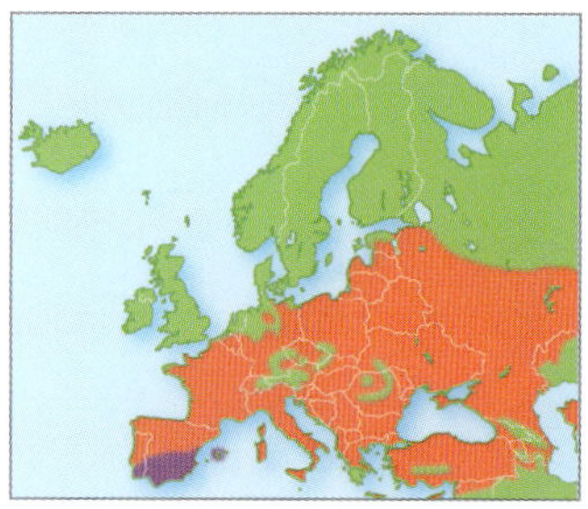

VERBREITUNG Brutvogel in weiten Teilen S- und Mitteleuropas sowie des Nahen Ostens; überwintert in Afrika; Standvogel im Mittelmeerraum.

DIE AUFFÄLLIG gestreiften Flügel, die ihn im Flug einem großen Nachtfalter ähneln lassen, machen den scheuen Wiedehopf unverwechselbar. Den großen Schopf hat er meist jedoch angelegt. Mit dem langen, gebogenen Schnabel fängt er Würmer und Insekten. Er nistet bevorzugt in Baumhöhlen. Der äußerst menschenscheue Vogel ist nur selten zu beobachten.

AUF DER HUT Bei der Nahrungssuche am Boden legt der Wiedehopf seinen Schopf an; seine Gefiederzeichnung macht ihn dann fast unsichtbar.

Bienenfresser

FAMILIE Meropidae

ART *Merops apiaster*

LÄNGE 28 cm

HABITAT Offene Landschaften, oft in Flussnähe

GELEGEGRÖSSE 4–7

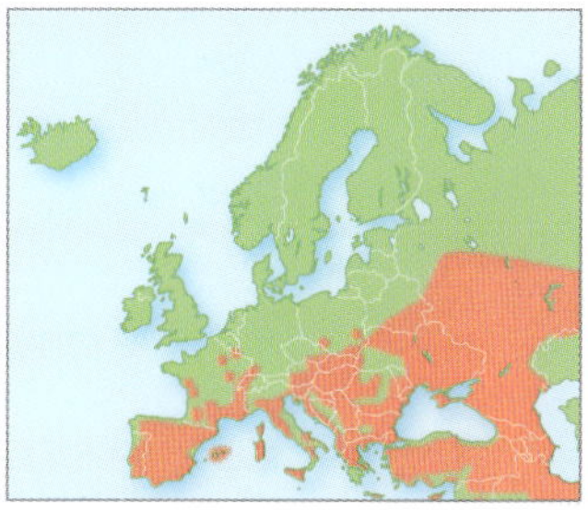

VERBREITUNG Brutvogel in wärmeren Regionen S- und O-Europas, N-Afrikas, des Nahen Ostens und des Kaukasus; überwintert in Afrika.

BIENENFRESSER sind bunte Vögel mit langem Schwanz und langem, gebogenem Schnabel. Typisch sind die hellgelbe Kehle und die blaue Unterseite. Die geselligen Vögel nisten meist in Kolonien in der Nähe sandiger, steiler Flussufer, in die sie ihre Bruthöhlen graben. Sie fangen Insekten wie Bienen und Libellen in der Luft und äußern im Flug einen rollenden Ruf.

LEBENSRAUM Ein Bienenfresserpaar am Eingang seiner Nisthöhle im sandigen Steilufer. Die kahle Nistkammer liegt am Ende eines 1 bis 2 m langen Tunnels.

Blauwangenspint

FAMILIE Meropidae

ART *Merops superciliosus*

LÄNGE 31 cm

HABITAT Aride Landschaften

GELEGEGRÖSSE 4–5

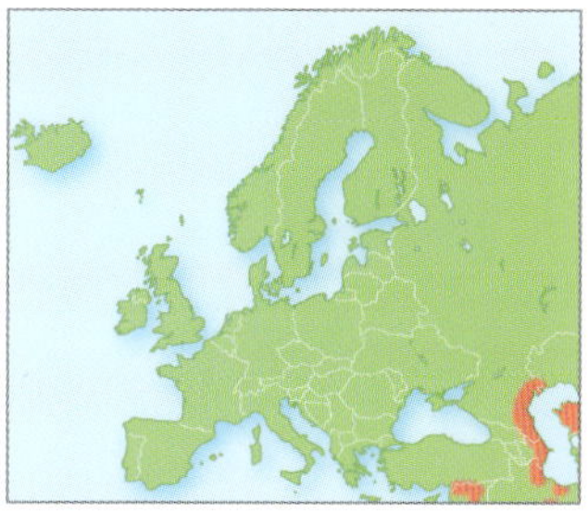

VERBREITUNG Begibt sich aus seiner Winterheimat Afrika selten nach Europa; brütet vereinzelt in N-Afrika und im Nahen Osten.

DAS HAUPTSÄCHLICH grüne Gefieder, die rostrot-gelbe Kehle und blaue Wangen mit einem schwarzen Augenstreif kennzeichnen den Vogel, der etwas größer ist und einen längeren Schwanz hat als der Bienenfresser. Er fängt ebenfalls Insekten und nistet in sandigen Steilufern oder in Röhren, die er in Dünen gräbt. Sein Ruf ist leiser und weniger melodisch.

AUFFÄLLIG Aus der Nähe ist die auffällige Gesichtszeichnung des Blauwangenspints erkennbar. Oft fängt er seine Beute von einem Ansitz aus.

Eisvogel

FAMILIE Alcedinidae
ART *Alcedo atthis*
LÄNGE 17 cm
HABITAT Flüsse/Flussmündungen/Küsten
GELEGEGRÖSSE 6–7

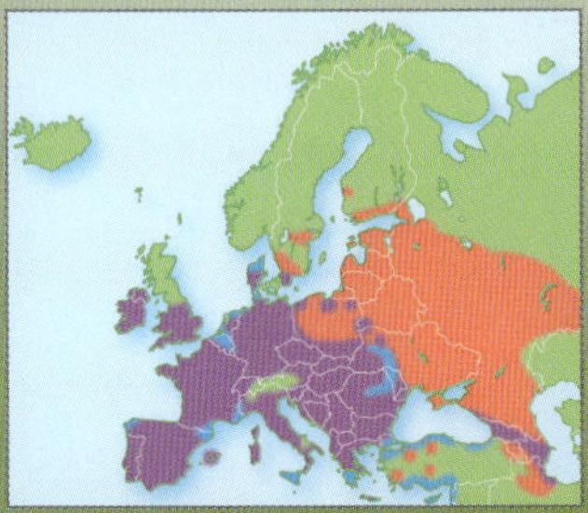

VERBREITUNG Standvogel in geeigneten Lebensräumen in fast ganz W-Europa; Brutvogel (Sommergast) weiter östlich; im Norden nicht anzutreffen.

DER KLEINE EISVOGEL zählt zu den markantesten Vögeln Europas. Seine leuchtend blaue Oberseite kontrastiert mit der rostroten Brust; im schnellen Flug dicht über der Wasseroberfläche fällt jedoch vor allem die blaue Farbe ins Auge. Der lange schwarze Schnabel ist bei Weibchen am Ansatz rot. Mit seinen kurzen Beinen und winzigen Füßen findet der Eisvogel Halt auf dünnen, über das Wasser ragenden Zweigen, von denen aus er stoßtauchend kleine Fische fängt. Fehlen Zweige, rüttelt er kurz über dem Wasser. Er gräbt seine Brutröhren in Steilufer; die Nistkammer am Ende ist mit Fischgräten ausgelegt.

GUTER JÄGER Der Eisvogel verharrt oft lange Zeit bewegungslos auf seinem Ansitz, um dann im rechten Moment nach der Beute zu tauchen.

Braunliest

FAMILIE Alcedinidae
ART *Halcyon smyrnensis*
LÄNGE 27 cm
HABITAT Wasserstraßen/lockere Wälder
GELEGEGRÖSSE 5–6

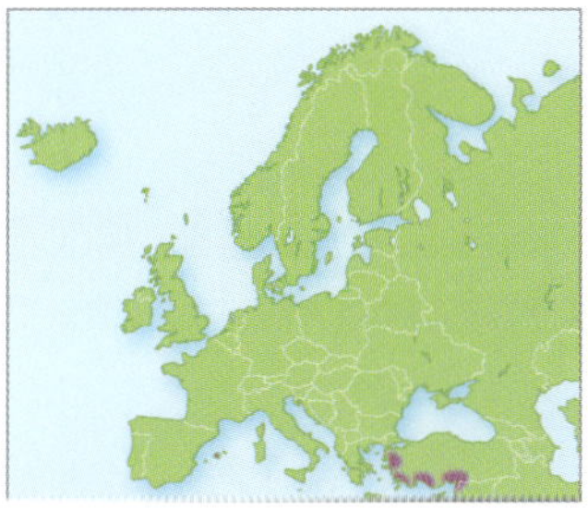

VERBREITUNG Nur vereinzelt in geeigneten Lebensräumen an der östlichen Mittelmeerküste, in der Türkei und im Nahen Osten als Standvogel anzutreffen.

VIELSEITIG Der kräftige rote Schnabel des Braunliests eignet sich zum Fang verschiedenster Beute sowohl an Land als auch im Wasser.

DAS FARBENSPIEL von Kastanienbraun und leuchtendem Blau sowie der große weiße Kehlfleck machen den Braunliest auf seinem Ansitz zu einem auffälligen Vogel. Die Geschlechter sehen gleich aus; Jungvögel sind blasser gefärbt mit bräunlicher Zeichnung auf dem Kehlfleck. Der größte Eisvogel Europas ist nicht an Gewässer gebunden und lebt auch an Waldlichtungen, in Palmenhainen oder Obstgärten, wo er Eidechsen und große Insekten jagt. An Flüssen und Küsten taucht er auch nach Fischen. Er lässt oft aus hoher Warte ein lärmendes, sich wiederholendes „Ti-ti-tju-tju-tju" ertönen und äußert im Flug verschiedene raue Warnrufe. Seine Nesthöhle baut er meist an Steilufern.

Graufischer

FAMILIE Alcedinidae
ART *Ceryle rudis*
LÄNGE 25 cm
HABITAT Flüsse/Seen/Kanäle/Küsten
GELEGEGRÖSSE 4

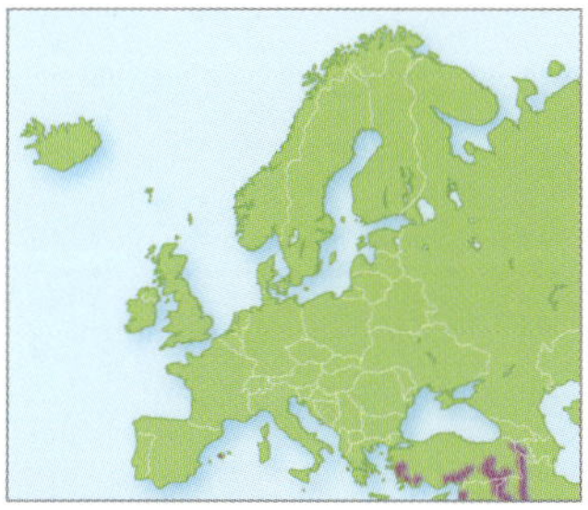

VERBREITUNG Standvogel im östlichen Mittelmeerraum, im Nahen Osten und am Roten Meer; im Winter teils süd- und westwärts ziehend.

DIESER IN GESTALT und Haltung typische, komplett schwarz-weiß gefiederte Eisvogel ist unverwechselbar. Zu beobachten ist er ausschließlich in Wassernähe, auf einem Zweig ansitzend oder nicht selten im Rüttelflug in bis zu 20 m Höhe, aus der er sich dann ins Wasser stürzt. Ebenso sieht man ihn auch rüttelnd über der Brandungszone.

GEDULDIG Der längere Schwanz des Graufischers erleichtert ihm den Rüttelflug, doch oft lauert der Vogel auf einem Ansitz über dem Wasser auf Beute.

ERFOLGREICHE JAGD Hat der Eisvogel (*siehe* S. 226) einen Fisch gefangen, erhebt er sich mit kräftigen Flügelschlägen aus dem Wasser und fliegt einen Sitzplatz an, um die Beute dort zu töten und zu verzehren.

PICIFORMES

Spechtvögel

Die Spechte (Familie Picidae) sind auf das Klettern in Bäumen spezialisiert; sie erbeuten Wirbellose, die sie in verrottendem Holz und in Rindenspalten aufstöbern. Dabei helfen ihnen ihr kräftiger Schnabel und ihre lange Zunge. Am Fuß zeigen zwei Zehen nach vorn, zwei nach hinten, sodass sich die Tiere in der Senkrechten festhalten können. Alle Arten bis auf den Wendehals verfügen zudem über einen kurzen, kräftigen Stützschwanz. Am Boden bewegen sie sich hüpfend, in der Luft schnell mit wellenförmigem Flugbild. Die meisten Spechte erzeugen im Frühjahr das für sie typische Trommeln.

Kleinspecht

FAMILIE Picidae

ART *Dendrocopos minor*

LÄNGE 15 cm

HABITAT Mischwälder/Obstgärten/Parks

GELEGEGRÖSSE 4–6

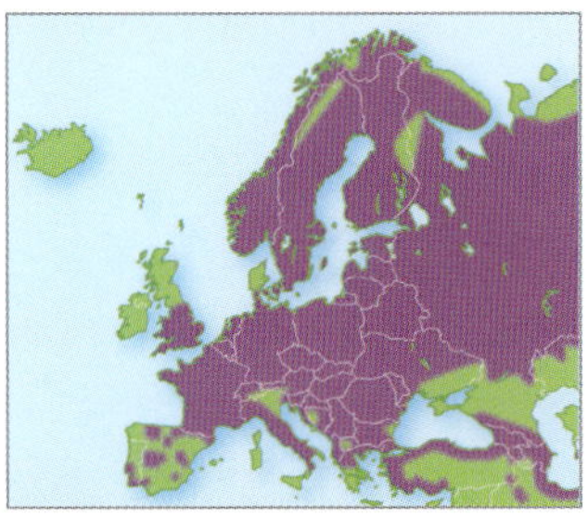

VERBREITUNG Standvogel in fast allen tiefer gelegenen Regionen Europas; fehlt im hohen Norden, in Schottland, Irland und Island.

KONTRAST Das markanteste Kennzeichen des Kleinspechts ist das schwarz-weiß gebänderte Gefieder.

DIESER KLEINSTE SPECHT ist nur etwa sperlingsgroß und in Baumkronen meist schwer zu entdecken. Alt- und Jungvögel sind charakteristisch gebändert; die Männchen erkennt man an ihrer roten Kappe. Im Frühling hört man das Trommeln des Kleinspechts – leiser, aber anhaltender als das der anderen Spechte. Oft erklingen zwei Wirbel von je zwei Sekunden Länge; der Buntspecht dagegen trommelt nur einen Wirbel. Die Tiere äußern auch wiederholt ein schrilles „Pih-pih-pih", das wie ein entfernter Warnruf klingt. Sie bevorzugen Gebiete mit altem Baumbestand und reichlich Totholz.

Buntspecht

FAMILIE Picidae
ART *Dendrocopos major*
LÄNGE 23 cm
HABITAT Wälder/Parks/Obstgärten
GELEGEGRÖSSE 4–7

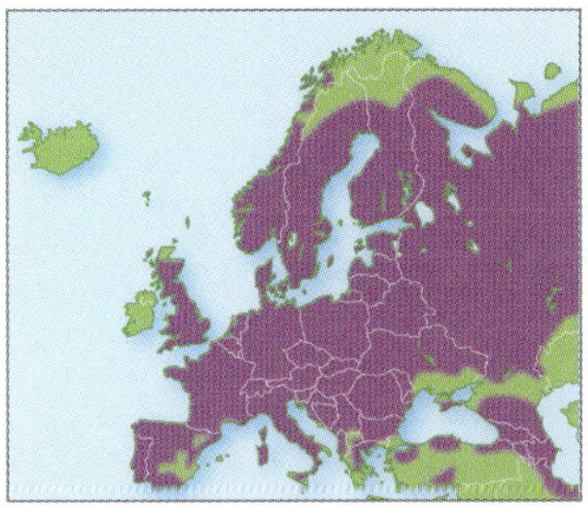

VERBREITUNG Als Standvogel in geeigneten Lebensräumen in ganz Europa, außer im hohen Norden, in Irland und Island anzutreffen.

ERKENNUNGSMERKMALE des häufigsten schwarz-weißen Spechtes sind die großen weißen Flügelflecken und die roten Unterschwanzdecken. Männchen wie Weibchen haben eine schwarze Kappe, das Männchen besitzt außerdem einen roten Nackenfleck; Jungvögel haben eine rote Kappe. Obwohl Bewohner der Baumkronen, besucht der Buntspecht auch Futterstellen im Garten; zwischen den Bäumen wechselt er im typisch wellenförmigen Flug. Oft äußert er ein hartes „Tschick", dem manchmal ein keckerndes Schimpfen folgt. Im Frühjahr schallen zudem seine kurzen Trommelwirbel durch den Wald, mit denen er hoch im Geäst sein Revier „absteckt". Die Tiere schlagen in Stämmen ihre Nisthöhle, aus der dann später im Sommer das trillernde Betteln der Jungen zu hören ist.

ANPASSUNGEN Scharfe Krallen, rückwärtsstehende Zehen und der kräftige Schwanz erlauben dem Buntspecht eine aufrechte Haltung an senkrechten Flächen.

Mittelspecht

FAMILIE Picidae
ART *Dendrocopos medius*
LÄNGE 22 cm
HABITAT Verschieden; meist Laubwald
GELEGEGRÖSSE 4–8

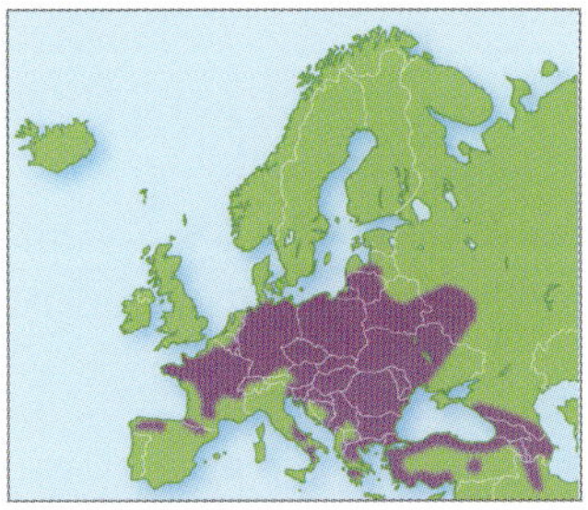

VERBREITUNG Alte Laubwälder in milden, tief gelegenen Regionen Mittel- und O-Europas, der Iberischen Halbinsel und des Nahen Ostens.

AUFFÄLLIGE WEISSE FLÜGELFLECKEN und eine rote Kappe unterscheiden diese Art von den anderen der Buntspechtgruppe. Die Flügel sind zudem schwarzweiß gebändert, wie im Flug gut zu sehen ist. Der Mittelspecht sucht geschäftig Nahrung in den Baumkronen; zwar äußert er gelegentlich ein „Kik", doch hört man ihn nur selten trommeln. Er nistet meist in abgestorbenen Ästen.

LEBENSRAUM Der Mittelspecht sucht sich seine Nahrung oft an waagerechten Ästen und baut sich dort auch in morschen Teilen sein Nest.

BESONDERE FÄHIGKEIT Alle Spechte können sich besonders gut an senkrechten Flächen festhalten. Auf diese Weise können sie kraftvoll mit dem Schnabel hämmern und so Nisthöhlen ins Holz schlagen oder Nahrung finden.

Grauspecht

FAMILIE Picidae
ART *Picus canus*
LÄNGE 25 cm
HABITAT Wälder/Parks/ baumgesäumte Flussufer
GELEGEGRÖSSE 4–5

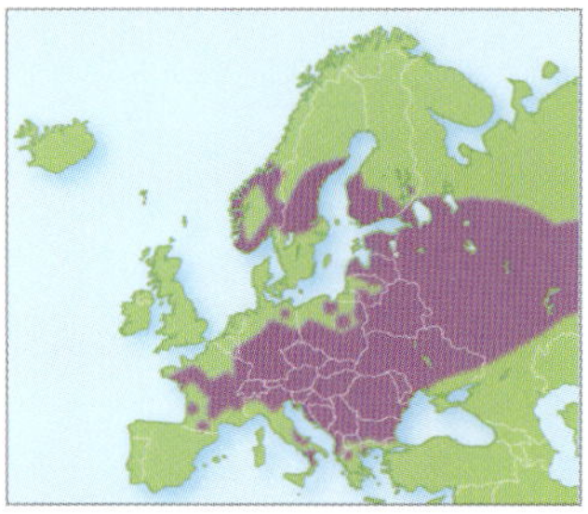

VERBREITUNG Vereinzelte geeignete Habitate in weiten Teilen Mittel- und O-Europas und Skandinaviens.

DER GRAUSPECHT ähnelt dem Grünspecht, ist aber viel kleiner und erscheint im Flug schlanker. Der Kopf ist fast ganz grau; die Männchen haben einen kleinen roten Stirnfleck. Flanken und Unterseite gehen zum Schwanz hin in ein helleres Grau über. Das Federkleid der Jungvögel ist stärker braun mit gebänderten Flanken. Der Grauspecht sucht sich seine Nahrung häufig am Boden und fliegt bei Störung flatternd und unter lautem Rufen auf. Am Boden fängt er vor allem Ameisen; in morschem Holz, in dem er auch seine große Nisthöhle baut, findet er ebenfalls Beute. Bevorzugt nistet er in großen alten Erlen und anderen Uferbäumen.

IDENTIFIZIERUNG Der Grauspecht hat, verglichen mit dem größeren Grünspecht, nur einen sehr dünnen Bartstreif und nur einen kleinen roten Stirnfleck.

Dreizehenspecht

FAMILIE Picidae
ART *Picoides tridactylus*
LÄNGE 22 cm
HABITAT Nadelwälder/Weiden- und Birkengehölze
GELEGEGRÖSSE 4–5

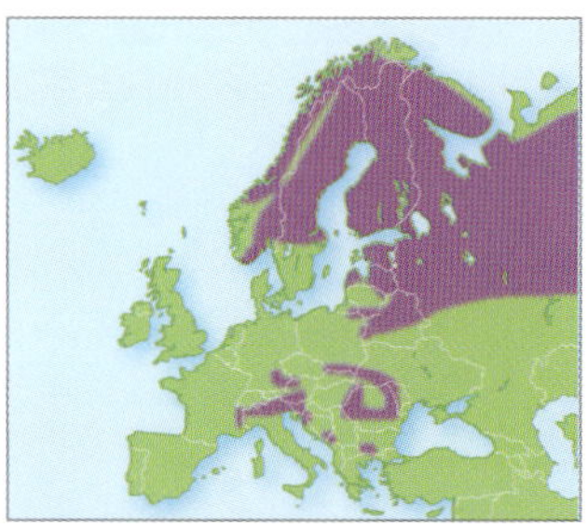

VERBREITUNG Standvogel in Nadel- und Birkenwäldern N-Europas, Skandinaviens und Russlands; in Bergwäldern S-Europas beheimatet.

DER GELBE SCHEITEL und das rein schwarz-weiße Gefieder unterscheiden das Dreizehenspechtmännchen von den anderen schwarz-weißen Spechten. Beiden Geschlechtern fehlt das Rot, die Vögel erscheinen insgesamt dunkel. Im Flug fällt die weiße Unterseite mehr ins Auge. Bevorzugte Nahrung sind Larven des Großen Kiefernborkenkäfers, doch bohrt der Dreizehenspecht auch Löcher ins Holz, um Saft zu lecken. Sein Ruf ähnelt dem des Buntspechts (*siehe* S. 231), ist aber leiser; auch sein Trommeln ist weniger laut.

TYPISCH Das komplett fehlende Rot, zwei schwarze Streifen im Gesicht und das dunkle Erscheinungsbild sind typisch für diese Art.

Grünspecht

FAMILIE Picidae
ART *Picus viridis*
LÄNGE 32 cm
HABITAT Wälder/Parks/ lockerer Baumbestand
GELEGEGRÖSSE 5–7

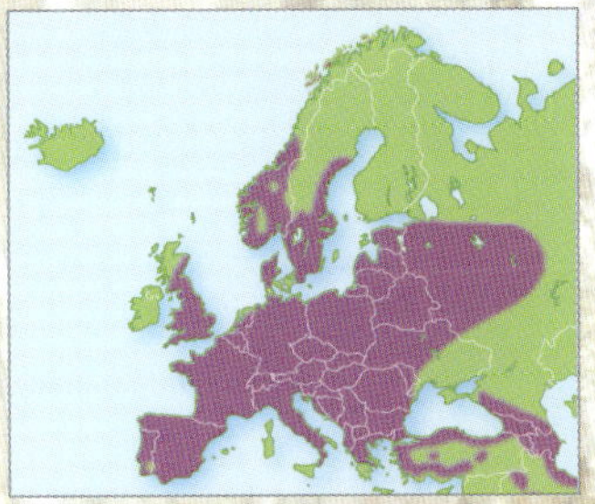

VERBREITUNG In geeigneten Lebensräumen in fast ganz W-Europa, im Nahen Osten und in N-Afrika verbreitet; fehlt im Norden und in Irland.

GROSS, BUNT und auffällig – so lässt sich der Grünspecht beschreiben. Man erkennt ihn an der roten Kappe und dem vornehmlich grünen Gefieder mit gelblichem Bürzel. Er ruft oft und viel, zum Beispiel im Flug nach Störungen oder als Warnruf, ein weithin hörbares „Kju-kju-kjuk" und als Balzruf im Frühjahr und Sommer ein klingendes „Lachen". Eher selten hört man von ihm auch einen leisen, schnellen Trommelwirbel. Schreckt man ihn auf, flüchtet der Grünspecht hoch in die Baumkronen, wo er sich bewegungslos – manchmal außer Sicht an der abgewandten Seite – an den Stamm klammert, bis er sich wieder sicher fühlt. Die eigentlich an das Leben in Bäumen angepassten Waldvögel suchen ihre Nahrung oft am Boden, besonders dort, wo es viele Ameisen gibt, und hinterlassen typischen, wie Zigarettenasche aussehenden Kot. Ihre Nisthöhlen bauen sie in großer Höhe in Baumstämmen; frische Holzspäne am Boden verraten ihre Bautätigkeit.

GEMEINSAM Beide Grünspechteltern füttern fleißig ihre Jungen. Das Männchen ist an seinem schwarz umrandeten, roten Bartstreif erkennbar.

Schwarzspecht

FAMILIE Picidae

ART *Dryocopus martius*

LÄNGE 46 cm

HABITAT Nadel- und Laubwälder

GELEGEGRÖSSE 4–6

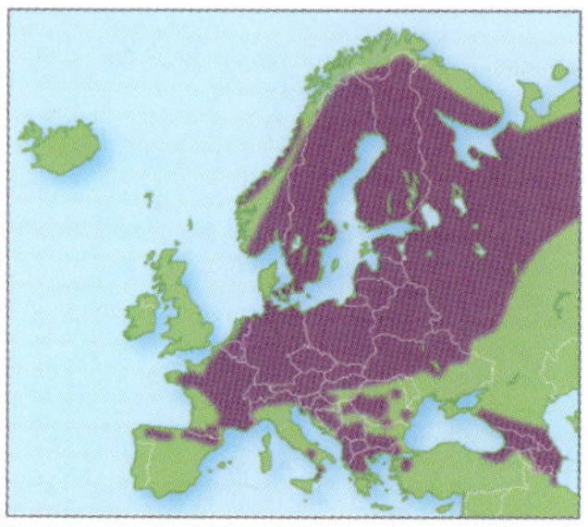

VERBREITUNG Standvogel in Mittel- und O-Europa und weiten Teilen Skandinaviens, in W-Europa vereinzelt; fehlt im äußersten Westen, in Großbritannien und Irland.

MIT SEINEM schwarzen Gefieder und dem hellen Schnabel ist dieser größte Specht Europas unverwechselbar. Die Männchen haben eine breite rote Kappe, die Weibchen einen kleinen roten Nackenfleck. Selbst in der Silhouette lässt sich der Schwarzspecht aufgrund der typischen Haltung von Hals und Kopf erkennen. Er ruft wiederholt laut und melodisch „Kiääh", und auch seine kräftigen, besonders lang anhaltenden Trommelsalven sind weithin zu hören. Bemerkenswert ist außerdem der typische, wellenförmige Flug mit leicht erhobenem Kopf. Der recht unruhige Vogel antwortet auch auf Nachahmungen seines Rufes.

WOLKENKRATZER Schwarzspechte nisten oft in über 10 m Höhe. Die geräumige Nisthöhle bietet genug Platz für die großen, lautstark bettelnden Jungen.

Weißrückenspecht

FAMILIE Picidae

ART *Dendrocopos leucotos*

LÄNGE 25 cm

HABITAT Laubwälder

GELEGEGRÖSSE 4–5

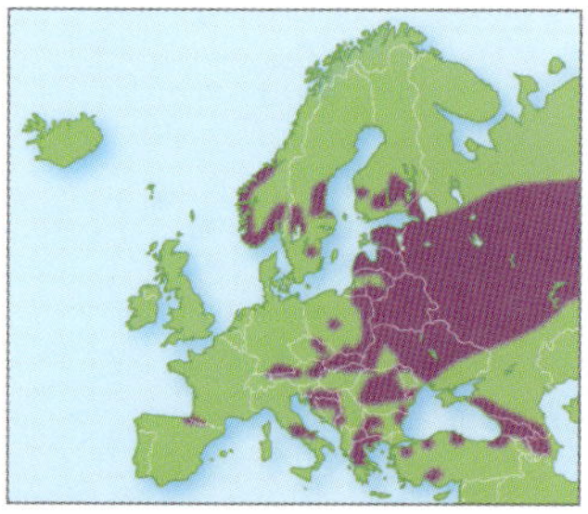

VERBREITUNG Vereinzelt in höheren Regionen Mittel- und O-Europas, Skandinaviens, der Pyrenäen, Türkei und des Kaukasus anzutreffen.

DER WEISSRÜCKENSPECHT ist eher am Boden anzutreffen als die anderen Arten der Buntspechtgruppe. Die Flügel sind breit gebändert, Rücken und Bürzel weiß, die Unterseite ist rötlich. Sein Schnabel ist länger als der des Buntspechts, auch der Hals wirkt länger. Die schneller werdenden Schläge seines Trommelwirbels verdichten sich zu einem anhaltenden, leisen Vibrato. Er bevorzugt feuchte Wälder mit viel Totholz. Oft hackt er in Bodennähe große Löcher in die Stämme, um Insekten zu erbeuten.

UNTERSCHIED Der längere Hals und Schnabel unterscheiden den Weißrückenspecht von anderen Spechten seiner Größe.

Blutspecht

FAMILIE Picidae

ART *Dendrocopos syriacus*

LÄNGE 23 cm

HABITAT Kulturland/Parks/Alleen

GELEGEGRÖSSE 5–7

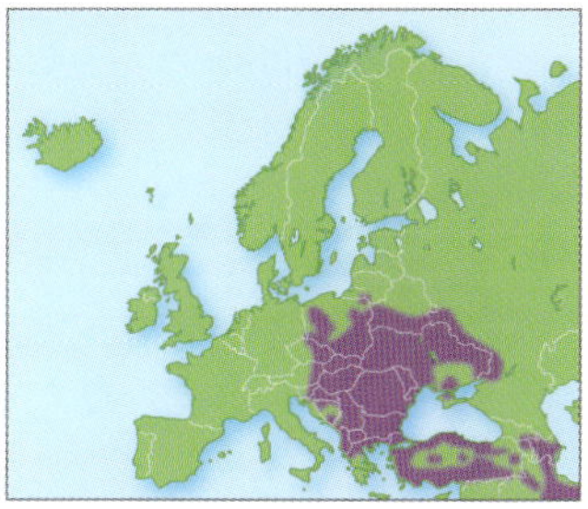

VERBREITUNG Standvogel im äußersten O-Europa, Balkan, Kaukasus, in der Türkei und im Nahen Osten.

DEM BUNTSPECHT sehr ähnlich, hat der Blutspecht jedoch einen kürzeren schwarzen Bartstreif, ein weißeres Gesicht sowie größere weiße Flügelflecken. Wo beide Arten nebeneinander auftreten, hält sich der Blutspecht mehr in Wäldern der höheren Lagen auf; anscheinend dringt er derzeit aber in neue Lebensräume vor.

ERKENNUNGSHILFE Größere weiße Flügelflecken und mehr weiße Flächen im Gesicht helfen, den Blutspecht von ähnlichen Arten zu unterscheiden.

Wendehals

FAMILIE Picidae

ART *Jynx torquilla*

LÄNGE 17 cm

HABITAT Offene Landschaften/Kulturland/Parks

GELEGEGRÖSSE 7–10

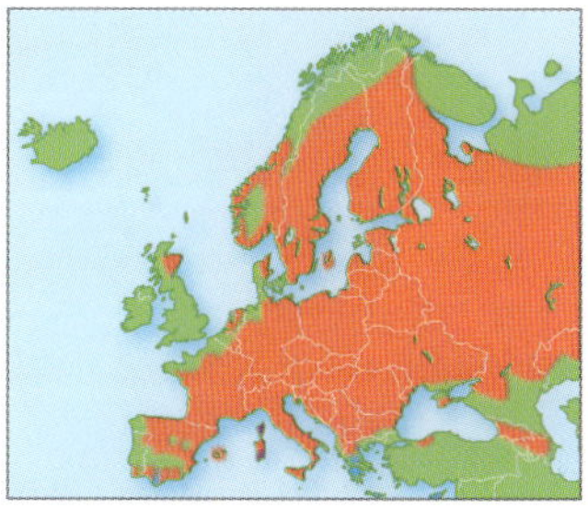

VERBREITUNG Brutvogel in weiten Teilen Europas, Russlands und Skandinaviens; in Großbritannien nicht mehr anzutreffen; überwintert in Afrika.

DIESE ART unterscheidet sich von den anderen Spechten, denn sie ist als Zugvogel bei uns nur Sommergast. Die Tarnfärbung schützt den Wendehals bestens; mit seinem langen Schwanz ähnelt er eher einer Grasmücke als einem Specht. Bevorzugte Nahrung sind Ameisen; daher verbringt er viel Zeit am Boden. Er nistet in großen Baumlöchern und nimmt auch Nistkästen an. Sein wiederholtes „Kju-kju-kju“ ähnelt dem Ruf eines Kleibers oder Turmfalken. In Küstenregionen sieht man ihn im Herbst oft als Durchzügler auf dem Weg nach Afrika.

BILDHAFTE NAMEN Den Namen „Natternwendel“ verdankt der Wendehals seiner Fähigkeit, den schuppig wirkenden Hals um 180° drehen zu können.

PASSERIFORMES

Sperlingsvögel

Bei den Sperlingsvögeln handelt es sich um die größte Ordnung der Vögel mit vielen verschiedenen Gattungen auf der ganzen Welt. Viele Arten sind recht klein; ihr Gefieder ist meist unauffällig braungrau und wenig farbenfroh. Etliche Arten sind von Natur aus gesellig und leben in Schwärmen. Sie verbringen die meiste Zeit im Gezweig sitzend, begeben sich aber zur Nahrungssuche oft auf den Boden. Ihre Ernährungsweise ist unterschiedlich; viele Arten verzehren Samen und Wirbellose. Viele Sperlingsvögel sind zudem recht ortstreu.

Ohrenlerche

FAMILIE Alaudidae
ART *Eremophila alpestris*
LÄNGE 19 cm
HABITAT Gebirge, Küsten
GELEGEGRÖSSE 3–5

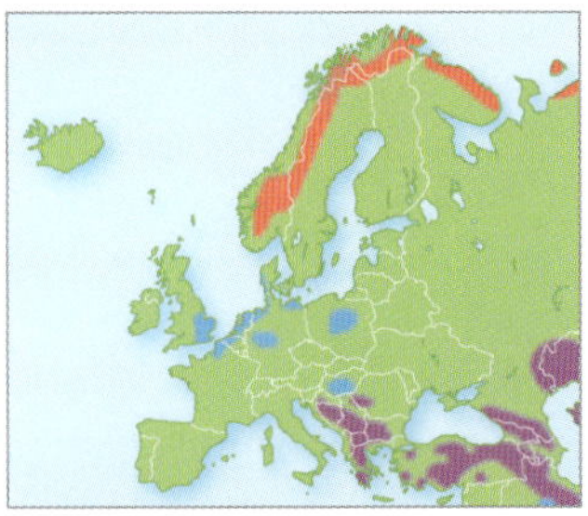

VERBREITUNG Brutvogel (Sommergast) in N-Europa von Schottland bis N-Skandinavien; überwintert weiter südlich; Standvogel in SO-Europa.

DIE ADULTEN Männchen tragen im Sommer aufgestellte Federchen am Kopf, die kleinen Hörnern oder „Ohren" ähneln. In dieser Jahreszeit ziehen die Tiere des nördlichen Verbreitungsgebiets in den hohen Norden; zum Winter kehren sie jedoch in südlichere Gefilde zurück.

GEFIEDER Das gelb gefiederte Gesicht ist für diese Art typisch. Jungvögel haben ein gesprenkeltes Federkleid ohne die auffällige schwarz-gelbe Zeichnung.

Dupontlerche

FAMILIE Alaudidae
ART *Chersophilus duponti*
LÄNGE 18 cm
HABITAT Sandiges Gelände
GELEGEGRÖSSE 3–4

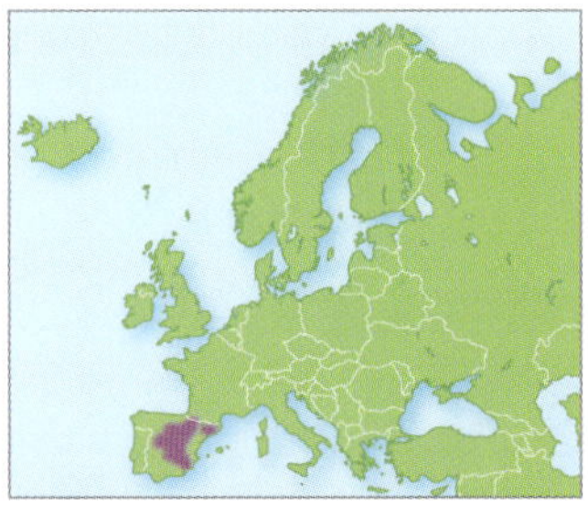

VERBREITUNG In Europa Standvogel, vor allem im Osten Spaniens; verbreiteter in geeigneten Lebensräumen N-Afrikas.

BEMERKENSWERT ist der auffällige Balzflug der Dupontlerchen, bei dem sie bis in 150 m Höhe aufsteigen und dort bis zu eine Stunde lang laut singen. Ansonsten sind sie nicht leicht zu beobachten; ihr Gesang ist manchmal auch nach Einbruch der Dunkelheit zu hören. Bei Störungen suchen sie eher Deckung am Boden, anstatt davonzufliegen.

UNAUFFÄLLIG Mit ihrem bräunlichen Gefieder fügt sich die Dupontlerche nahtlos in die Umgebung ein. Ihr langer Schnabel ist zur Spitze hin abwärtsgebogen.

Haubenlerche

FAMILIE Alaudidae
ART *Galerida cristata*
LÄNGE 19 cm
HABITAT Grasland
GELEGEGRÖSSE 3–5

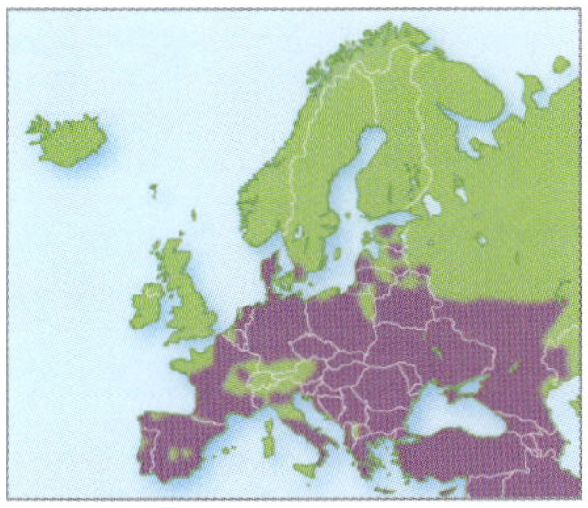

VERBREITUNG Fast überall in W-, Mittel- und S-Europa als Standvogel verbreitet; fehlt nördlich von Italien sowie auf den Britischen Inseln.

DER LANGE aufgestellte Federschopf auf dem Kopf dieser Lerche ist spitz zulaufend; ist er angelegt, überragen die Federn den Hinterkopf. Die Geschlechter sehen gleich aus, es gibt aber regionale Varianten. Die Brust ist leicht gestreift, der Schnabel recht lang und spitz. Haubenlerchen sind in verschiedensten offenen Landschaften zu beobachten, von Feldern bis hin zu Industriebrachen. Sie verzehren vor allem Samen, füttern ihre Jungen jedoch vornehmlich mit Wirbellosen.

WOHLTÖNEND Der melodische Gesang der Haubenlerche läutet oft den Beginn der Brutperiode ein.

Theklalerche

FAMILIE Alaudidae
ART *Galerida theklae*
LÄNGE 17 cm
HABITAT Aride Landschaften
GELEGEGRÖSSE 3–5

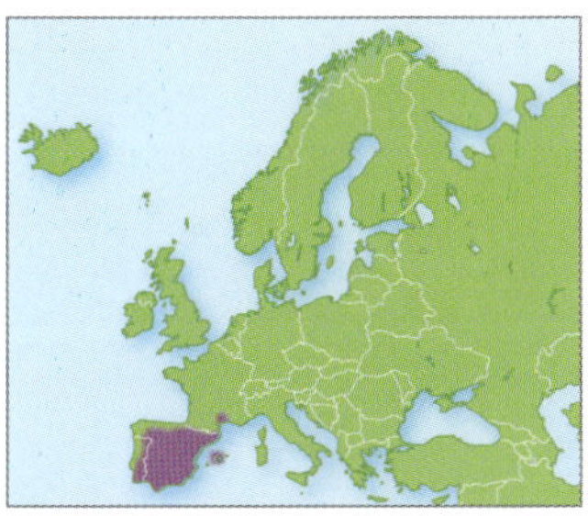

VERBREITUNG Standvogel hauptsächlich in Spanien, obwohl sich das Verbreitungsgebiet über Gibraltar und das Mittelmeer bis nach N-Afrika erstreckt.

WO SICH DIE Verbreitungsgebiete von Thekla- und Haubenlerche überschneiden, trifft man die Theklalerche eher in höheren Lagen an. Dort baut das Weibchen am Boden ein schalenförmiges Nest, auf dem es in etwa 15 Tagen die Eier ausbrütet. Die Jungen verlassen das Nest manchmal schon nach acht Tagen, noch bevor sie richtig fliegen können.

KENNZEICHEN Die Brust der Theklalerche ist kräftiger gestreift und der Federschopf fächerförmiger als bei der Haubenlerche.

Kurzzehenlerche

FAMILIE Alaudidae
ART *Calandrella brachydactyla*
LÄNGE 15 cm
HABITAT Offene Landschaften
GELEGEGRÖSSE 2–3

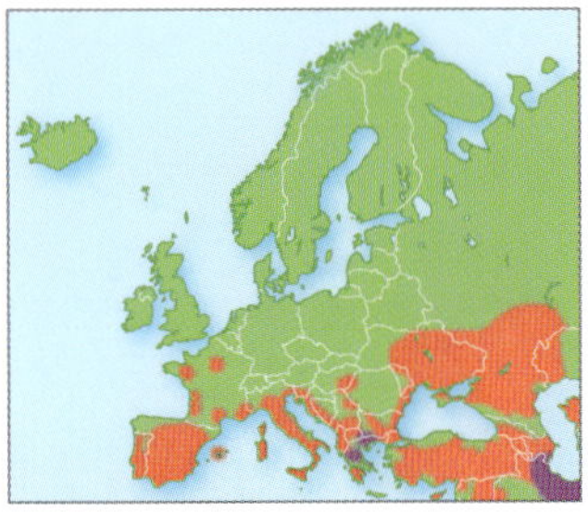

VERBREITUNG Brutvogel (Sommergast) in S-Europa im Mittelmeerraum sowie rund um das Kaspische und Schwarze Meer; überwintert hauptsächlich in Afrika.

DIE KURZZEHENLERCHE ist weiter verbreitet als ihre kleinere Verwandte, die Stummellerche. Von dieser unterscheidet sie sich auch durch den dunklen Fleck am Rand der Brust, die eher weiß als gestreift ist. Die Geschlechter sehen fast gleich aus. Kurzzehenlerchen zählen zu den Bodenbrütern. Die Männchen zeigen einen unsteten Balzflug: Sie steigen laut singend auf, halten dann abrupt inne und stürzen sich fast bis auf den Boden hinab, bevor sie von Neuem beginnen.

WEIT GEWANDERT Kurzzehenlerchen sind gelegentlich weiter nördlich anzutreffen und wurden sogar auf den Britischen Inseln gesichtet.

Stummellerche

FAMILIE Alaudidae
ART *Calandrella rufescens*
LÄNGE 14 cm
HABITAT Aride Landschaften
GELEGEGRÖSSE 2–3

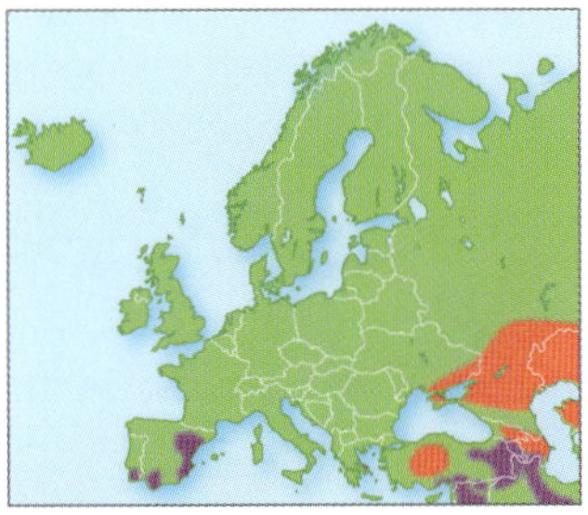

VERBREITUNG Standvogel in Teilen der Iberischen Halbinsel und des westlichen Mittelmeerraums; Brutvogel nördlich des Schwarzen und Kaspischen Meers.

DIE STUMMELLERCHE kommt in trockeneren Regionen vor als die Kurzzehenlerche. Wie die anderen Lerchen ernährt sie sich von Samen und Wirbellosen; sie brütet am Boden, wo ihr unauffälliges, gestreiftes Gefieder sie gut tarnt. Das Federkleid ähnelt dem der Feldlerche, doch ist ihr Schnabel gedrungener und der ganze Vogel deutlich kleiner. Die Geschlechter gleichen sich, doch gibt es innerhalb der Art deutlich unterscheidbare regionale Unterarten.

FARBVARIANTEN Stummellerchen aus Spanien sind grau bräunlich, solche aus der Türkei dagegen eher gräulich mit weniger Streifen an Brust und Flanken.

Heidelerche

FAMILIE Alaudidae
ART *Lullula arborea*
LÄNGE 15 cm
HABITAT Heidelandschaften
GELEGEGRÖSSE 4–6

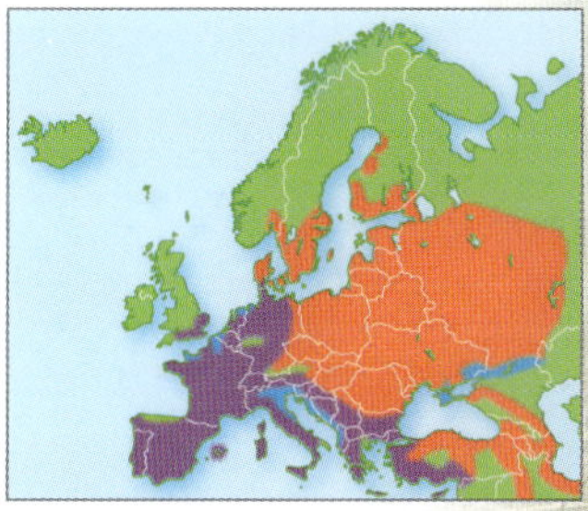

VERBREITUNG Standvogel in W- und S-Europa; weiter östlich bis hinauf nach S-Skandinavien als Brutvogel (Sommergast), der im Süden überwintert.

DEN GESANG der Heidelerche hört man meist frühmorgens oder in der Abenddämmerung, manchmal sogar nach Einbruch der Dunkelheit. Es fällt oft schwer, ihn zu orten, denn Heidelerchen steigen hoch in den Himmel auf, bevor sie zu singen beginnen.

HEIMLICHES DASEIN Abgesehen vom Balzflug, hält sich die Heidelerche meist gut getarnt am Boden auf.

Feldlerche

FAMILIE Alaudidae
ART *Alauda arvensis*
LÄNGE 18 cm
HABITAT Offene Landschaften
GELEGEGRÖSSE 3–5

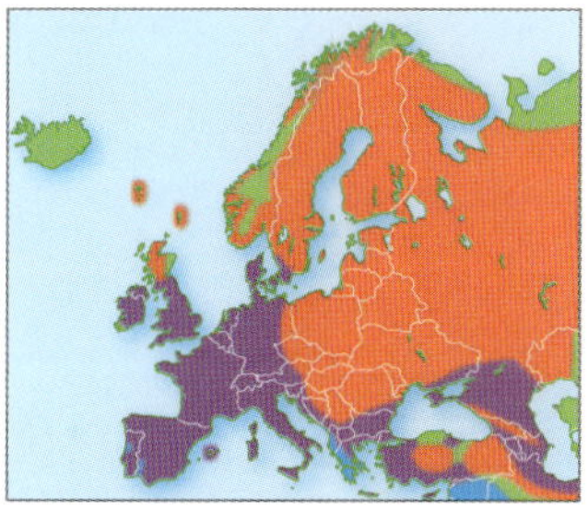

VERBREITUNG Standvogel in fast ganz W-Europa sowie vom Mittel- bis zum Kaspischen Meer; im Sommer bis nach Skandinavien und in die ehemalige UdSSR, im Winter weiter südlich anzutreffen.

IHREM NAMEN entsprechend hält sich die Feldlerche meist am Boden auf. Besonders im Winter bilden die Tiere oft große Schwärme, die sich im Frühjahr auflösen, wenn die Paare – die offenbar lebenslang zusammenbleiben – in ihre Brutgebiete zurückkehren. Die Männchen steigen im Balzflug laut singend hoch auf. Das Nest befindet sich am Boden. Die Eier werden etwa elf Tage lang bebrütet; nach weiteren etwa elf Tagen verlassen die Jungen das Nest, bleiben aber in der Nähe.

NESTLINGE Junge Feldlerchen verlassen das Nest noch flugunfähig. Altvögel ziehen pro Saison zwei bis drei Bruten auf.

Steinlerche

FAMILIE Alaudidae
ART *Ammomanes deserti*
LÄNGE 15 cm
HABITAT Aride Landschaften
GELEGEGRÖSSE 3–4

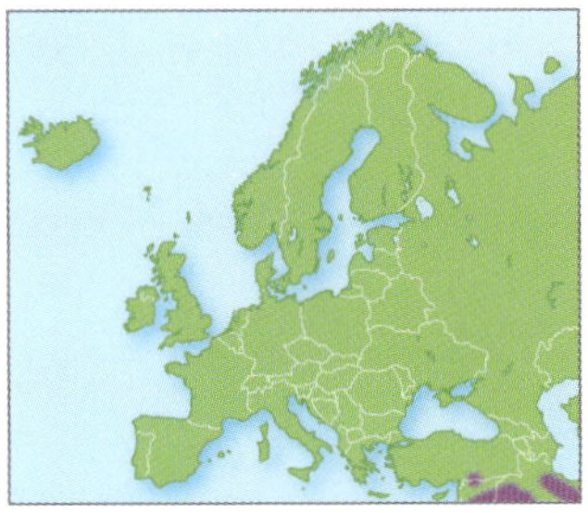

VERBREITUNG Standvogel im östlichen Mittelmeerraum und östlich davon; Hauptverbreitungsgebiet ist jedoch N-Afrika.

IM GEGENSATZ zu den meisten Lerchen ist diese Art eher ruhig, doch zeigt auch sie den für diese Vögel typischen Steig- und Sturzflug. Das Nest besteht aus Pflanzenteilen, oft umgeben von Steinen. Die Jungen verlassen das Nest, bevor sie richtig fliegen können.

HABITAT Steinlerchen sind an das Leben in sehr trockener Umgebung angepasst und oft fernab von Wasserstellen anzutreffen.

Bergkalanderlerche

FAMILIE Alaudidae
ART *Melanocorypha bimaculata*
LÄNGE 18 cm
HABITAT Aride Landschaften
GELEGEGRÖSSE 4–5

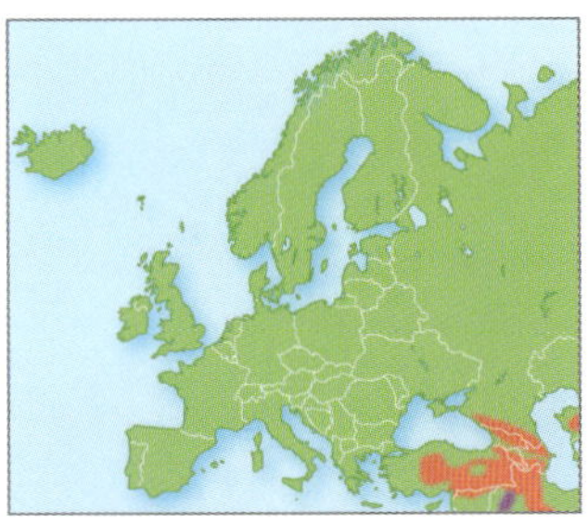

VERBREITUNG Brutvogel im nordöstlichen Mittelmeerraum, östlich und südlich des Schwarzen Meers; überwintert weiter südlich.

DIESE RECHT GROSSE Lerche kommt ebenfalls in trockenen Gebieten vor; ihr Verbreitungsgebiet überschneidet sich teilweise mit dem der kleineren Steinlerche. Von dieser unterscheiden sie außerdem ein schwarzer Gefiederstreif, der quer über die Brust bis zu den Seiten verläuft, sowie der gestreifte Kopf.

VORLIEBEN Bergkalanderlerchen ziehen höhere Lagen vor als andere Lerchen ihres Verbreitungsgebietes; zudem sind sie Zugvögel.

Kalanderlerche

FAMILIE Alaudidae

ART *Melanocorypha calandra*

LÄNGE 20 cm

HABITAT Offene, trockene Landschaften

GELEGEGRÖSSE 4–5

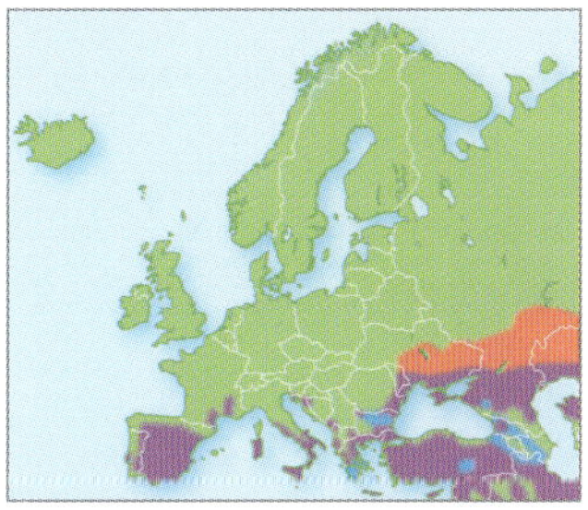

VERBREITUNG Standvogel in Spanien, dem Mittelmeerraum sowie rund um das Schwarze und das Kaspische Meer.

DER AUFFÄLLIGE schwarze Fleck an der Halsseite und die schwarze Flügelunterseite mit weißem Hinterrand sind typisch für diese Art. Die Schwanzfedern sind recht kurz und haben ebenfalls einen weißen Rand. Die Paare nisten am Boden; nach der Brutsaison finden sich die Kalanderlerchen zu Schwärmen zusammen.

VARIATION Die ansonsten lerchentypisch braun gefiederte Kalanderlerche zeigt schwarze Halsflecken variierender Größe und Form.

Weißflügellerche

FAMILIE Alaudidae

ART *Melanocorypha leucoptera*

LÄNGE 19 cm

HABITAT Offene Landschaften

GELEGEGRÖSSE 3–6

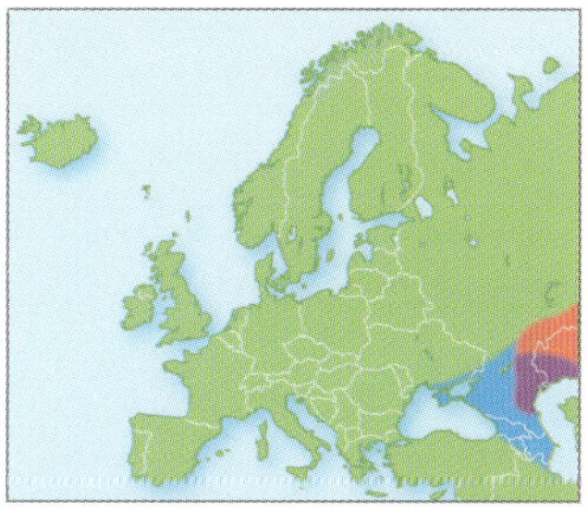

VERBREITUNG Überwintert zwischen Schwarzem und Kaspischem Meer; Standvogel am nördlichen Kaspischen Meer.

DIE WEISSFLÜGELLERCHE ist vergleichsweise farbenfroh und zeigt deutliche Geschlechtsunterschiede. Bei den Männchen sind Scheitel und Ohrgegend rotbraun, ebenso die Flügeldecken. Die Weibchen haben gestreifte Köpfe und weiße, vor allem im Flug auffällige Flügelflecken.

NOCH STABIL Wie bei vielen Lerchen ist auch der Bestand der Weißflügellerche durch den Verlust von Grasland gefährdet, doch noch sind die Bestände stabil.

Uferschwalbe

FAMILIE Hirundinidae
ART *Riparia riparia*
LÄNGE 13 cm
HABITAT Kiesgruben/Steilufer
GELEGEGRÖSSE 4–5

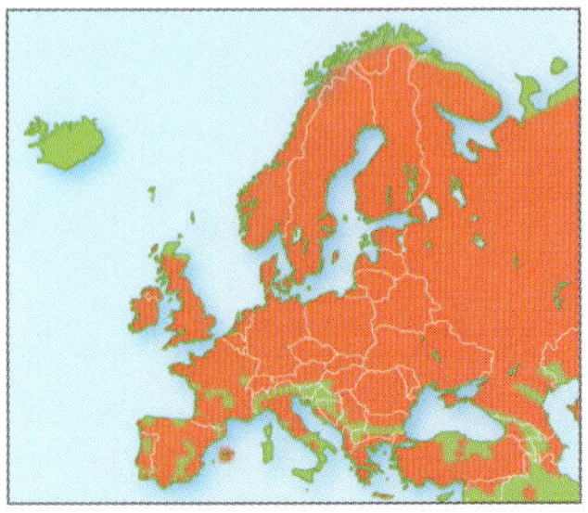

VERBREITUNG Brutvogel (Sommergast) in fast ganz Europa außer in Island und dem nördlichsten Skandinavien; überwintert in W-Afrika.

EIN QUER ÜBER die Brust verlaufendes braunes Band unterscheidet die Uferschwalbe deutlich von ihren Verwandten. Große Kolonien finden sich häufig an Steilufern zusammen. Sie baut kein Nest, sondern gräbt eine Röhre in den weichen Grund, die in einer Nisthöhle mündet. Diese ist mit Federn und Pflanzenteilen ausgepolstert. Die Jungen verlassen nach rund drei Wochen das Nest und sind dann an der gelbbraunen Zeichnung der Flügeloberseite und der grau gelblichen statt weißen Kehle erkennbar.

LEBEN AM FLUSS Adulte Uferschwalben an der Niströhre. Sie kann bis zu 1 m tief sein.

Rötelschwalbe

FAMILIE Hirundinidae
ART *Cecropris daurica*
LÄNGE 19 cm
HABITAT Gebirge/Kliffe
GELEGEGRÖSSE 3–6

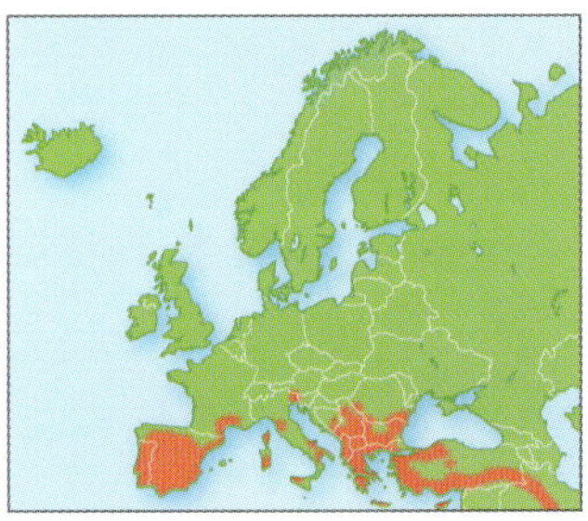

VERBREITUNG Im Mittelmeerraum von der Iberischen Halbinsel bis in den Nahen Osten, je nach Habitat auch auf den Inseln, als Brutvogel (Sommergast) vertreten; überwintert in Afrika.

DIESE ART FINDET man vor allem in Gebirgen, ebenso aber an felsigen Steilküsten und sogar an Brücken und anderen Bauwerken. Dort bauen sie ihr geschlossenes Nest aus feuchtem Lehm, der trocknet und hart wird wie Zement. Das namensgebende rostrote Gefieder am Bürzel ist typisch für die Rötelschwalbe.

ROTE FARBE Rötelschwalben haben einen rostroten Nackenstreif und relativ kurze Schwanzspieße.

Felsenschwalbe

FAMILIE Hirundinidae
ART *Ptyonoprogne rupestris*
LÄNGE 15 cm
HABITAT Kliffe/Felshöhlen
GELEGEGRÖSSE 4–5

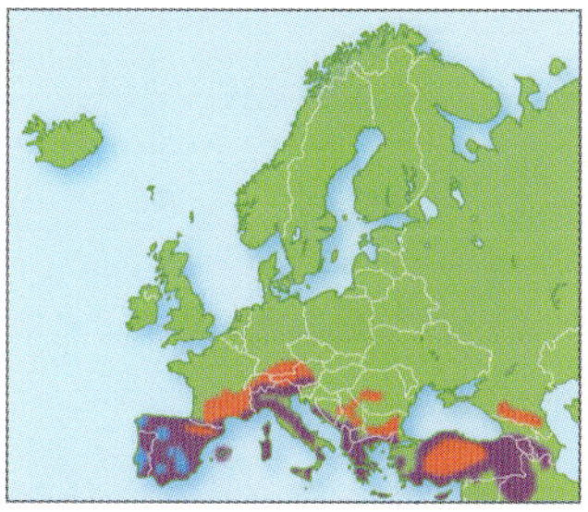

VERBREITUNG Standvogel in Spanien, Italien und anderen Mittelmeerländern; im Südosten bis ans Schwarze Meer; nördlich davon als Brutvogel.

EIN FAST GLEICHFÖRMIG bräunliches Federkleid kennzeichnet diese Schwalbe; die Flügelunterseiten allerdings sind eher dunkelbraun. Die Geschlechter gleichen sich äußerlich. Wie der Name andeutet, sind die Tiere häufig in Felsspalten anzutreffen; in ihrem Verbreitungsgebiet sind sie teils in großen Höhen vertreten. Gelegentlich steigen sie hoch in den Himmel auf, um dort fliegende Insekten zu fangen, mit denen sie ihre Jungen füttern. Das Lehmnest wird je nach Lebensraum auch an Brücken oder hohen Gebäuden gebaut.

EINZELGÄNGER Felsenschwalben bauen ihr Nest meist unter Felsvorsprüngen. Sie bilden keine großen Kolonien.

Rauchschwalbe

FAMILIE Hirundinidae
ART *Hirundo rustica*
LÄNGE 20 cm
HABITAT Offene Kulturlandschaften/Agrarland
GELEGEGRÖSSE 3–5

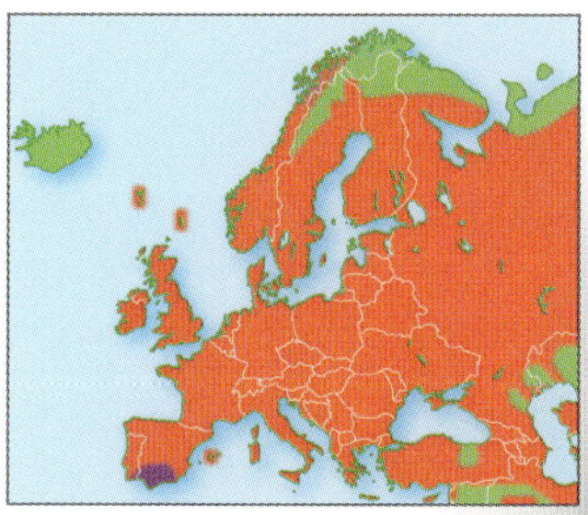

VERBREITUNG Brutvogel (Sommergast) in ganz Europa außer in Island und dem Nordosten Skandinaviens; kleine Standpopulation in Spanien; die meisten Tiere überwintern in Afrika.

RAUCHSCHWALBEN SIND typische Vögel ländlicher Ansiedlungen und bauen ihr Nest oft an Scheunen und landwirtschaftlichen Gebäuden. Die Vögel sind äußerst ortstreu; Paare kehren alljährlich an denselben Nisplatz zurück, vorausgesetzt, sie überstehen die riskante Reise in ihr afrikanisches Winterquartier und zurück. Gern nisten sie in kleinen Kolonien. Die Geschlechter unterscheiden sich nicht. Die Jungen verlassen nach rund 20 Tagen das Nest.

UNTERARTEN Im Bild zwei Unterarten der Rauchschwalbe: Das Tier mit dem rötlichen Rumpf stammt aus dem Nahen Osten, das Tier rechts im Bild aus Europa.

NESTBAU Rauchschwalben nisten im Inneren von Gebäuden, wo ihr Nachwuchs vor Gefahren und Witterungseinflüssen geschützt ist. Dank ihrer Flugkünste finden sie stets genug Futter für die Jungen.

Mehlschwalbe

FAMILIE Hirundinidae

ART *Delichon urbicum*

LÄNGE 15 cm

HABITAT Offene Landschaften/ Städte

GELEGEGRÖSSE 4–5

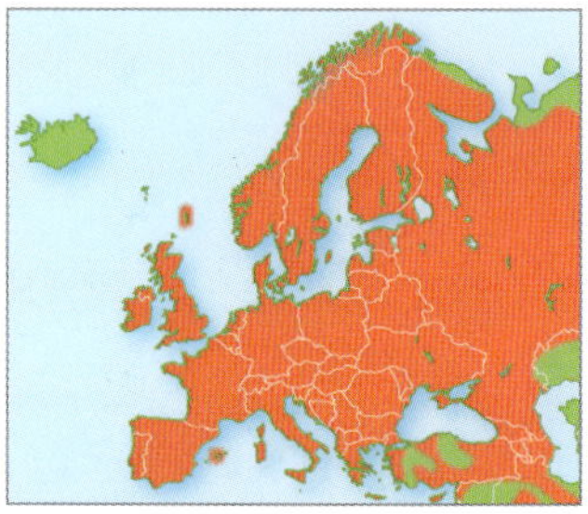

VERBREITUNG Brutvogel (Sommergast) in ganz Europa, außer Island, dem nördlichsten Skandinavien und südlich des Schwarzen Meers; überwintert in Afrika.

DER SCHIMMERND BLAU-SCHWARZE Rücken und Kopf sowie die reinweiße Unterseite kennzeichnen diese Art, bei der auch der Bürzel weiß gefiedert ist und sich damit farblich auffällig von Flügeln und Schwanz absetzt. Über Jahrhunderte hat sich diese Schwalbenart im Zuge der Urbanisierung an von Menschenhand geschaffene Nistplätze angepasst; in entlegeneren Regionen brüten die Tiere aber nach wie vor in Höhlen. Das Nest wird aus feuchtem Lehm kunstvoll gefertigt. Oft brüten mehrere Paare nebeneinander.

LEHMBAU Eine Mehlschwalbe sammelt Lehm für ihr Nest. Der Eingang wird bewusst klein gehalten, damit Haussperlinge die Schwalben nicht verdrängen können.

Bachstelze

FAMILIE Motacillidae

ART *Motacilla alba*

LÄNGE 18 cm

HABITAT Offene Landschaften/ Städte

GELEGEGRÖSSE 4–6

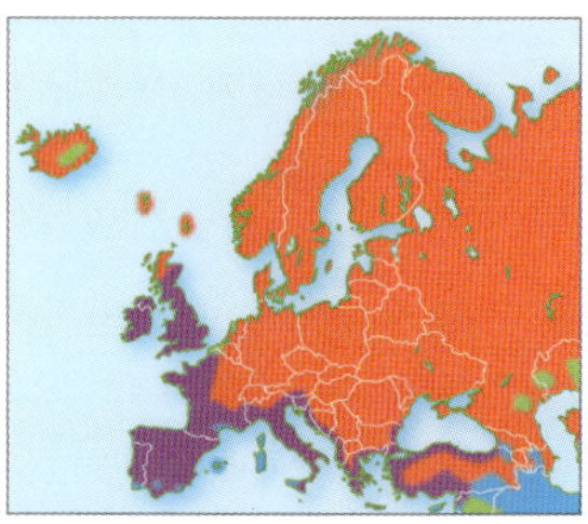

VERBREITUNG Standvogel in ganz W-Europa und dem Mittelmeerraum; andernorts als Brutvogel; überwintert in Afrika und im Nahen Osten.

JE NACH LEBENSRAUM variiert die Gefiederfärbung der Bachstelze; so haben die Tiere der Britischen Inseln schwarze, die vom europäischen Festland dagegen meist graue Flügeldecken. Die Weibchen beider Varianten haben einen grauen Rücken, der bei den europäischen Tieren etwas heller ist und mit der Kopffärbung verschmilzt. Bachstelzen sind flinke Läufer und selbst in der Stadt nicht selten dabei zu beobachten, wie sie den Boden systematisch nach Insekten absuchen.

FLINK Eine männliche Bachstelze auf einem Zaunpfahl. Die flinken Tiere sind auch „zu Fuß" erstaunlich schnell.

Gebirgsstelze

FAMILIE Motacillidae
ART *Motacilla cinerea*
LÄNGE 20 cm
HABITAT Fluss-/Seeufer
GELEGEGRÖSSE 4–6

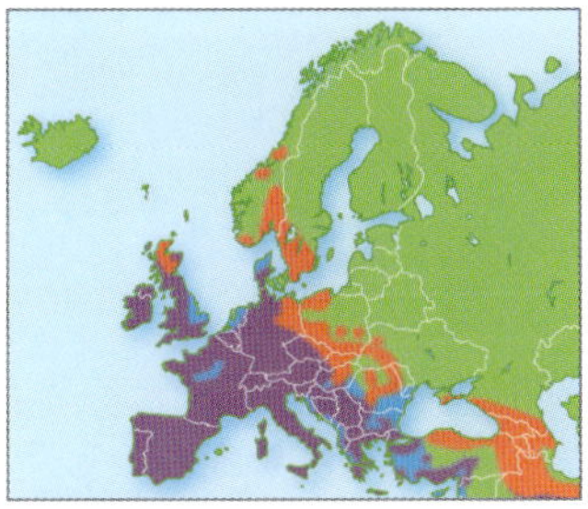

VERBREITUNG Standvogel in fast ganz W-Europa; fehlt von Skandinavien bis zum Schwarzen Meer; weiter nordwestlich als Brutvogel (Sommergast); überwintert in Afrika und im Nahen Osten.

DIESE STELZENART lebt bevorzugt an flachen, schnell fließenden Bächen mit zahlreichen Felsen und Steinen, von denen aus sie Jagd auf Wirbellose macht. Die Paare nisten in Felsspalten nahe dem Wasser und sind oft in der Nähe von Wassermühlen anzutreffen.

WEIBCHEN Gebirgsstelzenweibchen sind unterseits nicht so leuchtend gelb; ihre Kehle ist grau und nicht schwarz wie bei den Männchen.

Schafstelze

FAMILIE Motacillidae
ART *Motacilla flava*
LÄNGE 15 cm
HABITAT Marschen/Weiden
GELEGEGRÖSSE 4–6

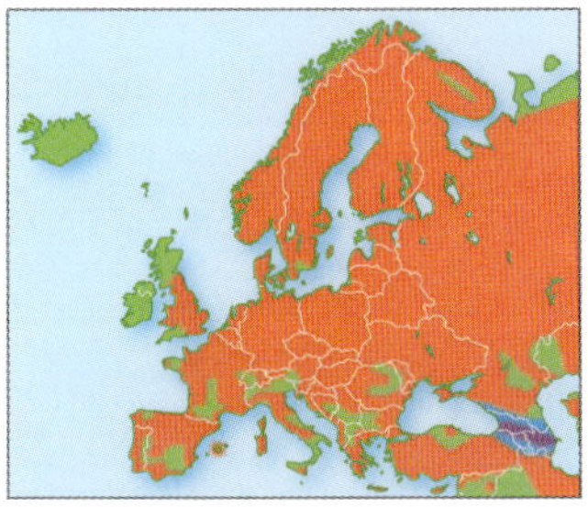

VERBREITUNG Brutvogel in weiten Teilen Europas außer Schottland und Irland; Standpopulation zwischen Schwarzem und Kaspischem Meer; überwintert in Afrika.

IN EUROPA UND ASIEN zählt man bis zu 20 Unterarten der Schafstelze, die sich hauptsächlich in der Kopffärbung der Männchen unterscheiden – bei Tieren aus England ist der Kopf eher gelblich, bei denen aus der Türkei vornehmlich schwarz. Alle Schafstelzen zeigen jedoch gleiche Verhaltensweisen. Die Weibchen sind meist weniger leuchtend gefärbt als ihre männlichen Artgenossen.

FEINE UNTERSCHIEDE Eine Schafstelze der britischen Unterart *Motacilla flava flavissima*. Die Tiere leben gern in Wassernähe.

Strandpieper

FAMILIE Motacillidae
ART *Anthus petrosus*
LÄNGE 17 cm
HABITAT Felsküsten
GELEGEGRÖSSE 4–5

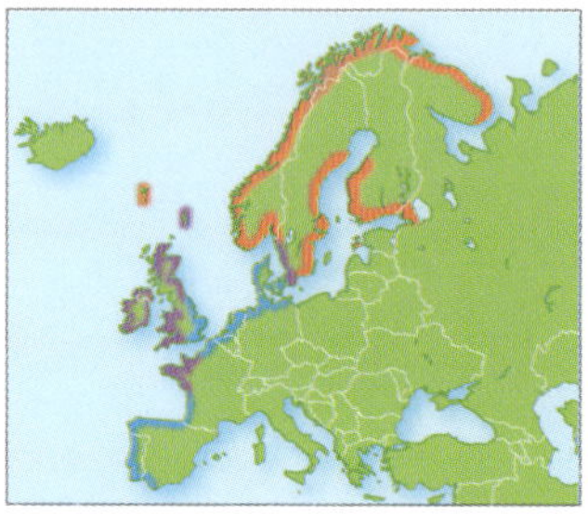

VERBREITUNG Standvogel an den britischen und angrenzenden französischen Küsten; Brutvogel in Skandinavien; überwintert an südlicheren Küsten.

STRANDPIEPER ZEIGEN innerhalb ihres Verbreitungsgebiets erhebliche Farbvariationen. Besonders im Winter sind die Unterschiede deutlich erkennbar. Manche haben im Sommerkleid eine fast rosa Unterseite, die im Winter dunkler wird. Die Vögel nisten am felsigen Boden und ernähren sich hauptsächlich von Wirbellosen. Man kann sich ihnen recht gut nähern; sie sind weniger scheu als andere Pieper und fliegen bei Störungen nur ein kurzes Stück fort, wobei sie sich dicht über dem Boden halten. Oft sieht man sie zwischen Felsblöcken umherhüpfen.

INDIVIDUELL Ein typischer Strandpieper mit eher dunklem, bräunlichem Federkleid, das unterseits gestreift ist. Die Streifenmuster sind individuell verschieden.

Brachpieper

FAMILIE Motacillidae
ART *Anthus campestris*
LÄNGE 18 cm
HABITAT Sandböden/Kiesgruben
GELEGEGRÖSSE 4–6

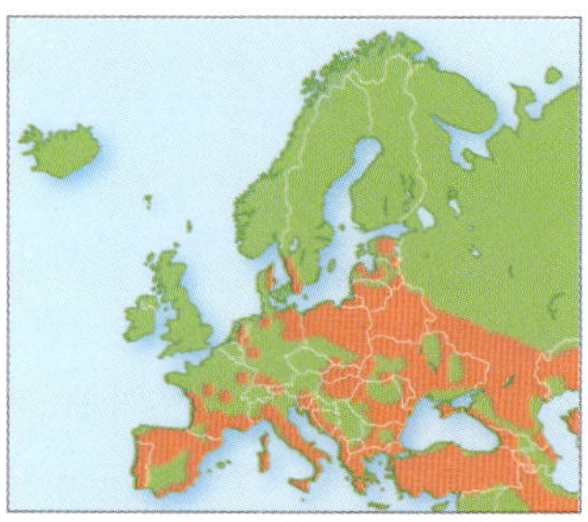

VERBREITUNG Brutvogel (Sommergast) nordwärts bis Dänemark, seltener im Nordwesten Europas; fehlt auf den Britischen Inseln; überwintert in Afrika.

ADULTE BRACHPIEPER lassen sich anhand ihrer weißen, nur an den Brustseiten zart gestreiften Unterseite gut erkennen. Auch das Rückengefieder ist kaum gezeichnet. Die Paare kehren im April in ihre europäischen Brutgebiete zurück, wo die Männchen spektakuläre Balzflüge aufführen. Dabei steigen sie fast senkrecht bis in etwa 30 m Höhe auf und stürzen sich dann laut singend wieder hinab. Das Weibchen baut das Nest allein am Boden.

SCHNELL GROSS Es dauert etwa zwei Wochen, bis die Jungen schlüpfen; nach wiederum zwei Wochen verlassen sie das Nest.

Rotkehlpieper

FAMILIE Motacillidae
ART *Anthus cervinus*
LÄNGE 15 cm
HABITAT Gebirge/Tundra
GELEGEGRÖSSE 4–6

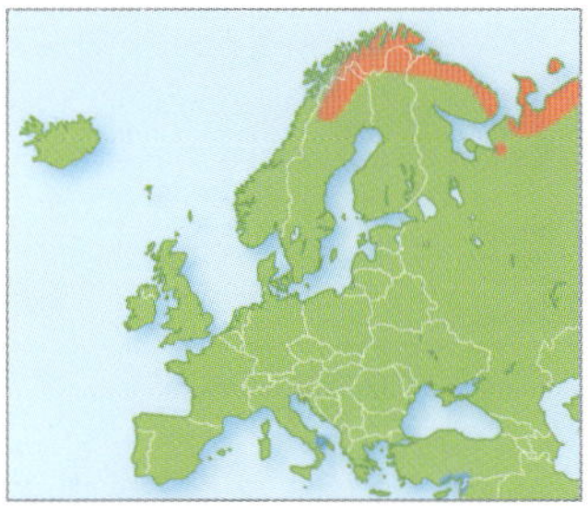

VERBREITUNG Brutvogel (Sommergast) ausschließlich im Nordosten Skandinaviens und nordöstlich davon in Russland; gelegentlich auf dem Durchzug ins afrikanische Winterquartier auch weiter südlich.

DIESE PIEPERART brütet bevorzugt in sumpfigen Gebieten und ernährt sich von Wirbellosen. Gelegentlich beobachtet man sie westlich ihres typischen Verbreitungsgebiets, im Herbst manchmal sogar als Irrgast auf den Britischen Inseln. Bei den Weibchen beschränkt sich die rote Färbung auf die Kehle.

UNVERWECHSELBAR Rotkehlpieper sind die farbenfrohsten Vertreter ihrer Familie und wie hier oft am Boden zu beobachten.

Wiesenpieper

FAMILIE Motacillidae
ART *Anthus pratensis*
LÄNGE 15 cm
HABITAT Offene Felder/Moorlandschaften
GELEGEGRÖSSE 4–6

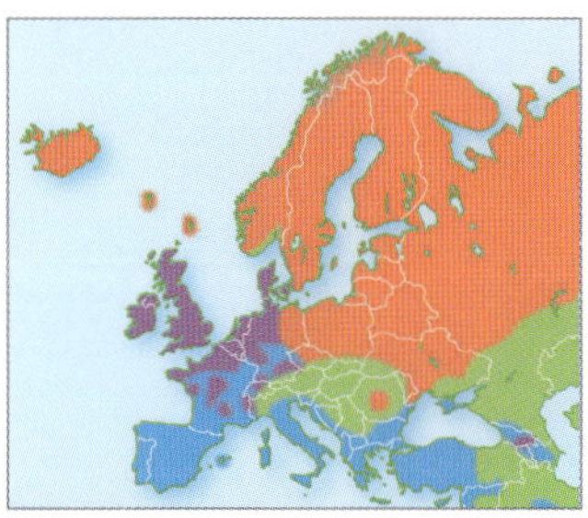

VERBREITUNG Standvogel im nordwestlichen Europa mit Britischen Inseln; im Norden als Brutvogel (Sommergast); überwintert in S-Europa und Afrika.

DIESE ART sieht dem Baumpieper (*siehe* S. 252) sehr ähnlich, doch gibt der jeweilige Lebensraum meist Auskunft darüber, mit welchem von beiden man es zu tun hat. Bei Wiesen mit lockerem Baumbestand oder in der Zugperiode kann es allerdings schwierig sein, die Arten auseinanderzuhalten. Der Wiesenpieper ist oberseits meist kräftiger gestreift, und ihm fehlt der Anflug von Rosa, den der Baumpieper am Unterschnabelansatz zeigt. Jungvögel sind an den Flanken nicht gestreift.

TYPISCHE HALTUNG Wiesenpieper ruhen gern in Bodennähe, oft auf Steinen oder Zaunpfählen.

Baumpieper

FAMILIE Motacillidae
ART *Anthus trivialis*
LÄNGE 16 cm
HABITAT Wälder
GELEGEGRÖSSE 4–5

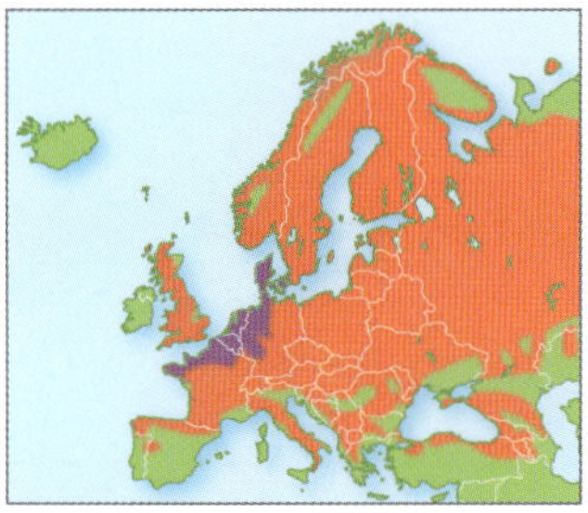

VERBREITUNG Brutvogel (Sommergast) in weiten Teilen N-Europas bis nach Skandinavien; im Süden, vor allem auf der Iberischen Halbinsel, seltener; überwintert in Afrika.

BAUMPIEPER BEVORZUGEN lockere Laub- oder Nadelwälder, wo sie am Boden nach Nahrung suchen. Typisch sind die relativ feinen Streifen an den Flanken und die breiter gestreifte Brust. In Europa sieht man sie meist zwischen April und September; den Winter verbringen sie im südlichen Afrika.

IN POSITUR Baumpieper halten sich besonders oft im Gezweig auf; die Männchen vollführen ihren Balzflug von hier aus. Hauptnahrungsquelle sind Wirbellose.

Seidenschwanz

FAMILIE Bombycillidae
ART *Bombycilla garrulus*
LÄNGE 21 cm
HABITAT Wälder
GELEGEGRÖSSE 4–6

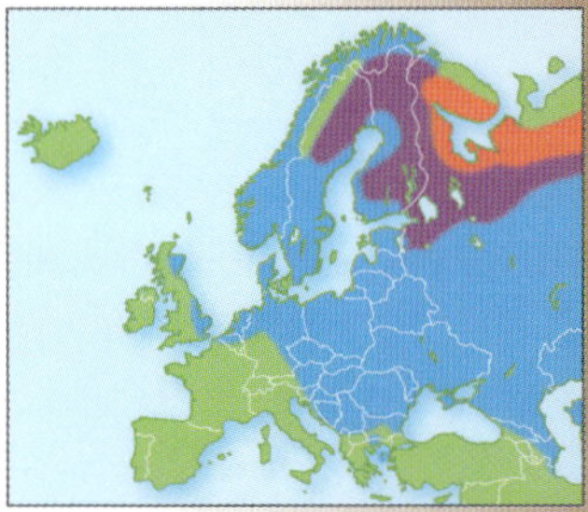

VERBREITUNG Standvogel in Teilen Skandinaviens und Russlands; brütet im Sommer noch weiter nördlich; als Wintergast in weiteren Teilen Europas anzutreffen.

SEINE HAUBE stellt der elegante Seidenschwanz nur bei Erregung auf, ansonsten trägt er sie angelegt. Die Paare bauen ihre Nester in bis zu 15 m Höhe auf einem waagerechten Zweig, oft in Nadelbäumen. Das Nest besteht aus Zweigen und ist mit Moos und ähnlichem Material ausgepolstert.

MARKENZEICHEN Unverkennbar ist der Seidenschwanz durch die roten „Lackplättchen" an beiden Flügeln.

Wasseramsel

FAMILIE Cinclidae
ART *Cinclus cinclus*
LÄNGE 20 cm
HABITAT Gebirgsbäche
GELEGEGRÖSSE 3–6

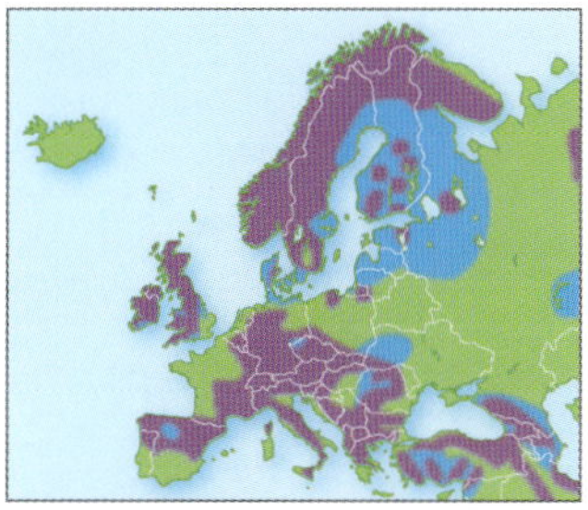

VERBREITUNG Standvogel in weiten Teilen W- und S-Europas; in geeigneten Lebensräumen auch in Skandinavien und Teilen Russlands.

DIE WASSERAMSEL ist nur in der Nähe schnell fließender Bäche höherer Lagen zu beobachten, meist in Wäldern. Dort taucht sie zwischen im Wasser liegenden Steinen immer wieder nach Beute. Die Vögel können bei der Nahrungssuche auch unter Wasser und an der Wasseroberfläche schwimmen. Die Paare finden sich jeweils im Frühling zur Fortpflanzung zusammen. Das Nest ist gut versteckt, oft unter Brücken und anderen Gebäuden. Die nach zwei Wochen schlüpfenden Jungen werden bereits mit drei Wochen flügge.

SINGSTAR Wasseramseln übertönen mit ihrem Gesang selbst an kalten Wintertagen das rauschende Wasser.

Zaunkönig

FAMILIE Troglodytidae
ART *Troglodytes troglodytes*
LÄNGE 10 cm
HABITAT Wälder
GELEGEGRÖSSE 4–7

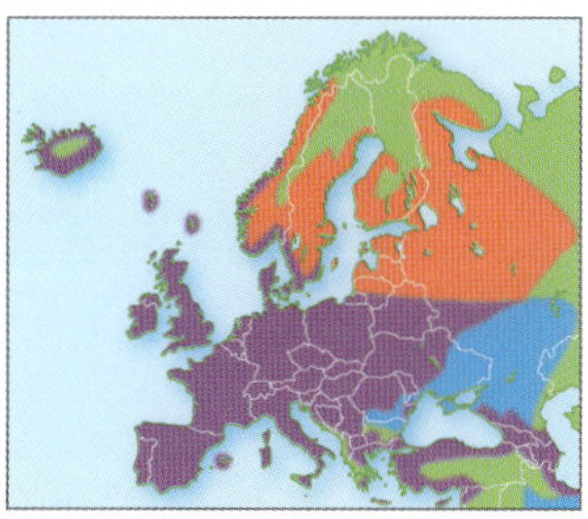

VERBREITUNG Standvogel in fast ganz W- und Mitteleuropa; im Sommer auch weiter nördlich bis in Teile Skandinaviens anzutreffen.

TROTZ SEINER geringen Größe hat der Zaunkönig eine unverwechselbare Silhouette und eine sehr kräftige Stimme, die den oft im Buschwerk versteckten Vogel verrät. Seine Färbung variiert innerhalb des Verbreitungsgebiets; typisch sind jedoch rotbraune Flügeldecken und die Bänderung von Flanken, Flügeln und Schwanz.

SCHNABELFORM Der kurze, spitze Schnabel ist ideal dafür geeignet, Wirbellose, vor allem Spinnen, zu erbeuten, die der Zaunkönig zum Beispiel an alten Mauern findet.

MALERISCH Der unverkennbare Seidenschwanz (*siehe* S. 252) dringt im Winter oftmals weit nach Mitteleuropa vor. Örtliche Wetterbedingungen und Nahrungsvorkommen bestimmen dabei alljährlich seine Wege.

Heckensänger

FAMILIE Turdidae
ART *Cercotrichas galactotes*
LÄNGE 17 cm
HABITAT Aride, offene Landschaften
GELEGEGRÖSSE 3–5

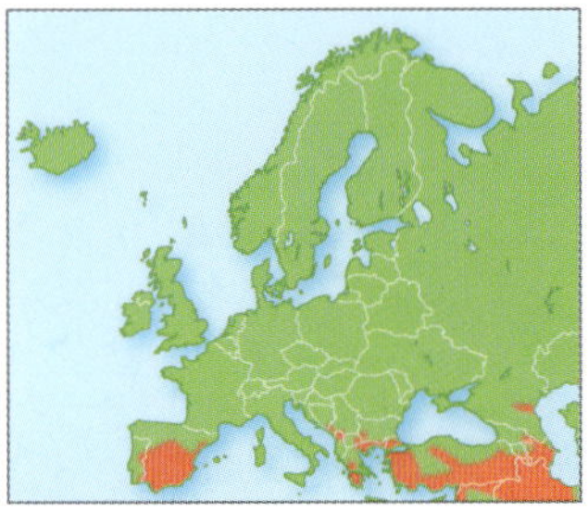

VERBREITUNG Brutvogel (Sommergast) in verschiedenen Teilen Europas, namentlich der Iberischen Halbinsel und im Mittelmeerraum östlich von Griechenland; überwintert in Afrika.

BEIDE GESCHLECHTER des Heckensängers sehen gleich aus, und auch die flüggen Jungvögel gleichen den Altvögeln. Typisch ist die Angewohnheit, den langen Schwanz in regelmäßigen Abständen zu spreizen und zu einem Fächer aufzustellen, wobei die weißen, schwarz umrandeten Enden der Schwanzfedern präsentiert werden. Heckensänger sind von Mitte Mai bis September in Europa zu beobachten.

VARIANTENREICH Die regionalen Varianten des Heckensängers unterscheiden sich stark; Tiere aus westlichen Gebieten sind auf der Oberseite heller als jene aus östlichen Regionen.

Rotkehlchen

FAMILIE Turdidae
ART *Erithacus rubecula*
LÄNGE 14 cm
HABITAT Wälder/Gärten
GELEGEGRÖSSE 5–7

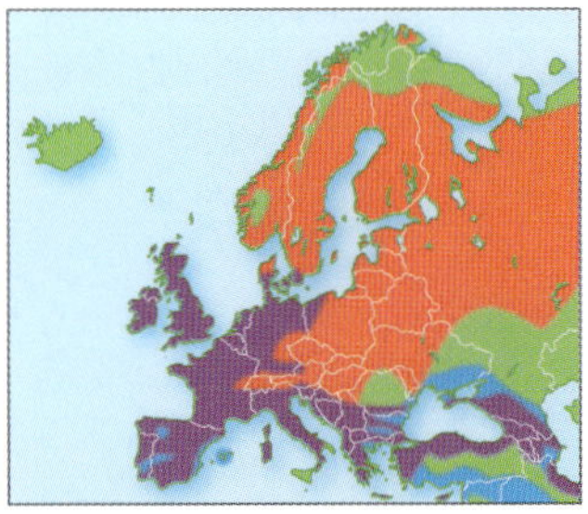

VERBREITUNG Standvogel in W-Europa und dem Mittelmeerraum; Brutvogel (Sommergast) in Mittel- und O-Europa, nördlich bis Skandinavien; überwintert teilweise am Schwarzen Meer.

EINER UNSERER BEKANNTESTEN Vögel ist ohne Zweifel das Rotkehlchen. Die Geschlechter unterscheiden sich äußerlich nicht. Die Tiere sind sehr ortstreu; dank ihres furchtlosen Wesens werden sie im Garten schnell recht zahm. Oft sind sie die ersten Gäste an einer Futterstelle, oder sie begleiten den umgrabenden Gärtner, um schnell einige freigelegte Regenwürmer zu erbeuten.

FÄRBUNG Nur adulte Rotkehlchen besitzen eine rote Brust. Jungvögel sind vornehmlich braun mit Sprenkeln an Brust und Kopf.

Blaukehlchen

FAMILIE Turdidae
ART *Luscinia svecica*
LÄNGE 14 cm
HABITAT Baumreiche Gebiete
GELEGEGRÖSSE 4–7

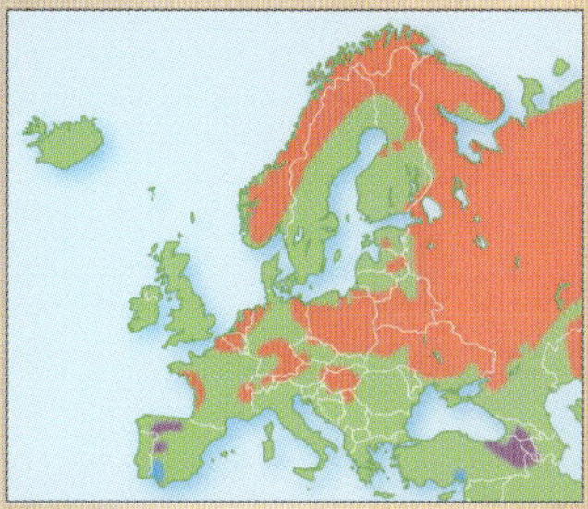

VERBREITUNG Sommergast in N- und Mitteleuropa bis Skandinavien; Standvogel in Spanien und südöstlich des Schwarzen Meers; überwintert in Afrika.

IN EUROPA gibt es mehrere Unterarten von Blaukehlchen, die sich anhand des blauen Kehlgefieders unterscheiden lassen. Bei der nordeuropäischen Form befindet sich in der Mitte ein rötlicher, bei süd- und mitteleuropäischen Blaukehlchen dagegen ein weißer Fleck. Die Weibchen sind blasser gefärbt und haben meist gar keine blauen Federn. Ihre Kehle ist weiß mit schwarzen Flecken am unteren Rand. Wie viele Drosselvögel ist das Blaukehlchen nicht nur ein begabter Sänger, sondern ahmt auch andere Geräusche gekonnt nach. Obwohl sie im hohen Norden nur Sommergäste sind, fand man Blaukehlchen, die den Klang der Rentierglocken in ihrem Brutgebiet nachahmten. Die Paare beginnen im Juni mit dem Brutgeschäft; das Weibchen baut das Nest allein. Nach zwei Wochen schlüpfen die Jungen und werden nach wiederum zwei Wochen flügge.

NAHRUNG Blaukehlchen suchen ihre Nahrung – Würmer, andere größere Wirbellose und Schnecken, aber auch Beeren – vor allem am Boden.

Blauschwanz

FAMILIE Turdidae
ART *Luscinia cyanura*
LÄNGE 14 cm
HABITAT Lockere Wälder
GELEGEGRÖSSE 4–5

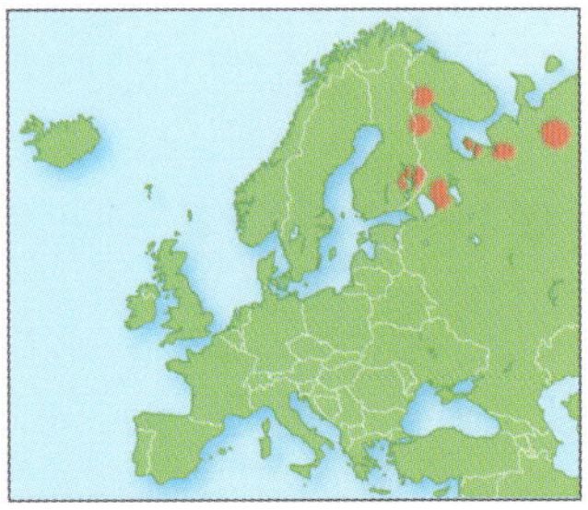

VERBREITUNG Nur als Brutvogel (Sommergast) in S-Skandinavien und östlich davon in Russland; überwintert in SO-Asien.

BEIDE GESCHLECHTER dieses kleinen Drosselvogels haben orangegelbe Flanken; die Männchen sind außerdem leicht an der blauen Oberseite zu erkennen. Blauschwänze haben die Angewohnheit, regelmäßig mit Flügeln und Schwanz zu zucken.

WAS IST ES? Im Bild ein Weibchen oder ein Jungvogel, erkennbar an der olivgrauen Oberseite.

Weißkehlsänger

FAMILIE Turdidae
ART *Irania gutturalis*
LÄNGE 18 cm
HABITAT Aride Landschaften
GELEGEGRÖSSE 4–6

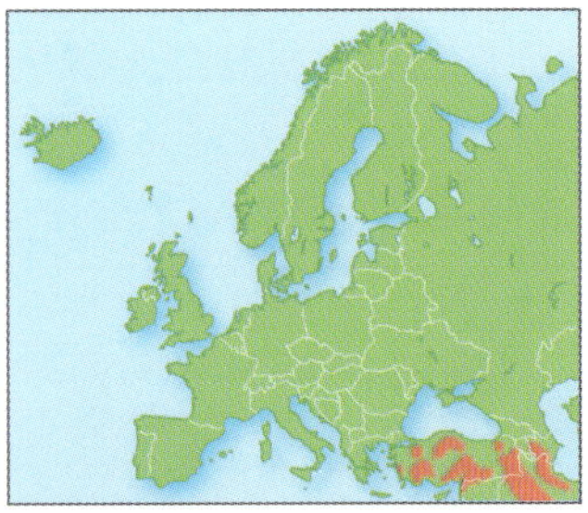

VERBREITUNG Als Brutvogel (Sommergast) im äußersten Südosten südlich des Schwarzen Meers; überwintert in O-Afrika.

BEI ADULTEN Weißkehlsängern lassen sich die Geschlechter leicht unterscheiden, sind doch die Männchen mit ihrer tief orangebraunen Unter- und grauen Oberseite viel farbenfroher als die Weibchen. Diese zeigen nur an den Flanken orangebraune Federn; auch fehlen ihnen die schwarzen Kopfseiten der Männchen.

IM VERBORGENEN Weißkehlsänger nisten in Büschen und sind – abgesehen von frei sitzenden, singenden Männchen – schwer zu entdecken.

Sprosser

FAMILIE Turdidae
ART *Luscinia luscinia*
LÄNGE 17 cm
HABITAT Wälder
GELEGEGRÖSSE 4–5

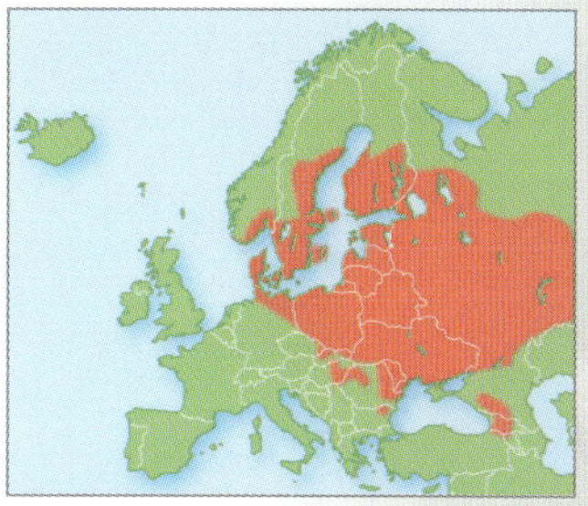

VERBREITUNG Brutvogel (Sommergast) nördlich bis nach S-Skandinavien; in Zentraleuropa und ostwärts bis in die ehemalige Sowjetunion; überwintert in Afrika.

DIE BRUST dieser Art ist graubraun gesprenkelt, ein wichtiges Merkmal, um den Sprosser von der Nachtigall zu unterscheiden. Auch Rücken und Flügeloberseiten sind bei ihm eher grautönig. Die Schwanzoberseite ist dagegen intensiver braun als bei der Nachtigall. Zudem ist sein Gesang nicht ganz so melodisch wie bei dieser.

UNGEWÖHNLICH Gelegentlich findet man beide Arten nebeneinander; so sichtete man den Sprosser in England, also außerhalb seines normalen Verbreitungsgebietes.

Nachtigall

FAMILIE Turdidae
ART *Luscinia megarhynchos*
LÄNGE 16 cm
HABITAT Wälder
GELEGEGRÖSSE 4–5

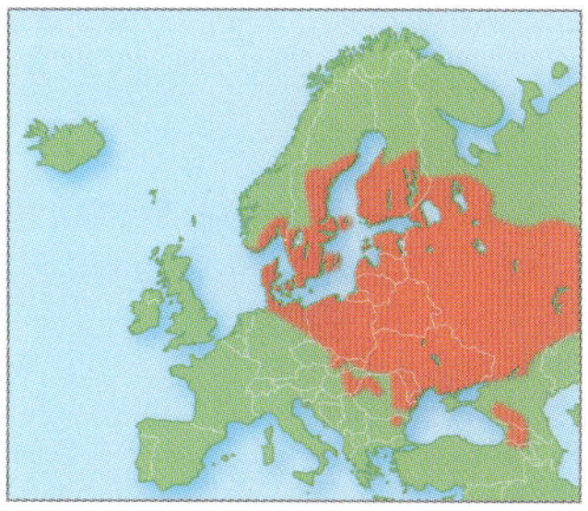

VERBREITUNG Als Brutvogel in W-Europa bis nach S-England anzutreffen; Verbreitungsgebiete im Mittelmeerraum und um das Schwarze Meer.

EIN HELL SANDBRAUNER Bruststreif und die ähnliche Färbung von Rücken und Flügeln kennzeichnen die Nachtigall. Der Gesang dieses äußerlich unscheinbaren Vogels inspirierte schon Dichter und Komponisten. Die Tiere treffen bereits Anfang April in Europa ein; ihr Gesang kündet vom bevorstehenden Frühling.

FÜTTERUNG Eine Nachtigall füttert ihren Nachwuchs. Im September ziehen die Tiere aus den Brutgebieten in ihr afrikanisches Winterquartier.

Hausrotschwanz

FAMILIE Turdidae

ART *Phoenicurus ochruros*

LÄNGE 14 cm

HABITAT Höhere Lagen/Städte

GELEGEGRÖSSE 5–6

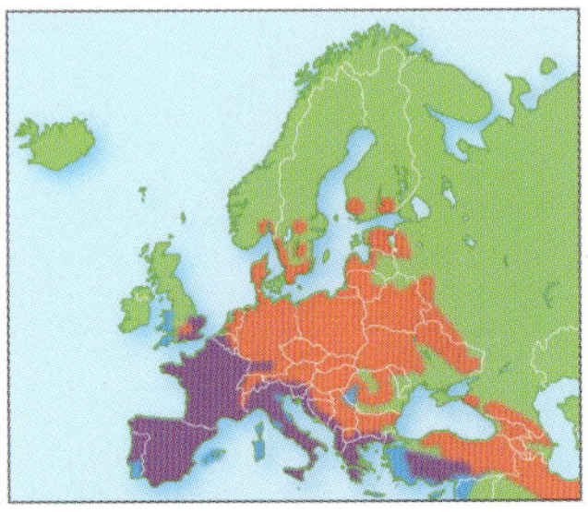

VERBREITUNG Standvogel in W-Europa und im Mittelmeerraum; Brutvogel (Sommergast) nordwärts bis S-Skandinavien; überwintert in S-Europa und Afrika.

DIE ROTE FÄRBUNG beschränkt sich beim Hausrotschwanz tatsächlich auf Schwanz, Bürzel und Unterschwanzdecken; ansonsten ist sein Federkleid – besonders bei der europäischen Unterart – recht dunkel. Die Paare brüten oft an hohen Gebäuden, die ähnliche Bedingungen bieten wie ihr ursprünglicher Lebensraum, das Gebirge.

SCHLICHTE WEIBCHEN Im Bild ein männlicher Hausrotschwanz. Die Weibchen sind eher grau gefärbt, ebenso die Jungvögel beiderlei Geschlechts.

Riesenrotschwanz

FAMILIE Turdidae

ART *Phoenicurus erythrogastrus*

LÄNGE 16 cm

HABITAT Gebirge

GELEGEGRÖSSE 5–6

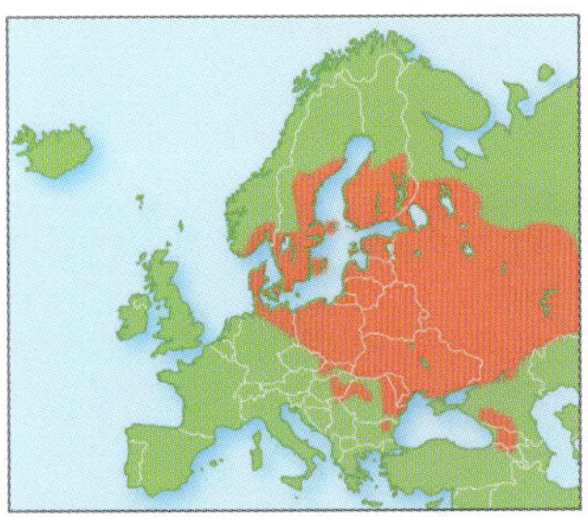

VERBREITUNG Standvogel in zwei Hochgebirgsregionen zwischen Schwarzem und Kaspischem Meer.

IM SOMMER beobachtet man den Riesenrotschwanz in Höhen von bis zu 5000 m, im Winter dagegen kommen die Tiere auf Höhen von manchmal nur 900 m herab. Die Geschlechter unterscheiden sich äußerlich stark. Die Weibchen sind ausschließlich graubraun, die Männchen tragen eine weiße Kappe und auffällige weiße Flügelflecken; Brust und Unterseite sowie Bürzel und Schwanz sind rostrot.

MOBIL Riesenrotschwänze haben ein begrenztes Verbreitungsgebiet, in dem sie je nach Wetterbedingungen und Nahrungsangebot jahreszeitliche Wanderungen unternehmen.

Gartenrotschwanz

FAMILIE Turdidae
ART *Phoenicurus phoenicurus*
LÄNGE 15 cm
HABITAT Wälder
GELEGEGRÖSSE 5–7

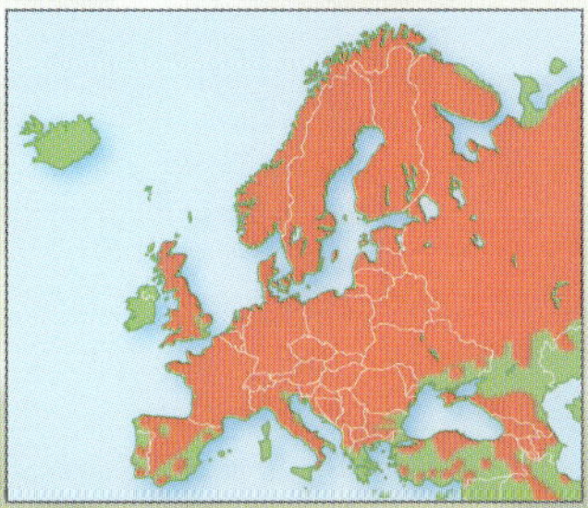

VERBREITUNG Brutvogel (Sommergast) in fast ganz Europa; fehlt in Island und Irland; überwintert in Afrika.

DER GARTENROTSCHWANZ ist der häufigste Rotschwanz Europas und zeigt dementsprechend regionale Farbvarianten. Die Männchen haben ein schwarzes Gesicht mit weißer Stirn; ihre Unterseite ist an der Brust tieforange, zum Schwanz hin heller. Die Weibchen sind weniger bunt: Ihre Brust ist blassorange, das übrige Gefieder graubraun. Jungvögel zeigen dieselbe Färbung. Die Tiere brüten in Wäldern, gern in alten Eichen und anderen Bäumen, die Bruthöhlen bieten. Die Männchen kehren vor den Weibchen, meist schon im März, aus dem Winterquartier zurück, um sich ein Revier zu erobern. Mit lautem Gesang versuchen sie dann, eine Partnerin anzulocken. Gartenrotschwänze sind hinsichtlich des Nistplatzes nicht wählerisch, solange dieser abgeschieden ist – auch leer stehende Gebäude und sogar Erdbaue werden nicht verschmäht. Das Weibchen brütet allein; nach rund 14 Tagen schlüpfen die Jungen. Sie entwickeln sich schnell und sind nach etwa 14 Tagen flügge. Oft ziehen die Eltern dann eine zweite Brut auf, bevor sie wieder in den Süden fliegen.

FARBVARIANTE Dies ist die in Europa am häufigsten auftretende Farbvariante des Gartenrotschwanzes. Anders als bei Vögeln aus der Türkei fehlt hier der weiße Flügelfleck.

GARTENROTSCHWÄNZE Ein Gartenrotschwanzpaar, rechts im Bild das Männchen. Die Tiere verzehren vor allem Insekten, besonders während der Jungenaufzucht. Wenn sie nicht am Boden Nahrung suchen, sitzen sie gern im Gezweig.

Braunkehlchen

FAMILIE Turdidae
ART *Saxicola rubetra*
LÄNGE 14 cm
HABITAT Offene Landschaften
GELEGEGRÖSSE 5–6

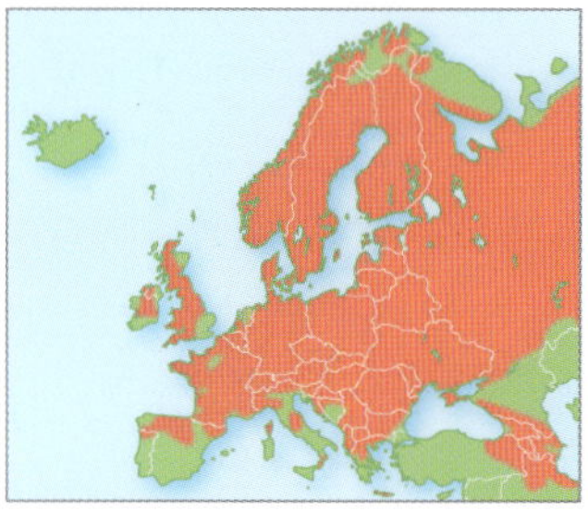

VERBREITUNG Brutvogel (Sommergast) aus Afrika; in fast ganz Europa verbreitet, jedoch nur im Norden der Iberischen Halbinsel; fehlt in S-England und im östlichen Mittelmeerraum.

BRAUNKEHLCHEN sind in unterschiedlichen Lebensräumen anzutreffen, von Weideland bis zu Feuchtwiesen, nicht jedoch auf bestellten Äckern. Die Geschlechter sind leicht zu unterscheiden: Die Brust des Männchens ist leuchtender gefärbt und der Überaugenstreif eher weiß als gelbbraun. Die Insektenfresser fangen ihre Beute meist im Flug, manchmal aber auch am Boden.

ARBEITSTEILUNG Ein Braunkehlchenmännchen auf einem Zaun. Nestbau und Brüten obliegen allein dem Weibchen; die Jungen werden von beiden Eltern gefüttert.

Schwarzkehlchen

FAMILIE Turdidae
ART *Saxicola rubicola*
LÄNGE 13 cm
HABITAT Offene Landschaften
GELEGEGRÖSSE 5–6

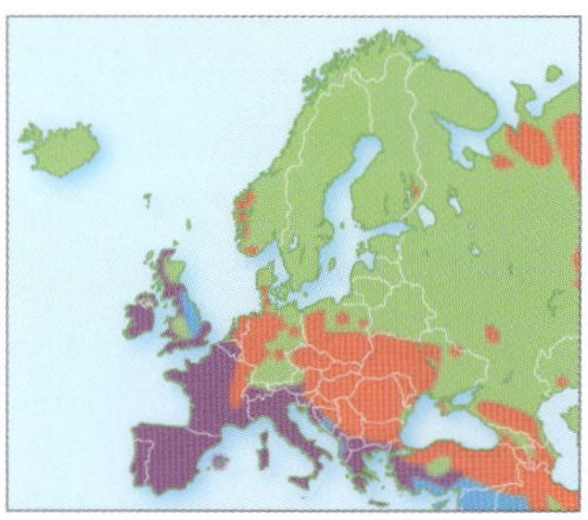

VERBREITUNG Standvogel fast im ganzen Westen Kontinentaleuropas, seltener auf den Britischen Inseln; Brutvogel (Sommergast) in Skandinavien und der ehemaligen Sowjetunion; überwintert in Afrika.

EIN BEVORZUGTER Lebensraum des Schwarzkehlchens ist die Heide. Dort baut es sein Nest gern inmitten von Stechginster, dessen spitze Dornen vor Raubfeinden schützen. Oft sieht man die Vögel zudem in küstennahen Dünenlandschaften. Auch bei ihnen unterscheiden sich die Geschlechter deutlich; die Männchen haben einen schwarzen Kopf und beiderseits einen auffälligen weißen Kragenstreif; bei den Weibchen ist der Kopf bräunlich gestromt und die Unterseite blasser.

WARNUNG Der Ruf des Schwarzkehlchens klingt so, als würde man zwei Steine gegeneinanderschlagen.

Zypernschmätzer

FAMILIE Turdidae
ART *Oenanthe cypriaca*
LÄNGE 15 cm
HABITAT Felsige Landschaften
GELEGEGRÖSSE 3–5

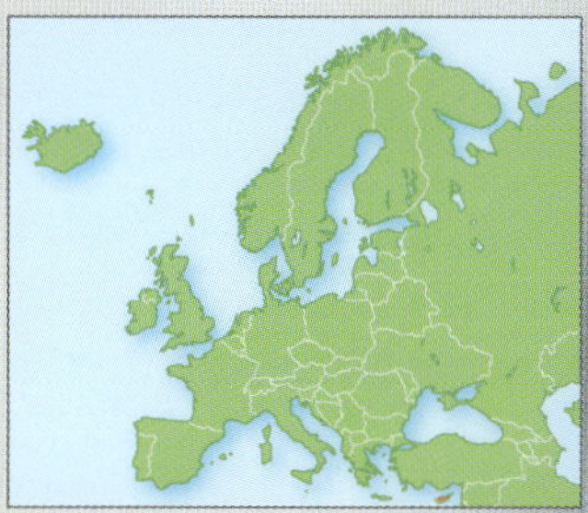

VERBREITUNG Nur auf Zypern im östlichen Mittelmeerraum anzutreffen; zieht im Winter über den Nahen Osten nach O-Afrika, Äthiopien und in den S-Sudan.

ALLJÄHRLICH IM FRÜHJAHR machen diese Schmätzer einen spektakulären Farbwandel durch; das Prachtkleid der Männchen ist vornehmlich schwarz mit einer weißen Kappe vom Schnabelansatz bis in den Nacken. Bei den Weibchen ist der Oberkopf gesprenkelt. Die Unterseite ist weißlich orangefarben.

SOMMERGAST Der Zypernschmätzer hält sich meist von März bis Oktober auf der Insel auf.

Wüstenschmätzer

FAMILIE Turdidae
ART *Oenanthe deserti*
LÄNGE 15 cm
HABITAT Aride Landschaften
GELEGEGRÖSSE 3–5

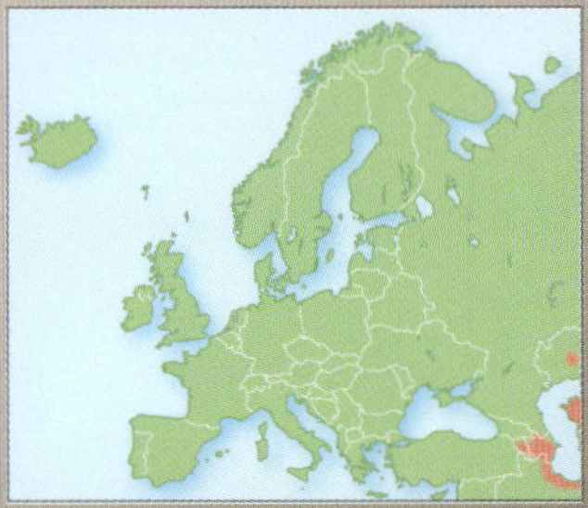

VERBREITUNG Nur im Südosten Europas verbreitet, wo er sich als Brutvogel (Sommergast) aus Afrika im östlichen Mittelmeerraum und am Kaspischen Meer aufhält.

SANDIGE LANDSCHAFTEN mit karger Vegetation sind die bevorzugten Lebensräume des Wüstenschmätzers. Die Geschlechter unterscheiden sich in der Färbung deutlich; das Gesicht der Männchen ist bis zum Flügelansatz hinunter schwarz mit einem schmalen, weißen Überaugenstreif und gelbbräunlichem Scheitel. Den Weibchen fehlt das schwarze Gesicht; ihre Wangen sind rostrot, die Unterseite ist weiß. Die Paare richten sich regelrechte Reviere ein. Die Tiere erbeuten Wirbellose und stoßen dafür auch zum Boden hinab. Das Nest wird vom Weibchen an einem versteckten Ort gebaut, oft zwischen trockener Vegetation.

WACHSAM Ein aufmerksames Männchen des Wüstenschmätzers. Die Jungen schlüpfen nach kaum 14 Tagen und werden ebenso schnell flügge.

Felsenschmätzer

FAMILIE Turdidae
ART *Oenanthe finschii*
LÄNGE 15 cm
HABITAT Höhere Lagen
GELEGEGRÖSSE 3–5

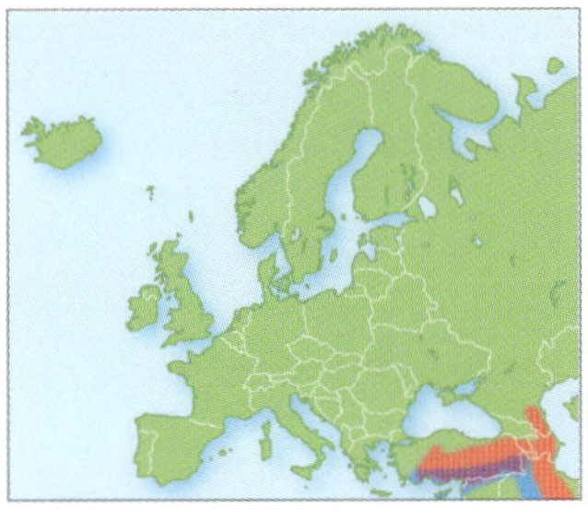

VERBREITUNG Südlich des Schwarzen Meers und nordöstlich davon anzutreffen; im Sommer rund um das Kaspische Meer.

DIE MÄNNCHEN sind bei dieser Art hauptsächlich schwarzweiß gefärbt, die Weibchen eher grau mit bräunlichen Ohrdecken. Man findet diese Steinschmätzer in kargen Bergregionen mit spärlicher Vegetation. Die Paare nisten in Felsspalten oder -löchern.

VERHALTEN Felsenschmätzer verteidigen ihr Revier vehement. Sie verzehren vor allem Wirbellose, gelegentlich jedoch auch Samen.

Mittelmeerschmätzer

FAMILIE Turdidae
ART *Oenanthe hispanica*
LÄNGE 15 cm
HABITAT Offene Landschaften
GELEGEGRÖSSE 3–5

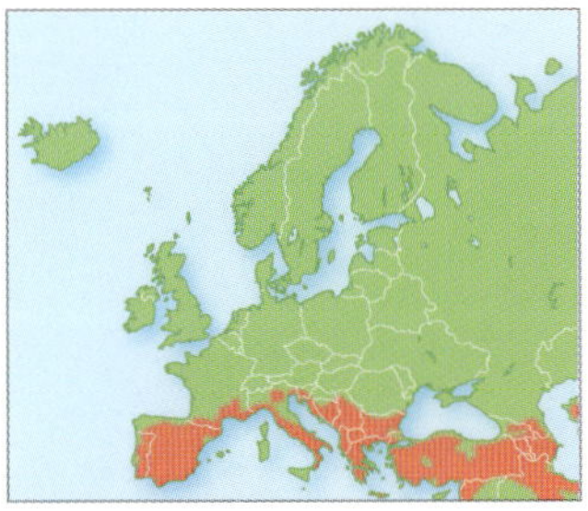

VERBREITUNG Brutvogel (Sommergast) in S-Europa; Verbreitungsgebiet im gesamten Mittelmeerraum, östlich bis über das Schwarze Meer hinaus; überwintert in Afrika.

DER MITTELMEERSCHMÄTZER ist einer von mehreren Steinschmätzern mit ähnlicher schwarzer Augenbinde; bei dieser Art erstreckt sich das Schwarz jedoch nicht bis zu den Flügeln hinunter. Die Weibchen sind bräunlich mit weißem Bauchgefieder. Die Tiere brüten in Südeuropa in abgelegenen, ariden Gebieten, manchmal in der Nähe von Gebirgsbächen. Das Weibchen baut das Nest versteckt zwischen Steinen.

WEISS GESTREIFT Im Bild die weißkehlige Variante des Mittelmeerschmätzers, bei der auch das Kopfgefieder ins Weiße tendiert.

Isabellschmätzer

FAMILIE Turdidae
ART *Oenanthe isabellina*
LÄNGE 16 cm
HABITAT Grasland
GELEGEGRÖSSE 3–8

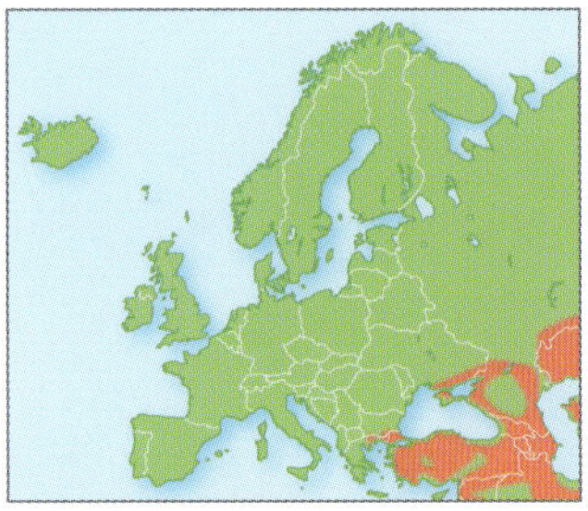

VERBREITUNG Brutvogel im östlichen Mittelmeerraum; auch östlich und nördlich des Schwarzen Meers anzutreffen; überwintert in Afrika.

DER NAME dieses Steinschmätzers leitet sich von seiner Farbe ab – als „isabellfarben" bezeichnet man einen Graubeigeton. Die Geschlechter sehen nahezu gleich aus, doch sind die Zügelstreife vor den Augen beim Männchen intensiver schwarz als beim Weibchen.

AUFGERICHTET Der Isabellschmätzer hat eine typische, fast senkrecht aufgerichtete Haltung. Die Paare brüten oft unterirdisch in verlassenen Nagetierbauen.

Schwarzrückenschmätzer

FAMILIE Turdidae
ART *Oenanthe lugens*
LÄNGE 16 cm
HABITAT Gebirge
GELEGEGRÖSSE 3–5

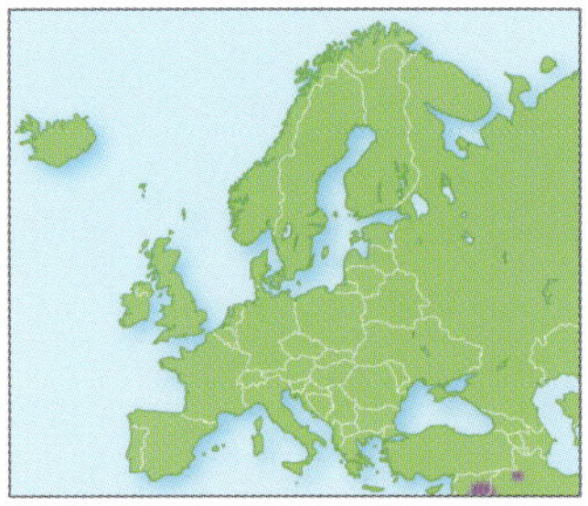

VERBREITUNG Standvogel vom östlichen Mittelmeerraum bis in den Nahen Osten und Afrika; fehlt im übrigen Europa.

DIE MÄNNCHEN dieser Art sind schwarz-weiß mit gelbbraunen Unterschwanzdecken. Die Tiere leben im vegetationsarmen Hochland, oft an steilen Felshängen. Die Paare ziehen ihre Jungen gern vor Raubfeinden geschützt zwischen den Felsen auf.

ÄHNLICHKEITEN Im Sommerkleid ähneln sich die Geschlechter stark, doch sind die Farben der Weibchen gedämpfter. Im Winter zeigen sie mehr Grau.

Steinschmätzer

FAMILIE Turdidae
ART *Oenanthe oenanthe*
LÄNGE 15 cm
HABITAT Offene Landschaften
GELEGEGRÖSSE 3–5

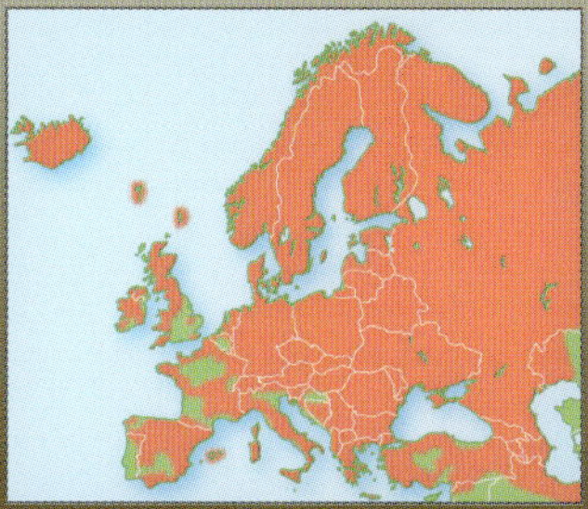

VERBREITUNG Brütet im Sommer in fast ganz Europa bis hinauf nach Island, außer in einigen Regionen W-Europas, beispielsweise in Teilen S-Englands; überwintert in Afrika.

DIESER HÄUFIGSTE Steinschmätzer Europas ist in verschiedensten Lebensräumen zu beobachten, vom Grasland bis hin zu Kiesstränden. Die Männchen zeigen im Prachtkleid einen charakteristischen Streifen vom Schnabel beiderseits seitlich am Kopf, der hinter den Augen breiter wird. Die Weibchen haben nur einen zarten, eher grauen Zügelstreif zwischen Augen und Schnabel. Steinschmätzer ernähren sich vornehmlich von Wirbellosen, fressen aber auch Samen. Das Nest ist meist am Boden versteckt, manchmal auch in Mauerspalten. Die Paare ziehen, besonders im südlichen Europa, nicht selten zwei Bruten pro Sommer auf. Die Jungvögel begeben sich bemerkenswerterweise noch vor ihren Eltern zurück in ihr südafrikanisches Winterquartier.

LAUTMALERISCH Die Bezeichnung „Schmätzer“ bezieht sich auf den typischen Gesang dieser Vögel.

Nonnenschmätzer

FAMILIE Turdidae
ART *Oenanthe pleschanka*
LÄNGE 16 cm
HABITAT Gebirge
GELEGEGRÖSSE 3–5

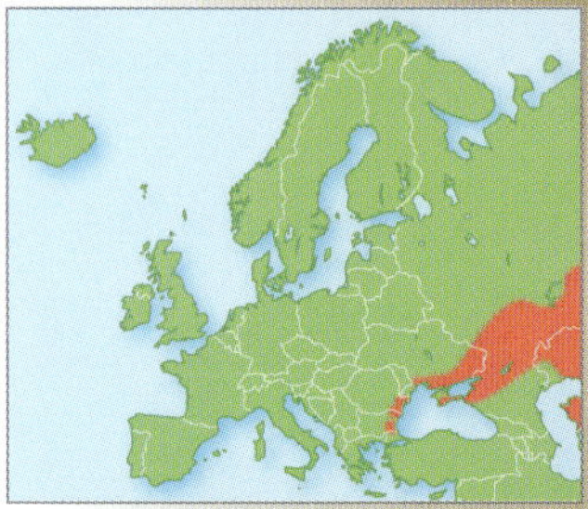

VERBREITUNG Brutvogel (Sommergast) an der nördlichen Schwarzmeerküste und nordöstlich davon beiderseits des Kaspischen Meers.

DER NONNENSCHMÄTZER ist fast rein schwarz-weiß, jedoch mit leicht orangebräunlicher Tönung an der weißen Brust. Die Weibchen sind insgesamt eher grau mit Streifen an der unteren Brust und blassgrauem Bauch. Nonnenschmätzer leben in Bergregionen; wo sich ihr Verbreitungsgebiet mit dem des Mittelmeerschmätzers überschneidet, findet man sie in größerer Höhe.

ZUGVÖGEL Auf ihrem Weg aus dem ostafrikanischen Winterquartier in ihre südosteuropäischen Brutgebiete ziehen Nonnenschmätzer über den Nahen Osten.

Steinrötel

FAMILIE Turdidae
ART *Monticola saxatilis*
LÄNGE 20 cm
HABITAT Felsiges Gelände
GELEGEGRÖSSE 3–6

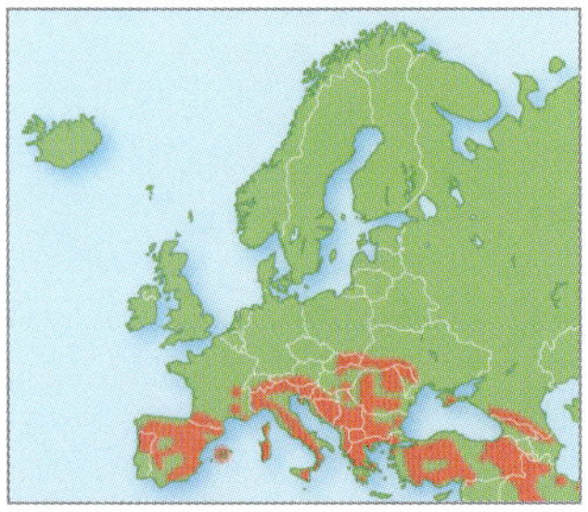

VERBREITUNG Als Brutvogel (Sommergast) in weiten Teilen S-Europas bis über das Kaspische Meer hinaus verbreitet; überwintert in Afrika.

AUSSERHALB DER Brutperiode sehen sich beide Geschlechter recht ähnlich, doch wenn die Steinrötel im Frühling in ihre europäischen Brutgebiete zurückkehren, trägt das Männchen sein Prachtkleid, das viel farbenfroher ist als das Sommerkleid des Weibchens. Letzteres ist eher dunkel und am Körper gebändert. Die Vögel sind meist oberhalb von 1500 m anzutreffen und nisten in Felsnischen oder sogar Gebäuden.

FEDERKLEID Ein männlicher Steinrötel im Prachtkleid mit blauem Kopfgefieder und orangefarbener Unterseite.

Blaumerle

FAMILIE Turdidae
ART *Monticola solitarius*
LÄNGE 23 cm
HABITAT Felsige Landschaften
GELEGEGRÖSSE 3–6

VERBREITUNG Standvogel von der Iberischen Halbinsel ostwärts fast im gesamten Mittelmeerraum; östlich davon bis zum Kaspischen Meer eher als Brutvogel verbreitet.

ZWAR TRIFFT MAN die Blaumerle in geringeren Höhen als den Steinrötel an, doch nistet sie wie dieser an Felsvorsprüngen oder leer stehenden Gebäuden. Die Männchen wechseln zu Beginn der Brutperiode nicht das Federkleid und halten sich fast im gesamten Verbreitungsgebiet ganzjährig auf. Nur sie zeigen die namensgebende blaue Färbung; die Weibchen sind bräunlich mit hellerer, fein gestromter Unterseite. Mit ihrem langen Schnabel stochern Blaumerlen nach Wirbellosen, ihrer Hauptnahrung. Auch Beeren und selbst kleine Wirbeltiere wie Eidechsen verschmähen sie nicht. Blaumerlen sind sehr scheu und leben in baumarmen Gebieten; bei Störungen suchen sie Deckung. Im freien Gelände sitzen sie oft auf Felsen.

AUF DER HUT Das stets wachsame Blaumerlenmännchen hält hoch aufgerichtet nach Gefahren Ausschau. Oft verraten sich die Tiere durch lauten Gesang.

Rotdrossel

FAMILIE Turdidae
ART *Turdus iliacus*
LÄNGE 23 cm
HABITAT Nadelwälder
GELEGEGRÖSSE 4–5

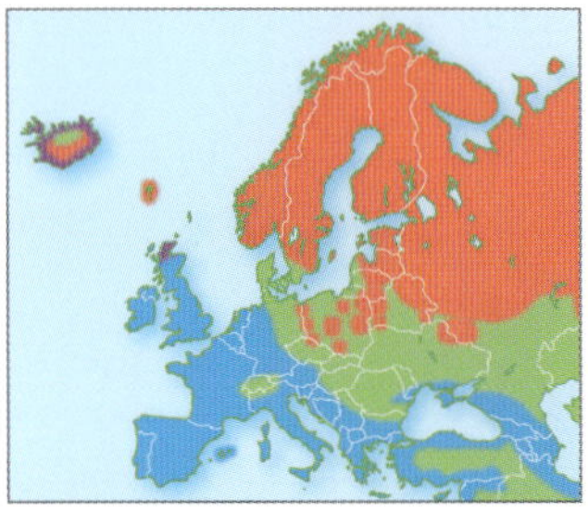

VERBREITUNG Als Brutvogel (Sommergast) im Nordosten Europas, auch in Island, Skandinavien und östlich davon; überwintert im westlichen Europa bis in den Mittelmeerraum.

ROTDROSSELN TRAGEN auffällige weiße Überaugenstreifen; ihre Unterseite zeigt die drosseltypische Zeichnung. Die Geschlechter sind äußerlich nicht zu unterscheiden. Winters sieht man die Tiere oft in Westeuropa, wo sie besonders in harten Wintern oft in großen Trupps in Gärten einfallen, um nach Nahrung zu suchen.

BEERENHUNGER Rotdrosseln verspeisen im Winter verschiedene Beeren. Die rostroten Flecken an den Flanken sind hier besser erkennbar als jene unter den Flügeln.

Amsel

FAMILIE Turdidae
ART *Turdus merula*
LÄNGE 29 cm
HABITAT Wälder/Gärten
GELEGEGRÖSSE 3–5

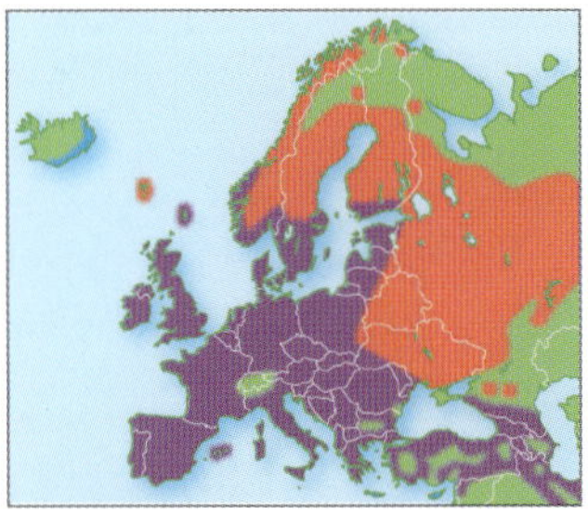

VERBREITUNG Standvogel von SW-Skandinavien und den Britischen Inseln bis in den Mittelmeerraum; weiter nördlich und östlich als Brutvogel.

IN DEN LETZTEN 100 Jahren sind die Amseln zu typischen Gartenvögeln geworden; vorher kannte man sie eher in ländlichen Gebieten. Sie sind hervorragende Sänger: Die Männchen singen laut während der Brutperiode, also vom Frühling bis in den Spätsommer. Zwar bedienen sie sich gern am Futterhäuschen, doch suchen sie auch den Rasen oder Beete nach Würmern ab, die sich dicht unter der Oberfläche aufhalten.

ELEGANT Im Bild ein Amselmännchen. Die Weibchen sind eher braun; vereinzelt treten Teilalbinos auf.

Singdrossel

FAMILIE Turdidae
ART *Turdus philomelos*
LÄNGE 22 cm
HABITAT Wälder/Gärten
GELEGEGRÖSSE 5–6

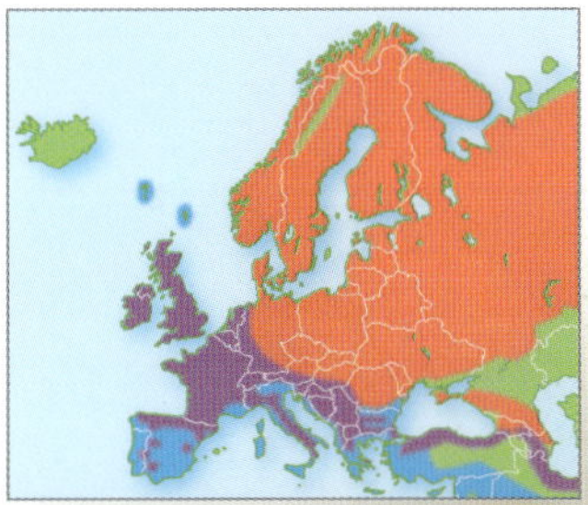

VERBREITUNG Standvogel auf den Britischen Inseln, in W-Europa über Italien bis zum Mittelmeer; überwintert in Spanien und W-Europa; Brutvogel (Sommergast) in Skandinavien und O-Europa.

DER NAME IST PROGRAMM: Singdrosseln sind begabte Sänger. Die Männchen singen oft von exponierter Warte aus, etwa einem Zweig. Sie sind im Garten willkommen, weil sie sich von wirbellosen Schädlingen ernähren und so als Nützlinge fungieren. Singdrosseln benutzen eine besondere Technik, um Gehäuseschnecken zu knacken: Sie schlagen diese wiederholt auf eine harte Oberfläche, meist einen Stein, die „Drosselschmiede“. Außer Wirbellosen verzehren die Tiere allerdings auch Beeren und Früchte der Saison; so fressen sie an herabgefallenen Äpfeln. Das Weibchen baut ein schalenförmiges Nest aus Pflanzenteilen, meist versteckt in einer Hecke. Die Jungen schlüpfen nach 15 Tagen und werden nach etwa derselben Zeit flügge.

FLEISSIG Die Singdrossel ist in vielen Teilen Europas ganzjährig heimisch. Die Paare ziehen im Sommer bis zu drei Bruten auf.

Wacholderdrossel

FAMILIE Turdidae
ART *Turdus piliaris*
LÄNGE 25 cm
HABITAT Wälder/Gärten
GELEGEGRÖSSE 5–6

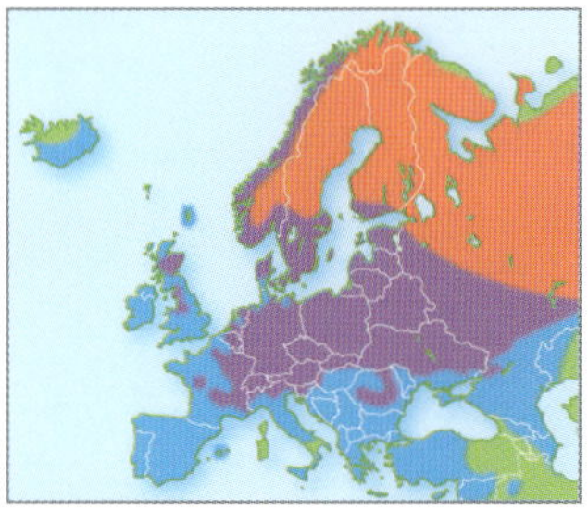

VERBREITUNG In Wäldern N-Europas und Skandinaviens als Standvogel verbreitet; weiter nördlich als Brutvogel (Sommergast); die meisten Vögel ziehen im Winter süd- und westwärts.

DIESE RECHT GROSSE Art ist oberseits hellgrau; die Flügelunterdecken sind weiß und im Flug deutlich sichtbar. Der dunkle Schwanz erscheint relativ lang. Die Unterseite ist kräftig gesprenkelt, die obere Brust zart gelblichorange getönt. Die Geschlechter sehen gleich aus; Jungvögel zeigen jedoch helle Flecken auf den Flügeln. Wacholderdrosseln sind im Winter häufige Gäste im Garten, wo sie Fallobst und Beeren verzehren. In der Brutsaison nisten sie verstreut in Wäldern und Parks, manchmal in kleinen Kolonien.

WINTERFUTTER Wacholderdrosseln fressen im Winter viele Beeren und fallen oft in Schwärmen in Gärten ein.

Ringdrossel

FAMILIE Turdidae
ART *Turdus torquatus*
LÄNGE 24 cm
HABITAT Moore, Hochland
GELEGEGRÖSSE 4–5

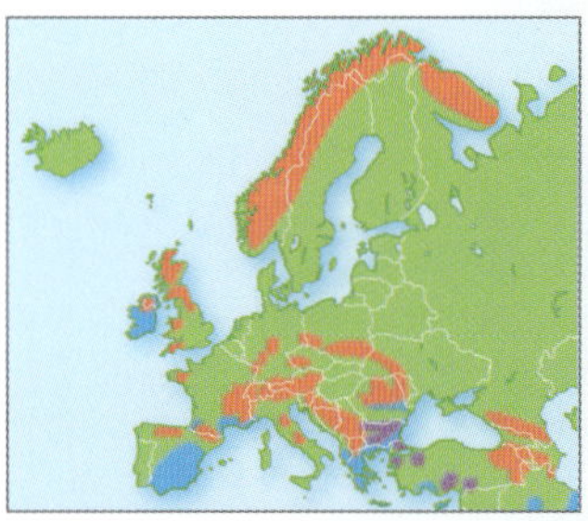

VERBREITUNG Brutvogel (Sommergast) im felsigen Hochland W- und N-Europas; überwintert größtenteils in S-Europa und N-Afrika.

RINGDROSSELN LEBEN in entlegenen, felsigen Hochlandgebieten und sind recht scheu; daher sieht man sie nur selten. Als Zugvögel sind sie manchmal bei der Futtersuche auf küstennahem Grasland zu beobachten, doch im Brutgebiet leben sie sehr verborgen. Die Geschlechter sehen einander ähnlich; die Weibchen sind eher braun, und der weiße, halbmondförmige Brustfleck ist weniger deutlich gezeichnet. Gelegentlich hört man ihren fast klagenden Gesang oder ein scharfes „Tschack“, ihren Warnruf.

BRUSTFLECK Der weiße Brustfleck unterscheidet das Ringdrossel- vom Amselmännchen (*siehe* S. 272).

Misteldrossel

FAMILIE Turdidae
ART *Turdus visvivorous*
LÄNGE 27 cm
HABITAT Wälder/Parks
GELEGEGRÖSSE 4–5

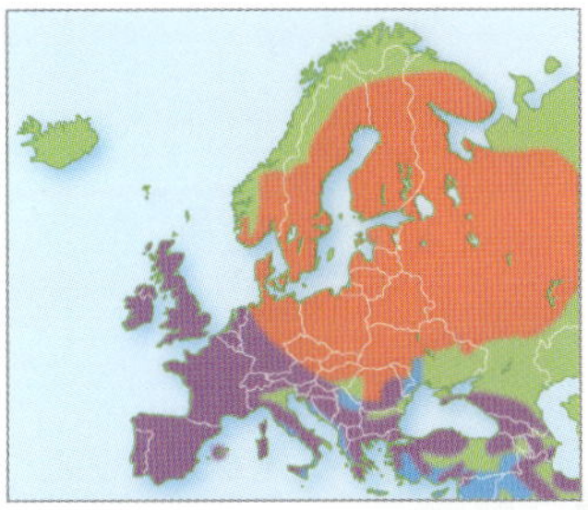

VERBREITUNG In fast ganz Europa, der Türkei und im Nahen Osten als Standvogel teils häufig anzutreffen; Brutvogel (Sommergast) in nördlicheren Gebieten.

DIE MISTELDROSSEL ist die größte ihrer Art; oberseits meist graubraun und auf der Unterseite kräftig gefleckt. Im Flug erkennt man große weiße Flecken an den Flügelunterseiten. Die Misteldrossel ist im Frühjahr einer der ersten Sänger und singt oft auch bei stürmischem Wetter, wenn andere Vögel verstummt sind. Meist singt sie von hoher Warte aus. Die kurzen Strophen klingen im Vergleich zur Singdrossel (*siehe S. 273*) melancholisch; zu hören sind auch schnarrende Warnrufe und ein scharfes „Tschik". Die bevorzugte Nahrung sind Würmer, Insekten und Beeren.

NIMMERSATT Eine Misteldrossel füttert ihre Jungen im hoch oben in einer Astgabel gebauten, mit Gras gepolsterten Nest.

Mönchsgrasmücke

FAMILIE Sylviidae
ART *Sylvia atricapilla*
LÄNGE 14 cm
HABITAT Wälder/Buschwerk
GELEGEGRÖSSE 5

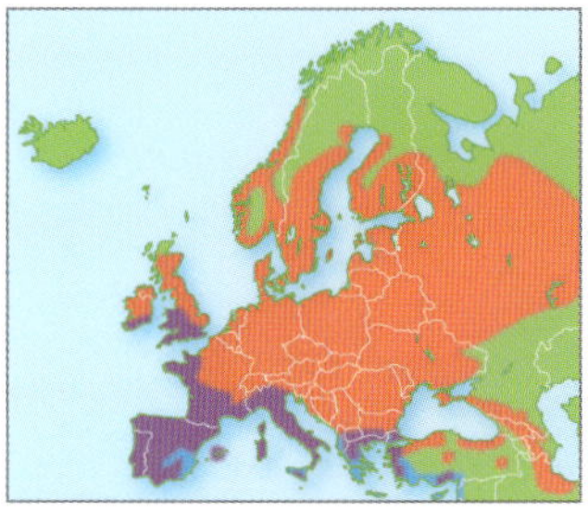

VERBREITUNG Häufiger Brutvogel in Europa außer im hohen Norden; Standvogel in weiten Teilen SW-Europas und auf den Mittelmeerinseln.

BEI DIESER GRÖSSTENTEILS grau gefiederten Grasmücke tragen die Männchen eine auffällige schwarze, die Weibchen eine rotbraune Kappe. Junge Männchen ähneln zunächst Weibchen, haben im Herbst dann aber eine schwarze Kappe mit braunen Sprenkeln. Das Grau des Gefieders ist beim Männchen etwas dunkler als beim Weibchen. Der melodische Gesang der Tiere erklingt meist aus versteckter Warte heraus; daneben gibt es verschiedene schwatzende und schnalzende Rufe. Der Gesang ähnelt dem der Gartengrasmücke, jedoch mit kürzeren Strophen. Mönchsgrasmücken verzehren Insekten und Spinnen, aber auch Früchte; so tun sie sich im Winter an Fallobst gütlich.

MELODISCH Der Gesang der Mönchsgrasmückenmännchen zählt zu den schönsten, die man im Frühling hört. Die Tiere singen innerhalb ihres Reviers.

Gartengrasmücke

FAMILIE Sylviidae
ART *Sylvia borin*
LÄNGE 14 cm
HABITAT Wälder/Parks
GELEGEGRÖSSE 4–5

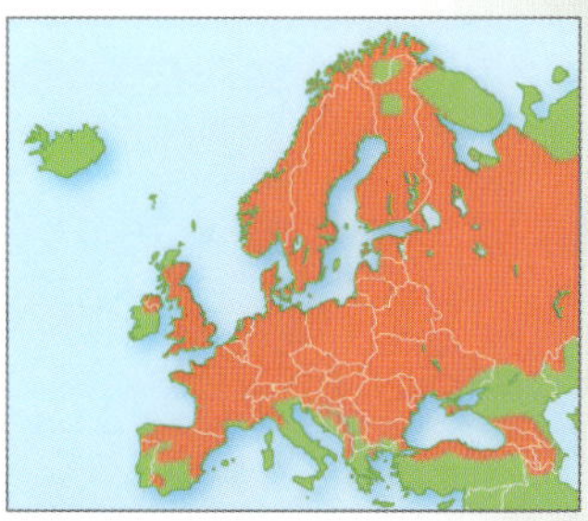

VERBREITUNG Brutvogel (Sommergast) in weiten Teilen Europas; fehlt in Island, N-Skandinavien, Russland und an der Mittelmeerküste.

DIE GESTALT der schlichten graubraunen Gartengrasmücke erscheint etwas plump und ist eher unauffällig. Die Halsseiten sind manchmal zartgrau, die Unterseite ist meist heller als der Rücken. Der dunkelgraue Schnabel ist recht kräftig. Beide Geschlechter sehen gleich aus; bei Jungvögeln sind die Federspitzen an den Flügeln jedoch heller. Gartengrasmücken sind sehr scheu und daher schwer zu beobachten.

HEIMLICHER SÄNGER Gartengrasmücken bleiben meist im Verborgenen, besuchen aber gelegentlich Vogeltränken. Ihr Gesang ist wohlklingend.

Weißbartgrasmücke

FAMILIE Sylviidae
ART *Sylvia cantillans*
LÄNGE 12 cm
HABITAT Macchie/Buschwald
GELEGEGRÖSSE 3–4

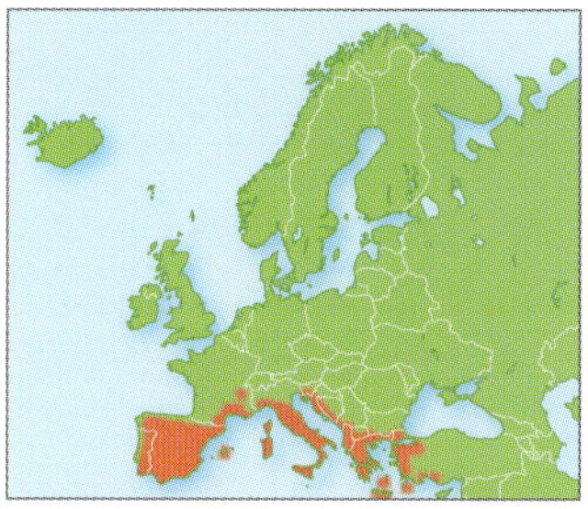

VERBREITUNG Brutvogel (Sommergast) der Mittelmeerküste, der Iberischen Halbinsel und N-Afrikas; als Durchzügler gelegentlich weiter nördlich.

DIE SCHLANKE Weißbartgrasmücke hat einen eher kurzen Schwanz, eine graue Oberseite und einen weißen Bartstreif. Die Augen umgibt ein roter Lidring; Kehle und Flanken sind rot. Beim blasseren Weibchen umgibt ein heller Ring den roten Lidring. Gesang und Rufe der Tiere klingen kratzig und sind meist aus dichtem Buschwerk zu vernehmen; gelegentlich antworten Männchen auf den Gesang.

UNDERCOVER Diese Art schätzt dichte Deckung, ist als Durchzügler aber auch in offenem Gelände zu sehen.

Dorngrasmücke

FAMILIE Sylviidae
ART *Sylvia communis*
LÄNGE 14 cm
HABITAT Hecken/Buschwerk
GELEGEGRÖSSE 4–5

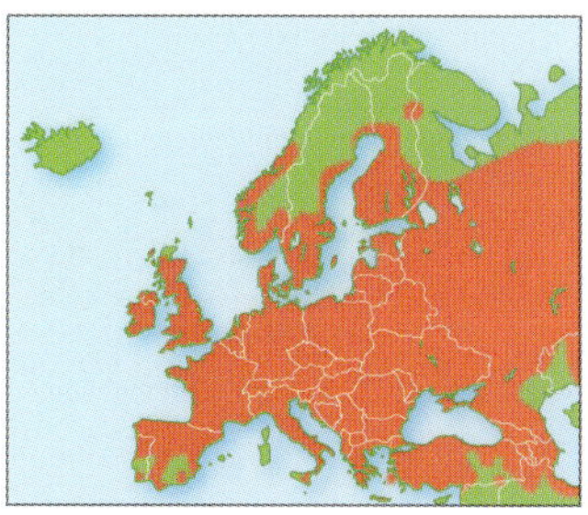

VERBREITUNG Brutvogel (Sommergast) in fast ganz Europa außer Island und dem Norden Skandinaviens und Russlands; überwintert in Schwarzafrika.

DIE BRAUNGRAUE, recht langschwänzige Grasmückenart zeigt eine auffällige weiße Kehle, wenn sie auf freier Warte sitzend schmetternd singt. Gegen das Grau von Kopf und Rücken setzen sich die Flügel mit rötlich brauner Färbung ab. Der heisere Stakkatogesang wird manchmal in kurzem, flatterndem Singflug über einem favorisierten Sitzplatz vorgetragen. Die Tiere bauen ihr Nest meist im Dickicht; fütternde Dorngrasmücken äußern im Gebüsch gelegentlich scharfe Warnrufe.

KRATZIG Ein Dorngrasmückenmännchen trägt gut sichtbar auf einem Zweig sitzend seinen eiligen, kratzigen Gesang vor.

Brillengrasmücke

FAMILIE Sylviidae
ART *Sylvia conspicillata*
LÄNGE 13 cm
HABITAT Zwergsträucher
GELEGEGRÖSSE 4–5

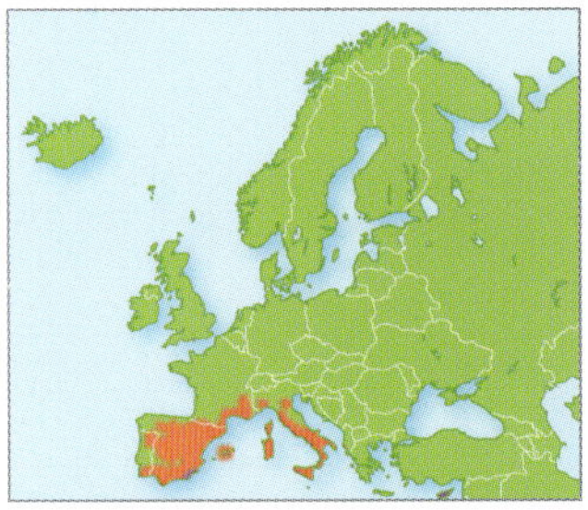

VERBREITUNG Brutvogel (Sommergast) im offenen Buschland der westlichen Mittelmeerküsten; an den Küsten N-Afrikas meist Standvogel.

AUF DEN ERSTEN Blick sieht die Brillengrasmücke aus wie eine Dorngrasmücke (*siehe* S. 277) mit dunklem Kopf, doch ist bei gutem Licht ihr heller Augenring erkennbar. Die Männchen sind unterseits graurosa; beide Geschlechter haben rostrote Flügeldecken. Ihr Gesang ähnelt dem der Dorngrasmücke, setzt aber meist mit reineren Flötentönen ein und wird oft in kurzem, flatterndem Flug vorgetragen.

GEMEINSAM Brillengrasmücken nisten in trockenem Buschland. Beide Eltern kümmern sich um die Brut.

Klappergrasmücke

FAMILIE Sylviidae
ART *Sylvia curruca*
LÄNGE 13 cm
HABITAT Buschland/offene Landschaften
GELEGEGRÖSSE 4–6

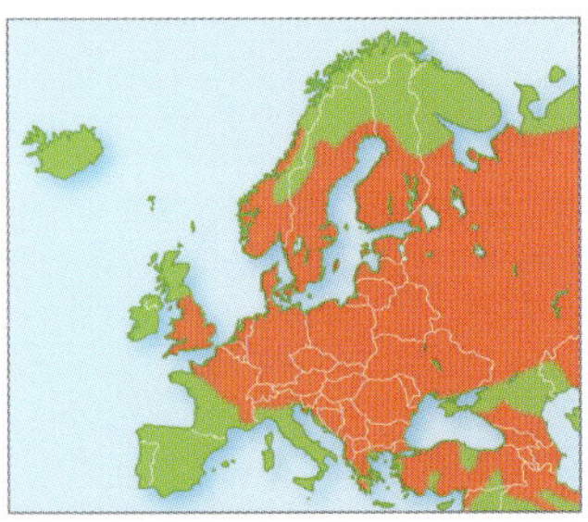

VERBREITUNG Als Brutvogel (Sommergast) von NO-Afrika über Europa und die Türkei bis zum Kaukasus verbreitet; fehlt in SW-Europa, Irland und im hohen Norden.

DIE SCHEUE, unauffällige Klappergrasmücke ist nur wenig kleiner als die Dorngrasmücke (*siehe* S. 277) und unterscheidet sich von ihr vor allem durch das grauere Federkleid und die zurückhaltende Art. Ihre dunkelgrauen Ohrdecken können bei entsprechender Beleuchtung maskenhaft wirken; manche Tiere haben zudem einen sehr hellen Überaugenstreif. Der trockenschnarrende Gesang und kurze, klickende Warnrufe werden meist aus dichter Deckung heraus vorgetragen.

GRAU IN GRAU Im Gegensatz zur Dorngrasmücke zeigt diese Art keinerlei Rot- oder Brauntöne.

Orpheusgrasmücke

FAMILIE Sylviidae
ART *Sylvia hortensis*
LÄNGE 15 cm
HABITAT Macchie/Buschwald
GELEGEGRÖSSE 4–5

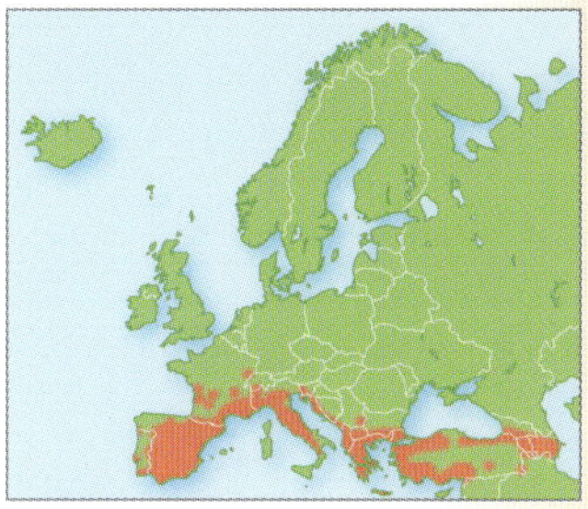

VERBREITUNG Als Brutvogel (Sommergast) aus Schwarzafrika an der Mittelmeerküste, auf der Iberischen Halbinsel, in der Türkei, im Kaukasus und in N-Afrika verbreitet.

WIE DIE MEISTEN ihrer Art lebt auch diese größte Grasmücke sehr zurückgezogen und ist deshalb besonders schwer zu beobachten. Sie bewohnt Baumkronen und verrät sich oft nur durch ihren wohlklingenden, singdrosselähnlichen Gesang (*siehe* S. 273). Entdeckt man sie doch einmal im Laub, gibt sie sich durch den schwarzen Kopf und die kontrastierende weiße Brust zu erkennen.

KONTRASTREICH Die hellgelben Augen der männlichen Orpheusgrasmücke bilden einen starken Kontrast zum schwarzen Kopfgefieder.

Wüstengrasmücke

FAMILIE Sylviidae
ART *Sylvia nana*
LÄNGE 12 cm
HABITAT Wüsten/Buschland
GELEGEGRÖSSE 4–5

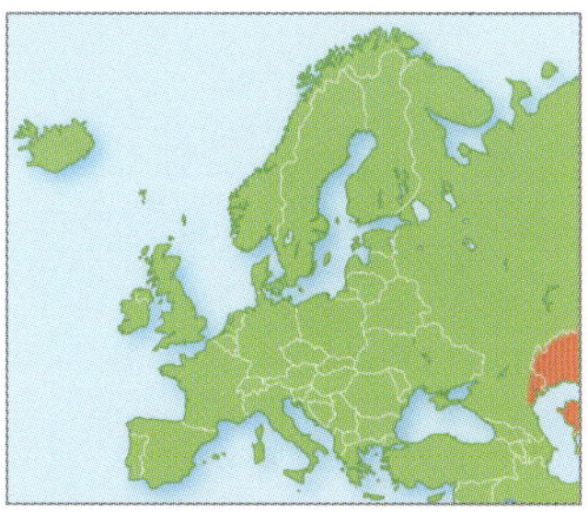

VERBREITUNG Als Standvogel wahrscheinlich in zwei Unterarten in N-Afrika und Asien; sehr selten während der Herbstwanderung als Gast im nördlicheren Europa.

DIE KLEINSTE Grasmückenart sucht sich ihre Nahrung oft außerhalb der Deckung und läuft dabei nicht selten gut sichtbar am Boden von Busch zu Busch. Die afrikanische Unterart ist oberseits hell gelbbraun und unterseits weiß, die asiatische dagegen auf der Oberseite graubraun mit etwas dunkleren Flanken. Letztere zieht gelegentlich bis nach Europa hinein. In ihrer Heimat sieht man sie manchmal gemeinsam mit Wüstenschmätzern (*siehe* S. 266) nach Nahrung suchen.

ALLES GELB Die kleine Wüstengrasmücke hat gelbe Augen mit weißem Augenring, gelbe Beine und einen gelben Schnabel mit dunkler Spitze.

Sperbergrasmücke

FAMILIE Sylviidae
ART *Sylvia nisoria*
LÄNGE 15 cm
HABITAT Hecken/Buschwerk
GELEGEGRÖSSE 5

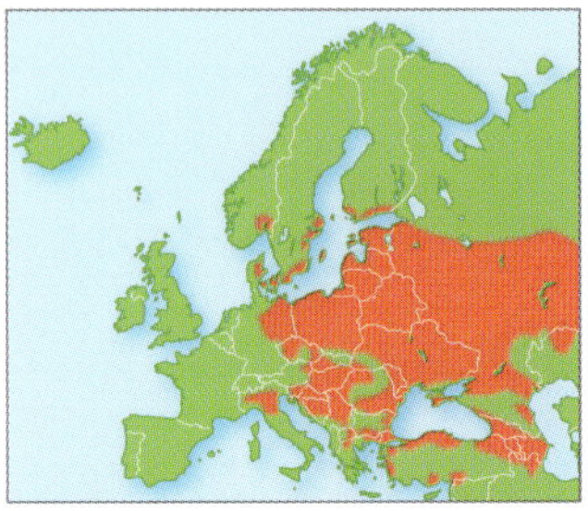

VERBREITUNG Häufiger Brutvogel (Sommergast) aus O-Afrika; verbreitet in Mittel- und O-Europa; junge Vögel kommen gelegentlich weiter westlich.

DIE SPERBERGRASMÜCKE, eine der größten und kräftigsten Grasmücken, erscheint aus der Entfernung vornehmlich grau. Die helle Unterseite ist gesperbert, die Augen sind hellgelb. Adulte Männchen haben ein würgerähnliches Aussehen. Die Weibchen sind weniger auffällig gezeichnet; noch schlichter ist das Federkleid der Jungvögel. Der Gesang ähnelt dem der Gartengrasmücke (*siehe* S. 276), ist aber rauer.

LAUTE STIMME Die Sperbergrasmücke singt laut schnarrend, ist aber nur schwer zu entdecken, da sie sich im Unterholz verbirgt.

Sardengrasmücke

FAMILIE Sylviidae
ART *Sylvia sarda*
LÄNGE 12 cm
HABITAT Macchie/Buschwald
GELEGEGRÖSSE 3–4

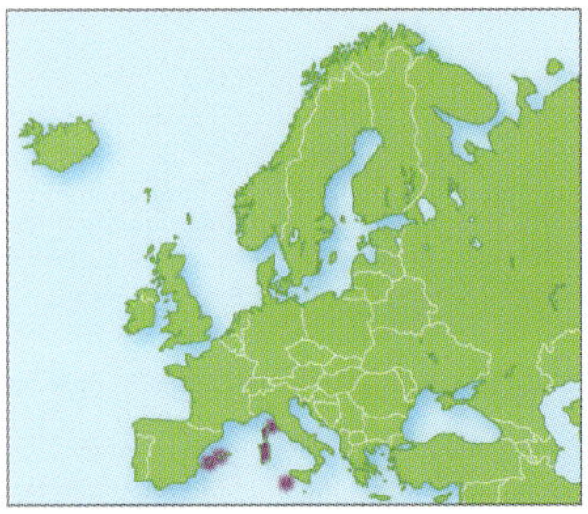

VERBREITUNG Häufig als Standvogel auf Mallorca, Korsika und Sardinien vorkommend; einzelne Wintergäste in N-Afrika oder an der Mittelmeerküste.

DIESE HAUPTSÄCHLICH graue, kleine Art hat einen hellroten Augenring, einen roten Schnabel mit schwarzer Spitze und orangebraune Beine. Der lange Schwanz wird oft gespreizt, während die Tiere frei auf einem niedrigen Busch sitzen. Der typisch temporeiche Grasmückengesang ist eine Aneinanderreihung rauer Töne. Sardengrasmücken leben auf Mallorca an der Küste, auf Korsika und Sardinien eher im Hochland. Sie meiden Wälder.

FUTTERBESCHAFFUNG Eine Sardengrasmücke auf dem Weg zum Nest, um die Jungen zu füttern. Die Tiere nisten versteckt und bodennah im Dorngestrüpp.

Provencegrasmücke

FAMILIE Sylviidae
ART *Sylvia undata*
LÄNGE 13 cm
HABITAT Heidelandschaften
GELEGEGRÖSSE 3–4

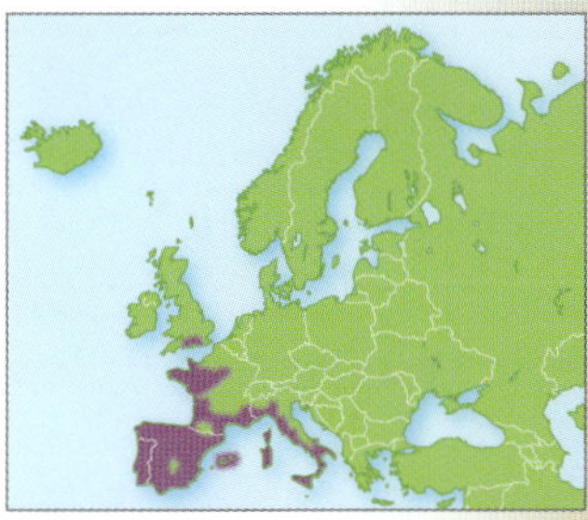

VERBREITUNG Standvogel in geeigneten Lebensräumen in SW-Europa, auch S-England; in harten Wintern ziehen sie teils nach N-Afrika.

DIE MÄNNLICHE Provencegrasmücke sitzt oft mit aufgefächertem Schwanz auf freier Warte und trägt ihren rauen Gesang vor. Häufig huschen die Tiere auch unter Warnrufen durchs Gebüsch. Ihre Oberseite ist grau, die Unterseite weinrot. Männchen haben einen roten Augenring und gelblichen Schnabel; die Weibchen sehen ähnlich aus, aber weniger farbintensiv. Jungvögel zeigen sich im Herbst im braunen Kleid.

FRÜHLINGSLIED In der stechginsterbestandenen Heide Südenglands kündet der Gesang der Provencegrasmücke vom Frühling.

Wüstenprinie

FAMILIE Sylviidae
ART *Scotocerca inquieta*
LÄNGE 10 cm
HABITAT Aride Landschaften
GELEGEGRÖSSE 6–8

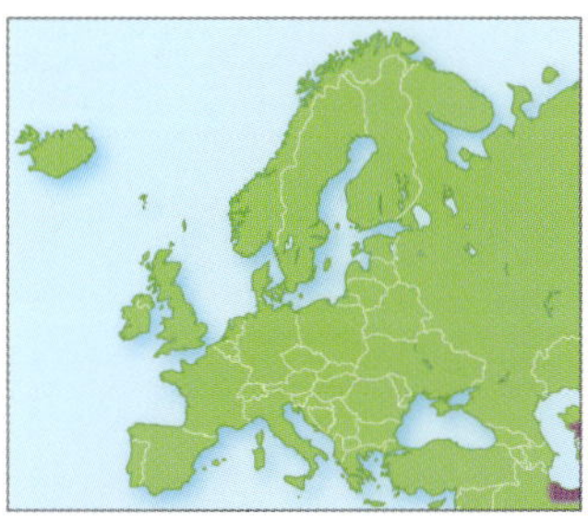

VERBREITUNG Standvogel in den Steppen und Steinsteppen N-Afrikas, des Nahen Ostens und östlich des Kaspischen Meers.

DIE WÜSTENPRINIE wirkt bei der Nahrungssuche am Boden ungelenk, sitzen doch die langen Beine recht weit hinten; zudem hält sie den langen Schwanz dabei meist aufgerichtet. Neben scharfen Warnrufen äußert sie auch watvogelähnliche pfeifende Rufe. Es gibt zwei Unterarten mit leicht unterschiedlichem Federkleid; Tiere aus Nordafrika sind heller und eher gelbbraun, östlich von Ägypten lebende Tiere zeigen eine grauere Oberseite.

DUNKLER SCHWANZ Der lange Schwanz dieser Art ist dunkler als das übrige Gefieder mit einem hellen Streifen in der Mitte.

Feldrohrsänger

FAMILIE Sylviidae

ART *Acrocephalus agricola*

LÄNGE 13 cm

HABITAT Buschwerk/Sümpfe

GELEGEGRÖSSE 4–5

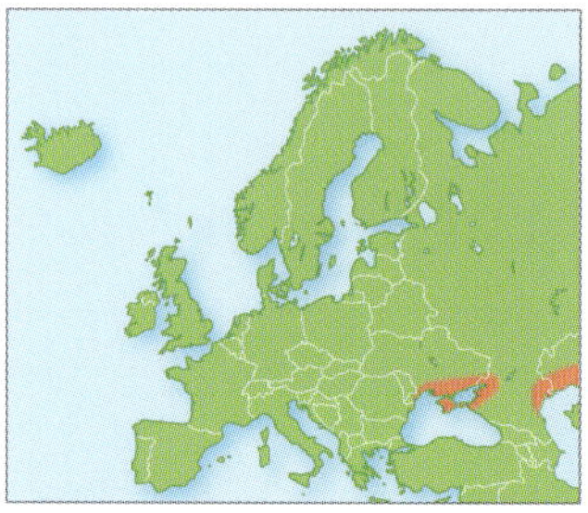

VERBREITUNG Als Brutvogel (Sommergast) aus Indien am Schwarzen und Kaspischen Meer; während der Wanderung gelegentliche Sichtungen weiter westlich.

DIESE ART ÄHNELT dem häufigeren Teichrohrsänger (*siehe* S. 287), ist aber kleiner. Sie hat einen dunkel umrandeten, hellen Überaugenstreif; der helle Schnabel besitzt eine dunkle Spitze. Am besten erkennt man den Feldrohrsänger am Gesang: Ihm fehlen die kratzigen Töne des Teichrohrsängers, dafür ahmt er oft andere Stimmen nach und wiederholt manche Strophen. Auch weich klickende Warnrufe und Kontaktlaute sind oft zu vernehmen.

HELLER ÜBERAUGENSTREIF Der blasse, unten dunkel begrenzte Überaugenstreif und die dunkle Schnabelspitze sind typisch, aber nicht immer zu erkennen.

Drosselrohrsänger

FAMILIE Sylviidae

ART *Acrocephalus arundinaceus*

LÄNGE 19 cm

HABITAT Schilfgebiete

GELEGEGRÖSSE 4–6

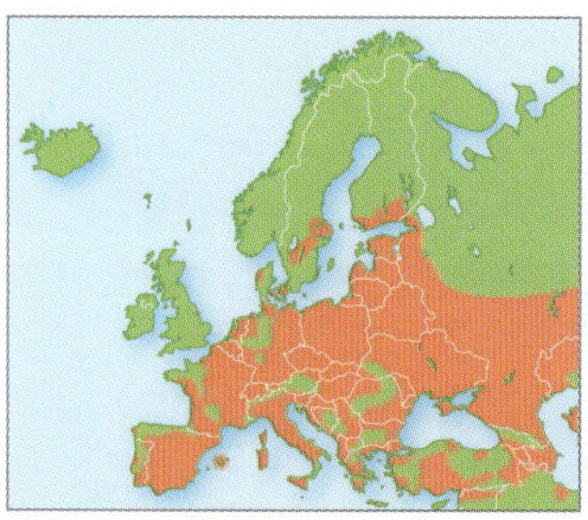

VERBREITUNG Teils häufiger Brutvogel (Sommergast) in weiten Teilen Europas außer dem Norden; seltener Irrgast in Großbritannien; überwintert im tropischen Afrika.

DIESER GRÖSSTE Rohrsänger Europas hat fast die Größe einer Drossel, bewegt sich aber dennoch behende zwischen den Schilfhalmen. Er ist graubraun mit hellerer Unterseite; die Flanken sind etwas gelblich, die Kehle zart hellgrau gestreift. Die kräftige Stimme entspricht seiner Statur; der laute, unstete, krächzende Gesang trägt weit und ist nicht mit den leiseren Stimmen der anderen Sänger im Schilf zu verwechseln.

IMITATOR Manche Phrasen im Gesang des männlichen Drosselrohrsängers ähneln dem Ruf großer Frösche.

Buschrohrsänger

FAMILIE Sylviidae
ART *Acrocephalus dumetorum*
LÄNGE 13 cm
HABITAT Buschland
GELEGEGRÖSSE 4–5

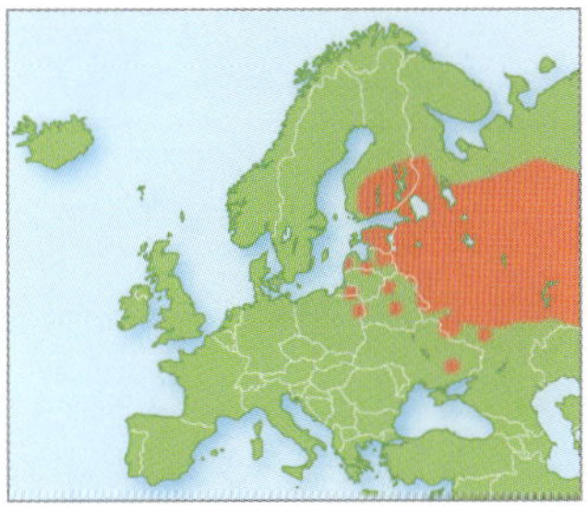

VERBREITUNG Kommt im Sommer aus Indien nach Finnland, ins östliche Baltikum und nach Russland, um hier zu brüten; gelegentlicher Gast in W-Europa.

DAS SCHLICHTE Federkleid dieser Rohrsängerart hat kaum typische Kennzeichen. Der Buschrohrsänger ähnelt äußerlich dem Sumpfrohrsänger (*siehe* S. 286), hat aber dunkle Beine, einen längeren Schnabel und kürzere Flügel. Zudem ist er eher in trockenen Regionen zu Hause, etwa in Waldlichtungen oder Buschland. Der meist nachts vernehmliche Gesang zeigt etliche kunstvolle Imitationen; die meisten Phrasen werden wiederholt.

LEBENSRAUM Der Buschrohrsänger ist eher in trockenem Buschland anzutreffen als im Schilf.

Mariskensänger

FAMILIE Sylviidae
ART *Acrocephalus melanopogon*
LÄNGE 13 cm
HABITAT Schilfgebiete
GELEGEGRÖSSE 3–4

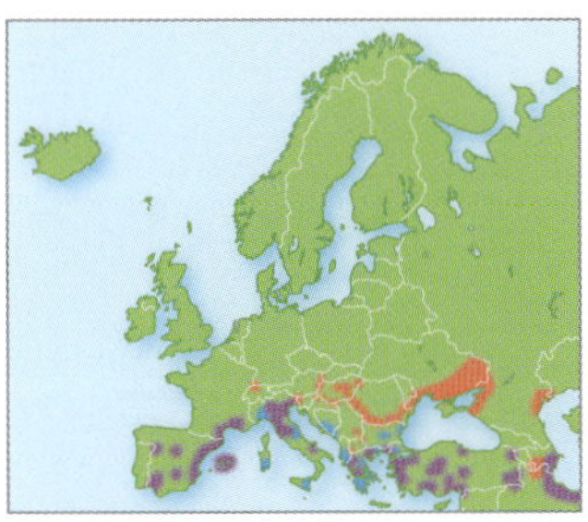

VERBREITUNG Seltener Gast in verschiedensten Gegenden S-Europas; Einzeltiere ganzjährig.

DER KONTRASTREICH gefärbte Kopf und die kräftig rotbraune Oberseite unterscheiden diese Art von anderen Rohrsängern. Am ähnlichsten ist noch der Schilfrohrsänger (*siehe* S. 287), doch der dunklere Scheitel des Mariskensängers und der breite weiße Überaugenstreif sind unverkennbar. Man beobachtet ihn zudem eher im unteren Teil des Schilfs. Der Gesang ähnelt dem des Teichrohrsängers (*siehe* S. 287) mit vielen rauen, schrill zeternden Rufen, oft begleitet vom Zucken des Schwanzes.

AGIL Dieser Rohrsänger bewegt sich behände zwischen den Schilfhalmen, ist aber auch am Boden hüpfend zu sehen.

DROSSELROHRSÄNGER Wie alle Rohrsänger ist der Drosselrohrsänger (*siehe* S. 282) ein geschickter Baumeister. Sein kunstvoll errichtetes schalenförmiges Nest schwebt in überschwemmungssicherer Höhe zwischen Schilfhalmen.

Seggenrohrsänger

FAMILIE Sylviidae
ART *Acrocephalus paludicola*
LÄNGE 13 cm
HABITAT Schilfgebiete
GELEGEGRÖSSE 5–6

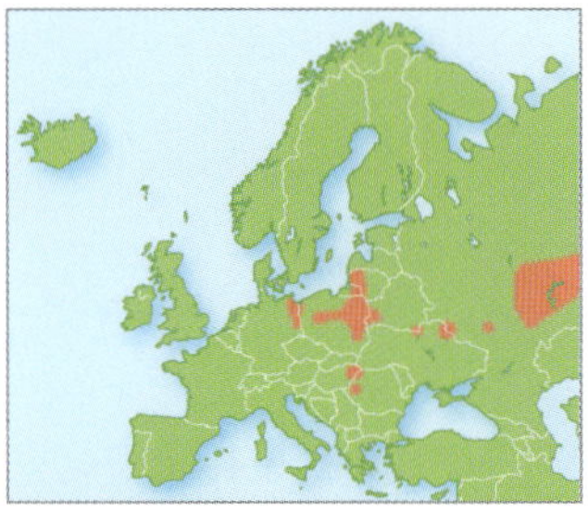

VERBREITUNG Seltener Brutvogel (Sommergast) aus W-Afrika in O-Europa, besonders in den Marschen Polens; im Herbst auf der Rückwanderung gelegentlicher Durchzügler in Großbritannien.

DER SEGGENROHRSÄNGER lebt verborgen meist in dichtem Schilf, wo er schwer zu beobachten ist. Zu erkennen ist er an den blassgelbbraunen Kopfstreifen und dem gestreiften Mantel, wodurch er sich auch deutlich vom Schilfrohrsänger unterscheidet. Der Gesang ist eine monotone Abfolge zweier kratziger Töne; daneben gibt es klickende Warnrufe.

FETTE BEUTE Seggenrohrsänger finden in Schilfgebieten und Feuchtwiesen reichlich Insekten. Außerhalb dieser Habitate sind sie kaum anzutreffen.

Sumpfrohrsänger

FAMILIE Sylviidae
ART *Acrocephalus palustris*
LÄNGE 13 cm
HABITAT Buschland
GELEGEGRÖSSE 4–5

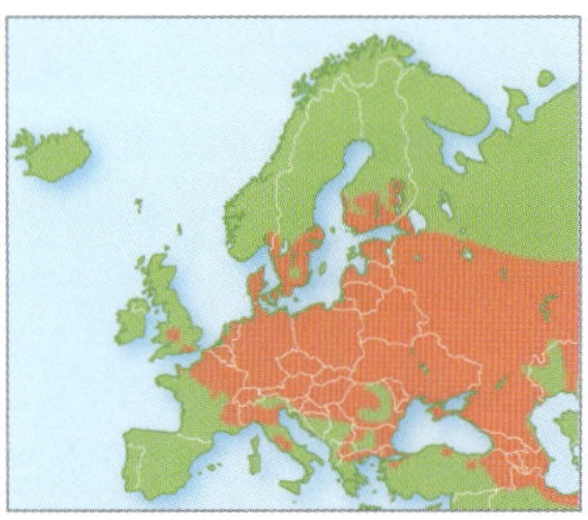

VERBREITUNG Brutvogel (Sommergast) aus dem tropischen Afrika in Mittel- und O-Europa, S-Skandinavien und Russland; kleiner Bestand in S-England.

BEIM ERSTEN Hinsehen ist diese Art leicht mit dem Teichrohrsänger zu verwechseln, doch Gesang und Lebensraum geben hier Aufschluss. Ihre Oberseite ist graubraun ohne Rottöne, der Schnabel ist etwas kürzer und stumpfer, doch ist dies oft schwer zu erkennen. Sumpfrohrsänger trifft man eher auch abseits des Schilfes an; sie schätzen Gräben und dichte Vegetation. Der lebhafte Gesang ist eine Aneinanderreihung von Nachahmungen und häufig auch nachts zu hören.

FEUCHTWIESEN BEVORZUGT Die scheuen Sumpfrohrsänger findet man oft an Bärenklau oder Mädesüß am Rand von Feuchtwiesen.

Schilfrohrsänger

FAMILIE Sylviidae

ART *Acrocephalus schoenobaenus*

LÄNGE 13 cm

HABITAT Marschen

GELEGEGRÖSSE 5–6

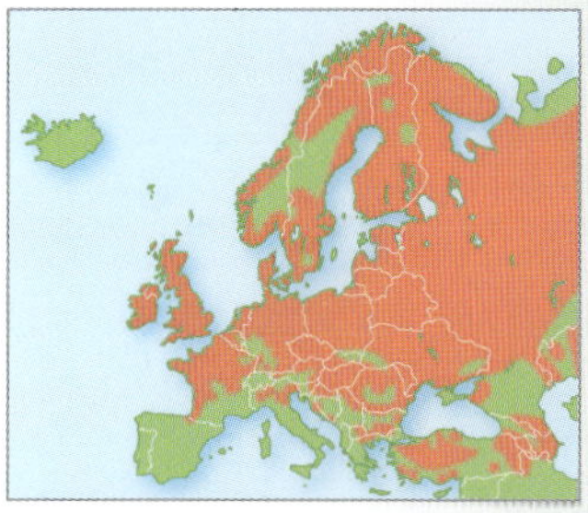

VERBREITUNG Häufiger Brutvogel (Sommergast) in Europa und Skandinavien; in S-Europa und im Mittelmeerraum nur auf dem Durchzug ins schwarzafrikanische Winterquartier.

DER ERSTE HINWEIS auf den Schilfrohrsänger ist oft ein Durcheinander aus mal kratzigen, mal melodischen Tönen, vermischt mit Imitationen anderer Stimmen. In den Gesangspausen ertönt oft raues Schnarren oder Zetern. Kennzeichnend für den Schilfrohrsänger ist der breite gelbbraune Überaugenstreif, den der dunkle Scheitel und dunkle Wangen begrenzen. Das übrige Gefieder ist olivbraun mit dunkleren Steifen.

STIMMENIMITATOR Der Gesang des Schilfrohrsängers umfasst Imitationen anderer Vögel, Triller und Pfeiftöne und wird meist im kurzen Singflug vorgetragen.

Teichrohrsänger

FAMILIE Sylviidae

ART *Acrocephalus scirpaceus*

LÄNGE 13 cm

HABITAT Schilfgebiete

GELEGEGRÖSSE 4

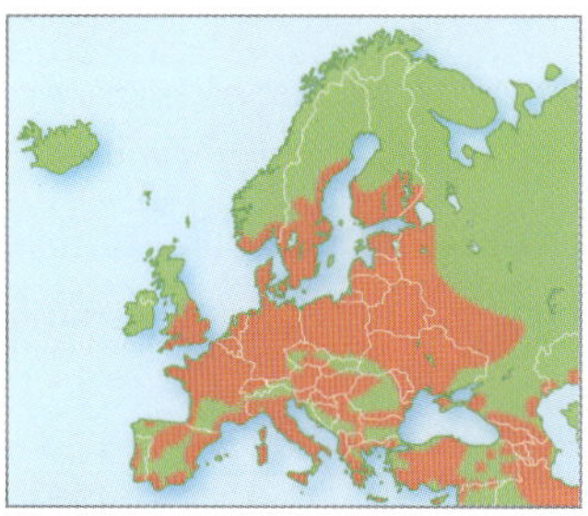

VERBREITUNG Häufiger Brutvogel (Sommergast) in weiten Teilen Europas; fehlt im Norden, in Irland und Island; überwintert im tropischen Afrika.

TROTZ SEINES SCHLICHTEN Äußeren ist der Teichrohrsänger anhand seines Lebensraumes und Verhaltens leicht identifizierbar. Oberseits ist er braun, unterseits hellbeige; östlichere Vertreter erscheinen eher grau. Die Tiere haben einen hellen Überaugenstreif und einen helleren Unterschnabel. Teichrohrsänger bewegen sich behände und oft gut sichtbar zwischen den Schilfhalmen. Ihr Gesang besteht aus Stakkatotönen und rauen Trillern, durchsetzt mit Pfeiftönen und kurzen Imitationen.

WEICHES NEST Teichrohrsänger bauen ein korbförmiges Nest zwischen Schilfhalmen, das sie mit dicken Blättern befestigen und mit Blättern und Spinnweben auspolstern.

Schlagschwirl

FAMILIE Sylviidae
ART *Locustella fluviatilis*
LÄNGE 13 cm
HABITAT Feuchtgebiete
GELEGEGRÖSSE 5–6

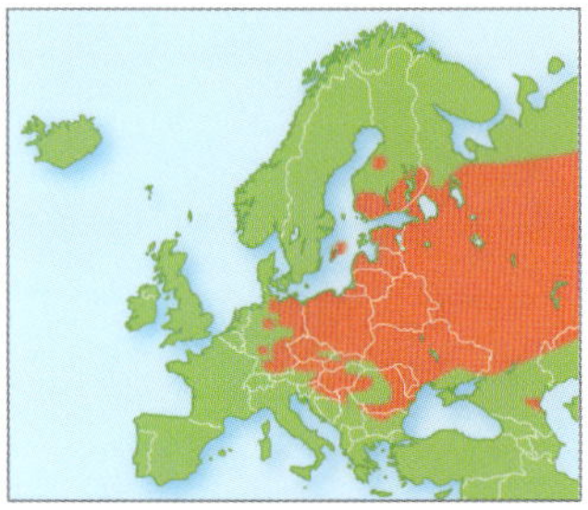

VERBREITUNG Als Brutvogel (Sommergast) aus O-Afrika an Flussufern und Sümpfen O-Europas und Russlands; westlich davon ein seltener Irrgast.

DER SEHR scheue, versteckt lebende Schlagschwirl ist mit seinem schlichten olivbraunen Federkleid in seinem Lebensraum, schattigen Feuchtwäldern und Dickichten, kaum auszumachen. Die Federn der Unterschwanzdecken haben helle Spitzen, sodass der Steiß gefleckt erscheint. Der unermüdliche, an eine Nähmaschine erinnernde Gesang ist oft der einzige Hinweis auf den heimlichen Vogel.

EXPONIERT Der ansonsten verborgen lebende Schlagschwirl wählt oft einen hohen Sitzplatz, um von dort manchmal stundenlang zu singen.

Strichelschwirl

FAMILIE Sylviidae
ART *Locustella lanceolata*
LÄNGE 11 cm
HABITAT Bruchwälder
GELEGEGRÖSSE 5

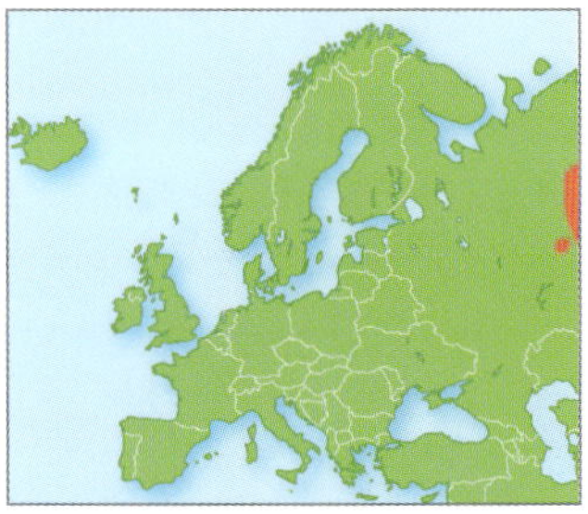

VERBREITUNG Im Sommer als Brutvogel aus SO-Asien in der Taiga N-Russlands und Sibiriens verbreitet; seltener Besucher in W-Europa.

IN WESTEUROPA ist diese Art selten zu sehen; dort findet man eher den Feldschwirl. Das Gefieder ist vornehmlich graubraun mit oberseits dunklen Streifen. Die sehr scheuen Vögel bewegen sich im Schutz des Dickichts und sind schwer zu entdecken, verraten sich aber gelegentlich durch ein warnendes „Tschick". Der schwirrend-monotone Gesang erklingt in Strophen von bis zu einer Minute.

SELTEN Gelegentlich sieht man den Strichelschwirl im Dickicht umherhuschen; freie Flächen meidet er.

Rohrschwirl

FAMILIE Sylviidae
ART *Locustella luscinioides*
LÄNGE 14 cm
HABITAT Schilfgebiete
GELEGEGRÖSSE 4–5

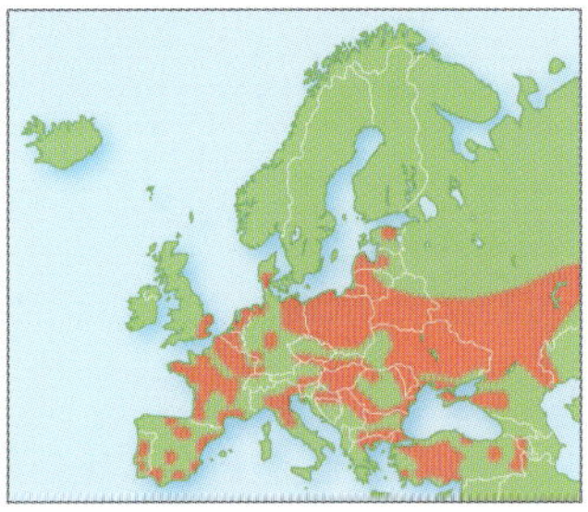

VERBREITUNG Im Sommer als Brutvogel in geeigneten Habitaten in weiten Teilen Europas verbreitet; in S-England nur vereinzelt, fehlt in Skandinavien; überwintert in Schwarzafrika.

DER ROHRSCHWIRL ähnelt äußerlich dem Teichrohrsänger (*siehe* S. 287), ist aber etwas größer. Seine Unterschwanzdecken haben helle Spitzen, die Flügel einen hellen Rand. Der anhaltende, insektengleich sirrende Gesang ist unverkennbar und wird meist von hoher Warte aus im Schilf vorgetragen.

IM SCHILF Das schalenförmige Nest des Rohrschwirls ist im Schilf dicht oberhalb der Wasseroberfläche verborgen.

Feldschwirl

FAMILIE Sylviidae
ART *Locustella naevia*
LÄNGE 13 cm
HABITAT Dichtes Grasland
GELEGEGRÖSSE 6

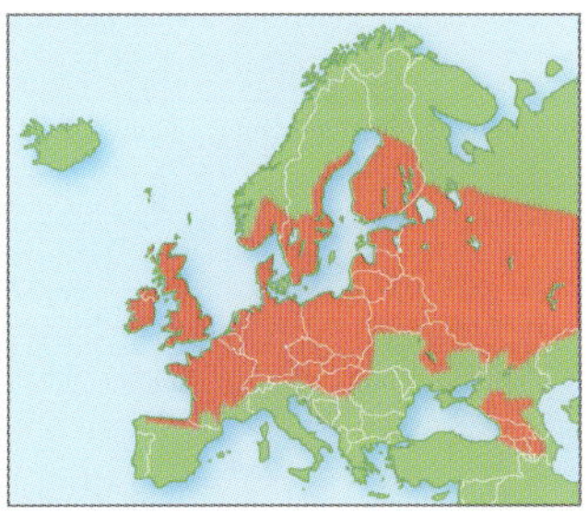

VERBREITUNG Brutvogel (Sommergast) aus Afrika in W- und Mitteleuropa, S-Skandinavien und Russland; häufiger Durchzügler in S-Europa und der Türkei.

DIE HEIMLICHE Lebensweise und das gestreifte, dem Lebensraum angepasste Federkleid sorgen dafür, dass man den Feldschwirl kaum entdeckt. Nur selten taucht er oberhalb der Grasbüschel auf; lieber bewegt er sich in Bodennähe. Der hohe, schwirrende Gesang erklingt abends und nachts; dreht das Tier den Kopf, verändern sich Lautstärke und Richtung. Man kann ihn mit dem Schilfrohrsänger (*siehe* S. 287) verwechseln, allerdings fehlt die kräftige Kopfzeichnung.

WIE EINE MAUS Der gut getarnte Feldschwirl ist in dichter Vegetation zu Hause, wo er in Bodennähe wie eine Maus umherhuscht.

Cistensänger

FAMILIE Sylviidae
ART *Cisticola juncidis*
LÄNGE 10 cm
HABITAT Marschen/Grasland
GELEGEGRÖSSE 4–6

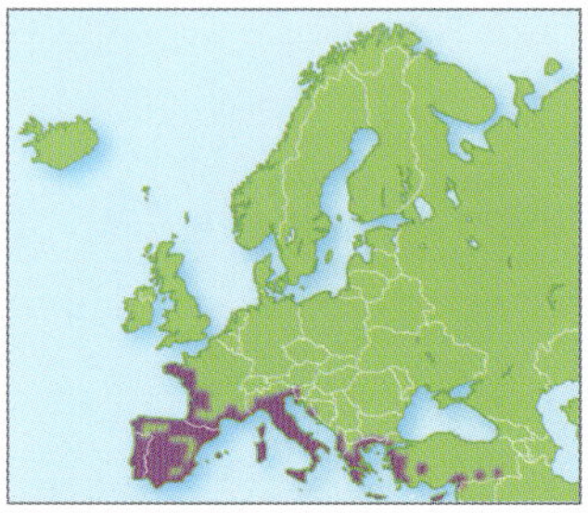

VERBREITUNG Häufiger Standvogel S-Europas, vor allem in Küstennähe; häufiger auf der Iberischen Halbinsel, im Mittelmeerraum und in N-Afrika anzutreffen.

TYPISCH FÜR DEN Cistensänger ist sein Gesang, ein endlos wiederholtes „Dzip-dzip-dzip“, das im wellenförmigen Singflug vorgetragen wird und die Entdeckung und Identifizierung der Tiere erleichtert. Ein weiteres Merkmal ist das Spreizen des Schwanzes kurz vor der Landung. Das Gefieder ist auf der Oberseite hauptsächlich braun mit dunklen Streifen, auf der Unterseite schlicht gelbbraun. Die Schwanzspitze ist weiß.

AUFGEFÄCHERT Der Cistensänger spreizt den kurzen, abgerundeten Schwanz im Flug und zeigt die dunklen Schwanzfedern mit weißem Ende. Die Tiere sitzen gern im Freien und meiden dichtes Gehölz.

Seidensänger

FAMILIE Sylviidae
ART *Cettia cetti*
LÄNGE 14 cm
HABITAT Schilfgebiete
GELEGEGRÖSSE 4

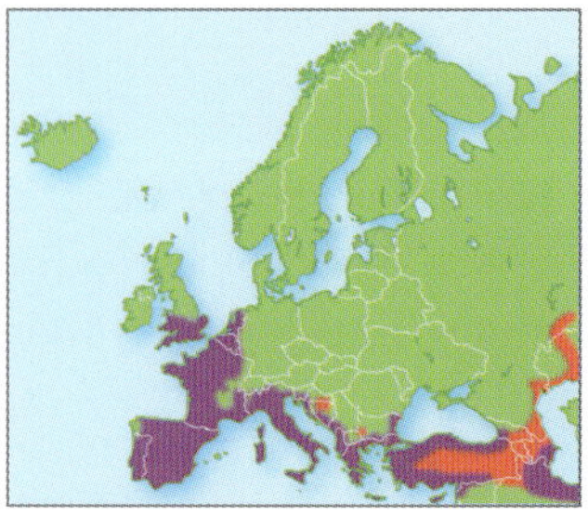

VERBREITUNG Als Standvogel verbreitet in W- und S-Europa, der Türkei und N-Afrika; weiter östlich als Brutvogel (Sommergast) anzutreffen.

PLÖTZLICH ERSCHALLENDER, lauter Gesang aus an Schilfgebiete grenzendem Gebüsch verraten den sonst eher heimlich lebenden Seidensänger. Sein Ruf, manchmal als „tschuppi-tschuppi-tschuppi“ beschrieben, ist unverwechselbar und setzt sogar unmittelbar neben dem Beobachter ein. Die Vögel sind oberseits vornehmlich braun mit oft aufgestelltem, langem Schwanz und kurzen, abgerundeten Flügeln. Sie halten sich meist in geringer Höhe auf und suchen ihre Nahrung vor allem am Boden.

WACHSAM So frei wie hier ist der Seidensänger selten zu sehen. Mit aufgestelltem Schwanz bekundet er Wachsamkeit.

Streifenprinie

FAMILIE Sylviidae
ART *Prinia gracilis*
LÄNGE 10 cm
HABITAT Buschland
GELEGEGRÖSSE 5–6

VERBREITUNG Standvogel in der S-Türkei und im Nahen Osten; oft in Küstennähe, sowohl in ariden als auch feuchten Gebieten mit dichtem Unterholz anzutreffen.

DIESE ART ZÄHLT zu den kleinsten Zweigsängern; der Körper ist kompakt, der Schwanz recht lang und unterwärts gebändert mit schwarz-weißer Spitze. Oft wird er aufrecht gehalten und zuckt mal nach dieser, mal nach jener Seite. Das Gefieder ist oberseits größtenteils graubraun, unterseits hell; der Kopf zeigt dunklere Streifen. Im Sommer ist der Schnabel schwarz, im Winter wird der Unterschnabel heller. Der Gesang ist eine lange Reihe von rauen „Tsewitt"-Lauten, gefolgt von metallischen Trillern; daneben gibt es scharfe Warnrufe. Die Männchen vollführen gelegentlich Balzflüge im Revier, wobei sie ein ungewöhnliches, dreifaches Flügelklatschen produzieren. Die Vögel sind oft in lautstarken kleinen Trupps unterwegs und bleiben selten länger an einem Ort, da sie ständig nach Nahrung suchen. Das Nest wird nahe am Boden im Dickicht gebaut.

AUFGEPLUSTERT Der Schwanz der kleinen Streifenprinie ist länger als der übrige Körper des Vogels. Sein Gefieder ist oft aufgeplustert.

Buschspötter

FAMILIE Sylviidae
ART *Iduna caligata*
LÄNGE 11 cm
HABITAT Gebiete mit Büschen
GELEGEGRÖSSE 5–6

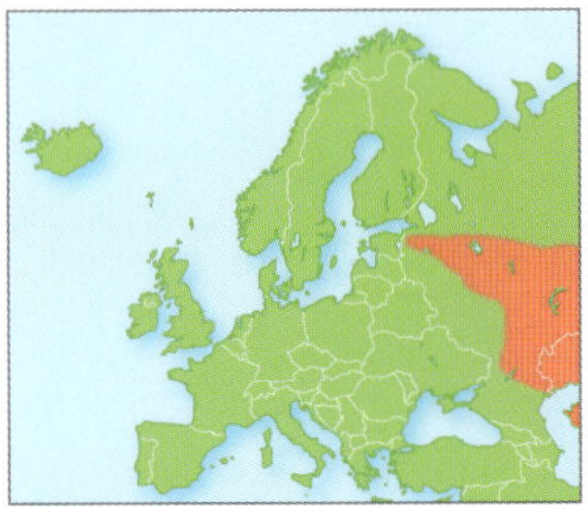

VERBREITUNG Brutvogel (Sommergast) in Russland, Kasachstan, am Kaspischen Meer und im Nahen Osten, manchmal weiter westlich ziehend; überwintert in Indien.

SELTENER FANG Der Buschspötter geht als sehr seltener Gast in Westeuropa Vogelkundlern nur ausnahmsweise „ins Netz".

DER KLEINE UND KOMPAKTE Buschspötter ähnelt mit seiner graubraunen Ober- und der hellbeigen Unterseite einem kleinen Laubsänger (*siehe* S. 295–299). Die Beine sind dunkelrosa mit dunkel abgesetzten Zehen. Er ist im Feld kaum zu beobachten, da er dichtes Buschwerk bevorzugt. Gelegentlich kann man seinen Warnruf hören, der an das Gegeneinanderschlagen zweier Steine erinnert.

Gelbspötter

FAMILIE Sylviidae
ART *Hippolais icterina*
LÄNGE 13 cm
HABITAT Waldränder
GELEGEGRÖSSE 4–5

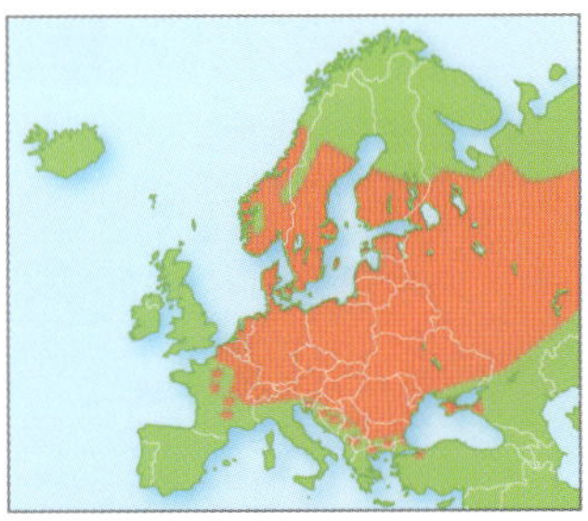

VERBREITUNG Brutvogel (Sommergast) in O- und N-Europa; in S-Europa als Durchzügler, vereinzelt in Großbritannien anzutreffen; überwintert im tropischen Afrika.

DER GELBSPÖTTER hat eine graugrüne Oberseite und ist unterseits gelb. Sein Schnabel ist rosa, die Beine sind blaugrau. Das Scheitelgefieder trägt er oft leicht aufgestellt. Mitunter kann man ihn mit einem kräftigen Laubsänger verwechseln. Er hält sich hoch in den Baumkronen auf und ist schwer zu sehen, doch das typische dreisilbige „Düderoid" verrät ihn. Der sehr komplexe Gesang ist eine lange Reihe melodischer und diskordanter Töne mit zahlreichen Imitationen.

DREI MERKMALE Ein langer Schnabel, blaugraue Beine und der aufgestellte Scheitel kennzeichnen den Gelbspötter.

Dornspötter

FAMILIE Sylviidae
ART *Hippolais languida*
LÄNGE 14 cm
HABITAT Buschwerk/Gärten
GELEGEGRÖSSE 4–5

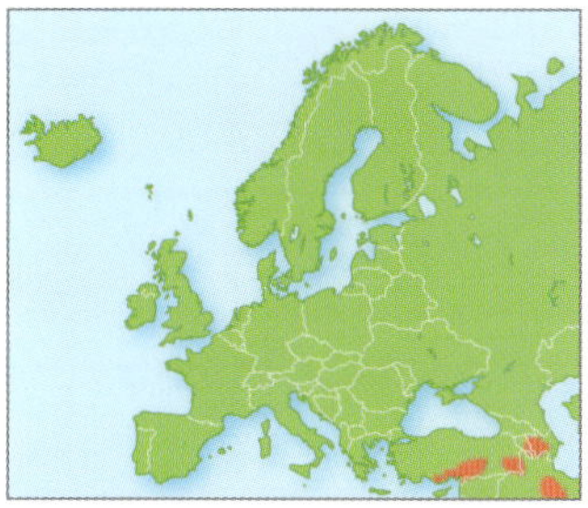

VERBREITUNG Als Brutvogel in Israel, Syrien, am Kaspischen Meer und im Nahen Osten unterhalb 2000 m verbreitet; überwintert in O-Afrika.

DORNSPÖTTER SIND vornehmlich grau mit graugelber Unterseite. Die Handschwingen sind etwas dunkler, ebenso ist der Schwanz dunkel gegen den Mantel abgesetzt. Diese Art zeigt vor dem Landen oft einen kurzen Gleitflug; im Sitzen schwenken die Vögel den Schwanz häufig von einer Seite zur anderen und fächern ihn etwas auf. Der etwas kleinere Blassspötter (*siehe* S. 294) sieht sehr ähnlich aus.

KRÄFTIGER SCHNABEL Dornspötter haben einen kräftigen Schnabel; der Unterschnabel ist heller gefärbt. Typisch ist zudem der dünne helle Augenstreif.

Olivenspötter

FAMILIE Sylviidae
ART *Hippolais olivetorum*
LÄNGE 15 cm
HABITAT Offene Wälder
GELEGEGRÖSSE 4

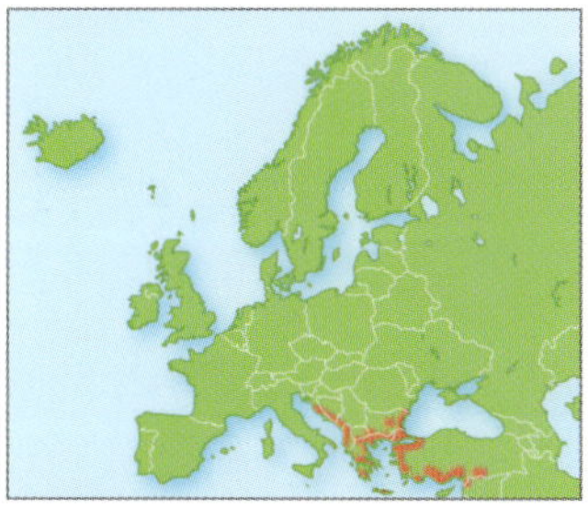

VERBREITUNG Im Sommer als Brutvogel im östlichen Mittelmeerraum, auch auf dem Balkan, in der Türkei, in Israel und auf den größeren Inseln verbreitet; überwintert im tropischen Afrika.

TROTZ SEINER Größe ist der Olivenspötter schwer zu beobachten, denn in seinem Lebensraum – Dorngestrüpp und Wälder – hält er sich bevorzugt im Dickicht auf. Sein Gefieder ist oberseits grau und an der Unterseite grauweiß mit dunkleren Streifen; schwach zeichnen sich ein heller Flügel- und ein weißer Überaugenstreif ab. Die kräftigen Beine sind dunkel. Er äußert raue Warnrufe und singt heiser „tschak-tschitschi-tschaktschak".

STATTLICH Der Olivenspötter ist einer der größten Zweigsänger und hat recht lange Flügel. Jungvögel sind eher bräunlich.

Blassspötter

FAMILIE Sylviidae
ART *Iduna pallida*
LÄNGE 13 cm
HABITAT Gelände mit Büschen
GELEGEGRÖSSE 3–4

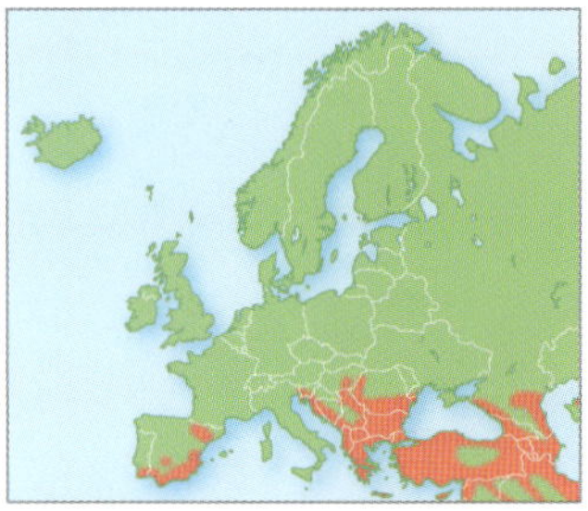

VERBREITUNG Verbreitet als Brutvogel (Sommergast) aus Schwarzafrika auf der Iberischen Halbinsel, im östlichen Mittelmeerraum, in der Türkei, im Nahen Osten und in N-Afrika.

DAS SCHLICHTE GRAUE Gefieder und die heimliche Lebensweise tragen dazu bei, dass man den Blassspötter in dem von ihm bevorzugten dichten Buschwerk – auch in Gärten und an Feldern – leicht übersieht. Der monotone Gesang erinnert an einen heiseren Orpheusspötter und ertönt aus dichter Deckung heraus, ebenso ein warnendes „Tak-tak". Der Schwanz wippt häufig nach unten, besonders beim Äußern des Warnrufes. Die Oberseite ist grau mit einem Anflug von Oliv, der aber nur bei gutem Licht sichtbar ist; Tiere der Iberischen Halbinsel sind oberseits eher braun. Der Schnabel ist lang und für einen Zweigsänger recht breit.

SCHLICHTES GEWAND Ein weiß gesäumter Schwanz, weiße Spitzen an den Armschwingen und ein heller Überaugenstreif sind die wenigen Kennzeichen des Blassspötters.

Orpheusspötter

FAMILIE Sylviidae
ART *Hippolais polyglotta*
LÄNGE 13 cm
HABITAT Wälder/Buschwerk
GELEGEGRÖSSE 3–5

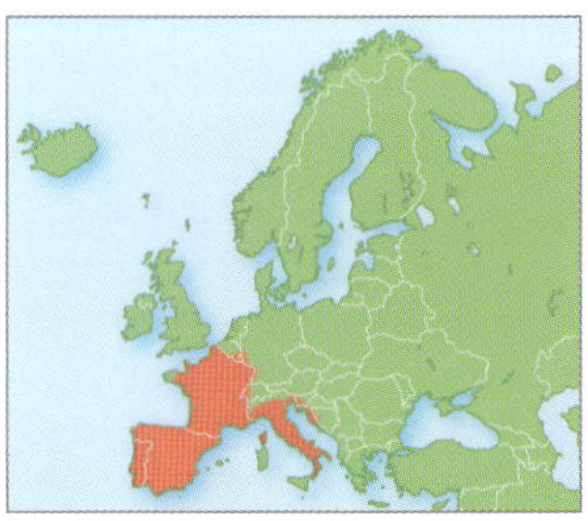

VERBREITUNG Brutvogel (Sommergast) in SW-Europa und N-Afrika; zieht gelegentlich weiter nördlich bis nach Großbritannien; überwintert größtenteils in W-Afrika.

DIESER EHER PLUMPE Spötter ist unterseits gelbbraun, auf der Oberseite schlicht graugrün und zeigt weder Flügel- noch Augenstreifen. Nur bei nahem Hinsehen deutet sich ein heller Überaugenstreif an. Der Schnabel ist recht groß für einen Zweigsänger. Die dunkelbraunen Beine sind Unterscheidungsmerkmal zum Gelbspötter (*siehe* S. 292), der schwarze Beine hat. Sein melodischer, flüssiger Gesang ist mit Imitationen anderer Vögel und zirpenden Rufen durchsetzt.

ERKENNUNG Der Orpheusspötter hat im Vergleich zum ähnlichen Gelbspötter eher kurze Flügel. Am besten unterscheidet man beide am Gesang.

Berglaubsänger

FAMILIE Sylviidae
ART *Phylloscopus bonelli*
LÄNGE 11 cm
HABITAT Wälder höherer Lagen
GELEGEGRÖSSE 4–6

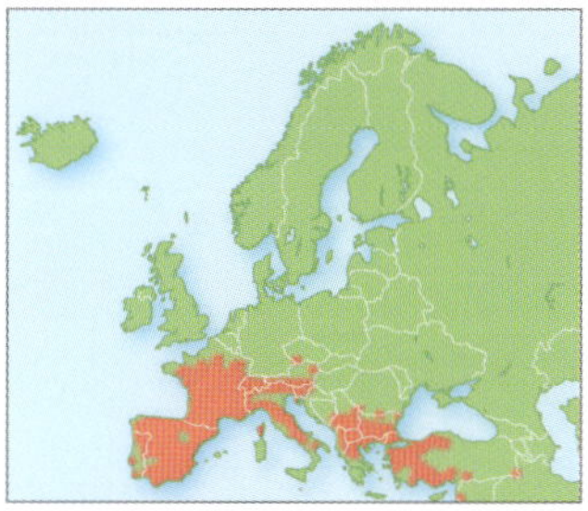

VERBREITUNG Im Sommer als Brutvogel verbreitet in S-Europa, auf dem Balkan, in der Türkei und N-Afrika; überwintert im tropischen Afrika.

DER KLEINE und blasse Berglaubsänger hat einen gelblichen Bürzel, gelbe Flügelflecken und eine weiße Unterseite. Tiere aus dem Osten des Verbreitungsgebietes sind eher grau getönt und rufen einsilbig „tschip", jene aus dem westlichen Europa sind oberwärts bräunlicher und rufen zweisilbig „hu-if".

ERBEUTET Ein Berglaubsänger mit einem Insekt auf dem Weg zu seinen Jungen im Nest, das am Boden verborgen ist.

Wanderlaubsänger

FAMILIE Sylviidae
ART *Phylloscopus borealis*
LÄNGE 12 cm
HABITAT Wälder/Buschwerk
GELEGEGRÖSSE 5–6

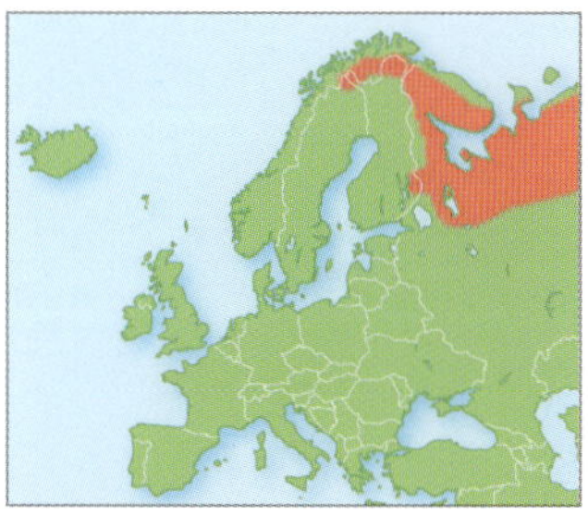

VERBREITUNG Brutvogel (Sommergast) in den Birkenwäldern Sibiriens und N-Russlands, gelegentlich in N-Skandinavien; die meisten Tiere überwintern in SO-Asien.

EIN BREITER Überaugen- und dunkler Zügelstreif sowie gesprenkelte Ohrdecken unterscheiden den Wanderlaubsänger vom ähnlichen, aber schlankeren Fitis (*siehe* S. 299). Sein Gesang ist zudem eher monoton stotternd, der des Fitis melodisch. Die Verbreitungsgebiete beider Arten überschneiden sich teilweise im hohen Norden, doch trifft der Wanderlaubsänger meist sehr spät im Brutgebiet ein.

BLASSE FARBEN Der Wanderlaubsänger ist graugrün mit dunklen Flanken und einem, manchmal sogar zwei angedeuteten Flügelstreifen.

Zilpzalp

FAMILIE Sylviidae
ART *Phylloscopus collybita*
LÄNGE 11 cm
HABITAT Wälder/Buschwerk
GELEGEGRÖSSE 4–9

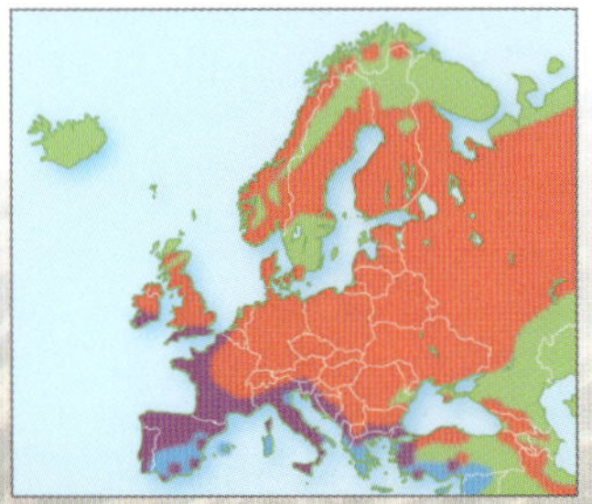

VERBREITUNG Häufiger Brutvogel (Sommergast) in weiten Teilen Europas; fehlt nur im hohen Norden; überwintert teils in SW-Europa, hauptsächlich aber in Afrika.

EINER DER ERSTEN Frühlingsboten ist vielerorts in Europa der Zilpzalp mit seinem anhaltenden Ruf, der sich im deutschen Namen widerspiegelt und – neben raueren Lauten und Flötentönen – bei gutem Wetter von Gebüsch und Waldrändern aus erklingt. Der Zilpzalp sieht dem Fitis (*siehe* S. 299) sehr ähnlich; am besten sind beide am Gesang zu unterscheiden. Aus der Nähe erkennt man die dunklen Beine des Zilpzalps, der im Vergleich zum Fitis auch mehr Grautöne aufweist; Jungvögel sind jedoch oft gelblicher gefiedert. Das Verbreitungsgebiet erstreckt sich über fast ganz Europa; bislang sind mehrere Unterarten mit leicht unterschiedlichen Farbtönen und Gesängen identifiziert.

IN BODENNÄHE Der Zilpzalp baut sein Nest versteckt in Bodennähe; in guten Jahren gelingt oft die Aufzucht zweier Bruten.

Bergzilpzalp

FAMILIE Sylviidae
ART *Phylloscopus lorenzii*
LÄNGE 11 cm
HABITAT Berghänge
GELEGEGRÖSSE 4–6

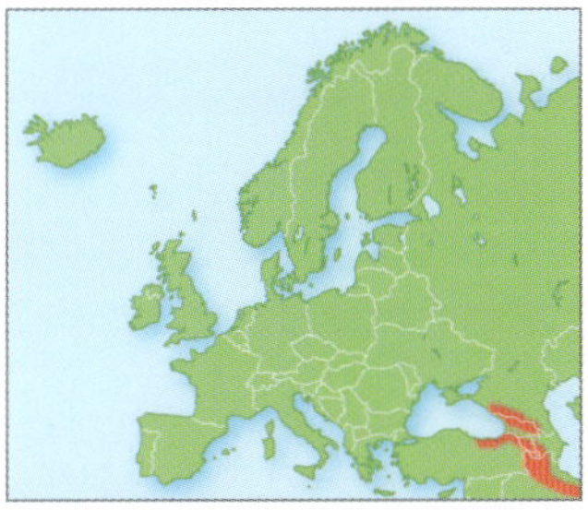

VERBREITUNG Als Brutvogel (Sommergast) in Weidengestrüpp und Kiefernwäldern der kaukasischen Berghänge anzutreffen, meist in Höhen von 1700 und 2500 m.

DER BERGZILPZALP gilt manchen lediglich als geografisch isolierte Unterart des Zilpzalp, denn er ist diesem in vielerlei Hinsicht sehr ähnlich. Die Gefiederfärbung gleicht jener der östlicheren Unterarten, doch fehlen Grün- und Gelbtöne; die Tiere erscheinen graubraun mit gedeckt weißer Unterseite. Gegen den bräunlichen Kopf setzt sich ein gelbbrauner Überaugenstreif ab. Die Beine sind wie bei allen Zilpzalpen sehr dunkel. Der Gesang ist ebenfalls ein zweisilbiges „Zilp-zalp", aber weniger ausdauernd und etwas rauer. Paare äußern zudem aus dichter Deckung klagende Kontaktlaute. Meist treffen die Vögel recht früh im Brutgebiet ein.

GEBIRGSBEWOHNER Der Bergzilpzalp ähnelt stark dem häufigeren Zilpzalp, lebt aber in größeren Höhen.

Wacholderlaubsänger

FAMILIE Sylviidae
ART *Phylloscopus nitidus*
LÄNGE 11 cm
HABITAT Bergwälder
GELEGEGRÖSSE 4–6

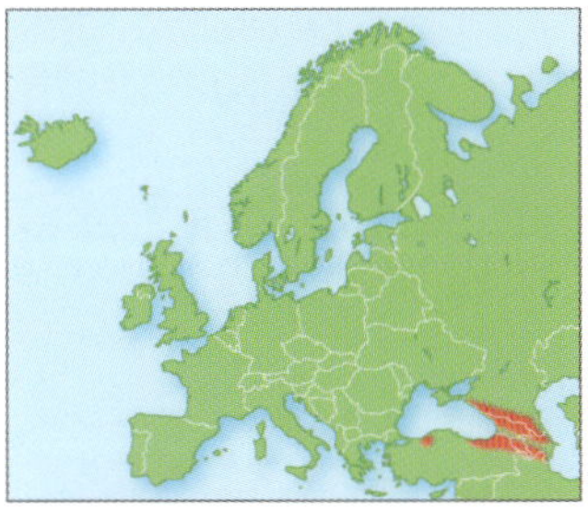

VERBREITUNG Überwintert in S-Indien; Brutvogel (Sommergast) in der nordöstlichen Türkei, im Kaukasus und Iran.

DIESER LAUBSÄNGER mit seiner hellgrünen Ober- und reingelben Unterseite hat breite, schwefelgelbe Augenstreife und gelbe Fügelbinden, die im unruhigen Licht der Wälder deutlich erkennbar sind. Der Gesang ähnelt der abfallenden Tonfolge des Fitis (*siehe* S. 299), jedoch mit lauteren, zaunkönigähnlichen Tönen; bei der Nahrungssuche äußern die Tiere zudem oft ein durchdringendes „Tschi-wih". Verhalten und Gesang ähneln dem Grünlaubsänger (*siehe* S. 298), der aber ein anderes Gebiet bewohnt.

ÄHNLICHKEIT Den Wacholderlaubsänger kann man mit dem Grünlaubsänger verwechseln; er hat jedoch ein grüneres Federkleid.

Waldlaubsänger

FAMILIE Sylviidae

ART *Phylloscopus sibilatrix*

LÄNGE 13 cm

HABITAT Buchenwälder

GELEGEGRÖSSE 6–7

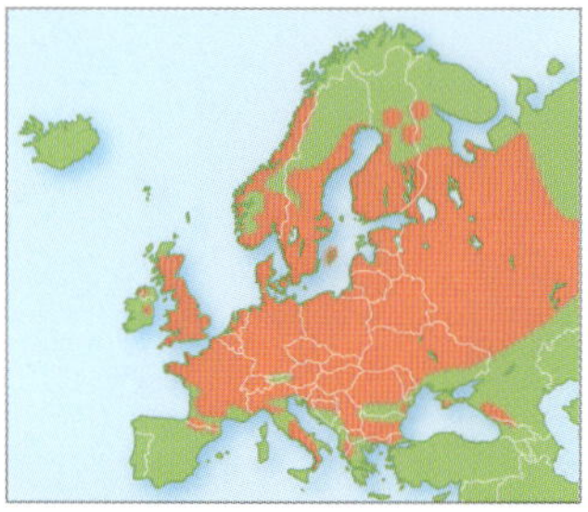

VERBREITUNG Als Brutvogel (Sommergast) verbreitet in W- und Mitteleuropa; fehlt auf der Iberischen Halbinsel und in N-Skandinavien.

WALDLAUBSÄNGER NISTEN häufig in lichten Buchenwäldern mit wenig Unterholz, wo sie in den Baumkronen nach Insekten jagen. Unterseits sind sie auffallend weiß; im Vergleich zum Fitis (*siehe* S. 299) wirken sie plumper und kurzschwänziger. Die Oberseite ist grünlich, Kehle und Augenstreif sind zitronengelb. Während der Brutzeit ertönt der anschwellend-trillernde Gesang, der wie eine auf dem Boden kreiselnde Münze klingt.

OBEN UND UNTEN Waldlaubsänger suchen ihre Nahrung meist hoch in den Kronen von Buchen, bauen ihr kuppelförmiges Nest aber stets am Boden im Unterholz.

Grünlaubsänger

FAMILIE Sylviidae

ART *Phylloscopus trochiloides*

LÄNGE 11 cm

HABITAT Offene Wälder

GELEGEGRÖSSE 4–6

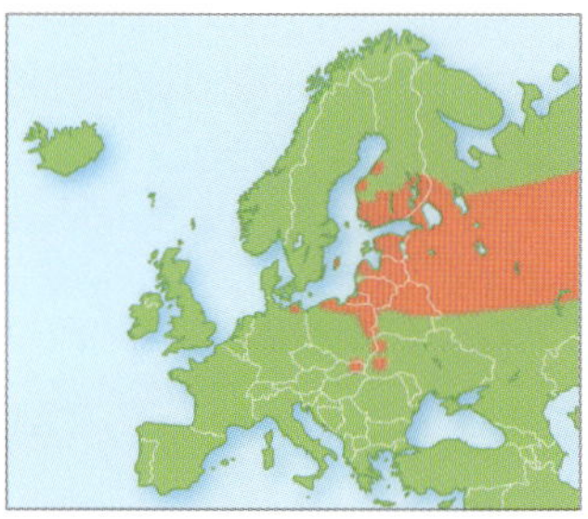

VERBREITUNG Aus Indien kommend, als Brutvogel von Ende Mai bis zum Frühherbst in den Mischwäldern NO-Europas und Russlands anzutreffen.

ZWAR IST ER NICHT der „Grünste" unter den Laubsängern, doch zeigt die Oberseite dieser Art bei bestimmtem Licht eine typische grüne Färbung. Auf den ersten Blick ähnelt er dem etwas größeren Fitis (*siehe* S. 299), doch hat er einen deutlicheren Überaugenstreif und gedeckt weiße Flügelbinden; manchmal deutet sich eine zweite Flügelbinde an. Der aktive Vogel überwindet kurze Distanzen im Gezweig hüpfend und fliegend. Sein Gesang ähnelt dem des Zaunkönigs (*siehe* S. 253), außerdem äußert er scharfe, zweisilbige Rufe.

WEITE DISTANZEN Der Grünlaubsänger zieht im Winter bis nach Indien und erreicht in manchem Sommer sogar Großbritannien.

Fitis

FAMILIE Sylviidae
ART *Phylloscopus trochilus*
LÄNGE 11 cm
HABITAT Wälder/Gebüsch
GELEGEGRÖSSE 6–7

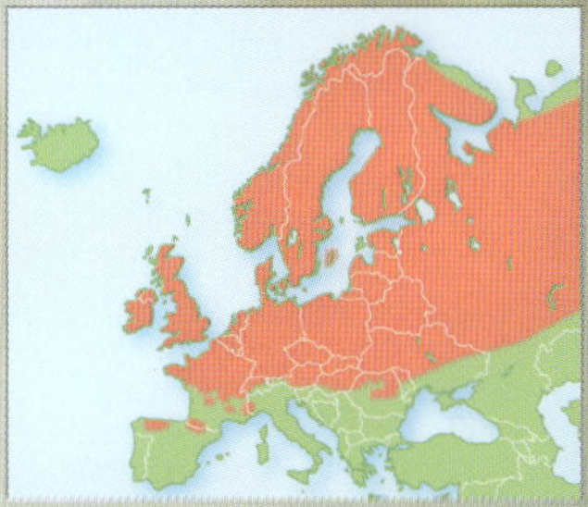

VERBREITUNG Häufiger und verbreiteter Brutvogel (Sommergast) in N-Europa, Skandinavien und Russland; weiter südlich und westlich als Durchzügler und Wintergast.

DER IN NORDEUROPA sehr verbreitete Fitis ist im Sommer oft dabei zu beobachten, wie er in Wäldern oder Gebüsch das Blattwerk nach Insekten absucht; gelegentlich fliegt er kurz in offenes Gebiet, um ein größeres Insekt zu erhaschen. Er ähnelt stark dem Zilpzalp (*siehe* S. 296), mit dem er vielerorts gemeinsam vorkommt, doch ist er etwas länger. Eindeutig identifizierbar ist der Fitis jedoch anhand seines melodischen, flüssigen Gesangs und – bei gutem Licht – an den helleren Beinen. Vögel des nördlichen Verbreitungsgebiets erscheinen grauer als südlicher brütende Tiere. Das Gefieder der Jungvögel präsentiert sich im Herbst mit satterem Gelb an der Unterseite, die Oberseite ist bräunlicher. Der millionenfach vorkommende Fitis zählt zu den häufigsten Vögeln Nordeuropas, wird aber oftmals übersehen.

FRÜHLINGSLIED Der Gesang des Fitis, eine absteigende, leicht melancholische Tonfolge, läutet vielerorts in Nordeuropa den Frühling ein.

GUT GETARNT Ein Fitis bei der Fütterung seiner Jungen im gut versteckten Nest. Das schlichte Federkleid tarnt ihn bestens, während er im unruhigen Licht der Wälder still und leise nach Nahrung sucht.

Sommergoldhähnchen

FAMILIE Sylviidae
ART *Regulus ignicapilla*
LÄNGE 9 cm
HABITAT Wälder
GELEGEGRÖSSE 7–11

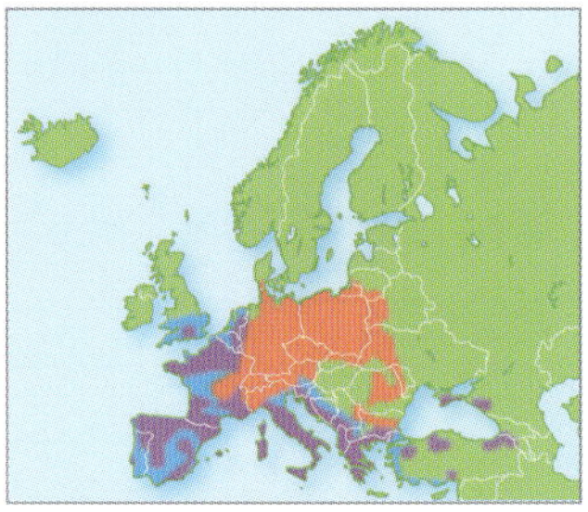

VERBREITUNG Standvogel in S- und W-Europa; Brutvogel (Sommergast) in Mittel- und N-Europa; vereinzelte Brutpaare oder Durchzügler in Großbritannien.

NEBEN DEM Wintergoldhähnchen der kleinste Vogel Europas, ein winziger, ruheloser Zweigsänger. Auffällig sind die schwarzweißen Augenstreifen und der schwarz umrandete Scheitel, bei Weibchen gelb, bei Männchen orangefarben. Der kurze, kaum hörbare Gesang besteht aus einer Reihe von Pieplauten.

ANGEHEFTET Sommergoldhähnchen nisten oft in Nadelbäumen, wo sie ihr winziges Nest aus Flechten, Moos und Spinnweben an dünne Zweige heften.

Wintergoldhähnchen

FAMILIE Sylviidae
ART *Regulus regulus*
LÄNGE 9 cm
HABITAT Wälder
GELEGEGRÖSSE 7–10

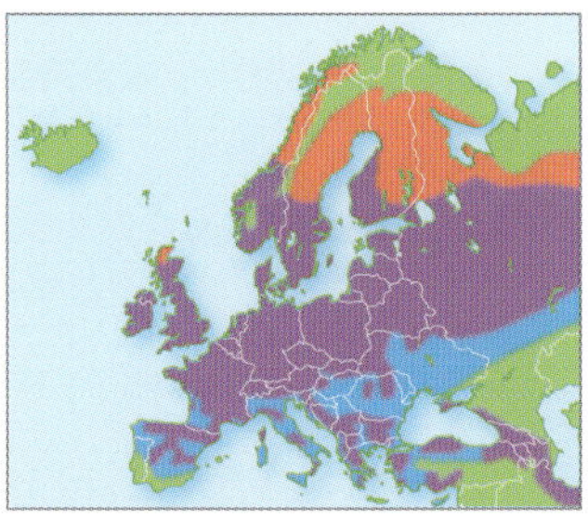

VERBREITUNG Ein verbreiteter, häufiger Standvogel in W- und N-Europa; manche Tiere ziehen im Winter südwärts, gelegentlich auch westwärts nach Großbritannien.

EIN SCHRILLES „Siih-siih-siih" und längerer, hoher Gesang verraten diese winzigen Zweigsänger, die oft im Blätterdach von Mischwäldern nach Nahrung suchen. Bewegen sie sich in geringerer Höhe, scheinen sie sich am Menschen kaum zu stören. Die Brutzeit verbringen Goldhähnchen in Nadelwäldern, den Winter über findet man sie zusammen mit Meisenschwärmen in Laubwäldern.

ZUM VERWECHSELN Die Scheitelfedern des Männchens sind an der Basis hellorange, erscheinen aber angelegt oft gelb wie beim Weibchen.

Grauschnäpper

FAMILIE Muscicapidae
ART *Muscicapa striata*
LÄNGE 14 cm
HABITAT Gärten/Lichtungen
GELEGEGRÖSSE 4–5

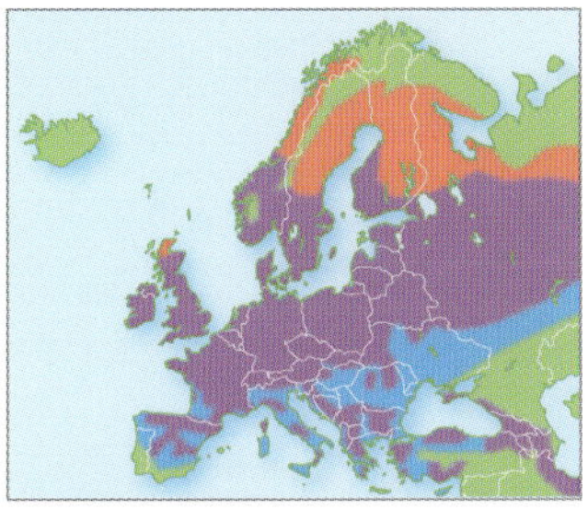

VERBREITUNG In ganz Europa, Skandinavien, N-Afrika und im Nahen Osten verbreitet; fehlt nur im hohen Norden; überwintert in Afrika.

KENNZEICHNEND FÜR diesen äußerlich schlichten und unauffälligen graubraunen Vogel ist seine typische Art, Insekten zu fangen: Von exponierter Warte aus unternimmt er kurze Flüge, gelegentlich rüttelt er auch kurz in der Luft, was gut zu beobachten ist. Sein Nest baut er oft an Fassadenvorsprüngen oder efeubewachsenen Bäumen.

ANSITZ Grauschnäpper lauern oft an exponierter Stelle auf vorbeifliegende Insekten und tragen dort ihren kurzen, rauen Gesang vor.

Halsbandschnäpper

FAMILIE Muscicapidae
ART *Ficedula albicollis*
LÄNGE 13 cm
HABITAT Wälder/Parks
GELEGEGRÖSSE 6–7

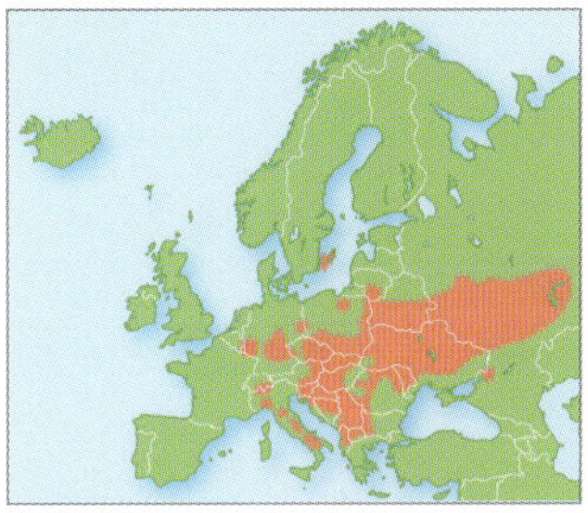

VERBREITUNG Aus Afrika im Sommer als Brutvogel nach O-Europa und Russland ziehend; Vorkommen neben dem Trauerschnäpper (*siehe* S. 304).

DAS MÄNNCHEN des Halsbandschnäppers hat eine kräftige schwarz-weiße Gefiederzeichnung mit auffallendem weißen Halsband und weißem Stirnfleck. Der Bürzel ist blassgrau. Weibchen sind oberseits meist grau mit schwarz-weißen Flügeln und undeutlichem weißen Halsband. Männchen singen meist leise von hoher Warte aus.

NISTGELEGENHEIT Halsbandschnäpper nisten normalerweise in Baumhöhlen, nehmen aber auch Nistkästen an.

Trauerschnäpper

FAMILIE Muscicapidae
ART *Ficedula hypoleuca*
LÄNGE 13 cm
HABITAT Wälder
GELEGEGRÖSSE 4–7

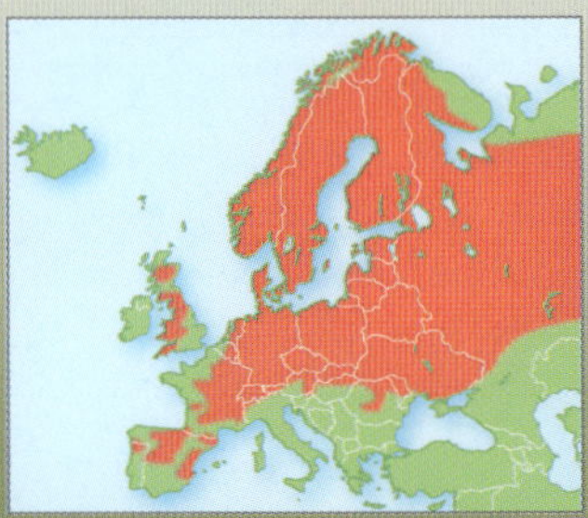

VERBREITUNG Als Brutvogel (Sommergast) besonders in altem Eichenbestand und Parks in weiten Teilen W- und N-Europas sowie Skandinaviens anzutreffen; überwintert in W-Afrika.

DIESE ART IST BEI uns der einzige schwarz-weiße Kleinvogel, der Insekten im Flug fängt. Gleich nach ihrem Eintreffen im Brutgebiet im späten Frühjahr sichern sich die Männchen von freier Warte aus singend ein Revier, während die Weibchen in einer Baumhöhle oder einem Nistkasten das Nest bauen. Beide Eltern füttern die Jungen. Nach der Brutsaison mausern sich die Tiere und sind dann sehr scheu. Im Winter und bei der Herbstwanderung sind die Geschlechter kaum zu unterscheiden, da dann bei beiden die Grautöne überwiegen. Der Gesang besteht aus melodischen, wiederholten Motiven, oft eingeleitet von einem zwei- oder dreisilbigen „Tschi-tschi-tschi".

AUSSCHAU Ein wachsames Trauerschnäppermännchen hält Ausschau nach Insekten. Die Tiere stellen bei der Beutesuche oft den Schwanz auf.

Zwergschnäpper

FAMILIE Muscicapidae
ART *Ficedula parva*
LÄNGE 11 cm
HABITAT Wälder
GELEGEGRÖSSE 5–6

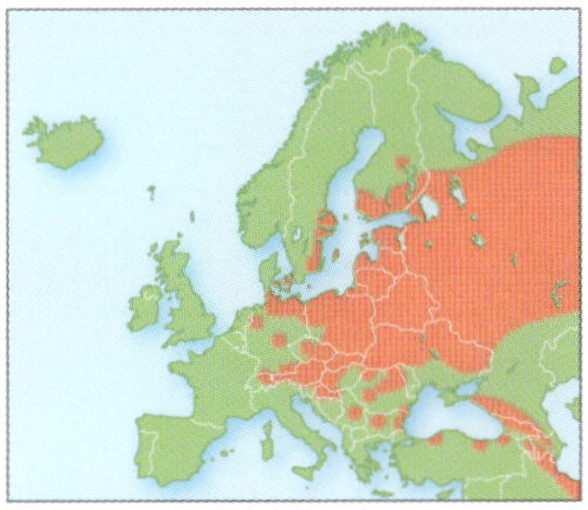

VERBREITUNG Als Brutvogel (Sommergast) vom westlichen Asien bis in alte Waldbestände O-Europas verbreitet; vereinzelte Tiere – meist im Herbst – westwärts bis Großbritannien anzutreffen.

VERWECHSLUNGSGEFAHR Zwergschnäpper singen meist von offener Warte aus. Ihr weicher Gesang wird oft mit dem anderer Waldvögel verwechselt.

DIE KLEINE, lebhafte Fliegenschnäpperart hat die Angewohnheit, immer wieder mit dem Schwanz zu zucken, und zeigt dabei manchmal die an Schmätzer erinnernde schwarz-weiße Schwanzzeichnung. Die Männchen ähneln auf den ersten Blick mit ihrem grauen Kopf und (bei Jungvögeln allerdings noch schwach ausgeprägten) orangeroten Latz dem größeren Rotkehlchen (*siehe* S. 256). Weibchen und Jungvögel sind schlichter gefärbt, ihre Oberseite ist braun, die Unterseite blassgelbbräunlich. Die Tiere sind zur Brutzeit schwer zu beobachten, da sie die meiste Zeit in den Baumkronen verbringen, unermüdlich nach Insekten suchend. Das Nest wird meist unter einem Stück abgelöster Rinde oder in einer Spalte gebaut. Das Weibchen baut das Nest fast allein und wird während des Brütens vom Männchen versorgt.

Halbringschnäpper

FAMILIE Muscicapidae
ART *Ficedula semitorquata*
LÄNGE 13 cm
HABITAT Bergwälder
GELEGEGRÖSSE 5–6

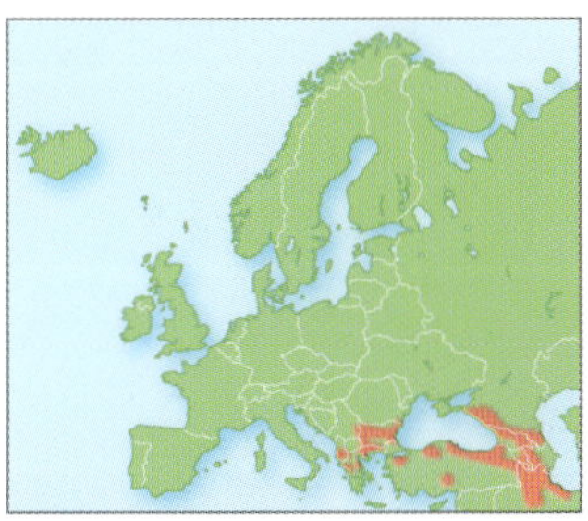

VERBREITUNG Als Brutvogel (Sommergast) aus Afrika in Mischwäldern des Balkans, des Kaukasus und Kleinasiens anzutreffen.

ÄUSSERLICH STEHT diese Art zwischen dem Trauer- und dem Halsbandschnäpper. Das Männchen trägt ein kurzes weißes Nackenband, einen weißen Stirnfleck und eine kleinere zweite weiße Flügelbinde. Die Weibchen sind von denen der anderen Arten kaum zu unterscheiden, besitzen aber ebenfalls einen zarten zweiten weißen Flügelstreif. Rufe und Gesang ähneln stark denen des Halsbandschnäppers. Beide Arten haben unterschiedliche Verbreitungsgebiete; nur bei der Wanderung sind sie gemeinsam zu beobachten.

NACKENBAND Das kurze weiße Nackenband ist nicht immer sehr ausgeprägt und häufig schwer zu erkennen.

Tannenmeise

FAMILIE Paridae
ART *Periparus ater*
LÄNGE 11 cm
HABITAT Nadelwälder
GELEGEGRÖSSE 7–9

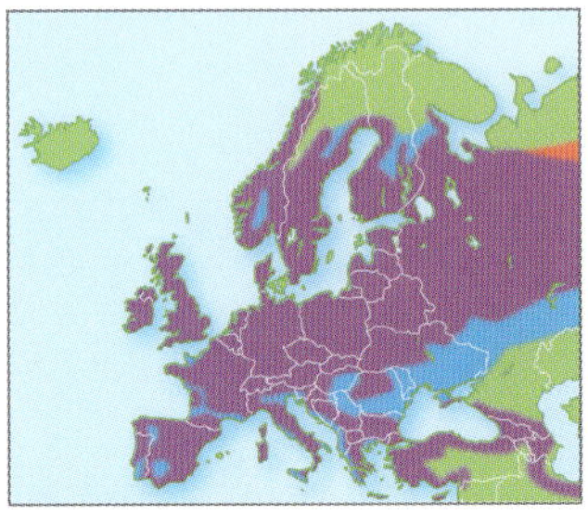

VERBREITUNG In fast ganz Europa als Standvogel verbreitet; fehlt in Island sowie im hohen Norden Skandinaviens und Sibiriens; im Winter teilweise südwärts ziehend.

VIELSEITIG Die Tannenmeise ist oft in Nadelwäldern anzutreffen, wo sie das Gezweig energisch nach Samen, Insekten und Spinnen absucht.

DIESE KLEINSTE Vertreterin ihrer Familie ist nicht nur an der Größe, sondern auch an ihrer schwarzen Kappe, den weißen Wangen und dem weißen Nackenfleck zu erkennen. Das übrige Gefieder ist größtenteils olivgrau und gelb-bräunlich, vor allem bei Tieren Großbritanniens und der Iberischen Halbinsel; die Färbung variiert allerdings in den verschiedenen Teilen Europas – es gibt auch recht dunkle Varianten. Die Geschlechter und auch die Jungvögel ähneln einander. Zur Brutzeit äußern die Männchen ein hohes, etwas heiseres „Ti-tscha-ti-tscha". Schimpfende Tiere zeigen manchmal einen winzigen Schopf. Bei der Futtersuche in gemischten Schwärmen geben die Tiere ein feines „Tsih" von sich. In Jahren mit knappem Angebot an Fichtensamen sind Tiere aus dem Norden oft zu Wanderungen gezwungen.

Blaumeise

FAMILIE Paridae
ART *Cyanistes caeruleus*
LÄNGE 11 cm
HABITAT Wälder/Parks
GELEGEGRÖSSE 7–12

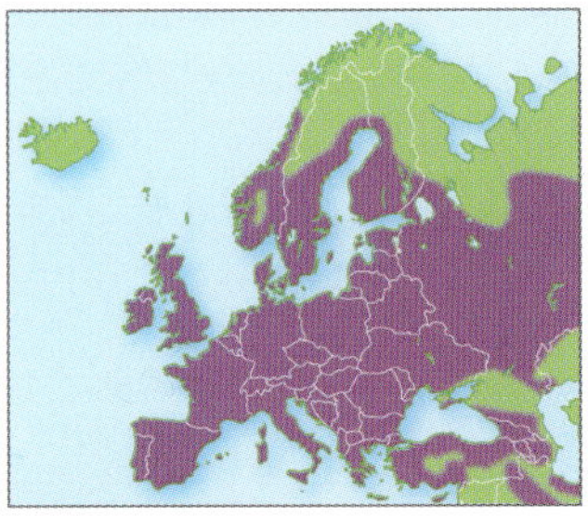

VERBREITUNG In ganz Europa außer Island und dem hohen Norden Skandinaviens, Russlands und Sibiriens als Standvogel verbreitet.

DIE BLAUMEISE, ein häufiger Gast am Futterhäuschen, ist unser einziger Kleinvogel mit blaugelbem Gefieder; die blaue Kappe ist bei näherem Hinsehen besonders auffällig. In Europa gibt es verschiedene Farbvarianten, von denen einige deutlich dunkler sind. Blaumeisen sind zwar eigentlich Waldvögel, suchen aber in unterschiedlichen Lebensräumen – besonders in Gärten – eifrig nach Nahrung, vor allem nach verschiedenen Insekten und Samen. Die Vögel nisten in Baumhöhlen, aber auch gern in Nistkästen.

GEN SÜDEN Blaumeisen ziehen nicht selten in großer Zahl in wärmere Gebiete, um den harten Wintern im Norden zu entgehen.

Lapplandmeise

FAMILIE Paridae
ART *Poecile cinctus*
LÄNGE 13 cm
HABITAT Nadelwälder
GELEGEGRÖSSE 6–10

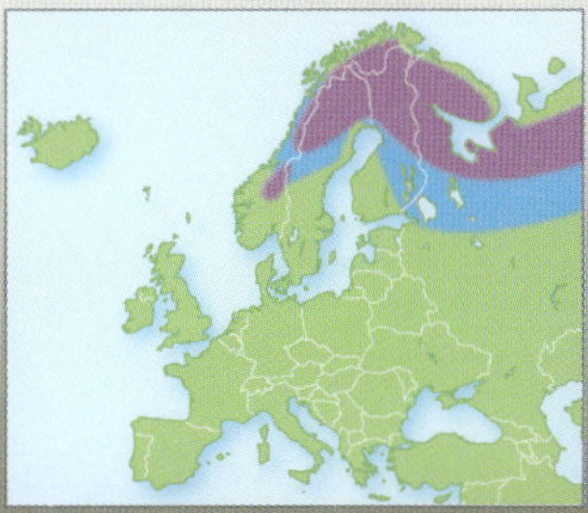

VERBREITUNG Standvogel in den Birken- und Nadelwäldern N-Skandinaviens, Russlands und Sibiriens; zieht in harten Wintern manchmal südwärts.

DIESE RECHT GROSSE Meisenart hat ein eher schlichtes Gefieder mit graubrauner Kappe, weißen Wangen und schwarzem Latz. Die Flanken sind rostbraun getönt; insgesamt wirkt das Gefieder wärmender und gesträubter als bei der ähnlichen, aber kleineren und grauer gefärbten Weidenmeise (*siehe* S. 312), die ebenfalls in nördlichen Nadelwäldern anzutreffen ist. Der Ruf der Lapplandmeise ähnelt dem der Weidenmeise und klingt nasal „tsih-tsih-ta-ta-ta“. Zur Brutzeit tragen die Männchen ein leicht zirpendes „Tschi-urrr“ vor. Die Weibchen bauen in morschem Holz eine Bruthöhle oder nutzen verlassene Spechthöhlen zum Nestbau.

SCHNEE Lapplandmeisen sind an Schnee gewöhnt. Sie suchen oft auf flechtenbewachsenen Zweigen alter Nadelwälder nach Nahrung.

MEISEN AM FUTTERPLATZ Links im Bild eine Schwanzmeise (*siehe* S. 314) im Anflug auf ein Futterhäuschen. Viele Meisen schätzen Erdnüsse als Winterfutter und beweisen an solchen Futterstellen ihr Geschick.

Haubenmeise

FAMILIE Paridae
ART *Lophophanes cristatus*
LÄNGE 11 cm
HABITAT Nadelwälder
GELEGEGRÖSSE 4–8

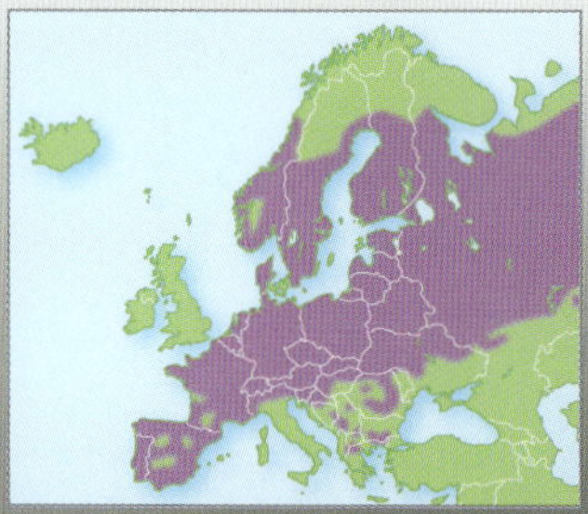

VERBREITUNG In weiten Teilen Europas als Standvogel verbreitet; häufig in Nadelwäldern; fehlt im hohen Norden; in Großbritannien nur in Kiefernwäldern Schottlands.

DER LEISE TRILLERNDE Ruf der Haubenmeise ist unverkennbar und oft der beste Hinweis auf den kleinen Vogel, der in den höchsten Zweigen von Kiefern und Fichten nach Insekten, Spinnen und Samen sucht. Hat man ihn entdeckt, identifiziert ihn die „Haube" eindeutig; im übrigen Gefieder herrschen Grautöne vor. Schlechte Wetterbedingungen lassen die eigentlich ortstreue Haubenmeise gelegentlich außerhalb der Nadelwälder an anderen Orten Nahrung suchen. Bei Nahrungsüberschuss verstauen die Tiere Samen als Wintervorrat in rissiger Rinde. Die Weibchen bauen eine Nisthöhle in morschem Holz und polstern diese mit Moos, Spinnweben und Haaren aus.

AUFFÄLLIG Kein anderer Kleinvogel besitzt einen so auffälligen Schopf wie die Haubenmeise, die so leicht zu identifizieren ist.

Lasurmeise

FAMILIE Paridae

ART *Cyanistes cyanus*

LÄNGE 13 cm

HABITAT Birkenwälder/ Buschland

GELEGEGRÖSSE 9–11

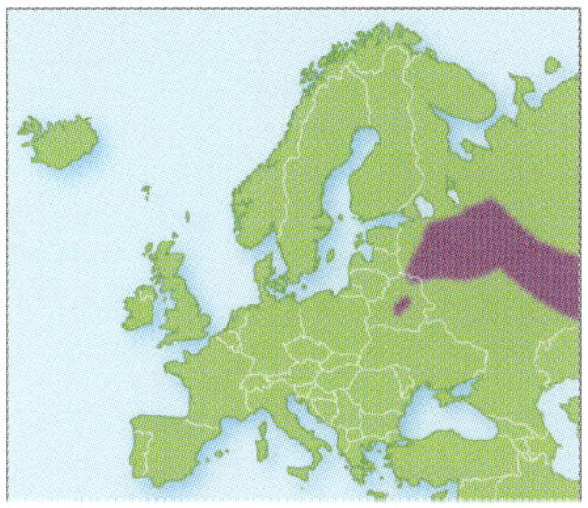

VERBREITUNG Häufiger Standvogel in den Ebenen Russlands; weiter westlich sehr selten.

DIESE ART erscheint wie eine blasse Version der Blaumeise (*siehe* S. 306) und tritt in Asien an deren Stelle. Ihr Brutgebiet reicht im Westen nicht über Russland hinaus. Das Gefieder ist größtenteils weiß, der lange Schwanz, Flügel und Latz sind blassblau, der obere Mantel ist blassblaugrau. Die Schwanzspitze ist weiß; die Flügel tragen eine breite weiße Binde. Das Gefieder wirkt besonders im Winter flaumig weich. Rufe und Ernährungsgewohnheiten ähneln stark denen der Blaumeise, mit der die Lasurmeise jedoch aufgrund ihrer Größe und Farbgebung nicht zu verwechseln ist. Sie baut ihr Nest in Baumhöhlen; beide Eltern füttern die Jungen. Die Familie bleibt eine Weile als Gruppe zusammen.

MISCHLINGE Die Lasurmeise hat ein typisches, vornehmlich weißes Gefieder. Gelegentlich auftretende Mischlinge zwischen Lasur- und Blaumeise haben jedoch blaue Köpfe.

Trauermeise

FAMILIE Paridae

ART *Poecile lugubris*

LÄNGE 14 cm

HABITAT Felsiges Gelände

GELEGEGRÖSSE 5–7

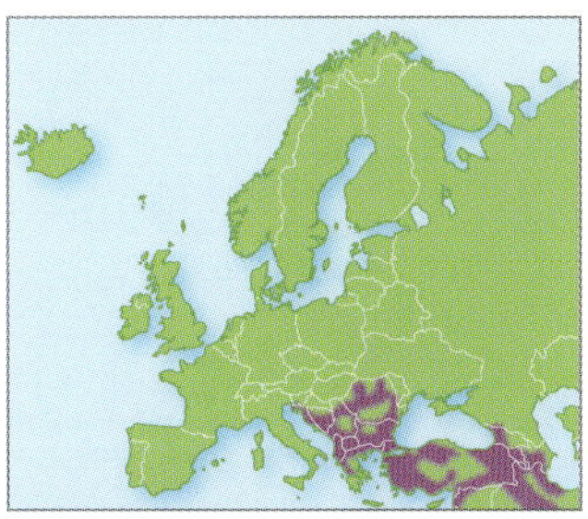

VERBREITUNG In Wäldern und felsigen Gebieten SO-Europas als Standvogel verbreitet; vor allem im Balkan, auf einigen Inseln des östlichen Mittelmeerraums, in der Türkei und im Nahen Osten.

DIESE GROSSE Meisenart zeigt ein recht unauffälliges graubraunes Gefieder und verhält sich eher ruhig, sodass man sie oft übersieht. Auf den ersten Blick ähnelt sie Weiden- und Sumpfmeise (*siehe* S. 313 f.), doch ist sie nicht nur größer, ihre Wangen zeigen auch mehr Weiß. Ihr Ruf erinnert stark an den der Kohlmeise (*siehe* S. 312), und oft lässt sie ein ähnliches „Tschirr" vernehmen. Ihr Nest baut die Trauermeise in Baumhöhlen oder Mauerlöchern. Im Winter gesellt sie sich in gemischten Trupps zu anderen Meisen.

KEILFÖRMIG Die weißen, mit dem Schwarz von Kopf und Kehle kontrastierenden Wangen der Trauermeise haben eine typische Keilform.

Kohlmeise

FAMILIE Paridae

ART *Parus major*

LÄNGE 14 cm

HABITAT Wälder/Gärten

GELEGEGRÖSSE 8–13

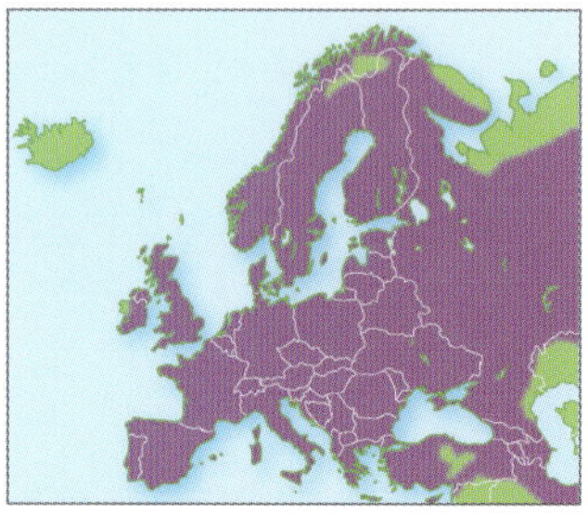

VERBREITUNG Häufiger und verbreiteter Standvogel in ganz Europa außer Island und dem hohen Norden Skandinaviens und Russlands.

ALS EINER DER HÄUFIGSTEN Vögel überhaupt in unseren Wäldern und Gärten ist die Kohlmeise Gast an Futterstellen und nistet bereitwillig in Nistkästen. Der schwarz-weiße Kopf und der mittige schwarze Längsstreifen auf der gelben Unterseite machen sie unverwechselbar. Die Geschlechter sehen sich ähnlich, doch sind die Männchen intensiver und deutlicher gemustert. Die Art hat ein breites Repertoire an Rufen, vom penetrant-anhaltenden „Ping" bis zum im Frühjahr erklingenden „Tihtscha-tihtscha". In harten Wintern ziehen Kohlmeisen aus Nordeuropa mitunter westwärts.

REVIER SICHERN Kohlmeisenmännchen zählen zu den ersten Sängern im Frühjahr; so sichern sie sich rasch ein Revier am Nistplatz.

Weidenmeise

FAMILIE Paridae

ART *Poecile mantanus*

LÄNGE 11 cm

HABITAT Wälder

GELEGEGRÖSSE 6–9

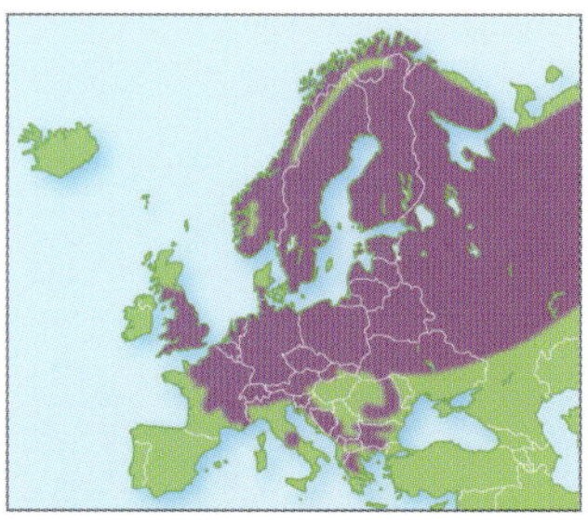

VERBREITUNG In weiten Teilen W- und N-Europas als Standvogel; fehlt auf der Iberischen Halbinsel, im hohen Norden Skandinaviens und Russlands.

WEIDENMEISEN HALTEN sich nicht nur in Weidenbeständen auf, sondern leben in verschiedenen Waldhabitaten, bevorzugen allerdings Feuchtwälder mit viel morschem Holz, in dem sie ihre Nisthöhlen bauen können. Sie ähneln der Sumpfmeise und sind am besten am nasalen „Tschäi-tschäi"-Ruf erkennbar. Ihre schwarze Kappe wirkt aber stumpf und nicht glänzend; auch ist ihr Kehlfleck größer. Weidenmeisen sind recht scheu und suchen auch im Winter keine Futterstellen auf.

UNTERSCHIEDE Helle Flächen auf den Flügeln und der größere Kopf unterscheiden die Weiden- von der Sumpfmeise.

Sumpfmeise

FAMILIE Paridae
ART *Poecile palustris*
LÄNGE 11 cm
HABITAT Mischwälder
GELEGEGRÖSSE 6–9

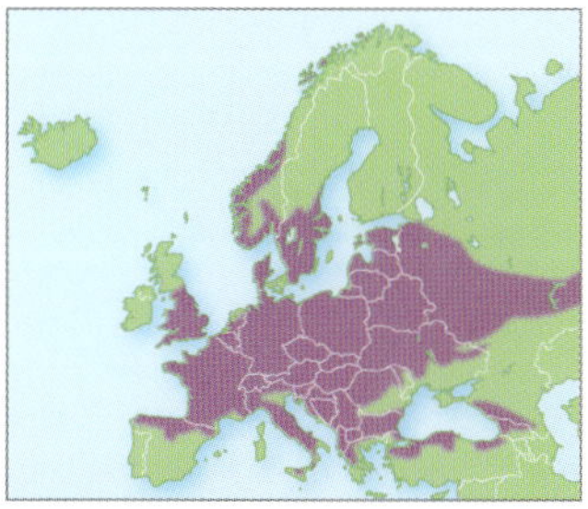

VERBREITUNG In weiten Teilen W-Europas und S-Skandinaviens teils häufiger Standvogel; fehlt in Irland und auf der Iberischen Halbinsel.

EHER EIN VOGEL DER Wälder als der Marschen, trifft man die Sumpfmeise in verschiedenen Waldhabitaten an. Besonders schätzt sie feuchte Mischwälder mit großem Altbaumbestand und morschem Holz. Wo sie neben der fast identischen Weidenmeise vorkommt, zieht Letztere bei Nistplätzen und der Futtersuche meist den Kürzeren. Sumpfmeisen nehmen Nistkästen an und besuchen Winterfutterstellen, oft gemeinsam mit anderen Meisen. Trotz ihrer Kleinheit wirken sie recht forsch. Von der Weidenmeise unterscheiden sie sich durch die eher glänzende schwarze Kappe und den kleineren, schärfer umrissenen schwarzen Latz, doch sind beide sehr rege und in ihrer Umgebung kaum deutlich wahrnehmbar. Rufe und Gesang sind sehr typisch und die eindeutigsten Identifizierungsmöglichkeit. Die Tiere rufen oft laut „pitju" und wiederholt pfeifend „tjiu-tjiu-tjiu". Der Gesang klingt ähnlich, das wiederholte „Tschip-tschip-tschip" geht allerdings im allgemeinen Gezwitscher im Wald oft unter. Die Geschlechter sehen gleich aus, Jung- und Altvögel ebenfalls. Allerdings zeigen Vögel aus dem nördlichen Verbreitungsgebiet gewisse Abweichungen in der Färbung; sie erscheinen oberseits eher bräunlich.

GLÄNZEND SCHWARZ Kappe und Latz der Sumpfmeise sind lackschwarz und damit gute Erkennungszeichen.

Schwanzmeise

FAMILIE Aegithalidae
ART *Aegithalos caudatus*
LÄNGE 14 cm
HABITAT Wälder
GELEGEGRÖSSE 8–12

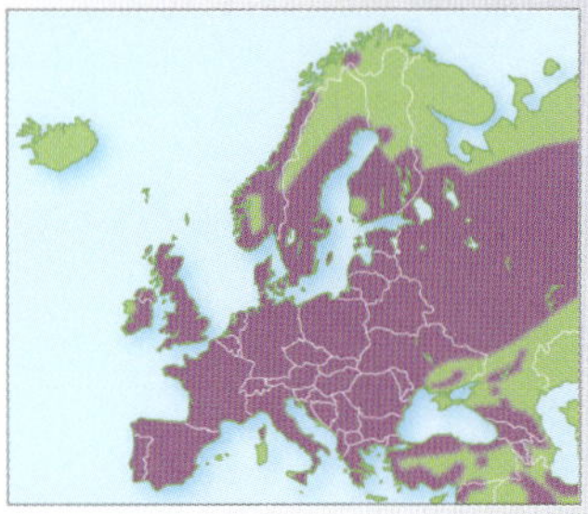

VERBREITUNG Verbreiteter Standvogel in fast ganz Europa außer Island, N-Skandinavien, Russland und einigen Mittelmeerinseln.

BEI DIESEM unverwechselbaren Vögelchen ist der Schwanz länger als der Körper. Die wie kleine Federbälle aussehenden Tiere ziehen oft in kleinen Trupps von Baum zu Baum. Sie suchen im Geäst äußerst agil nach Nahrung und sind im Winter häufige Gäste am Futterhäuschen. Die meisten von ihnen zeigen ein rosa-weiß-schwarzes Gefieder; Exemplare aus Skandinavien haben einen reinweißen Kopf, und Tiere aus dem Süden zeigen unterwärts eine dunkelrosa Streifung. Die Geschlechter sehen sich sehr ähnlich; Jungvögeln fehlen die Rosatöne. Beide Geschlechter bauen gemeinsam das komplizierte, kugelförmige Nest aus Moos, Flechten und Federn, das mit Spinnweben zusammengehalten wird. Die umherziehenden Trupps kommunizieren mit leise rasselnden „Tsirrup"-Rufen und einem schärferen „Sri-sri-sri"; seltener erklingt ein leise trillernder Gesang.

MINI-SCHNABEL Mit ihrem kurzen Schnabel verspeisen Schwanzmeisen Insekten und kleine Samen.

Bartmeise

FAMILIE Timaliidae
ART *Panurus biarmicus*
LÄNGE 17 cm
HABITAT Schilfgebiete
GELEGEGRÖSSE 5–7

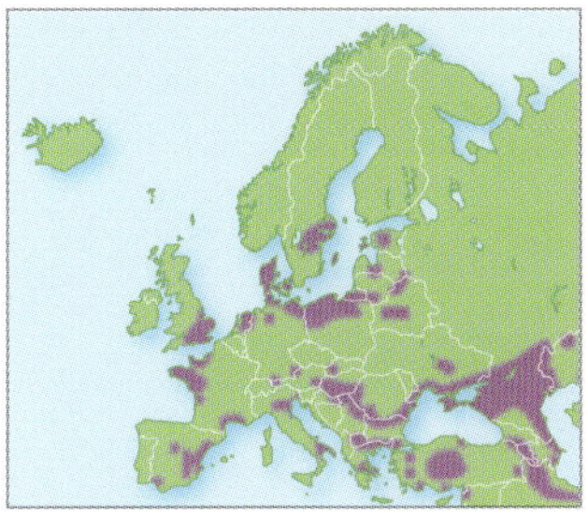

VERBREITUNG Verstreut in ganz Europa als Standvogel anzutreffen; Wintergast in Teilen Großbritanniens und S-Skandinaviens.

SCHILFGEBIETE BIETEN dieser Art gute Deckung; nur selten zeigt sie sich – abgesehen von hastigen Überquerungen breiterer Wasserläufe – im offenen Gelände. Bartmeisen sind zwischen dürren Schilfhalmen gut getarnt. Ihr Gefieder ist oberseits gelbbraun, unterseits heller. Die Männchen haben am Kopf breite schwarze „Schnurrbärte". In kleinen Trupps nach Futter suchende Bartmeisen äußern ein metallisch klingendes „Ping" und zeigen sich manchmal auf schaukelnden Schilfhalmen sitzend. Das Nest aus Blättern wird zwischen die Halme geflochten; in manchen Jahren gelingt die Aufzucht dreier Bruten. Gelegentlich fliegen größere Schwärme auf der Suche nach Nahrung einen anderen See an.

SCHWANKENDER HALT Bartmeisen sind sehr geschickt darin, zwischen schaukelnden Stängeln nach Nahrung – Samen, Insekten und Spinnen – zu suchen.

Beutelmeise

FAMILIE Remizidae
ART *Remiz pendulinus*
LÄNGE 11 cm
HABITAT Marschen/Sümpfe
GELEGEGRÖSSE 6–8

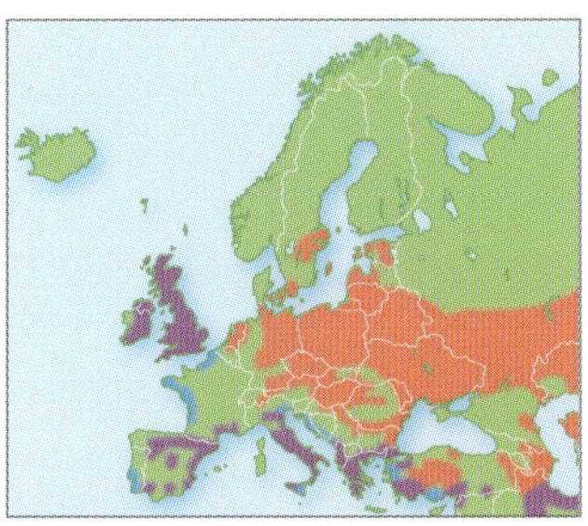

VERBREITUNG In passenden Lebensräumen als Standvogel in fast ganz S-Europa verbreitet; Brutvogel (Sommergast) in weiten Teilen W- und Mitteleuropas; dringt offenbar nach Westen vor.

DIESER KLEINE, meisenähnliche Vogel mit der auffälligen schwarzen Maske bevorzugt Marschland mit lockerem Weidenbestand. Die Geschlechter sehen gleich aus; Jungvögeln fehlt die Maske. Männchen und Weibchen bauen gemeinsam das kunstvolle, flaschenförmig herabhängende Nest mit Eingangsröhre, das größtenteils aus der Samenwolle des Rohrkolbens besteht. Das Nest hängt meist am Ende eines Zweiges über dem Wasser und ist so vor den meisten Räubern geschützt. Beutelmeisen äußern verschiedene dünn pfeifende „Tsi-tsi-tsi"-Rufe.

BAUMEISTER Die Beutelmeise baut eines der kunstvollsten Nester überhaupt und braucht für die Errichtung ihres herabhängenden Heimes rund zwei Wochen.

Kleiber

FAMILIE Sittidae
ART *Sitta europaea*
LÄNGE 14 cm
HABITAT Wälder
GELEGEGRÖSSE 6–9

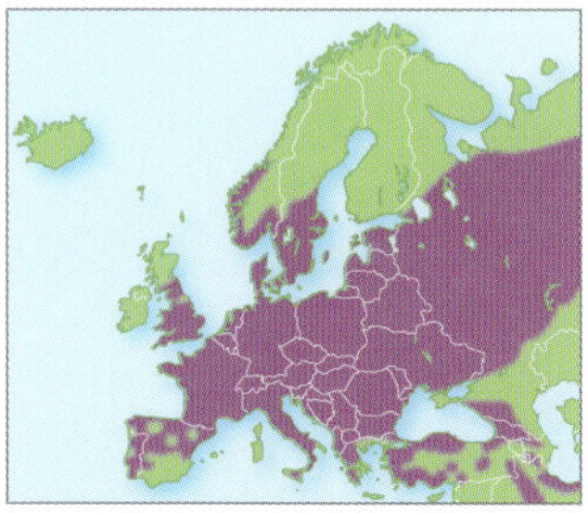

VERBREITUNG Fast überall in Europa in geeigneten Lebensräumen ein häufiger Standvogel; fehlt in Irland, Island und N-Skandinavien sowie auf einigen kleineren Mittelmeerinseln.

ALS EINZIGER Kleinvogel kann der Kleiber in allen Richtungen – auch kopfüber – an Stämmen und Ästen klettern. Vögel aus Westeuropa sind oberseits blaugrau und an der Unterseite gelborange; Kleiber aus dem nördlichen Verbreitungsgebiet sind unterseits oft deutlich heller. Mit dem langen, geraden Schnabel stochert der Kleiber in der Rinde nach Nahrung und öffnet auch Haselnüsse. Die Vögel nisten in Baumhöhlen, deren Eingang sie mit Lehm auf die passende Größe zumauern. Das ganze Jahr hindurch ist ihr schrilles „Piuh-piuh-piuh" zu vernehmen.

GESCHICKT Kleiber klemmen Samen in Rindenspalten, um sie dann mit dem spitzen Schnabel aufzuschlagen.

Türkenkleiber

FAMILIE Sittidae
ART *Sitta krueperi*
LÄNGE 13 cm
HABITAT Nadelwälder
GELEGEGRÖSSE 5–6

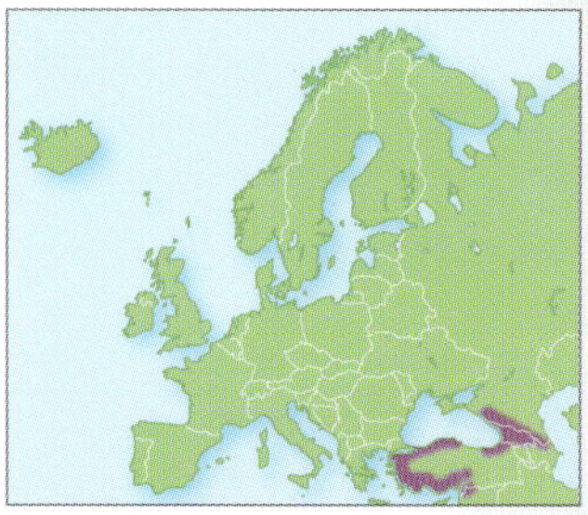

VERBREITUNG Standvogel in alten Nadelwäldern der Türkei und benachbarter Mittelmeerinseln; östlich bis zum Kaukasus.

DIESE SEHR AGILE Kleiberart ist an der Unterseite weißlich mit einem rostroten Brustfleck. Ein schmaler schwarzer Augen- und ein weißer Überaugenstreif sind typisch. Türkenkleiber suchen am Baum in jeder Höhe nach Nahrung, am Stamm, hoch oben zwischen den Nadeln und Zapfen und sogar am Boden unter dem Baum. Ihr Nest bauen sie meist in verlassenen Spechthöhlen, doch verkleinern sie den Eingang nicht mit Lehm.

EINDEUTIG Der rostrote Brustfleck des Türkenkleibers ist von unten deutlich erkennbar und bei beiden Geschlechtern zu finden.

Felsenkleiber

FAMILIE Sittidae
ART *Sitta neumayer*
LÄNGE 14 cm
HABITAT Felskliffe/Schluchten
GELEGEGRÖSSE 6–10

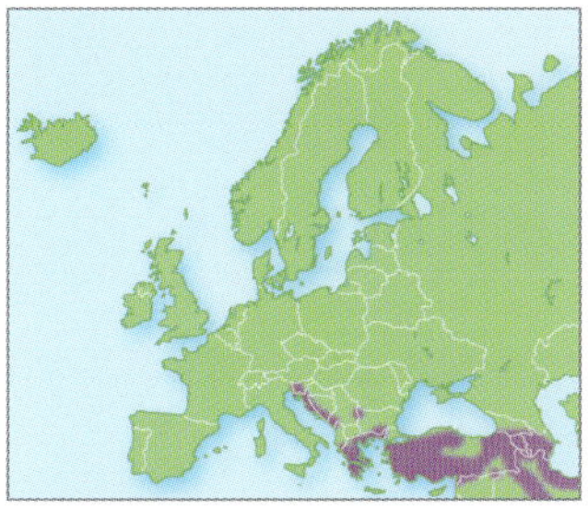

VERBREITUNG Standvogel in felsigen Regionen von Griechenland bis zum Balkan, ostwärts über die Türkei bis zum Nahen Osten; manchmal in Höhen bis 2500 m.

DIE HELLGRAUE OBERSEITE und die blassgelblich braune Unterseite sind Erkennungsmerkmale des Felsenkleibers. Schnabel und Beine sind im Verhältnis zum Kleiber länger. Viel häufiger als dieser sucht der Felsenkleiber statt an Bäumen am Boden und zwischen Felsen nach Nahrung. Der teils sehr lebhafte Vogel verbirgt sich bei Gefahr zwischen Gesteinsspalten. Die Nestkammer wird aus Lehmklümpchen auf einem Fels gebaut und hat eine schmale Eingangsröhre. Gesang und Warnrufe sind laut und durchdringend.

KLETTERKÜNSTLER Der Felsenkleiber ist am Fels so gewandt wie andere Kleiber an Baumstämmen.

Klippenkleiber

FAMILIE Sittidae
ART *Sitta tephronota*
LÄNGE 15 cm
HABITAT Gebirge/Schluchten
GELEGEGRÖSSE 4–7

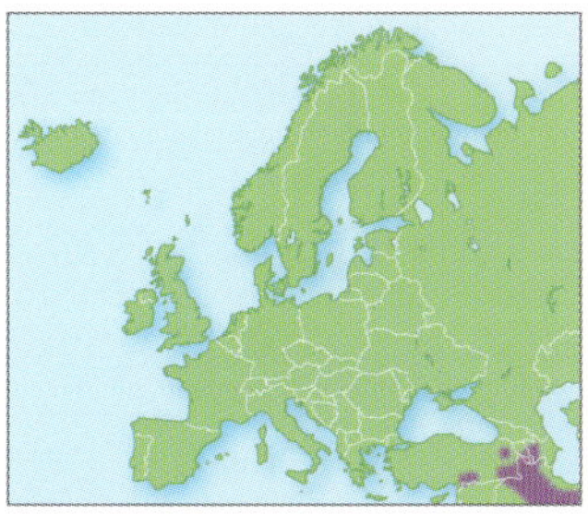

VERBREITUNG Standvogel im Hochgebirge der O-Türkei und des Nahen Ostens, selten unterhalb von 1000 m; bevorzugt felsige Landschaften mit lockerem Laubbaumbestand.

DER KLIPPENKLEIBER ist der größte Vertreter der Kleiberfamilie. Er ähnelt in vielerlei Hinsicht dem kleineren Felsenkleiber; in wenigen Regionen überschneiden sich ihre Verbreitungsgebiete. Dort aber ist der Klippenkleiber leicht an der Größe und den lauteren Rufen zu erkennen. Zudem findet man ihn in weit größeren Höhen. Er baut sein Nest aus Lehm und polstert es mit Haaren und Federn aus.

GROSS Beim Klippenkleiber erscheint alles auffallend groß, besonders Kopf, Schnabel und der breite schwarze Augenstreif.

Korsenkleiber

FAMILIE Sittidae
ART *Sitta whiteheadi*
LÄNGE 12 cm
HABITAT Kiefernwälder
GELEGEGRÖSSE 5–6

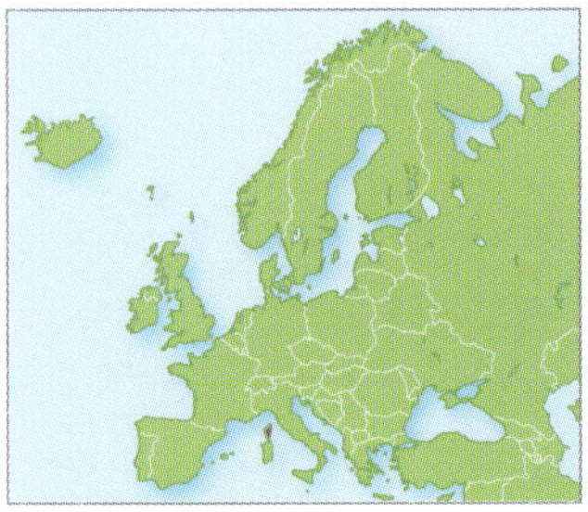

VERBREITUNG Nur auf Korsika (endemisch) als Standvogel vorkommend; dort vereinzelt in Kiefernwäldern, meist oberhalb 1000 m verbreitet; begibt sich im Winter in geringere Höhen.

DER KLEINE KORSENKLEIBER hat einen dunklen Scheitel – beim Männchen schwarz, beim Weibchen grau – und einen breiten weißen Überaugenstreif. Die Unterseite ist sehr hell. Die Identifizierung fällt leicht, denn diese seltene Art ist der einzige auf Korsika vorkommende Kleiber; die geschätzte Gesamtpopulation beläuft sich auf gerade einmal 2000 Brutpaare. Die Vögel nisten meist in Hohlräumen in alten Kiefern, oft in bis zu 30 m Höhe. Der Eingang wird nicht vermauert. Zur Brutzeit ist ein leises, nasales „Dju-dju-dju-di-di" zu vernehmen; daneben gibt es einige harsche Warnrufe.

ENDEMISCH Der Korsenkleiber verbringt die meiste Zeit in den Kiefernwäldern Korsikas, wo er sich von Insekten und Kiefernsamen ernährt.

Gartenbaumläufer

FAMILIE Certhiidae
ART *Certhia brachydactyla*
LÄNGE 13 cm
HABITAT Wälder/Parks
GELEGEGRÖSSE 6–7

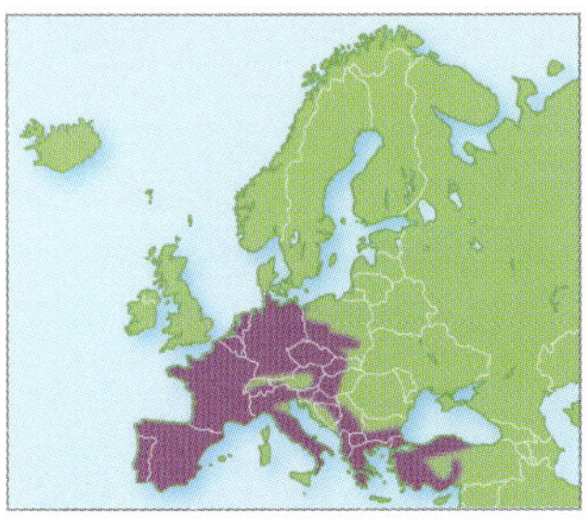

VERBREITUNG In geeigneten Lebensräumen verbreiteter Standvogel in großen Teilen W- und Mitteleuropas; auf vielen Mittelmeerinseln sowie an den Küsten der Türkei und N-Afrikas anzutreffen.

WENN EIN BAUMLÄUFER am Stamm aufwärtshuscht und dabei in Rissen und Spalten nach Wirbellosen stochert, erinnert er fast an eine Maus. Oben angekommen, fliegt er nach unten an den nächsten Baum und beginnt seinen Weg aufs Neue. Wo Garten- und Waldbaumläufer nebeneinander vorkommen, sind sie kaum zu unterscheiden; der Gartenbaumläufer singt jedoch lauter und tiefer, sein Ruf ist durchdringender. Die Flanken sind nicht ganz so hell, und der Schnabel ist etwas länger.

ZUM VERWECHSELN ÄHNLICH Zwar gibt es einige Merkmale, anhand derer sich Garten- und Waldbaumläufer unterscheiden lassen, doch sind diese im Feld kaum auszumachen.

Waldbaumläufer

FAMILIE Certhiidae
ART *Certhia familiaris*
LÄNGE 13 cm
HABITAT Wälder/Parks
GELEGEGRÖSSE 6

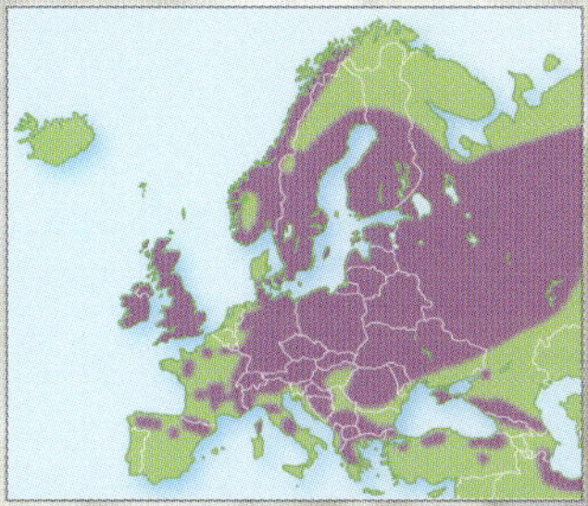

VERBREITUNG Standvogel in Mischwäldern und Parks in Großbritannien, Irland sowie weiten Teilen N- und O-Europas; in Mitteleuropa gemeinsames Vorkommen mit dem Gartenbaumläufer.

DIESE ART ÄHNELT stark dem Gartenbaumläufer; da sie als einziger Baumläufer in Großbritannien, Irland und Skandinavien vorkommt, sind zumindest dort Verwechslungen ausgeschlossen. Wo beide Arten überlappen, helfen die reinweißen Flanken des Waldbaumläufers, das kontrastreichere Gefieder und der weißere Überaugenstreif bei der Identifizierung; diese Merkmale sind jedoch im Halbdunkel des Waldes schwer auszumachen. Bei der Futtersuche am Baum rufen die Tiere sehr hoch und dünn „sriiht". Das Nest wird meist hinter loser Rinde oder in Holzspalten gebaut.

SICHTBAR Bei gutem Licht sind die reinweißen Flanken und der weiße Überaugenstreif des Waldbaumläufers sichtbar.

Mauerläufer

FAMILIE Tichodromadidae
ART *Trichodroma muraria*
LÄNGE 17 cm
HABITAT Steilhänge
GELEGEGRÖSSE 4

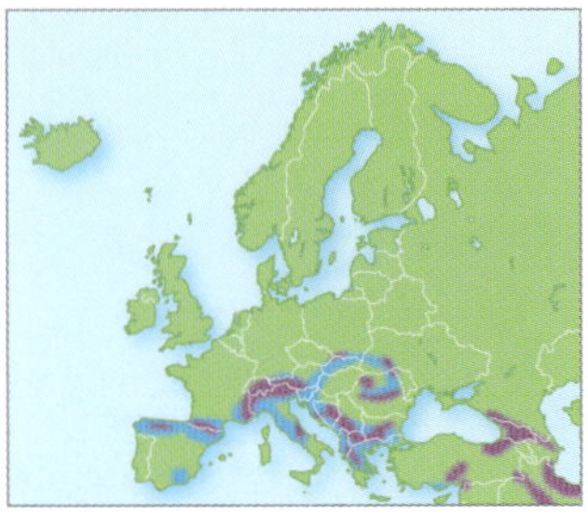

VERBREITUNG Vereinzelt als Standvogel in den europäischen Bergregionen von den Pyrenäen bis zum Kaukasus; In W-Europa gelegentlich an Steilküsten.

DIESER KLEINE VOGEL bewohnt steile Felshänge und ähnelt einem Baumläufer, doch ist sein Gefieder grau mit roten Flügeldecken. Am Fels umherhuschend, zuckt er oft mit den Flügeln. Die Geschlechter gleichen sich, im Prachtkleid zeigt das Weibchen allerdings einen dunklen Kehlfleck, beim Männchen sind Kehle und Brust schwarz. Die Weibchen bauen das Nest in Felsspalten und brüten allein; die Jungen werden von beiden Eltern gefüttert.

GUT VERSTECKT Ein Mauerläuferweibchen sieht sich prüfend um, bevor es zum Nest in einer Felsspalte zurückkehrt.

Neuntöter

FAMILIE Laniidae
ART *Lanius collurio*
LÄNGE 17 cm
HABITAT Offene Landschaften
GELEGEGRÖSSE 5–6

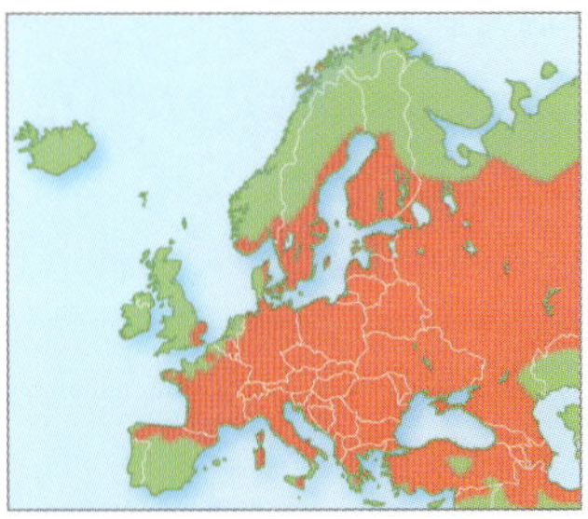

VERBREITUNG Als Brutvogel (Sommergast) in weiten Teilen Europas und Russlands; in W-Europa heute selten, in Großbritannien nur als Durchzügler.

ALLE WÜRGER sitzen gern auf offener Warte – auch zur Erleichterung der Identifizierung. Der männliche Neuntöter ist oberseits rotbraun, sein Kopf ist hellgrau mit schwarzer Maske. Das Gefieder der Weibchen und Jungvögel ist eher bräunlich und wirkt an der Unterseite wie geschuppt. Die Tiere erbeuten große Käfer und andere Insekten, aber auch kleine Eidechsen und Frösche, die sie bei reichem Nahrungsangebot als Vorrat auf Dornen aufspießen.

VORRATSKAMMER Mit ihrem kräftigen Schnabel und den kräftigen Klauen zerteilen Neuntöter ihre Beute oder spießen sie als Vorrat auf Dornen auf.

Raubwürger

FAMILIE Laniidae
ART *Lanius excubitor*
LÄNGE 24 cm
HABITAT Offene Landschaften
GELEGEGRÖSSE 5–7

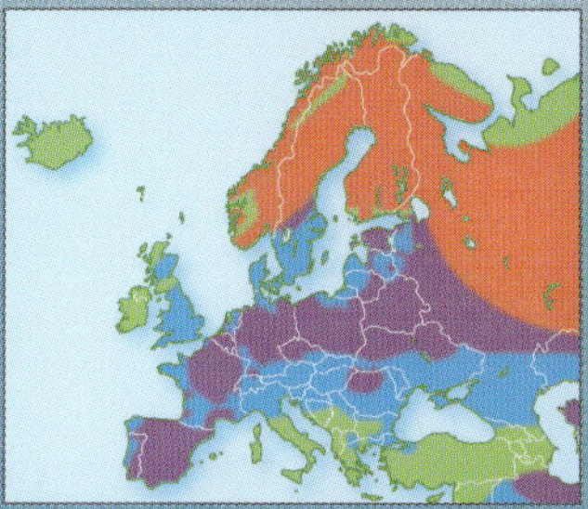

VERBREITUNG Weit verbreitet, aber nur vereinzelt in fast ganz Europa; ziehen im Sommer zum Brüten nordwärts nach Skandinavien und Russland; einige Vögel ziehen im Herbst süd- und westwärts.

DER GRÖSSTE UNTER den Würgern sitzt oft völlig frei auf einem Dornbusch oder auf Überlandleitungen. Sein kontrastreiches, schwarz-weiß-graues Gefieder macht ihn noch auffälliger. Er ist groß genug, um kleine Vögel und Wühlmäuse zu erbeuten, fängt aber auch große Insekten und legt sich Vorräte an, indem er die Beute auf Dornen aufspießt.

FARBVERSCHIEDENHEITEN In seinem großen Verbreitungsgebiet gibt es verschiedene Farbvarianten des Raubwürgers; alle jedoch zeigen den breiten schwarzen Augenstreif und die weißen Flügelflecken.

Isabellwürger

FAMILIE Laniidae
ART *Lanius isabellinus*
LÄNGE 18 cm
HABITAT Offene Landschaften
GELEGEGRÖSSE 4–6

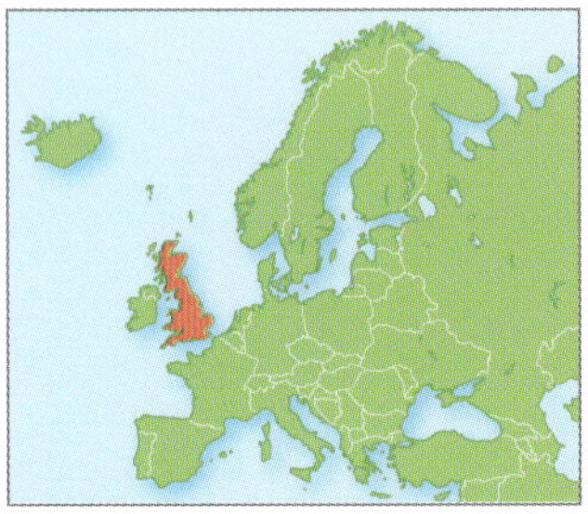

VERBREITUNG Brutvogel (Sommergast) in O-Sibirien und der zentralasiatischen Steppe; gelegentlich (meist während der Herbstwanderung) westlich bis Europa; ist einige Male in Großbritannien gesichtet worden.

DER ISABELLWÜRGER ähnelt sehr dem Neuntöter (*siehe* S. 320), ist aber viel zurückhaltender gefärbt. Das Männchen besitzt zwar auch eine schwarze Maske und einen rostroten Schwanz, doch seine Oberseite ist hauptsächlich graubraun. Wie für Würger typisch, sitzen die Tiere viel auf offener Warte und spähen nach Insekten.

ÄHNLICHKEITEN Bei Weibchen und Jungvögeln wirkt die Unterseite schuppig; mit ihrem dunkelbraunen Augenstreif erinnern sie an junge Neuntöter.

Schwarzstirnwürger

FAMILIE Laniidae
ART *Lanius minor*
LÄNGE 20 cm
HABITAT Offene Landschaften
GELEGEGRÖSSE 5–6

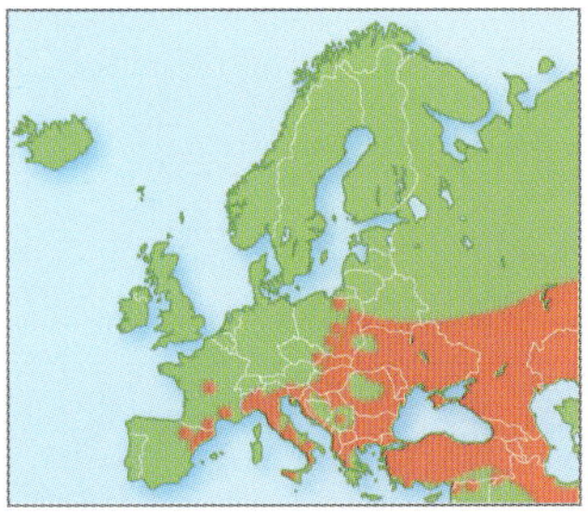

VERBREITUNG Im Sommer Brutvogel im Tiefland S- und O-Europas sowie der Türkei und des Nahen Ostens; zieht im Winter süd- und ostwärts.

ZWAR ÄHNELT DIESE Art dem größeren Raubwürger (*siehe* S. 321), doch hat sie relativ lange Flügel und einen recht kurzen Schwanz. Die schwarze Maske bedeckt auch die ganze Stirn; beim Männchen ist die Unterseite zur Brutzeit außerdem rosa gefärbt. Schwarzstirnwürger bevorzugen warmes, trockenes Tiefland und sind daher im Sommer eher im Mittelmeerraum zu beobachten.

HALTUNG Diese Art hält sich im Sitzen oft sehr aufrecht. Kopf und Schnabel wirken größer als beim Raubwürger.

Maskenwürger

FAMILIE Laniidae
ART *Lanius nubicus*
LÄNGE 17 cm
HABITAT Offene Wälder
GELEGEGRÖSSE 4–6

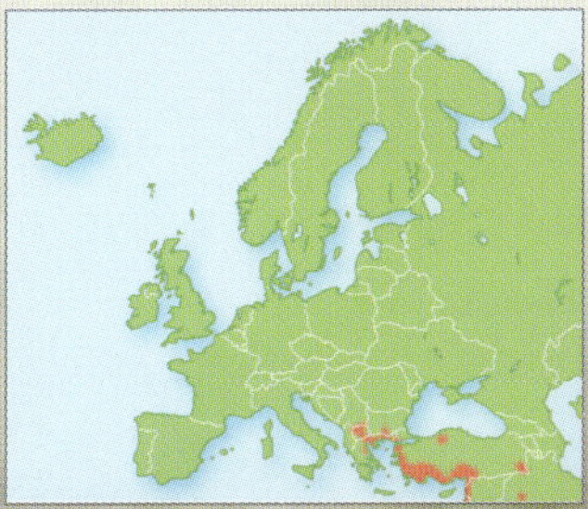

VERBREITUNG Seltener Brutvogel (Sommergast) im östlichen Mittelmerraum; trifft dort sehr spät ein und zieht im August wieder nach Afrika.

ALS SCHEUESTER VERTRETER der Familie hält sich der Maskenwürger meist im Gebüsch verborgen. Besonders schätzt er Waldlichtungen und dichtes Dornengestrüpp; gelegentlich sitzt er auch frei auf Überlandleitungen. Die erwachsenen Vögel sind mit ihrer schwarz-weißen Oberseite, der weißen Stirn, weißen Unterseite und den kräftig orangefarbenen Flanken unverkennbar. Jungvögel sind oberseits fahlbraun; ihre weiße Unterseite ist hellbraun gestromt. Die Tiere singen meist aus dichter Deckung heraus; der Gesang erinnert an das unruhige Lied des Teichrohrsängers. Besonders nach dem Auffliegen ist auch harsches Zetern zu vernehmen. Maskenwürger erbeuten bevorzugt große Insekten, vor allem Mistkäfer.

ZURÜCKHALTEND Maskenwürger halten sich eher versteckt und weniger auf freiem Ansitz auf als die anderen Würger. Die Flanken der Weibchen sind blasser orange als die der Männchen.

Rotkopfwürger

FAMILIE Laniidae
ART *Lanius senator*
LÄNGE 17 cm
HABITAT Dorngestrüpp/Gärten
GELEGEGRÖSSE 5–6

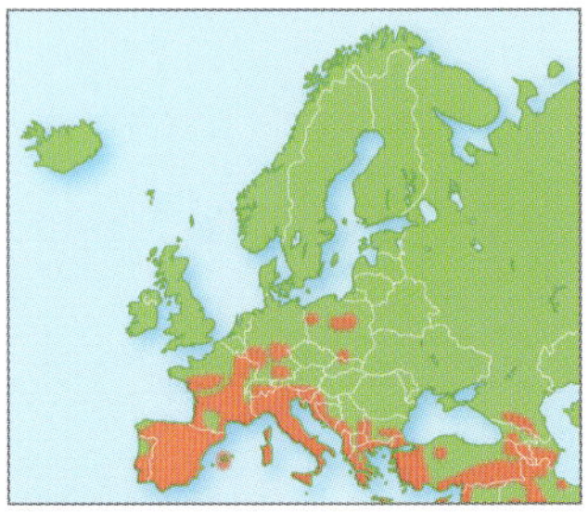

VERBREITUNG Überwintert in Afrika; Brutvogel (Sommergast) in sonnigen Regionen SW-Europas, N-Afrikas, der Türkei und des Mittelmeerraums; gelegentlich weiter nördlich.

DER ROTKOPFWÜRGER schätzt Kulturlandschaften, besonders Obstgärten. Typisch für ihn ist der kräftig kastanienbraune Scheitel; die im Flug erkennbare schwarz-weiße Zeichnung unterscheidet sich von der des Maskenwürgers durch den auffallend weißen Bürzel und den breiten Schwanz. Der Gesang ist von allen Würgern der melodischste, aber auch zeternde Warnrufe werden geäußert.

UNTERSCHIEDE Männchen und Weibchen sind sich im Gefieder sehr ähnlich, doch sind die Weibchen blasser gefärbt und zeigen mehr Weiß an Schnabelwurzel und Auge.

Blauelster

FAMILIE Corvidae
ART *Cyanopica cyanus*
LÄNGE 34 cm
HABITAT Lockere Wälder
GELEGEGRÖSSE 5–7

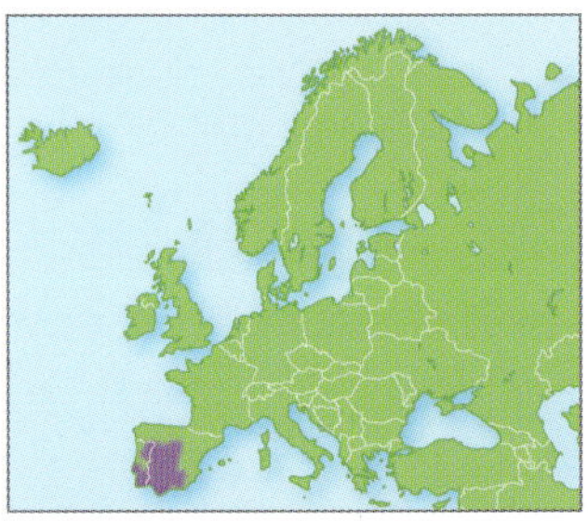

VERBREITUNG Standvogel im Südwesten Spaniens und in Pinien- und Laubmischwäldern Portugals; außerhalb dieses Gebiets nur noch im Fernen Osten vorkommend.

DER BLAUE SCHWANZ der farbenprächtigen Blauelster ist sehr lang, die Flügel sind blau, Kopf und Nacken schwarz. Im Sonnenlicht ist sie auffällig, im Wald aber leuchten die Farben weniger stark. Die sehr geselligen Tiere fliegen oft in lärmenden Trupps über die Wälder; nähert man sich ihnen, sind sie jedoch sehr scheu und ziehen sich schnell zurück. Im Flug äußern sie häufig heiser rasselnde und trillernde Rufe.

NEUGIERIG Wie alle Rabenvögel lassen sich Blauelstern mit vielerlei Nahrung locken; vorsichtig nähern sie sich auch Futterstellen im Garten.

Elster

FAMILIE Corvidae
ART *Pica pica*
LÄNGE 46 cm
HABITAT Agrarland/Städte
GELEGEGRÖSSE 5–8

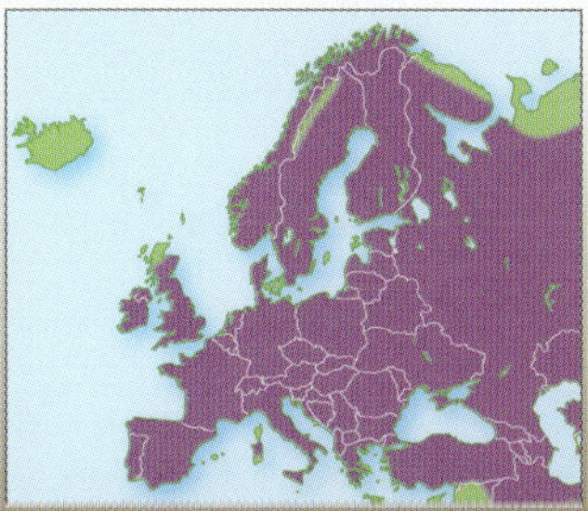

VERBREITUNG In fast ganz Europa außer dem hohen Norden in verschiedensten Lebensräumen häufig und weit verbreitet.

DIE MUSTERUNG der uns bestens bekannten langschwänzigen Elster scheint auf den ersten Blick schwarz-weiß zu sein, doch bei näherem Hinsehen zeigt sich ein grüner Schimmer auf den Schwanzfedern und ein dunkelblauer auf den Flügeln. Im Flug erkennt man große weiße Flächen am äußeren Flügel. Als Allesfresser treten Elstern fast immer in menschlichen Siedlungen auf, wo man ihnen oft sehr nachstellt. Ihr Speiseplan variiert je nach Jahreszeit und umfasst auch lebende Beute. Die stets wachsamen Tiere äußern keckernde Warnrufe, sobald eine Katze oder ein anderer Feind erscheint. Die großen, kugeligen Nester aus Zweigen werden hoch in Baumwipfeln gebaut, mit Lehm ausgekleidet und dann ausgepolstert. Elsternpaare bleiben lebenslang zusammen und nutzen meist traditionell jedes Jahr dasselbe Nest.

BEKANNT Jedermann kennt die Elster, die auch in Parks inmitten von Großstädten lebt. Sie zählt zu den am häufigsten vertretenen Arten.

Alpendohle

FAMILIE Corvidae
ART *Pyrrhocorax graculus*
LÄNGE 38 cm
HABITAT Gebirge
GELEGEGRÖSSE 4

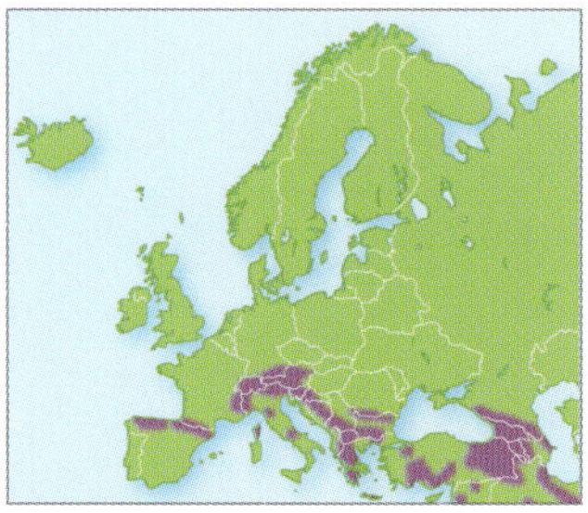

VERBREITUNG Im Hochgebirge oberhalb von 1500 m in ganz Europa, der Türkei und im Nahen Osten als Standvogel verbreitet; in schweren Wintern auch in geringeren Höhen.

IN DEN AUFWINDEN von Steilhängen und Berggipfeln zeigen Trupps von Alpendohlen oft ausgelassen ihre Flugkünste und kommunizieren dabei mit leicht metallisch klingenden „Dsirrr"- oder „Priih"-Rufen. Taucht ein Adler auf, findet sich sofort eine Gruppe der Tiere zusammen, die den Raubvogel lautstark „hasst", bis er sich zurückzieht. Alpendohlen sind auch häufige „Gäste" in Skigebieten und Cafés, wo sie eifrig Essensreste vertilgen. Sie leben stets in kleinen Trupps.

EINZIGARTIG Die Alpendohle ist der einzige reinschwarze Vogel im Hochgebirge mit roten Beinen und kurzem gelben Schnabel.

Alpenkrähe

FAMILIE Corvidae
ART *Pyrrhocorax pyrrhocorax*
LÄNGE 39 cm
HABITAT Steilküsten/Gebirge
GELEGEGRÖSSE 3–4

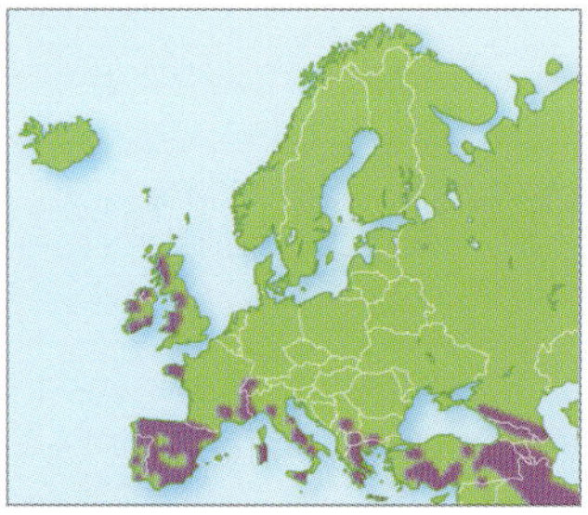

VERBREITUNG Häufiger Bewohner (Standvogel) von Felsküsten, Schluchten und Gebirgsregionen weiter Teile W- und S-Europas; teilweise gemeinsam mit der Alpendohle.

DER HELLROTE SCHNABEL der Alpenkrähe kontrastiert mit dem schwarz glänzenden Federkleid; die Tiere stochern mithilfe des Schnabels im Gras nach Wirbellosen, besonders Ameisen. Ihre Flügel wirken sehr breit. Oft vollführen sie Flugkunststücke und steile Sturzflüge mit angelegten Flügeln. In der Brutsaison – sie brüten in Höhlen – sind Alpenkrähen zurückhaltender; im Winter dagegen suchen sie in kleinen Trupps nach Nahrung.

ETWAS UNORDENTLICH Alpenkrähen bauen aus Zweigen „unordentliche" Nester, die sie mit Schafwolle polstern. Nur voll ausgewachsene Tiere zeigen die rote Schnabelfarbe.

Eichelhäher

FAMILIE Corvidae
ART *Garrulus glandarius*
LÄNGE 34 cm
HABITAT Wälder/Agrarland
GELEGEGRÖSSE 5–7

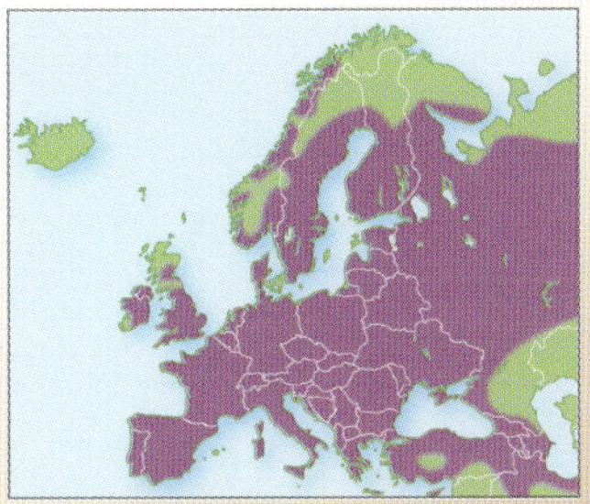

VERBREITUNG In fast ganz Europa als Standvogel verbreitet; meist in der Nähe von Wäldern mit Eichenbestand; fehlt im hohen Norden.

DIESER FARBENFROHE, lebhafte und manchmal lautstarke Vogel hat Flügeldecken mit hellblauer Musterung, einen schwarzen Schwanz und einen weißen Bürzel. Diese Kennzeichen sind gut sichtbar, wenn er mit lautem „Rätsch" durch den Wald fliegt. Die Grundfarbe ist oberseits graurosa, unterseits rosa bräunlich. Die eigentlich auffälligen Vögel sind sehr scheu und verstecken sich bei Störungen im Laub. Sie lieben Eicheln und legen im Herbst im Boden große Wintervorräte davon an. Das aus Zweigen in dichter Deckung oder einer Astgabel hoch oben gebaute Nest wird mit Lehm und Federn ausgekleidet. Die Tiere äußern verschiedenste Rufe und ahmen oft andere Vögel nach, etwa Bussarde.

VORRAT Ein Eichelhäher mit einer Hagebutte, die er vielleicht seinem Wintervorrat hinzufügen wird.

HOCH HINAUS Alpendohlen (*siehe* S. 326) beobachten aus luftiger Höhe die Berghänge ihrer Heimat. Die perfekt an die raue Umgebung angepassten Tiere entfernen sich selten weit von den felsigen Gipfeln, an denen sie nisten und leben.

Unglückshäher

FAMILIE Corvidae
ART *Perisoreus infaustus*
LÄNGE 31 cm
HABITAT Fichtenwälder
GELEGEGRÖSSE 4

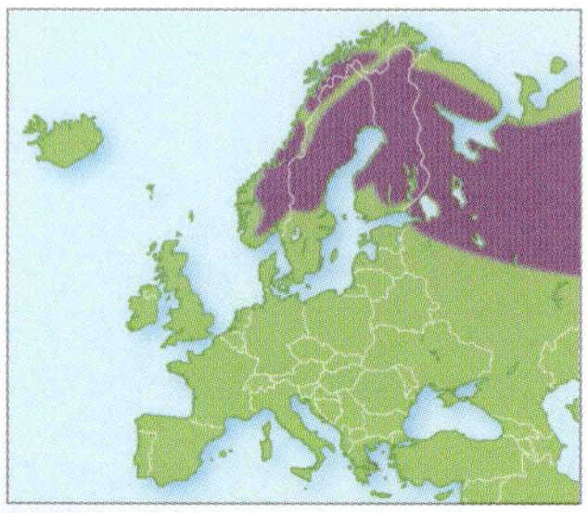

VERBREITUNG Standvogel in den dichten Fichtenwäldern N-Skandinaviens, Russlands und Sibiriens; in harten Wintern manchmal näher an menschlichen Siedlungen.

DER UNGLÜCKSHÄHER lebt vor allem in entlegenen Nadelwäldern des Nordens, wo er in kleinen Familiengruppen nach verschiedenster pflanzlicher und tierischer Nahrung sucht. Im Herbst legt er am Waldboden oder in Rindenspalten Wintervorräte von Nüssen, Beeren und Samen an. Gelegentlich zeigt er sich außen auf Fichtenzweigen, wo er sich an Zapfen gütlich tut. Die eher ruhigen Vögel äußern hier und da verschiedene miauende oder kreischende Rufe, selten ist auch leiser Gesang zu vernehmen. Die eigentlich verborgen lebenden Vögel tauchen manchmal überraschend in der Nähe menschlicher Siedlungen auf und suchen ganz offen nach Essensresten. Ihre Grundfarbe ist graubraun mit dunkelbrauner Kappe und hellblassorangefarbener Unterseite. Der lange Schwanz ist am Rand rostrot; Bürzel und Flügel zeigen im Flug rostrote Flecken. Die Geschlechter sehen gleich aus.

ISOLIERT Wird es besonders kalt, plustert der Unglückshäher sein Gefieder auf und ist so vor der extremen Kälte seiner Heimat geschützt.

Tannenhäher

FAMILIE Corvidae
ART *Nucifraga caryocatactes*
LÄNGE 32 cm
HABITAT Nadelwälder
GELEGEGRÖSSE 3–4

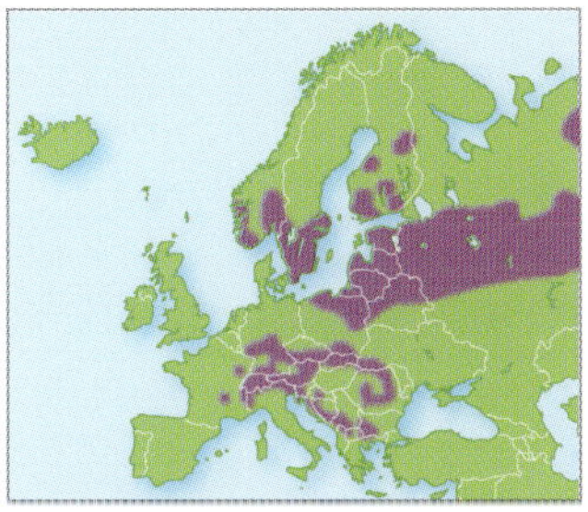

VERBREITUNG Standvogel der Nadel- und Mischwälder S-Skandinaviens, Mitteleuropas, Russlands und Sibiriens; in schlechten Haselnussjahren manchmal südlich und westlich davon.

DAS DUNKELBRAUNE, dicht mit weißen Tupfen besetzte Gefieder sowie die weißen Unterschwanzdecken und Schwanzflecke charakterisieren diesen Rabenvogel. Mit dem kräftigen Schnabel knackt er Nüsse und angelt Samen aus Kiefernzapfen; im Sommer nimmt er auch tierische Nahrung zu sich. Zwar leben die Tiere in Nadelwäldern, im Herbst trifft man sie aber oft in Haselsträuchern, wo sie Nüsse sammeln.

ERINNERUNGSVERMÖGEN Tannenhäher legen im Boden Wintervorräte an, die sie bemerkenswert zielsicher wiederfinden.

Kolkrabe

FAMILIE Corvidae
ART *Corvus corax*
LÄNGE 64 cm
HABITAT Hügellandschaften
GELEGEGRÖSSE 4–6

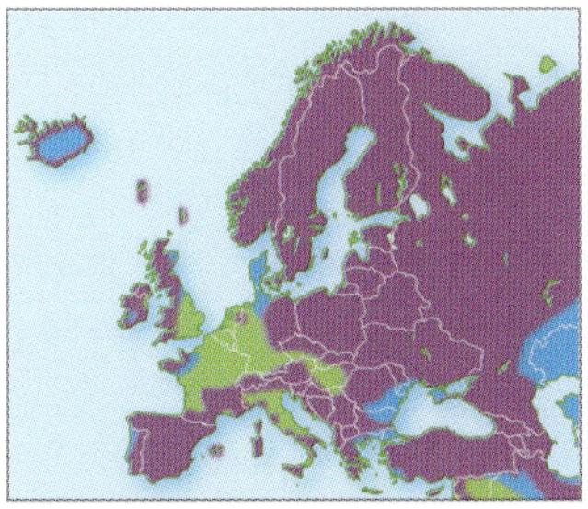

VERBREITUNG Standvogel in hügeligen Regionen, an Felsküsten und im Hochland fast überall in Europa, auch in Island; nur vereinzelt im Tiefland W-Europas anzutreffen.

DER KOLKRABE lässt oft sein sonores Krächzen hören, wenn er sein Revier überfliegt. Im Frühling zeigt er oft erstaunliche Flugakrobatik, taumelt und dreht sich in der Luft. Trotz ihrer Größe und Stärke sind Raben sehr menschenscheu und schwer zu beobachten. Am Boden laufen sie schwankend. Die großen Nester aus Zweigen bauen sie an Felshängen, auf hohen Bäumen und sogar Hochspannungsmasten und polstern sie mit Schafwolle aus. Sie fressen Aas, aber auch Jungvögel und Kleinsäuger.

IMPOSANT Der Kolkrabe ist der größte Rabenvogel. Sein Gefieder ist schwarz glänzend, der Schwanz keilförmig und der Schnabel kräftig.

Rabenkrähe

FAMILIE Corvidae
ART *Corvus corone*
LÄNGE 47 cm
HABITAT Agrarland/Parks
GELEGEGRÖSSE 4–6

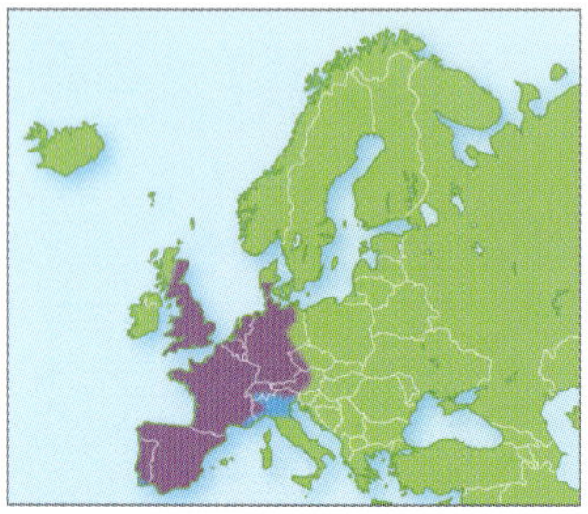

VERBREITUNG Häufiger Standvogel in weiten Teilen W- und SW-Europas; fehlt in Irland und Schottland; im Überschneidungsgebiet mit der Nebelkrähe auch Mischformen.

DIE RABENKRÄHE ist uns aus Feld und Wald sowie städtischen Parks und Gärten vertraut. Bei gutem Licht schimmert das schwarze Gefieder dunkelgrün. Rabenkrähen sind meist allein oder als Paar anzutreffen, finden sich aber manchmal in Gruppen an Schlafplätzen zusammen. Die großen Zweignester werden hoch in den Bäumen gebaut. Die Tiere fressen Aas, Jungvögel und Säuger, an der Küste auch Spülgut.

PLUMP Die schweren Rabenkrähen sind keine sehr eleganten Flieger oder Läufer.

Nebelkrähe

FAMILIE Corvidae
ART *Corvus cornix*
LÄNGE 47 cm
HABITAT Agrarland/Parks
GELEGEGRÖSSE 4–6

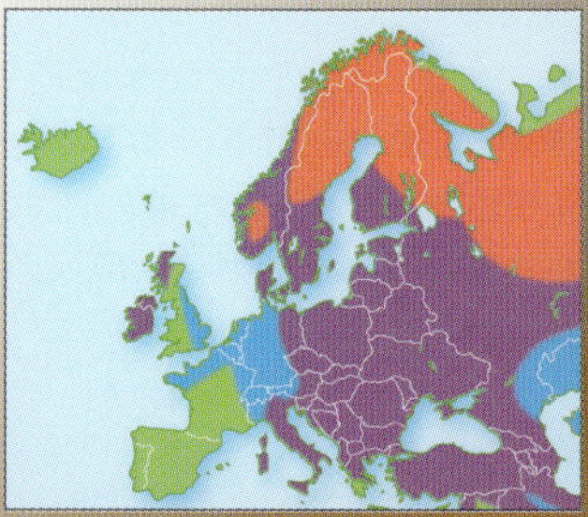

VERBREITUNG Standvogel fast überall in Europa, außer dort, wo die Rabenkrähe vorkommt; im nördlichen Verbreitungsgebiet (Skandinavien und Russland) Teilzieher.

VERFOLGT Nebelkrähen sind stets auf der Hut, da sie vielerorts stark verfolgt werden.

DER GRAU gefiederte Körper mit schwarzem Kopf und Schwanz sowie schwarzen Flügeln ist das Kennzeichen der Nebelkrähe, das sie von der Rabenkrähe unterscheidet. Im Flug zeigen sich die grauen Flächen an Flügeln und Unterseite. Diese typische, häufige Art kommt vielerorts in Europa vor; im Überschneidungsgebiet mit der Rabenkrähe gibt es auch Mischformen mit intermediärer Färbung. Echte Nebelkrähen haben einen schwarzen Latz, Hybride zeigen unterseits größere schwarze Stellen. Die Tiere äußern häufig und wiederholt ein sonores „Kraak“.

Saatkrähe

FAMILIE Corvidae
ART *Corvus frugilegus*
LÄNGE 46 cm
HABITAT Agrarland
GELEGEGRÖSSE 3–5

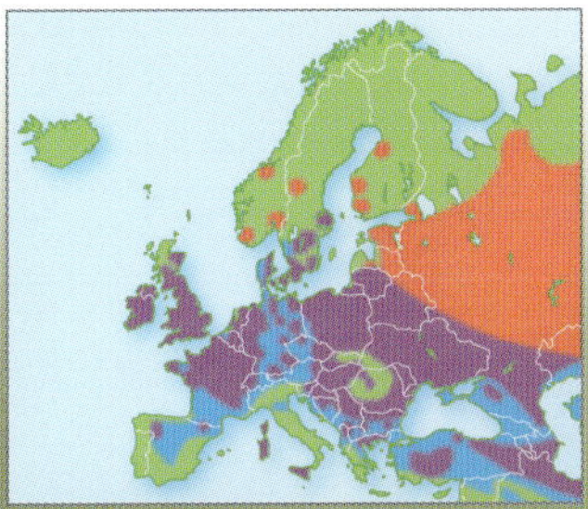

VERBREITUNG Verbreiteter Standvogel in weiten Teilen Europas; in N-Europa als Brutvogel, in südlicheren Regionen als Wintergast; fehlt in Skandinavien und Island.

ADULTE SAATKRÄHEN sind mit ihrem nackten Schnabelansatz, dem längeren Schnabel und violett schimmernden Gefieder den weiten „Federhosen" an den Beinen leicht zu erkennen und von Rabenkrähen zu unterscheiden. Bei Jungvögeln fällt dies – außer bei gutem Licht – schwerer, da ihre Schnabelbasis noch befiedert ist. Im Flug zeigen die Tiere breite, gefingerte Flügel mit schmalem Ansatz. Saatkrähen leben stets in großen Kolonien; sie nisten gemeinsam in Baumkronen und suchen in großen Schwärmen Nahrung, meist auf Äckern. Die „unordentlichen" Zweignester werden möglichst hoch in den Wipfeln gebaut, und zwar traditionell an bewährter Stelle. Der Speiseplan umfasst pflanzliche und tierische Nahrung, die meist am Boden gesucht wird, an der Küste auch im Spülsaum. Häufig wird ein raues „Kaooh" geäußert, das variabel klingen kann.

SAUBER Saatkrähen stochern im Gras nach Regenwürmern und Schnakenlarven. Das nackte „Gesicht" verhindert, dass die Tiere mit Erde verkleben.

Dohle

FAMILIE Corvidae

ART *Corvus monedula*

LÄNGE 33 cm

HABITAT Städte/Felskliffe

GELEGEGRÖSSE 4–6

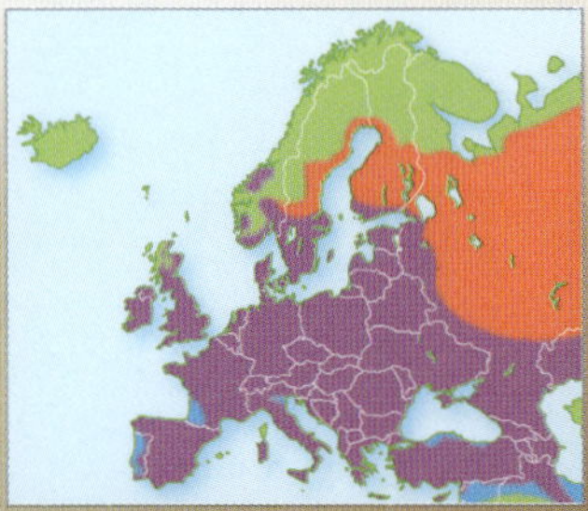

VERBREITUNG Häufiger und verbreiteter Standvogel Europas; fehlt in weiten Teilen Skandinaviens und im hohen Norden; Brutvogel (Sommergast) in Teilen Russlands.

DIESER KLEINSTE unter den schwarzen Rabenvögeln ist gleichzeitig der einzige mit grauem Nacken. Bei näherem Hinsehen erkennt man, dass das Gefieder eigentlich dunkelgrau ist; das Auge ist weiß. Der Schnabel der Dohle ist kleiner als bei den anderen Krähen; insgesamt ist die Art auch leichter und agiler. Am häufigsten äußert sie ein metallisches, wiederholtes „Tschack". Die Tiere nisten in Kolonien, oft in Hausruinen oder Felsspalten, manchmal auch in Kirchen und Schlössern unserer Städte. Paare bleiben lebenslang zusammen und weichen einander nicht einmal im Schwarm von der Seite. Auf dem Land bilden Dohlen auf der Suche nach verschiedenster Nahrung oft gemischte Schwärme mit anderen Rabenvögeln.

GEWITZT Die neugierigen Dohlen werden schnell zutraulich. Sie tun sich oft an Nahrungsresten des Menschen gütlich.

Borstenrabe

FAMILIE Corvidae
ART *Corvus rhipidurus*
LÄNGE 47 cm
HABITAT Wüsten/Kliffe
GELEGEGRÖSSE 3–5

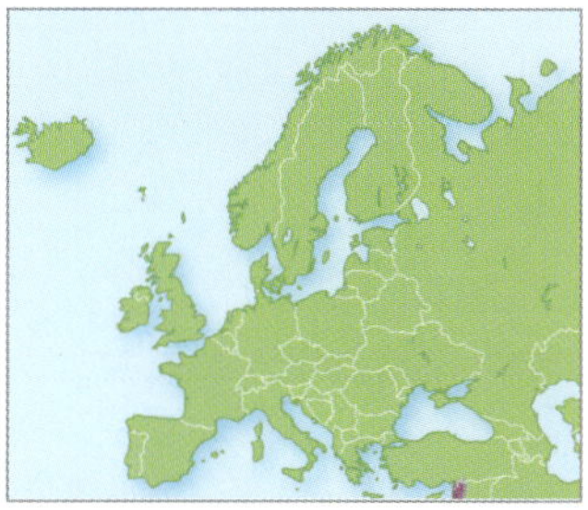

VERBREITUNG Standvogel der Berg- und Wüstenregionen am Roten Meer, in Israel und Jordanien; oft in der Nähe entlegener Siedlungen und steiler Felshänge.

IN SEINER entlegenen Wüstenheimat kreist der Borstenrabe oft in der Luft und präsentiert so seinen kurzen Schwanz und die breiten Flügel. Der fächerförmige Schwanz scheint kaum länger als die Armschwingen und verleiht dem Vogel eine fledermausähnliche Silhouette. Borstenraben sind gesellig und vollführen gern in Gruppen Flugkunststücke. Sie suchen auch am Boden Nahrung, etwa auf Müllplätzen oder Äckern. In Gruppen „hassen" sie Greifvögel mit tiefen, rollenden Rufen.

VERHÄLTNISMÄSSIG Der kurze Schwanz lässt die Flügel des Borstenraben besonders lang erscheinen.

Glanzkrähe

FAMILIE Corvidae
ART *Corvus splendens*
LÄNGE 43 cm
HABITAT Städte
GELEGEGRÖSSE 4–5

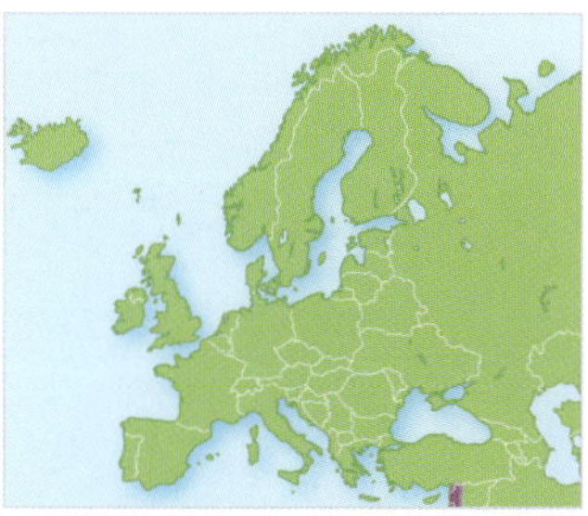

VERBREITUNG Standvogel in einem begrenzten Gebiet am nördlichen Roten Meer; fast immer an Häfen und Docks; aus Indien eingeführt – absichtlich oder versehentlich.

DIE GLANZKRÄHE steht größenmäßig zwischen Nebelkrähe und Dohle, die beide ebenfalls graue Abzeichen tragen, doch ist sie mit etwas längeren Flügeln schlanker und eleganter als diese. Die lebhaften, sozialen Vögel suchen meist an Häfen und Müllplätzen nach Nahrungsresten. Ihre Zweignester bauen sie in Baumwipfeln in Parks oder Gärten.

GEFIEDER Der Nacken ist nicht bei allen Glanzkrähen gleich hell, doch haben alle Tiere dunkle Gesichter und ein schwarz glänzendes Gefieder.

Tristramstar

FAMILIE Sturnidae
ART *Onychognathus tristramii*
LÄNGE 25 cm
HABITAT Schluchten/Gebirge
GELEGEGRÖSSE 3–5

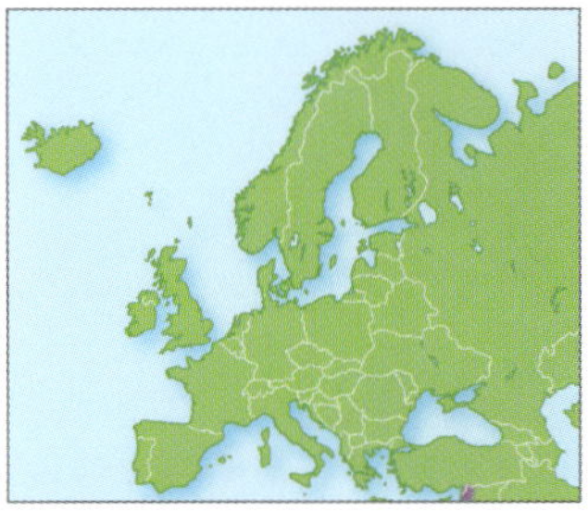

VERBREITUNG Standvogel entlegener, felsiger Regionen in Jordanien, Israel und am Roten Meer; bevorzugt Schluchten, Wadis, trockene Täler, manchmal auch Felder in trockenem Tiefland.

DIESER GROSSE, fast reinschwarze Star hat orangebraune Flügelflecke, die nur im Flug gut zu erkennen sind. Die Männchen sind größtenteils schwarz glänzend mit bläulichem Schimmer; die Weibchen sehen ähnlich aus, jedoch mit eher grauem Kopf und Hals und dunkleren Flügeldecken. Die geselligen, manchmal recht lärmenden Vögel sind oft in Trupps von bis zu 50 Tieren zu beobachten, wie sie über dem Fels umherfliegen und dabei pfeifende Rufe und kreischende Warntöne äußern. Die großen Nester aus Zweigen werden meist in Felslöchern gebaut.

VIELSEITIG Mit ihrem kräftigen Schnabel können die lebhaften, neugierigen Tristramstare Insekten, Früchte und Beeren verzehren.

Rosenstar

FAMILIE Sturnidae
ART *Sturnus roseus*
LÄNGE 22 cm
HABITAT Grasland
GELEGEGRÖSSE 5–6

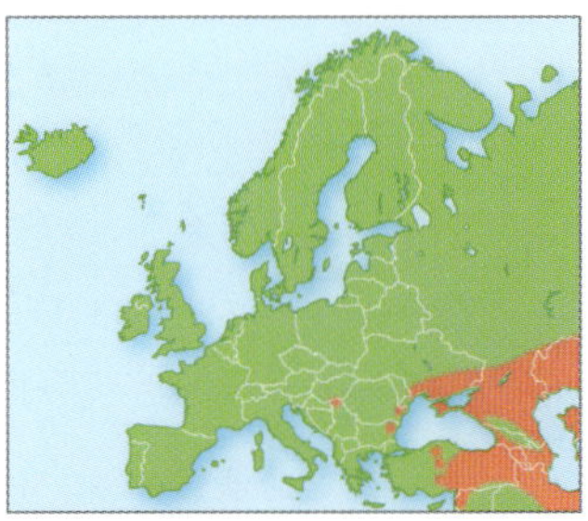

VERBREITUNG Als Brutvogel verbreitet in trockener Grassteppe am Schwarzen Meer, in der Türkei und im Nahen Osten; im Spätsommer vereinzelt nach Europa vordringend.

DER ROSENSTAR ist zur Brutzeit mit dem hellrosa und schwarz gefärbten Gefieder, gelblich rosafarbenen Schnabel und kleinen Schopf unverwechselbar. Das Jugendkleid ist graubraun gesprenkelt mit schwarzem Kopf, Schwanz und schwarzen Flügeln. Rosenstare verzehren gerne Großinsekten; bei reichem Angebot bilden sich in manchen Jahren riesige Schwärme. In der Folge dringen die Tiere oft in neue Gebiete vor.

AUFGEREIHT Ein Trupp Rosenstare hat sich auf einem Telefonkabel niedergelassen und zeigt sein typisches Prachtkleid.

Einfarbstar

FAMILIE Sturnidae
ART *Sturnus unicolor*
LÄNGE 21 cm
HABITAT Agrarland/Kliffe
GELEGEGRÖSSE 4

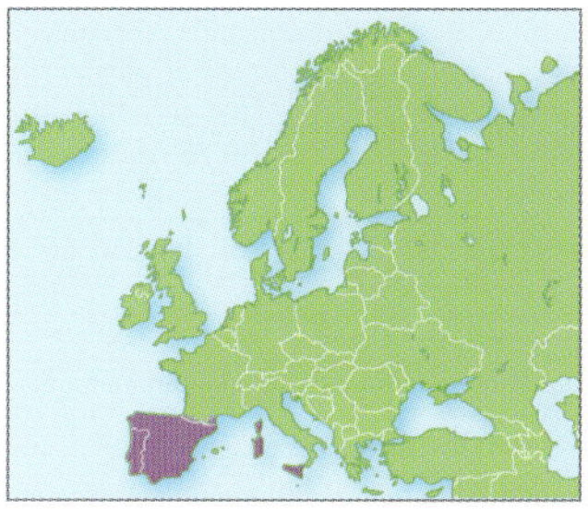

VERBREITUNG Recht häufiger Standvogel der Felder, Olivenhaine, offenen Landschaften und Felsregionen der Iberischen Halbinsel und der Küste NW-Afrikas; auch auf Korsika, Sardinien und Sizilien.

AUF DEN ERSTEN BLICK ähnelt der Einfarbstar sehr „unserem" Star, doch präsentiert er sich in reinerem Schwarz. Im Brutkleid ist bei gutem Licht ein bläulicher Schimmer im schlichten Gefieder erkennbar; im Winter zeigen die Tiere ein leichtes Fleckenmuster. Die Beine sind stets hellrosa. Einfarbstare brüten oft in Kolonien in Felswänden oder an Hausruinen.

GUT BEI STIMME Einfarbstare lassen zur Brutzeit oft ihren lauten, klaren Gesang erklingen. Im Schwarm äußern sie sich „schwatzend".

Star

FAMILIE Sturnidae
ART *Sturnus vulgaris*
LÄNGE 22 cm
HABITAT Agrarland/Städte
GELEGEGRÖSSE 5–7

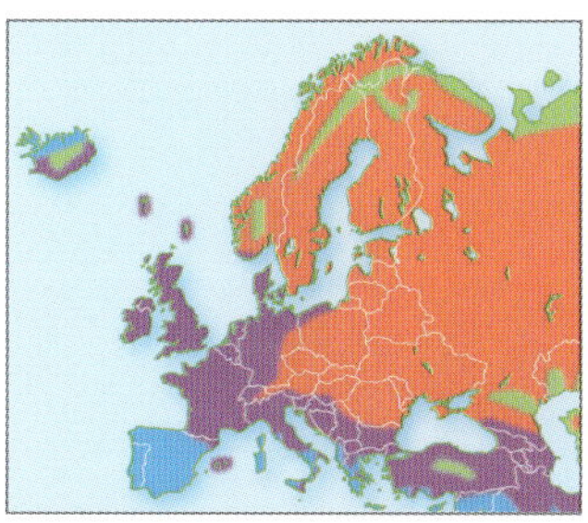

VERBREITUNG In ganz Europa häufiger Standvogel; zieht zum Brüten nord- und ostwärts; überwintert teilweise weiter südlich.

STARE LASSEN SICH häufig in enormer Zahl beobachten. Das Brutkleid ist dunkel und grünlich schillernd mit hellen Punkten, die im Winter deutlicher zutage treten. Der gelbe Schnabel wird im Winter braun. Jungvögel sind schlichter ungefleckt graubraun mit dunklem Schnabel. Stare finden sich in verschiedensten Lebensräumen, von der Innenstadt bis zur Küste, auf Feldern und in Wäldern. Ihr breites Spektrum an schwatzenden und pfeifenden Rufen umfasst auch täuschend echte Imitationen anderer Arten.

EIN STAR Das grün schimmernde, gefleckte Federkleid des Stars ist im Winter nach der Herbstmauser besonders auffällig.

Pirol

FAMILIE Oriolidae

ART *Oriolus oriolus*

LÄNGE 24 cm

HABITAT Wälder/Parks

GELEGEGRÖSSE 3–4

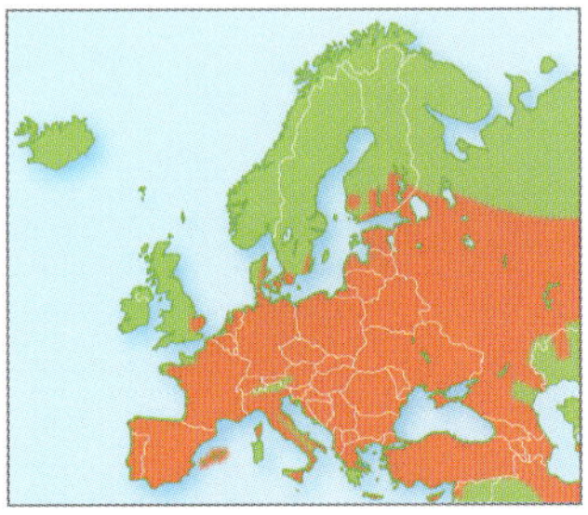

VERBREITUNG Brutvogel (Sommergast) in weiten Teilen Europas außer dem hohen Norden und Skandinavien; vereinzelt im Südosten Englands zu beobachten.

MELODISCHE FLÖTENTÖNE hoch aus den Baumkronen künden im Frühling von der Ankunft des farbenprächtigen Pirols, der aber auch rätschende Warnrufe äußern kann. Das Männchen ist leuchtend gelb und schwarz gefärbt und damit außerhalb der Deckung sehr auffällig; im Zwielicht des Laubes aber ist der scheue Vogel schwer zu entdecken. Noch besser getarnt ist hier das grünlich gefärbte Weibchen. Das Nest wird in einer Astgabel zwischen Zweige gehängt.

FARBENPRÄCHTIG Das Pirolmännchen ist unverwechselbar, doch ist der farbenprächtige Vogel zur Brutzeit äußerst scheu.

Haussperling

FAMILIE Passeridae

ART *Passer domesticus*

LÄNGE 15 cm

HABITAT Städte

GELEGEGRÖSSE 3–5

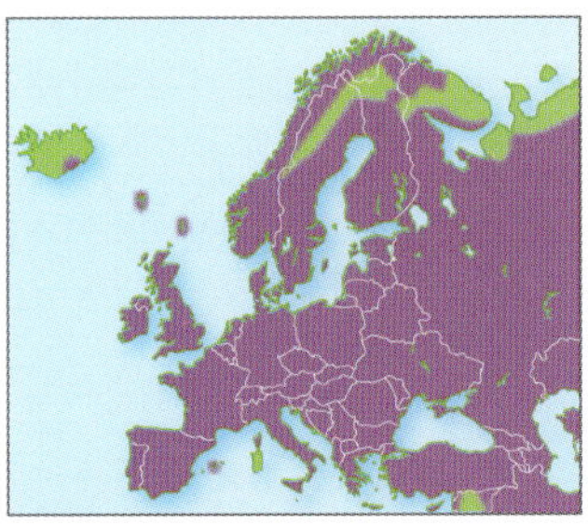

VERBREITUNG In fast ganz Europa als Standvogel verbreitet; fehlt nur im hohen Norden und in großen Höhen.

ALS EINER UNSERER bekanntesten, wenn auch nicht häufigsten Vögel lebt der Haussperling auch in reinen Stadgebieten. Auf den ersten Blick wirken die Tiere schlicht, doch haben die Männchen einen tiefschwarzen Latz, grauen Scheitel und eine kastanienbraune, gestromte Unterseite. Weibchen sind schlichter graubraun; im Winter fehlt auch den Männchen der schwarze Latz. Hauptnahrung sind Samen, doch werden auch Essensreste gern genommen. Die Tiere nisten oft in Gebäuden.

TYPISCH Im Bild ein Haussperlingsweibchen. Typisch für den „Spatz" ist sein Tschilpen.

Weidensperling

FAMILIE Passeridae
ART *Passer hispaniolensis*
LÄNGE 15 cm
HABITAT Buschland/Olivenhaine
GELEGEGRÖSSE 5–6

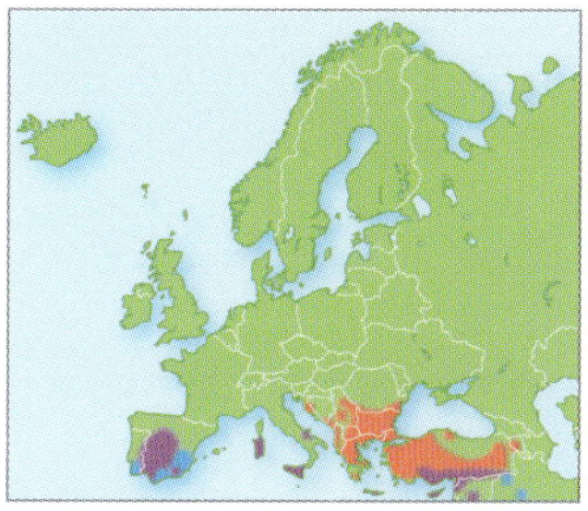

VERBREITUNG Standvogel im Südwesten der Iberischen Halbinsel, N-Afrika, auf den Kanaren, auf Sardinien und Sizilien; im östlichen Mittelmeerraum, auf dem Balkan und in der Türkei als Zugvogel, der weiter südlich überwintert.

WEIDENSPERLINGE BILDEN oft große, lärmende Kolonien in Bäumen in der Nähe von Flüssen oder Hofgebäuden und nisten manchmal in den Nestern größerer Vögel wie dem Weißstorch (*siehe* S. 50). Ihre Zeichnung variiert; gelegentlich kreuzen sich Weiden- und Haussperlinge. Im Winter ist das Gefieder blasser.

PRACHTKLEID Das Weidensperlingsmännchen (rechts) zeigt die für die Brutzeit typischen weißen Wangen, gefleckten Flanken und den kastanienbraunen Scheitel.

Moabsperling

FAMILIE Passeridae
ART *Passer moabiticus*
LÄNGE 12 cm
HABITAT Tamariskengebüsch
GELEGEGRÖSSE 4–6

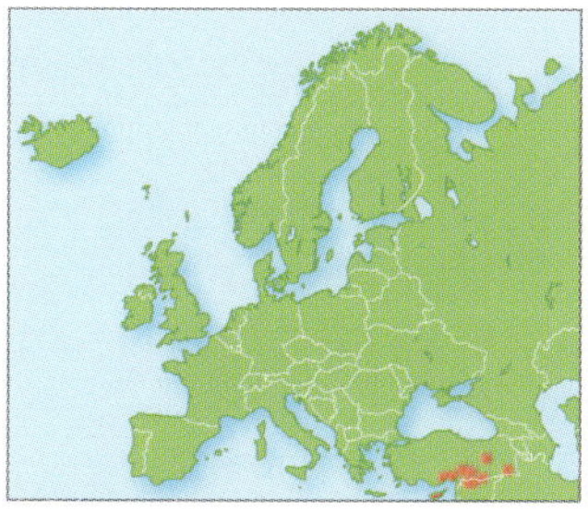

VERBREITUNG Verstreut als Standvogel im Tiefland des östlichen Mittelmeerraums, der O-Türkei und am Toten Meer verbreitet; teilweise im Winter weiter südlich.

DER KLEINE MOABSPERLING ist kaum an den Menschen gebunden und lebt recht nomadisch. Man findet ihn meist im Tamariskengebüsch in der Nähe offener Gewässer. Zwar ähnelt er dem größeren Haussperling, doch hat das Männchen einen blasseren, grauen Kopf mit gelbem Fleck beiderseits des Kinns; auch fehlt der Flügelstreif. Die Weibchen sind weit farbloser als bei den anderen Sperlingen. Die scheuen, vorsichtigen Tiere bilden manchmal mit Weidensperlingen gemischte Schwärme.

WÜSTENBEWOHNER Moabsperlinge haben im Vergleich zu anderen Sperlingen einen kleineren Schnabel. Winzige Samen der Wüstenpflanzen können damit mühelos aufgepickt werden.

Feldsperling

FAMILIE Passeridae
ART *Passer montanus*
LÄNGE 14 cm
HABITAT Wälder/Agrarland
GELEGEGRÖSSE 4–6

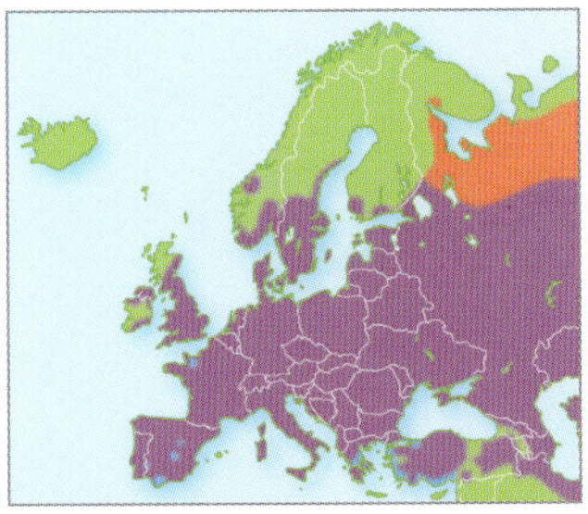

VERBREITUNG Als Standvogel im Tiefland Europas verbreitet; in guten Jahren im hohen Norden teils als Brutvogel (Sommergast), ansonsten fehlt er dort.

IN STÄDTEN trifft man den Feldsperling seltener an. Sein Lebensraum sind eher ländliche Siedlungen und nahe gelegene Äcker. Er nistet in Baumhöhlen, Hofgebäuden und Nistkästen. Auf Stoppelfeldern und in Hecken, wo es viele Körner und Beeren gibt, bilden sich zum Teil große Schwärme. Der Ruf ähnelt dem des Haussperlings, ist aber höher und durchdringender. Veränderte Anbaumethoden führten vielerorts zum Rückgang der Art.

GESICHTSZEICHNUNG Der braune Scheitel, die weißen Wangen und die dunklen Kinnflecke sind für beide Geschlechter typisch. Jungvögel sind im Gesicht dunkler.

Steinsperling

FAMILIE Passeridae
ART *Petronia petronia*
LÄNGE 14 cm
HABITAT Schluchten/Ruinen
GELEGEGRÖSSE 5–6

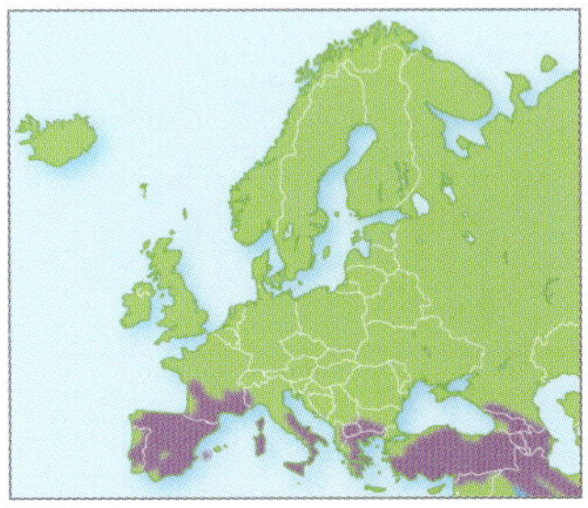

VERBREITUNG Standvogel der Wüsten, Felsregionen und Gebirge S-Europas, N-Afrikas, der Türkei und des Nahen Ostens; überwintert teilweise im Nahen Osten.

BEIDE GESCHLECHTER des Steinsperlings sehen aus wie blasse Haussperlingsweibchen (*siehe* S. 338), allerdings ist der Kopf kräftiger gemustert, und die Tiere haben einen blassgelben Kehlfleck, der jedoch nicht immer zu sehen ist. Die Schwanzspitze ist weiß gefleckt, was besonders im Flug gut zu erkennen ist, und über die Flügel verläuft ein unauffälliger Streif. Den sehr ähnlichen Jungvögeln fehlt der gelbe Kehlfleck. Steinsperlinge leben meist in felsigen Regionen und nisten dort gern in Ruinen.

GROSSER SCHNABEL Der sehr kräftige Schnabel mit orangerosa Unterschnabel kennzeichnet den Steinsperling mit seinem ansonsten schlichten Äußeren.

Schneefink

FAMILIE Passeridae
ART *Montifringilla nivalis*
LÄNGE 18 cm
HABITAT Berghänge
GELEGEGRÖSSE 4–5

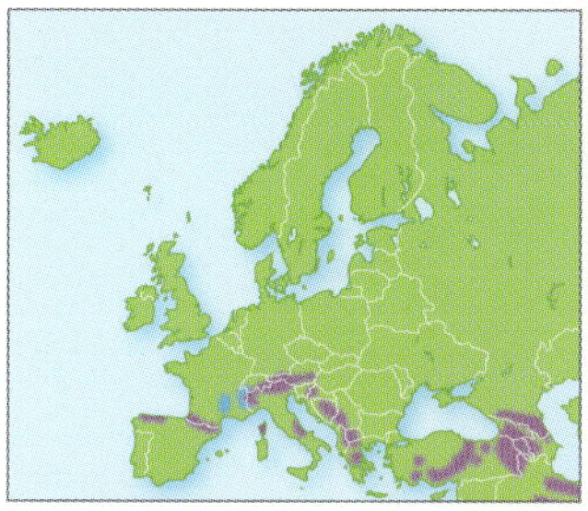

VERBREITUNG Standvogel der höheren Bergregionen Europas und des Kaukasus; in harten Wintern teilweise in geringeren Höhen.

DIESER BEWOHNER der Gipfelregionen lebt meist oberhalb von 1500 m und ist kaum zu sehen, wenn er im niedrigen Bewuchs Nahrung sucht, denn seine mattbraune Oberseite tarnt ihn bestens. Im Flug zeigt sich das kräftige Schwarzweiß der Flügel, auch ist oft ein schwatzender Warnruf zu hören. Der Schnabel ist im Sommer schwarz und im Winter gelb; dann ist auch der schwarze Latz blasser.

IM SCHNEE Im Winter kommen Schneefinken oft in geringere Höhen und suchen nicht selten nahe Hütten und Skiliften nach Futter.

Buchfink

FAMILIE Fringillidae
ART *Fringilla coelebs*
LÄNGE 15 cm
HABITAT Wälder/Parks
GELEGEGRÖSSE 4–5

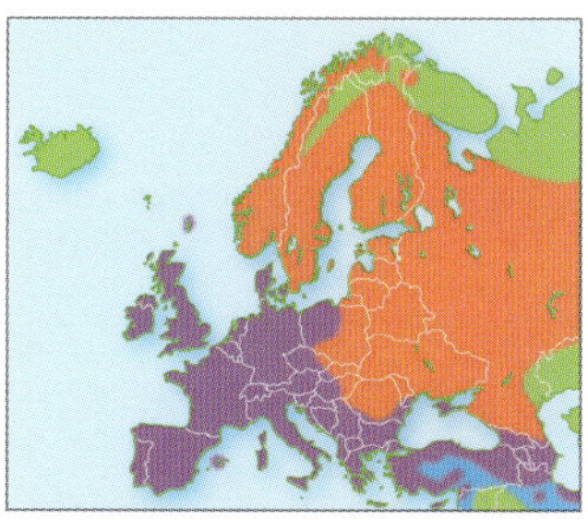

VERBREITUNG Häufiger und verbreiteter Standvogel in ganz Europa; zieht im Sommer nord- und ostwärts nach Skandinavien, N-Europa und Russland.

DER BUCHFINK ist in Europa sehr häufig und in verschiedenen Lebensräumen mit Baumbestand zu finden, so auch in städtischen Parks. Das Nest aus Moos und Flechten wird meist in einer Astgabel hoch oben in einer dichten Baumkrone gebaut. Beide Geschlechter haben einen weißen Schulterfleck, weiße Flügelbinden und einen blassgrünen Bürzel. Die Männchen sind unterseits rosabraun mit blaugrauem Kopf und Nacken, die Weibchen eher graubraun. Der typische Buchfinkenschlag erklingt zur Brutzeit, das metallische „Ping" dagegen häufiger. Buchfinken tun sich im Winter oft zu gemischten Schwärmen zusammen, die auf Feldern oder in Gärten Nahrung suchen.

WECHSEL Der Schnabel des Buchfinkenmännchens ist im Winter blassbraun, im Prachtkleid während der Brutzeit aber graublau.

Bergfink

FAMILIE Fringillidae

ART *Fringilla montifringilla*

LÄNGE 15 cm

HABITAT Birken- und Buchenwälder

GELEGEGRÖSSE 5–7

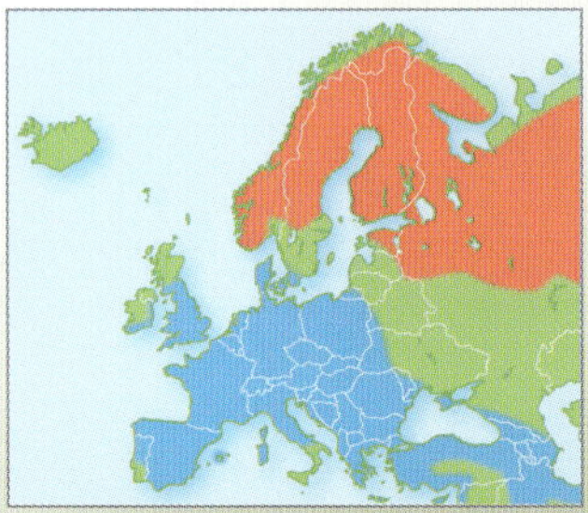

VERBREITUNG Im Sommer in Skandinavien, N-Europa und Russland verbreitet; überwintert im südlichen und westlichen Europa.

AM WEISSEN BÜRZEL ist der Bergfink auch dann zu erkennen, wenn ein gemischter Schwarm über den Beobachter hinwegfliegt, wie es im Winter oft geschieht. Im Körperbau ähnelt er dem Buchfink, doch ist seine Brust orangefarben und die Unterseite weiß mit gefleckten Flanken. Der Kopf ist dunkler. Manchmal bekommt man Männchen im Prachtkleid mit schwarzem Kopf und Schnabel zu sehen, bevor die Tiere in die nördlichen Brutgebiete aufbrechen. Bergfinken verzehren Bucheckern, besuchen aber auch Futterhäuschen.

IM FRÜHJAHR Im Winter zeigt sich das Männchen blass, sein Schnabel gelb mit schwarzer Spitze; kurz vor dem Frühjahrszug werden die Farben intensiver.

Bluthänfling

FAMILIE Fringillidae

ART *Carduelis cannabina*

LÄNGE 13 cm

HABITAT Heidelandschaften/ Buschland

GELEGEGRÖSSE 4–6

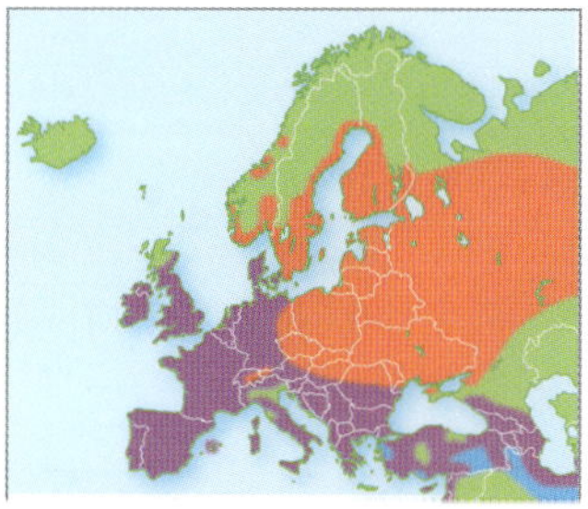

VERBREITUNG In W- und S-Europa häufiger Standvogel; Brutvogel (Sommergast) im Tiefland Skandinaviens, O-Europas und Russlands.

DAS BRAUNE GEFIEDER des Bluthänflings wird beim Männchen durch den grauen Kopf, den roten Scheitel und die rote Brust sowie weiße Flügelflächen aufgelockert. Weibchen fehlt jedes Rot; sie sind kräftiger gestromt. Die Tiere brüten in buschigem Gelände, fallen im Winter jedoch in Trupps auch auf Marschen oder Stoppelfeldern ein.

DORNIG Ein männlicher Bluthänfling auf einem Stechginster, der als sicherer Nistplatz geschätzt wird.

Birkenzeisig

FAMILIE Fringillidae

ART *Carduelis flammea*

LÄNGE 13–15 cm

HABITAT Mischwälder

GELEGEGRÖSSE 4–5

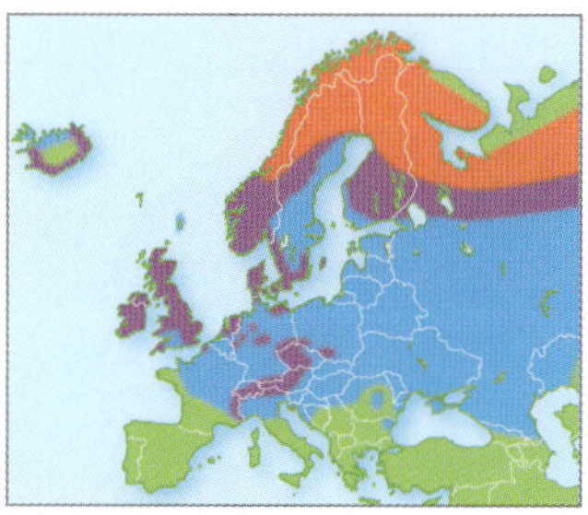

VERBREITUNG Brütet in Birken-, Weiden- und Nadelwäldern W-Europas, N-Skandinaviens und Russlands; überwintert in weiten Teilen Europas.

DER ROTE SCHEITEL, das schwarze Kinn und der kleine, spitze gelbe Schnabel kennzeichnen den Birkenzeisig, der leicht mit dem Bluthänfling zu verwechseln ist. Unterseits ist er hell mit dunkleren Streifen, das übrige Gefieder ist dunkelbraun gesprenkelt. Jungvögeln fehlt das Rot. An Ufern mit Birken und Erlen sieht man oft Birkenzeisige, die mit dem spitzen Schnabel die Samen der Bäume herauslösen; im Winter besuchen sie mit anderen Arten auch Futterstellen.

FRÜHLINGSKLEID Das Prachtkleid der Männchen mit rotem Scheitel und rosaroter Brust ist im Frühling besonders farbenfroh.

BUCHFINK Diese Art (*siehe* S. 342) schätzt Wälder und Gärten. Im Winter nimmt ihre Zahl bei uns noch zu, weil sich zusätzlich Gäste aus Nordeuropa einfinden.

Berghänfling

FAMILIE Fringillidae
ART *Carduelis flavirostris*
LÄNGE 13 cm
HABITAT Heidelandschaften
GELEGEGRÖSSE 5–6

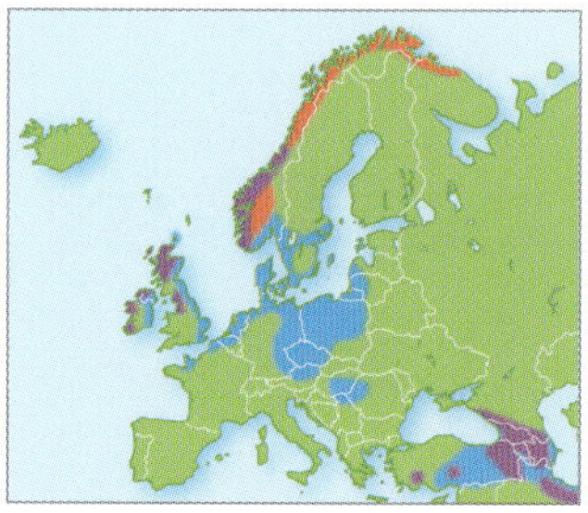

VERBREITUNG In Großbritannien und Skandinavien als Standvogel; viele Überwinterer an den Küsten der Nord- und Ostsee; in ähnlichen Habitaten auch in der Türkei und im Kaukasus.

DER BERGHÄNFLING ähnelt dem Bluthänfling (*siehe* S. 343), doch trifft man ihn eher im unberührten, offenen Hochland, im Winter an den Küsten an. Sein Kleid ist zudem viel schlichter, nämlich unauffällig braun gestromt. Am kennzeichnendsten sind wohl der im Flug erkennbare rosafarbene Bürzel des Männchens und der graue, im Winter gelbe Schnabel. Beide Geschlechter haben hellgraue Flügelbinden. Der Gesang gleicht dem des Bluthänflings, kleine Trupps rufen außerdem sehr typisch metallisch nachhallend. Im Winter bilden die Tiere oft Schwärme, die zur Futtersuche in Salzmarschen „abtauchen" und sich dann plötzlich wieder erheben.

AUF SAMENSUCHE Das unauffällige, braun gestromte Gefieder tarnt den Berghänfling in niedriger Vegetation, wo er bevorzugt nach Samen sucht.

Polarbirkenzeisig

FAMILIE Fringillidae
ART *Carduelis hornemanni*
LÄNGE 13 cm
HABITAT Tundra/Weidengebüsch
GELEGEGRÖSSE 5

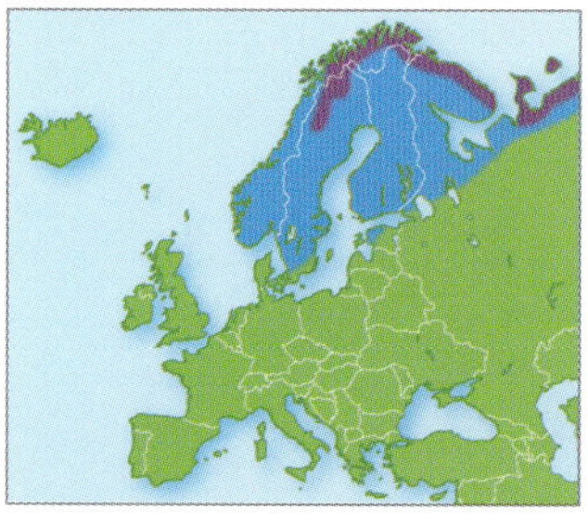

VERBREITUNG In der weiden- und birkenbestandenen Tundra des hohen Nordens als Standvogel verbreitet; überwintert in Skandinavien.

DIESE ART WIRD wegen der großen Ähnlichkeit oft mit dem Birkenzeisig (*siehe* S. 343) verwechselt. Meist ist sie jedoch blasser als dieser, und ihr Bürzel ist stets reinweiß – in gemischten Schwärmen ein auffälliges Merkmal. Über die Unterschwanzdecken verläuft gelegentlich ein dünner dunkler Streif; der gelbe Schnabel ist sehr spitz. Polarbirkenzeisige bleiben meist ganzjährig im nordischen Weiden- und Birkengebüsch und wandern nur in harten Wintern weiter südwärts.

GANZJÄHRIG Der reinweiße Bürzel von der Größe eines Zuckerwürfels hilft, den Polarbirkenzeisig zu identifizieren.

Stieglitz

FAMILIE Fringillidae
ART *Carduelis carduelis*
LÄNGE 12 cm
HABITAT Wälder/Gärten
GELEGEGRÖSSE 4–6

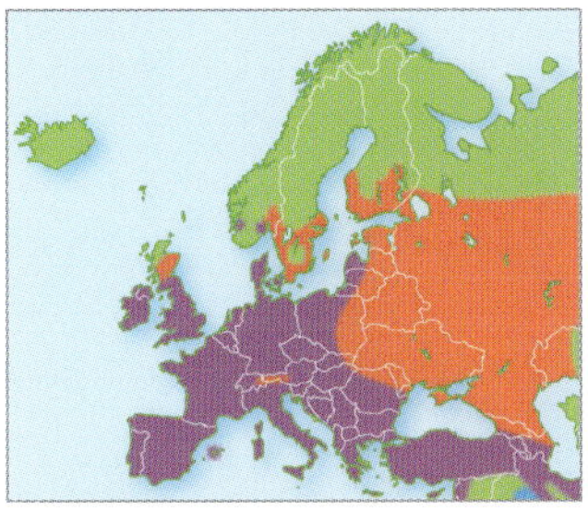

VERBREITUNG Häufig und zahlreich in W-Europa, N-Afrika und der Türkei verbreitet; weiter östlich als Brutvogel (Sommergast); im Winter Teilzieher in den Süden und Westen.

DIESER KLEINE, bunte Fink mit rotem Gesicht, schwarz-weißem Kopf und breiten gelben Flügelbinden zeigt im Flug einen weißen Bürzel und schwarzen, weiß gefleckten Schwanz. Die Geschlechter gleichen sich; Jungvögel sind stärker gefleckt und ohne Rotton im Gesicht.

SAMENFRESSER Mit seinem spitzen Schnabel verspeist der Stieglitz am liebsten Distelsamen.

Grünling

FAMILIE Fringillidae
ART *Carduelis chloris*
LÄNGE 14 cm
HABITAT Wälder/Hecken
GELEGEGRÖSSE 4–6

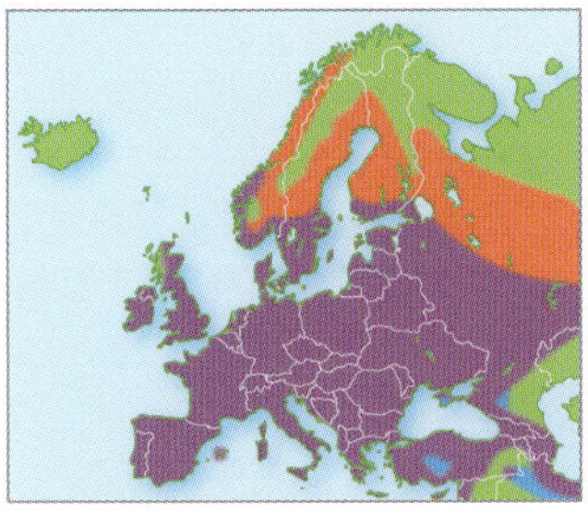

VERBREITUNG Häufiger Standvogel fast im gesamten europäischen Tiefland; weiter nördlich als Brutvogel (Sommergast); fehlt im hohen Norden.

DER RECHT GROSSE gelblich grüne Grünling hat hellgelbe Flügelbinden, einen gelben Bürzel und gelbe Flecke an beiden Schwanzseiten. Die Männchen sind besonders leuchtend gefärbt; die Weibchen sind graugrün und Jungvögel unterwärts gestreift. Der kräftige, kegelförmige Schnabel ist fleischfarben. Zur Brutzeit rufen die Tiere laut und nasal „dsriiih“.

FARBE Das grüne Gefieder des Männchens ist von großen gelben Flächen durchsetzt, die zur Brutzeit noch intensiver werden.

Erlenzeisig

FAMILIE Fringillidae
ART *Carduelis spinus*
LÄNGE 12 cm
HABITAT Nadelwälder
GELEGEGRÖSSE 3–5

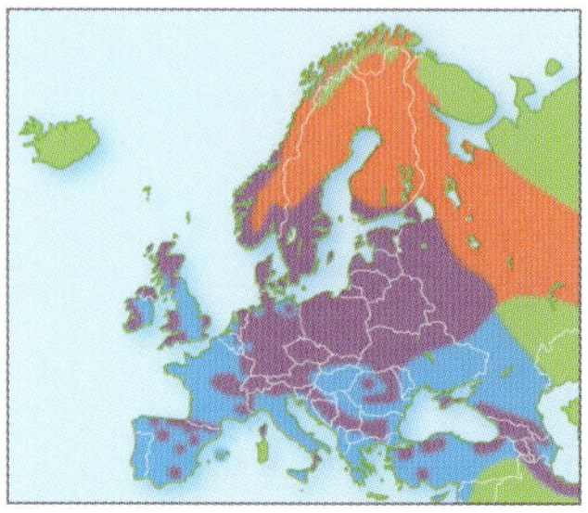

VERBREITUNG Standvogel in W- und Mitteleuropa, im Sommer auch in Skandinavien und Russland; in harten Wintern oft Massenwanderungen gen Süden.

DER KLEINE, gelbgrüne Erlenzeisig hat einen schlanken Samenfresserschnabel. Sein Gefieder ist dunkel gestreift; im Flug zeigen sich gelbe Flächen auf den dunklen Flügeln und der gelbe Bürzel. Bei Weibchen und Jungvögeln ist das Gefieder etwas schlichter; nur das Männchen hat einen schwarzen Scheitel. Die Tiere nisten hoch in Fichten, sind aber – nicht selten im Trupp mit anderen Finken – regelmäßig Gast an Futterstellen.

SCHWARZE KAPPE Im Winter sind die schwarze Kappe und Kehle des Männchens grau eingerahmt; im Sommer sind die Farben kräftiger.

Zitronengirlitz

FAMILIE Fringillidae
ART *Carduelis citrinella*
LÄNGE 12 cm
HABITAT Bergwälder
GELEGEGRÖSSE 4–5

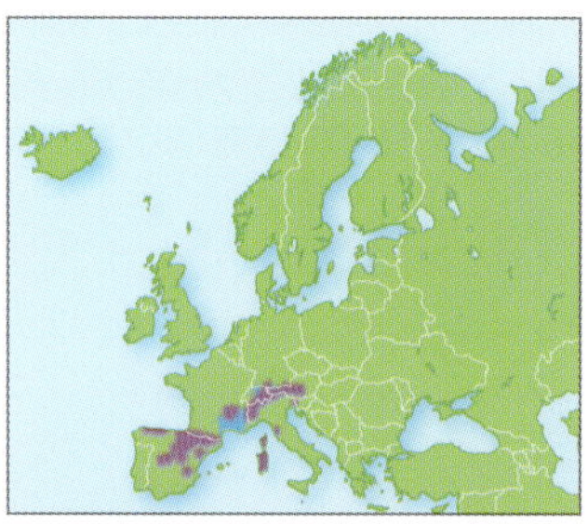

VERBREITUNG Standvogel in Fichtenwäldern der Pyrenäen, Alpen, auf Korsika und Sardinien, meist oberhalb von 700 m; teilweise im Gebüsch oberhalb der Baumgrenze.

DER ZITRONENGIRLITZ ist Girlitz und Erlenzeisig sehr ähnlich, doch ist sein Kopf eher grau und ohne schwarze Zeichnung. Das Gesicht ist gelbgrün, die Flügel tragen zwei gelbe Binden. Die Geschlechter ähneln sich, doch sind die Männchen unterseits und im Gesicht kräftiger gelb. Jungvögel sind bräunlich mit gelbbraunen Flügelbinden. Korsische und sardische Exemplare haben einen deutlich brauneren Mantel. Die Tiere bevorzugen alte Fichtenbestände an offenen alpinen Wiesen. Der leise Gesang erinnert an den Stieglitz (*siehe* S. 347).

FICHTENSAMEN Mit seinem langen, spitzen Schnabel angelt der Zitronengirlitz die Samen aus Fichtenzapfen; er sucht aber auch am Boden nach Nahrung.

Rotstirngirlitz

FAMILIE Fringillidae
ART *Serinus pusillus*
LÄNGE 12 cm
HABITAT Alpine Wälder
GELEGEGRÖSSE 3–5

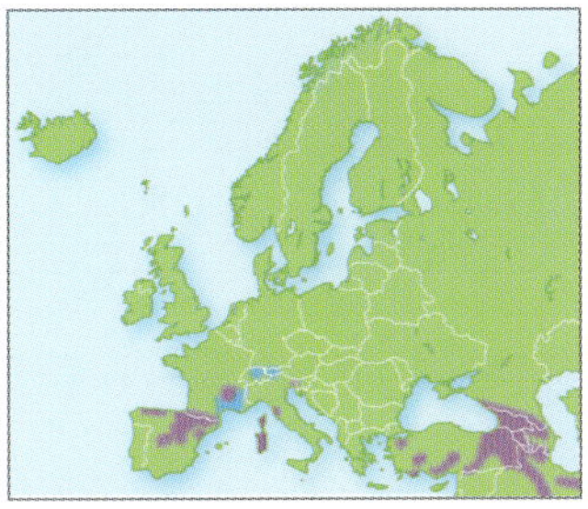

VERBREITUNG Standvogel in Wäldern und Gebüsch, oft an Wasserläufen, in Bergregionen der Türkei, des Kaukasus und des Nahen Ostens; im Winter in geringeren Höhen.

UNVERKENNBAR MIT schwarzem Kopf und tiefroter Stirn ist der kleine Fink. Das Federkleid ist größtenteils braun gestreift, die Unterseite ist heller, und der Bürzel erscheint im Flug gelblich. Die Geschlechter sind fast identisch; Jungvögeln fehlt die schwarzrote Kopfzeichnung.

AM BODEN Der kurze, gedrungene Schnabel des Rotstirngirlitz ist ideal, um kleine Samen zu fressen, die die Tiere meist am Boden finden.

Girlitz

FAMILIE Fringillidae
ART *Serinus serinus*
LÄNGE 11 cm
HABITAT Wälder/Gärten
GELEGEGRÖSSE 4

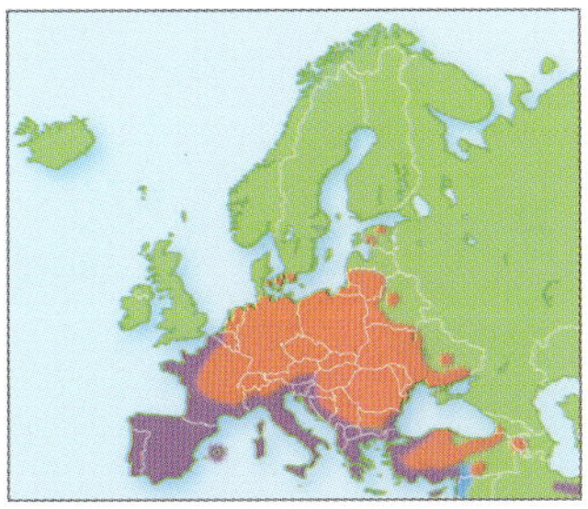

VERBREITUNG Standvogel in SW-Europa und im Mittelmeerraum; Brutvogel (Sommergast) in Mitteleuropa und der Türkei; überwintert teilweise im östlichen Mittelmeerraum.

DER KLEINSTE FINKENVOGEL hat ein braun gesprenkeltes Gefieder mit gelbem Bürzel; beim Männchen ist der Kopf hellgelb, Wangen und Scheitel sind dunkler. Die Tiere halten sich gern in Nadelbaumbeständen auf, in deren Wipfeln sie lebhaft umherflattern und den Beobachter mit trillerndem Ruf auf sich aufmerksam machen.

WASSERFREUND Girlitze lieben Wasser und finden sich oft in kleinen Trupps an Gartenteichen oder Rasensprengern ein, um zu trinken und zu baden.

Gimpel

FAMILIE Fringillidae

ART *Pyrrhula pyrrhula*

LÄNGE 14–16 cm

HABITAT Wälder/Gärten

GELEGEGRÖSSE 4–5

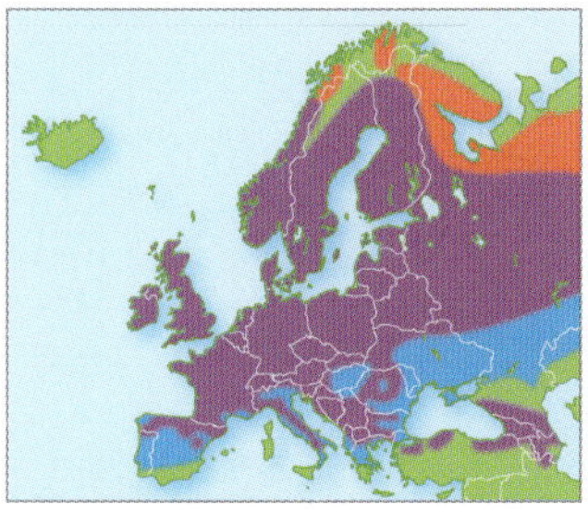

VERBREITUNG In Europa, Skandinavien und Russland weitverbreiteter Standvogel; im Norden des Verbreitungsgebiets als Brutvogel, in S-Europa als Wintergast; fehlt im Süden der Iberischen Halbinsel.

MIT SEINEM SCHWARZEN Latz und Scheitel sowie der leuchtend roten Unterseite ist der männliche Gimpel gut zu erkennen. Die Unterseite des Weibchens ist braunrosa; beide Geschlechter haben breite weiße Flügelbinden und einen weißen Bürzel. Im Profil wirkt der Gimpel „halslos" und behäbig. Jungvögel sind eher braun und ohne schwarze Kopfzeichnung. Trotz ihrer auffälligen Farbe sind die Tiere in den Baumkronen schwer auszumachen, in denen sie sich unter nasalen „Djuh"-Kontaktlauten bewegen. Sie treten meist in Paaren auf, an ergiebigen Nahrungsquellen auch in größerer Zahl. Exemplare aus dem Norden sind größer.

KURZER SCHNABEL Mit seinem kräftigen, schwarzen Schnabel knackt der Gimpel harte Samenschalen. Im Sommer verzehrt er auch Insekten.

Hakengimpel

FAMILIE Fringillidae

ART *Pinicola enucleator*

LÄNGE 20 cm

HABITAT Nadel- und Birkenwälder

GELEGEGRÖSSE 4

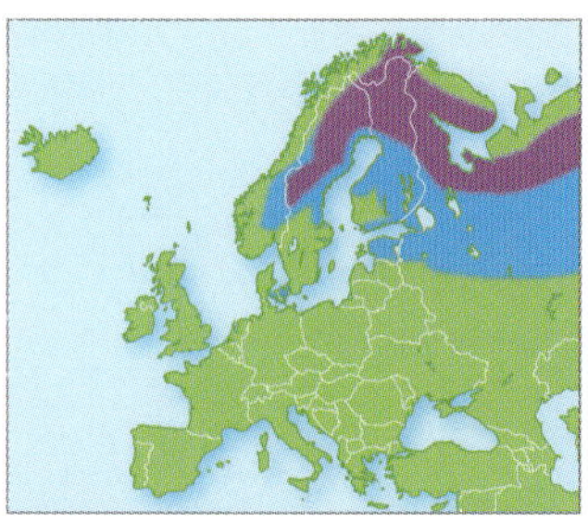

VERBREITUNG Standvogel der Taiga N-Skandinaviens und Russlands; in manchen Jahren massenhaftes Vordringen nach Süden.

DIESER GRÖSSTE unter den Finken lebt nur in Kiefernwäldern und Buschvegetation des Nordens, wo er sich von Samen, Beeren und jungen Trieben ernährt. Die Männchen sind größtenteils hellrot mit weißen Flügelbinden, Weibchen und Jungvögel sind gelblich grün und somit bestens getarnt. Die Tiere ähneln zwar den Kreuzschnäbeln (*siehe* S. 352 f.), doch ist ihr kräftiger Schnabel nicht gekreuzt. In der Brutzeit leben die Vögel sehr versteckt, in harten Wintern aber ziehen sie oft südwärts und fressen ohne Scheu Beeren in Parks und Gärten.

GESANGSTUNDE Hakengimpelmännchen tragen ihren weit tragenden, melodischen Gesang zu Beginn der Brutsaison gern aus der Höhe vor.

Kernbeißer

FAMILIE Fringillidae
ART *Coccothraustes coccothraustes*
LÄNGE 18 cm
HABITAT Mischwälder
GELEGEGRÖSSE 5

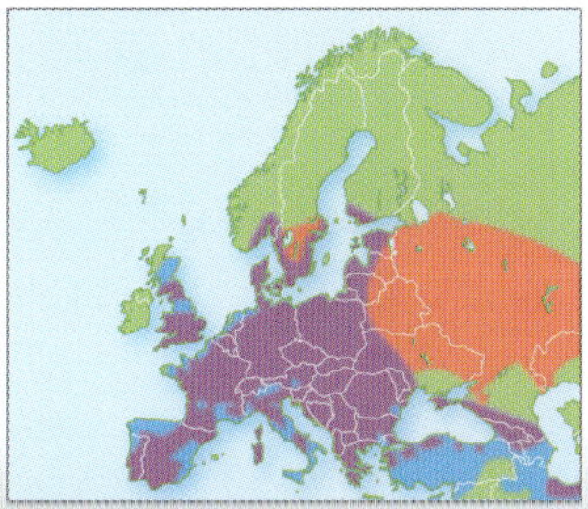

VERBREITUNG Standvogel in weiten Teilen W-Europas; als Brutvogel (Sommergast) in O-Europa; in harten Wintern Überwinterung im Süden.

DER KERNBEISSER, einer der größten Finken, knackt mit seinem kräftigen Schnabel harte Samen. Im Winter ist der Schnabel gelb, im Sommer stahlgrau. Der Körper wirkt plump mit kurzem Hals und auffallend großem Kopf und Schnabel; im Flug zeigt sich der sehr kurze Schwanz. Beide Geschlechter haben ein hellbraunes Gefieder, breite weiße Flügelstreifen und und am Schwanzende eine weiße Binde. Männchen sind im Sommer oft kräftiger gefärbt, was aber im dichten Laub kaum zu erkennen ist. Der äußerst leise Gesang ist nur selten zu vernehmen, doch äußern die Tiere scharfe „Pix"-Kontaktlaute, während sie sich im Geäst bewegen. Wenn die Vögel in kleinen Trupps in den Bäumen Früchte und Samen verspeisen, übersieht man sie oft, im Winter sind sie dagegen häufiger zu beobachten. In der Abenddämmerung finden sie sich häufig unter leisen Rufen in kleinen Gruppen zusammen, bevor sie ihre Schlafplätze für die Nacht aufsuchen.

NUSSKNACKER Der sehr kräftige, kegelförmige Schnabel knackt auch die härtesten Kirschkerne und Samenkapseln.

Fichtenkreuzschnabel

FAMILIE Fringillidae
ART *Loxia curvirostra*
LÄNGE 17 cm
HABITAT Nadelwälder
GELEGEGRÖSSE 3–4

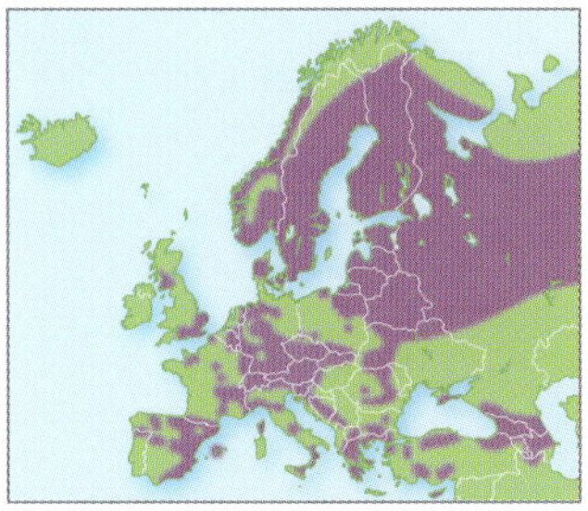

VERBREITUNG In weiten Teilen Europas als Standvogel verbreitet; fehlt im hohen Norden; gelegentliches Vordringen in andere Gebiete während der Wanderung.

IM PROFIL wirkt der gedrungene, farbenfrohe Fink recht großköpfig. Mit den gekreuzten Schnabelspitzen holt er Samen aus Fichten- und Kiefernzapfen. Aus der Entfernung fällt der Schnabel kaum auf, doch die Größe und typische Art der Nahrungsgewinnung sowie das im Flug geäußerte metallische „Jip-jip" sind kennzeichnend für die Art. Männchen sind meist leuchtend rot, was jedoch nicht immer erkennbar ist. Weibchen sind olivbraun oder grau. Die Tiere brüten früh, oft schon im Februar, zur Reife der Fichtenzapfen.

TRÄNKE Fichtenkreuzschnäbel, sonst in den Baumkronen zu Hause, trinken meist aus einer Pfütze.

Bindenkreuzschnabel

FAMILIE Fringillidae
ART *Loxia leucoptera*
LÄNGE 14 cm
HABITAT Lärchenwälder
GELEGEGRÖSSE 3–4

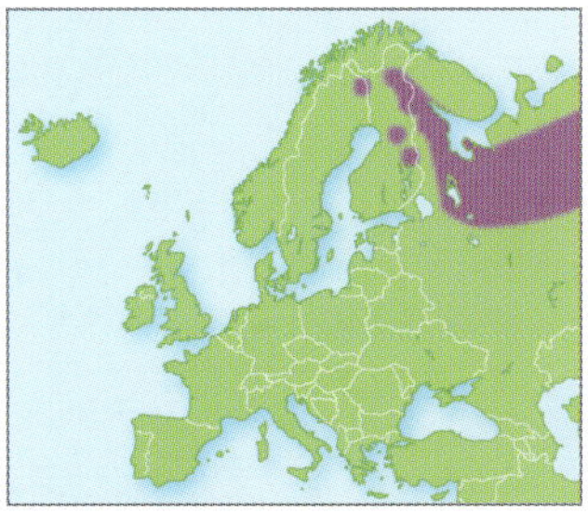

VERBREITUNG Standvogel in N-Skandinavien und Russland; dringt gelegentlich in großen Trupps westwärts vor und nistet dort auch vereinzelt.

AM LEICHTESTEN ist dieser kleinste Kreuzschnabel an den beiden breiten weißen Flügelbinden zu erkennen. Nur selten dringt er nach Westeuropa vor. Taucht er aber einmal zwischen Fichtenkreuzschnäbeln auf, hebt er sich durch das intensivere Rot des Männchens und die geringere Größe deutlich von diesen ab.

GESCHICKT Ein Weibchen holt mit seinem gebogenen Schnabel und der langen Zunge geschickt Samen aus einem Zapfen.

Kiefernkreuzschnabel

FAMILIE Fringillidae

ART *Loxia pytyopsittacus*

LÄNGE 17–18 cm

HABITAT Kiefernwälder

GELEGEGRÖSSE 2–4

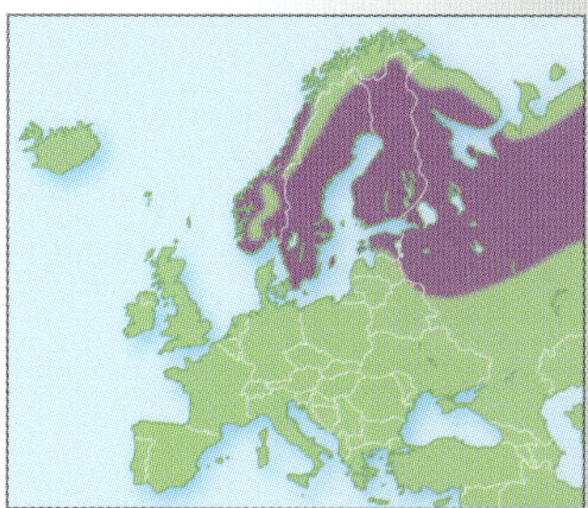

VERBREITUNG In Waldkiefernbeständen Skandinaviens und NO-Europas als Standvogel verbreitet; nur selten außerhalb dieser Region; hat in Großbritannien gebrütet.

KAUM VOM Fichtenkreuzschnabel zu unterscheiden, ist der Kiefernkreuzschnabel jedoch etwas größer mit wuchtigem Kopf und Schnabel – beides kennzeichnend für diese größte Kreuzschnabelart. Bei gutem Licht erkennt man aus der Nähe die hellen Schneidkanten des Schnabels. Das Männchen ist ähnlich gefärbt wie die Männchen anderer Arten, die Weibchen sind dagegen meist gedeckt olivgrau.

FESTGELEGT Kiefernkreuzschnäbel fressen fast nur an Zapfen der Waldkiefer; daher sind sie selten außerhalb der Kiefernwälder und gemeinsam mit anderen Kreuzschnäbeln zu sehen.

Schottland-Kreuzschnabel

FAMILIE Fringillidae

ART *Loxia scotica*

LÄNGE 18 cm

HABITAT Schottische Kiefernwälder

GELEGEGRÖSSE 3–4

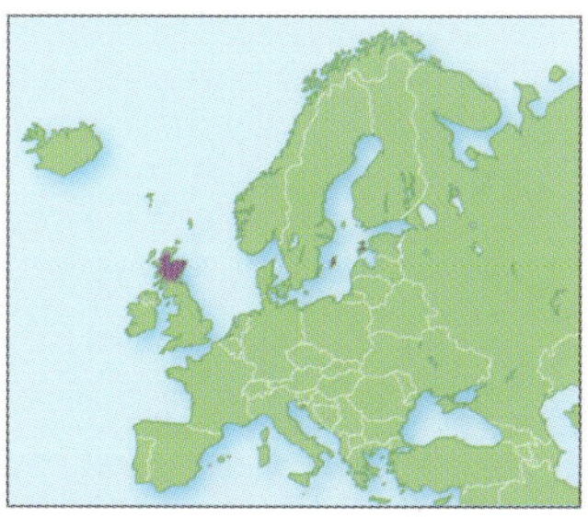

VERBREITUNG Standvogel fast ausschließlich in den alten Kiefernbeständen Schottlands.

IN GRÖSSE und Körperbau steht der Schottland-Kreuzschnabel zwischen Fichten- und Kiefernkreuzschnabel. Am sichersten identifiziert man ihn nach dem Ort seines Vorkommens – schottischen Waldkieferbeständen, in denen er sich fast ausschließlich von Kiefernsamen ernährt. Der Schnabel ist weniger gedrungen als beim Kiefernkreuzschnabel, zeigt aber eine gewisse Größenvariation. Sein „Tuhp"-Ruf ist tiefer als der des Fichtenkreuzschnabels. Das Nest wird früh in den Kronen der Kiefern gebaut.

ORTSTREU Ein Männchen des Schottland-Kreuzschnabels in einer Waldkiefer, seinem Nahrungsreservoir.

WEIBLICHER SCHOTTLAND-KREUZSCHNABEL Die Art ist an das Leben in den alten Waldkieferbeständen Schottlands bestens angepasst. Der hakenförmige Schnabel ist ideal, um Samen aus den Kiefernzapfen hervorzuziehen.

Karmingimpel

FAMILIE Fringillidae
ART *Carpodacus erythrinus*
LÄNGE 14 cm
HABITAT Wälder/Buschland
GELEGEGRÖSSE 5

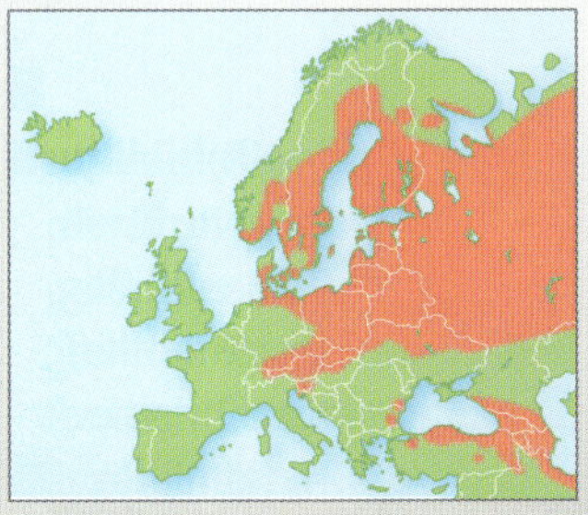

VERBREITUNG Brutvogel (Sommergast) in O- und N-Europa, der Türkei und im Kaukasus; bevorzugt Waldlichtungen, Agrar- und Buschland, oft am Wasser; überwintert in Indien.

DER DEUTSCHE NAME dieser Art verweist auf ihr augenfälligstes Merkmal, nämlich die mehr oder weniger kräftig rote Färbung von Kopf, Brust und Bürzel des Männchens. Schwanz und Flügel sind bei ihm eher braun; alte Männchen sind am kräftigsten gefärbt. Bei gutem Licht erkennt man zwei helle Flügelbinden. Weibchen und Jungvögel sind schlicht braun und erinnern an plumpe Haussperlingsweibchen (*siehe* S. 338) oder Grauammern (*siehe* S. 368). Beide Geschlechter haben den typischen kurzen und kräftigen Schnabel, mit dem sie Samen, Knospen und junge Triebe, im Sommer auch Insekten fressen.

GESANG Männliche Karmingimpel tragen gern von offener, hoher Warte ihren weichen, flötenden Gesang vor; auch die noch schlicht gefiederten Jungmännchen singen von hohen Zweigen herab.

Wüstengimpel

FAMILIE Fringillidae
ART *Bucanetes githagineus*
LÄNGE 13 cm
HABITAT Wüstenlandschaften
GELEGEGRÖSSE 4–6

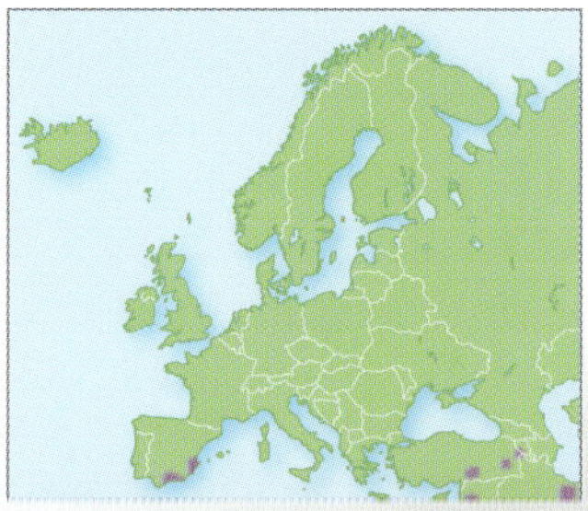

VERBREITUNG Sehr begrenzt in ariden und Küstenregionen S-Spaniens und Portugals anzutreffen; häufiger auf den Kanaren, in N-Afrika und im Nahen Osten.

DIESER KLEINE, SCHLICHT gefiederte Fink ist am großen Schnabel gut zu erkennen. Zur Brutsaison färbt er sich beim Männchen hellrosa; auch das Gefieder ist mehr oder weniger ausgeprägt rosa getönt. Weibchen sind hellbraun mit schwachem Rosaton; beide Geschlechter haben dunkle Flügelspitzen. Typisch ist der laute, nasal-summende „Tschiieh"-Ruf, ähnlich einer Spielzeugtrompete. Die Tiere sind auch in sehr trockenen Gebieten in kleinen Trupps zu beobachten, bleiben aber stets in Flugdistanz zum Wasser.

WASSERMANGEL Wüstengimpel leben in extrem trockenen Gebieten, wo es nur selten Wasser gibt. Sie sind am Boden zu Hause und nie auf Bäumen zu beobachten.

Weißflügelgimpel

FAMILIE Fringillidae

ART *Rhodospiza obsoleta*

LÄNGE 14 cm

HABITAT Wüstenlandschaften

GELEGEGRÖSSE 5–6

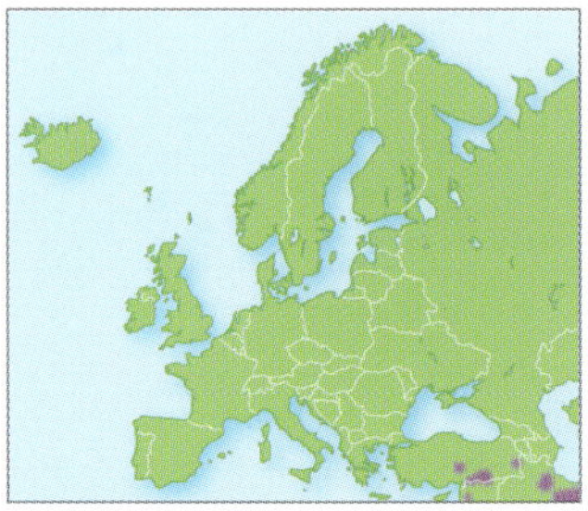

VERBREITUNG In Kultur- und offenen Landschaften Israels, N-Ägyptens, des Kaukasus und Nahen Ostens; gelegentlich außerhalb dieser Gebiete.

DIESE ART bevorzugt kultivierte Landschaften. Man findet sie auf Farmen und in Gärten aber auch in Wüstenregionen. Sie ähnelt in mancher Hinsicht dem Wüstengimpel (*siehe* S. 357), doch haben beide Geschlechter einen großen schwarzen Schnabel und rosa Flächen an den Flügelenden; im Flug erscheinen die Flügel jedoch hauptsächlich dunkel. Der Bürzel ist hell gelbbraun und der Schwanz weiß mit schwarzem Mittelstreif.

IM GEÄST Weißflügelgimpel sitzen oft in Bäumen und Büschen, in denen sie auch ihre Nester bauen.

Rotflügelgimpel

FAMILIE Fringillidae

ART *Rhodopechys sanguineus*

LÄNGE 15 cm

HABITAT Gebirge

GELEGEGRÖSSE 4–5

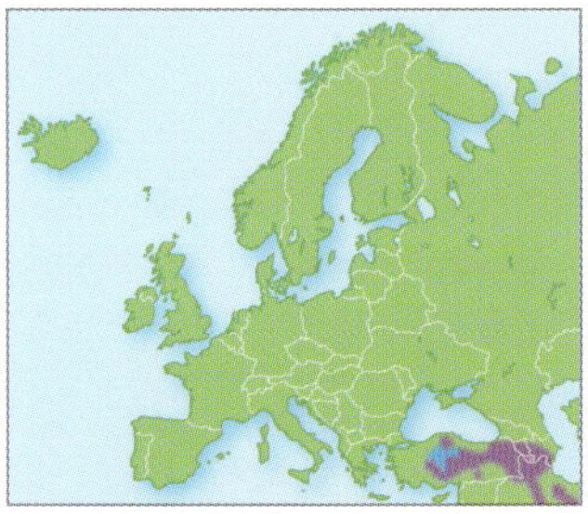

VERBREITUNG Standvogel in großen Höhen – selten unterhalb von 1000 m – in N-Afrika und im Nahen Osten.

ROSA FLÜGELBINDEN, rosa Wangen und ein rosa Bürzel kennzeichnen den männlichen Rotflügelgimpel; Weibchen und Jungvögel sind meist blasser gefärbt. Der dunkle, beim Männchen fast schwarze Scheitel unterscheidet die Art vom Wüstengimpel. Beide Geschlechter haben einen großen gelblichen Schnabel, der zum Fressen von Samen geeignet ist. Die Vögel sind meist in öden Felslandschaften anzutreffen, wo sie in kleinen Trupps am Boden nach Nahrung suchen.

WINTERGÄSTE Rotflügelgimpel verlassen im Winter oft die Gipfelregionen und gehen in geringeren Höhen auf Nahrungssuche.

Weidenammer

FAMILIE Emberizidae
ART *Emberiza aureola*
LÄNGE 14 cm
HABITAT Offene Wälder/ Feuchtgebiete
GELEGEGRÖSSE 4–5

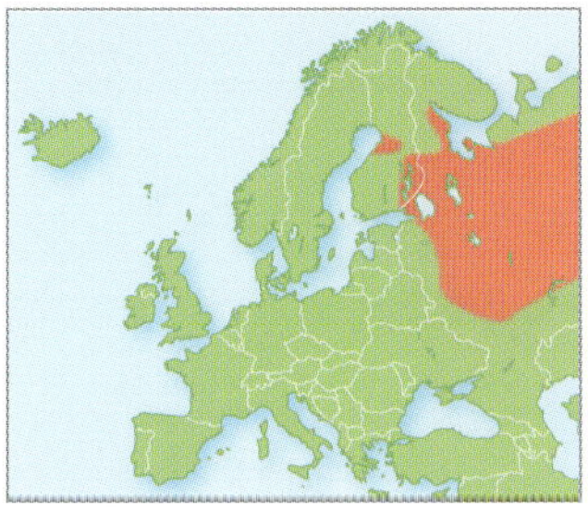

VERBREITUNG Brutvogel (Sommergast) in weiten Teilen NO-Europas und Sibiriens; überwintert in SO-Asien.

DAS MÄNNCHEN der Weidenammer zeigt ein farbenfrohes Prachtkleid mit hellgelber Unterseite, dunklem Brustband und dunklem Kopf. Die Oberseite ist sattbraun; im Flug und im Sitzen zeigen sich die auffälligen weißen Flügelbinden. Das Weibchen ist blasser gelblich mit braunem Kopf und gelbbraunen Streifen. Die Tiere treffen im Hochsommer im Brutgebiet ein und ziehen schon im Frühherbst wieder ins Winterquartier.

LAUTSTARK Das Männchen trägt seinen lauten, glockenreinen Gesang gern von erhöhter Warte aus vor.

Braunkopfammer

FAMILIE Emberizidae
ART *Emberiza bruniceps*
LÄNGE 17 cm
HABITAT Steppe
GELEGEGRÖSSE 3–5

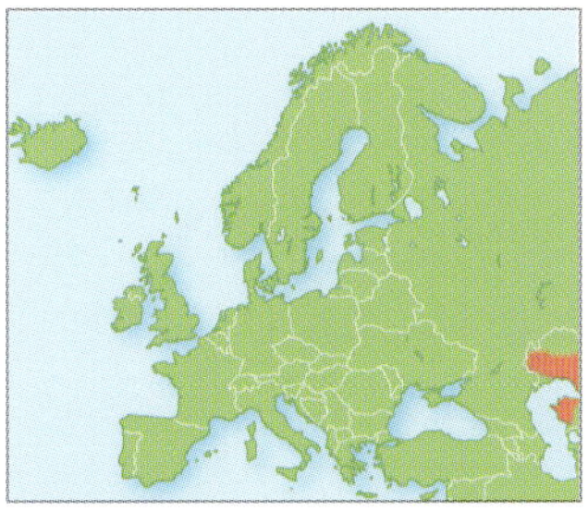

VERBREITUNG Brutvogel (Sommergast) in Steppen, Grasland des Hochgebirges und offenen, trockenen Kulturlandschaften östlich des Kaspischen Meers; überwintert in Indien.

DAS PRACHTKLEID der männlichen Braunkopfammer ist überwiegend hellgelb mit kastanienbraunem Kopf und Hals und gelbem Bürzel. Weibchen sind schwieriger zu identifizieren: Sie sind viel blasser mit gelblich getönter Unterseite und graugrün gestreifter Oberseite. Die Art ähnelt sehr der Kappenammer; auch der Gesang klingt fast gleich. Beide Arten kreuzen sich auch gelegentlich.

ENTWISCHT Die Braunkopfammer brütet weit im Osten, doch werden die Tiere gern im Käfig gehalten; alle Individuen in W-Europa stammen aus Gefangenschaft.

Steinortolan

FAMILIE Emberizidae
ART *Emberiza buchanani*
LÄNGE 14 cm
HABITAT Berghänge
GELEGEGRÖSSE 5

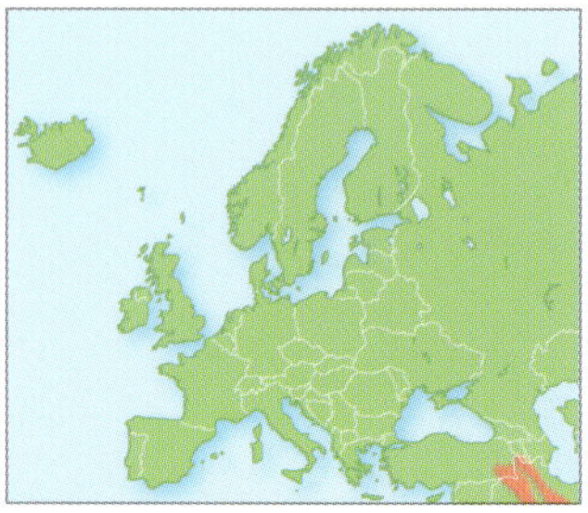

VERBREITUNG Seltener Brutvogel (Sommergast) auf Hochplateaus und Felshängen oberhalb von 2000 m in der O-Türkei und im Kaukasus; überwintert in Indien.

KENNZEICHNEND FÜR diese Art sind der graue Kopf und Hals, der weiße Augenring und die blassrosa Unterseite; Letztere wirkt durch die hellen Federränder leicht schuppig. Die Geschlechter sehen gleich aus, die Weibchen sind nur etwas blasser. Jungvögel sind oberseits hellbraun gestreift und unterwärts sehr hell. Die recht ruhigen Tiere verlassen selten das Hochgebirge und sind leicht zu übersehen, wenn sie am Boden nach Nahrung suchen.

MARKANT Bei dieser Art sind der graue Kopf und die rosa Kehle durch einen hellen Kinnstreif getrennt.

Grauortolan

FAMILIE Emberizidae
ART *Emberiza caesia*
LÄNGE 16 cm
HABITAT Aride Landschaften
GELEGEGRÖSSE 4–6

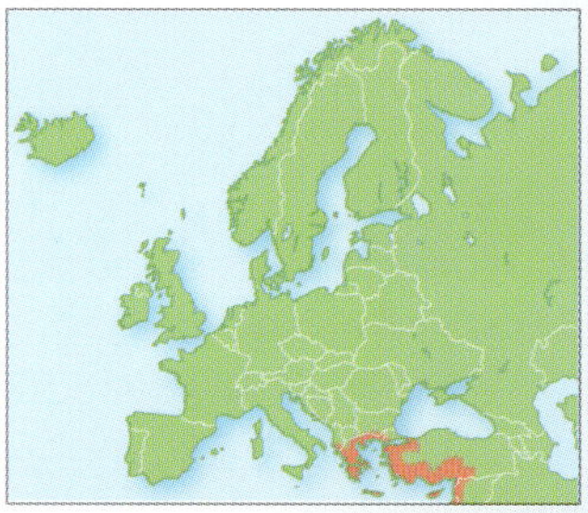

VERBREITUNG Brutvogel (Sommergast) in trockenen, offenen Felslandschaften des östlichen Mittelmeerraums, auch auf den größeren Inseln; überwintert weiter südlich.

MÄNNLICHE GRAUORTOLANE haben einen blaugrauen Kopf mit auffälligem weißen Augenring sowie ein blaugraues Brustband; die Unterseite ist vornehmlich rostrot. Weibchen sind weniger farbenfroh; Scheitel und Kehle sind bei ihnen gestreift. Im Frühling sieht man in trockenen Kulturlandschaften kleine Trupps am Boden nach Nahrung suchen und gelegentlich an Pfützen trinken oder baden. Rufe und Gesang sind ammertypisch, nämlich eine Aneinanderreihung von leicht rauen „Tsiuh“-Lauten.

AUS VOLLER KEHLE Das Grauortolanmännchen verlässt nach seiner Ankunft im Brutgebiet sogar die Deckung, um von offener Warte aus zu singen.

Zippammer

FAMILIE Emberizidae
ART *Emberiza cia*
LÄNGE 16 cm
HABITAT Felshänge
GELEGEGRÖSSE 4–6

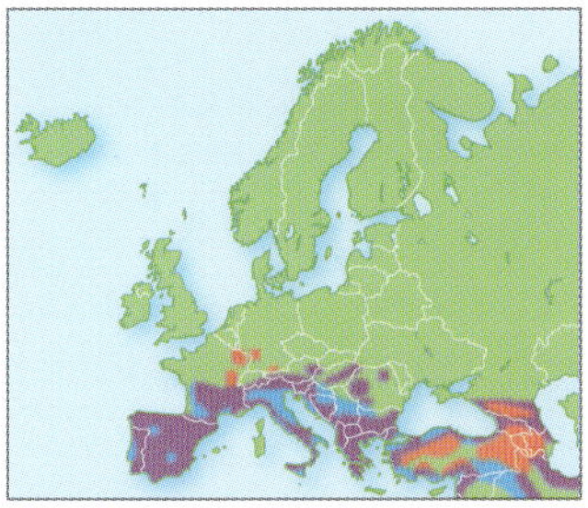

VERBREITUNG Standvogel an Berghängen in S-Europa, der Türkei, im Nahen Osten und in N-Afrika; im Sommer oberhalb, im Winter unterhalb der Baumgrenze.

TROTZ DER AUFFÄLLIGEN Kopfzeichnung ist die Zippammer in ihrem felsigen Lebensraum oft schwer auszumachen, vor allem wenn sie am Boden nach Nahrung sucht. Kleinen Trupps kann man gelegentlich sehr nahe kommen, bevor sie auffliegen. Die Tiere sind oberseits braun mit dunklen Streifen und somit von oben gesehen bestens getarnt. Im Flug sind der rostrote Bürzel und der dunkle, hell umrandete Schwanz kennzeichnend. Die Männchen tragen ihren anhaltenden Gesang oft flügelschlagend auf einem Fels sitzend vor. Obwohl eigentlich in großen Höhen zu Hause, findet man die Zippammer in geeigneten Lebensräumen auch fast auf Höhe des Meeresspiegels.

ZEICHNUNG Die Kopfstreifen sind beim Männchen ausgeprägter als beim Weibchen.

Türkenammer

FAMILIE Emberizidae
ART *Emberiza cineracea*
LÄNGE 17 cm
HABITAT Felshänge
GELEGEGRÖSSE 3

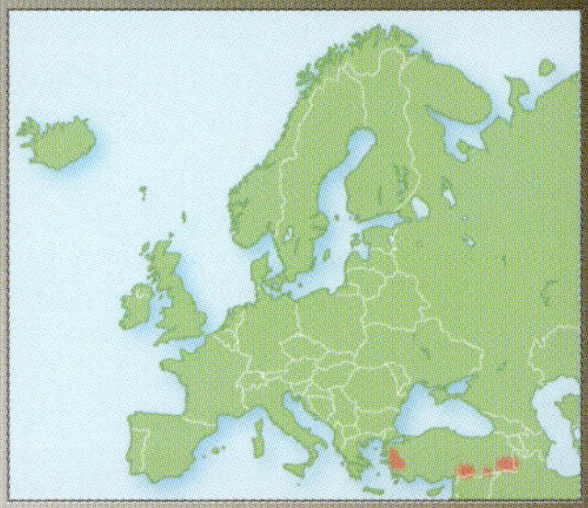

VERBREITUNG Als seltener Brutvogel (Sommergast) im östlichen Mittelmeerraum, Nahen Osten und in der Türkei; überwintert am Roten Meer.

FLÜGEL UND SCHWANZ dieser recht farblosen, grauen Ammer sind verhältnismäßig lang. Das Männchen hat einen gelblich grauen Kopf mit hellem Augenring; Weibchen und Jungvögel sind eher braun und oberseits gestreift, wie so viele weibliche Ammern. Die stets vereinzelt auftretende Türkenammer entfernt sich im Sommer kaum von den trockenen, grasbewachsenen Berghängen und ist nicht selten nur anhand von singenden Männchen zu entdecken.

KURZGESANG Die Männchen tragen von Felswarten aus ihren Gesang vor, der aus Strophen zu je fünf kurzen Tönen besteht.

Zaunammer

FAMILIE Emberizidae
ART *Emberiza cirlus*
LÄNGE 17 cm
HABITAT Waldränder
GELEGEGRÖSSE 3–5

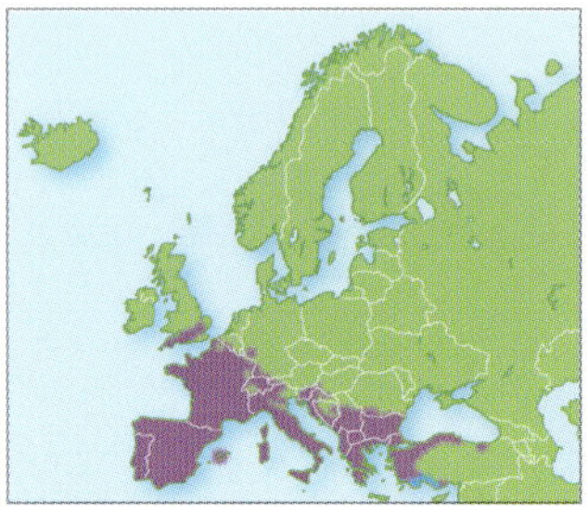

VERBREITUNG Standvogel in S- und SW-Europa; in Großbritannien sehr selten; starker Rückgang im Norden des Verbreitungsgebietes.

DAS MÄNNCHEN der Zaunammer ist mit seinem schwarzgelb gestreiften Kopf und dem graugrünen Brustband unverkennbar; das Weibchen ist unauffälliger braun gestreift, ähnlich dem Goldammerweibchen. Im Flug zeigen beide Geschlechter einen olivfarbenen Bürzel (bei der Goldammer kastanienbraun). Die Zaunammer ist heute selten, vor allem, weil es kaum mehr Stoppelfelder im Winter gibt.

GEFÄHRDET Zur Brutzeit ist die Kopfzeichnung der seltenen männlichen Zaunammer besonders intensiv; im Winter ist die Kehle heller.

Goldammer

FAMILIE Emberizidae
ART *Emberiza citrinella*
LÄNGE 17 cm
HABITAT Felder/Hecken
GELEGEGRÖSSE 3–5

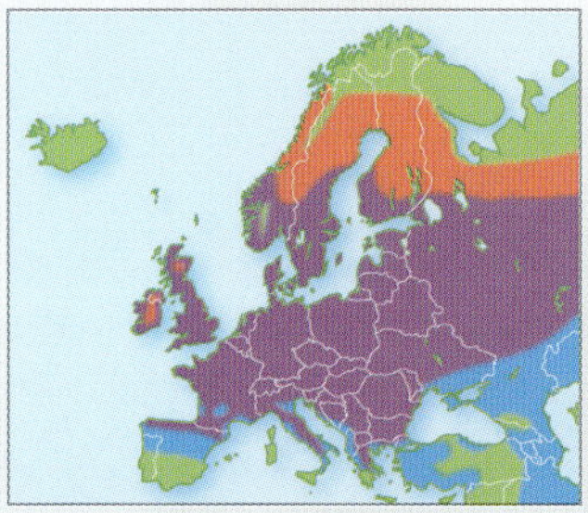

VERBREITUNG Standvogel im Tiefland fast ganz Europas; Vögel des hohen Nordens wandern im Winter südwärts.

DIE MÄNNLICHE Goldammer ist einer unserer auffälligsten gelben Kleinvögel und trägt im Frühling oft von prominenter Warte aus ihren typischen Gesang vor, aus dem mancher die Worte „Oh, wie hab ich dich so liiieb" heraushört. Die Weibchen sind braungelb; bei beiden Geschlechtern ist der Bürzel kastanienbraun. Im Winter suchen sie mit anderen Arten auf abgeernteten Feldern nach Nahrung.

LEUCHTKRAFT Im Winter leuchtet das Gelb der Goldammer zwar etwas weniger, doch bleibt sie eine der farbenprächtigsten Ammern.

Ortolan

FAMILIE Emberizidae
ART *Emberiza hortulana*
LÄNGE 17 cm
HABITAT Agrarland/Buschwerk
GELEGEGRÖSSE 4–6

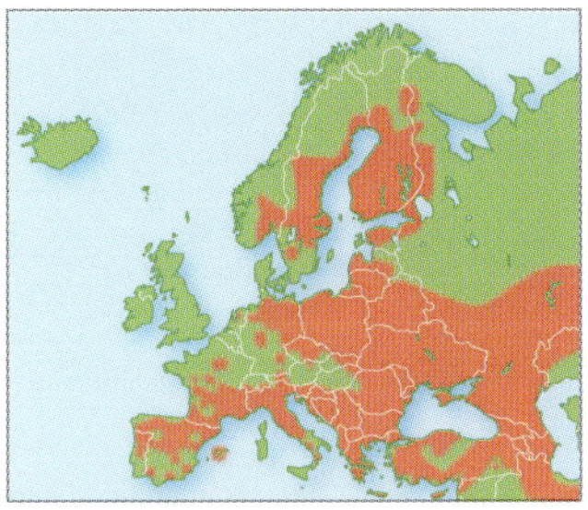

VERBREITUNG Brutvogel (Sommergast) in S- und O-Europa; fehlt in Großbritannien, Irland und N-Skandinavien; überwintert in Afrika.

AUF DEN ERSTEN Blick der Goldammer ähnlich, hat der Ortolan doch einen olivgrünen Kopf mit gelbem Augenring und abfallendem Bartstreif. Oberseits ist er eher dunkel und kräftig gestreift. Das Männchen ist unterseits orangebraun, das Weibchen eher braun und auch auf der Unterseite gestreift. Der teils klagende Gesang des Männchens umfasst auch schrille Töne. Die recht scheuen Tiere wandern meist in der Nacht.

AUF DER HUT Der Ortolan sucht oft in Feuchtgebieten am Boden nach Nahrung, ist aber stets auf der Hut und flüchtet schnell.

Pallasammer

FAMILIE Emberizidae
ART *Emberiza pallasi*
LÄNGE 13–14 cm
HABITAT Tundra/Birkenwälder
GELEGEGRÖSSE 4–5

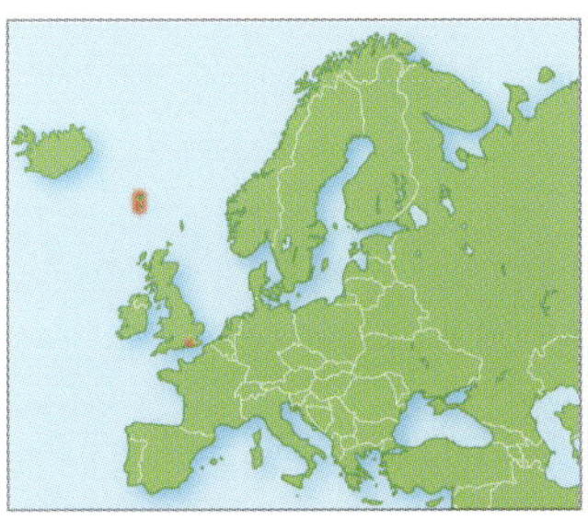

VERBREITUNG Seltener Brutvogel (Sommergast) an buschbestandenen Flussufern der Tundra sowie Birken- und Lärchenwäldern im hohen Norden Russlands und Sibiriens; überwintert in Indien.

DIESE ART IST kleiner als die sonst ähnliche Rohrammer (*siehe* S. 365); ihr Gefieder zeigt mehr Grau, die Unterseite ist ungemustert. Im Prachtkleid hat das Männchen einen schwarzen Kopf mit weißem Wangenstreif; Weibchen und Jungvögel sind blasser braun mit gestreiften Flanken. Aus der Nähe erkennbar ist der kleine Schnabel mit hellem Unterschnabel. Der Ruf gleicht dem des Haussperlings.

SELTENHEITSWERT Das vornehmlich graue Gefieder und die schlichte Unterseite unterscheiden diese seltene Art von der häufigeren Rohrammer.

Zwergammer

FAMILIE Emberizidae
ART *Emberiza pusilla*
LÄNGE 13 cm
HABITAT Tundra/Buschland
GELEGEGRÖSSE 4–5

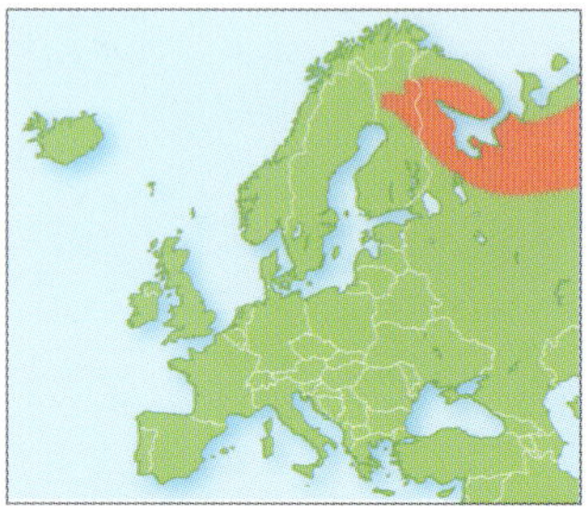

VERBREITUNG Seltener Brutvogel (Sommergast) in Tundra, Taiga und Bruchwäldern N-Skandinaviens und Russlands; überwintert größtenteils südöstlich davon.

DIESE SEHR kleine Ammer ähnelt im Gefieder dem größeren Rohrammerweibchen. Im Prachtkleid zeigen die Männchen rostbraune Wangen und einen kastanienbraunen Scheitel. Die Weibchen und Männchen ähneln einander. Im Winter sind die Wangen blasser gefärbt. Männchen äußern kurze, rotkehlchenähnliche Gesangsstrophen und scharfe Warnrufe. Im Herbst vereinzelt in Westeuropa auftretend.

WECHSELNDE NAHRUNG Zwergammern halten sich meist am Boden auf und fressen im Herbst Samen, im Sommer vor allem Raupen.

Waldammer

FAMILIE Emberizidae
ART *Emberiza rustica*
LÄNGE 14 cm
HABITAT Sumpfige Wälder
GELEGEGRÖSSE 4–5

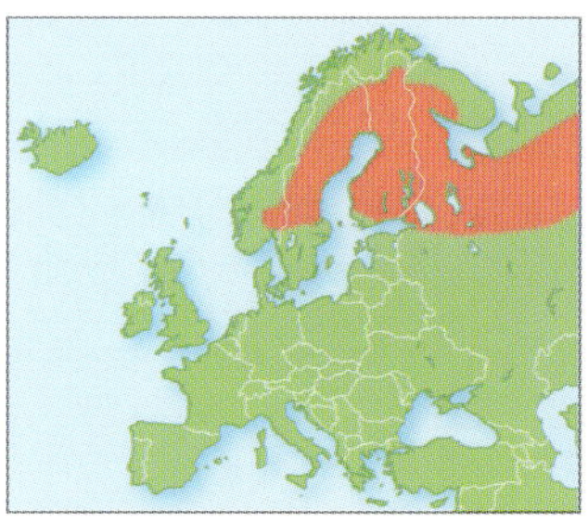

VERBREITUNG Brutvogel (Sommergast) in feuchten Fichten- und Kiefernwäldern oder Mischwäldern N-Skandinaviens und Russlands.

DER KRÄFTIG gezeichnete schwarz-weiße Kopf und die kastanienbraunen Flanken sind für das Waldammermännchen im Sommer typisch; beim Weibchen ist die Kopfzeichnung deutlich blasser. Im Winter verliert auch das Männchen die dunklen Kopfabzeichen und ähnelt dann mehr einer Rohrammer, lässt sich aber an den beiden weißen Flügelbinden und dem rosa Unterschnabel erkennen.

SPEISEPLAN Waldammern sind vornehmlich Samenfresser, sammeln im Sommer für ihre Jungen aber auch Raupen als Proteinlieferanten.

Rohrammer

FAMILIE Emberizidae

ART *Emberiza schoeniculus*

LÄNGE 15 cm

HABITAT Schilfgebiete/ Flussufer

GELEGEGRÖSSE 4–5

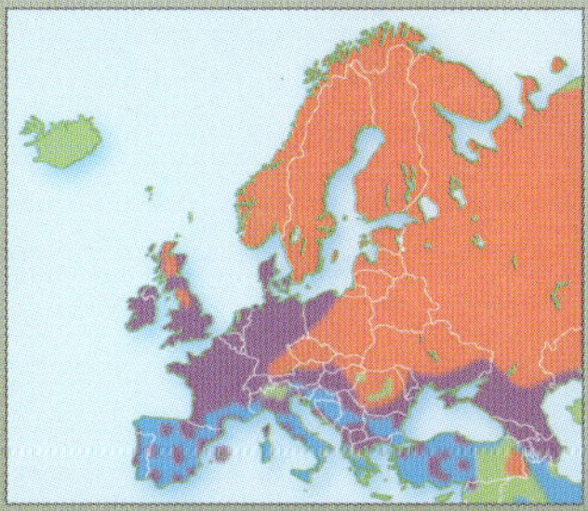

VERBREITUNG Standvogel in weiten Teilen S- und W-Europas, im Sommer auch in Skandinavien und Russland; überwintert teils in S-Europa und weiter südlich.

ZUR BRUTZEIT ist das Männchen der Rohrammer mit schwarzem Kopf und schwarzer Kehle, weißem Bartstreif und weißem Kragen leicht auszumachen, wenn es auf offener Warte sitzt und singt. Die Oberseite ist sattbraun, die Unterseite dagegen hell. Die Weibchen sind schlichter braun mit gestreiften Flanken, gelbbrauner Kopfstreifung und braunen Wangen. Bei beiden Geschlechtern ist der dunkle Schwanz weiß umrandet, wie sich im Flug zeigt. Rohrammern leben meist in Feuchtgebieten mit Schilfgürteln oder Weidengestrüpp, wo sich Deckung bietet; gelegentlich trifft man sie auch in trockeneren Habitaten, etwa jungen Schonungen. Im Winter bilden sie mit anderen Ammern und Finken gemischte Schwärme und suchen auf Feldern und an Futterhäuschen nach Nahrung.

MARKANT Das Rohrammermännchen ist zur Brutzeit leicht zu entdecken, wenn seine Kopfzeichnung besonders kräftig ist.

BODENNAH Rohrammern verstecken ihr Nest meist bodennah in dichter Vegetation. Das Brüten obliegt dem unauffälligeren Weibchen; an der Fütterung der Jungen – meist mit Insektenlarven – beteiligen sich beide Eltern.

Grauammer

FAMILIE Emberizidae
ART *Miliaria calandra*
LÄNGE 18 cm
HABITAT Agrarland
GELEGEGRÖSSE 4–6

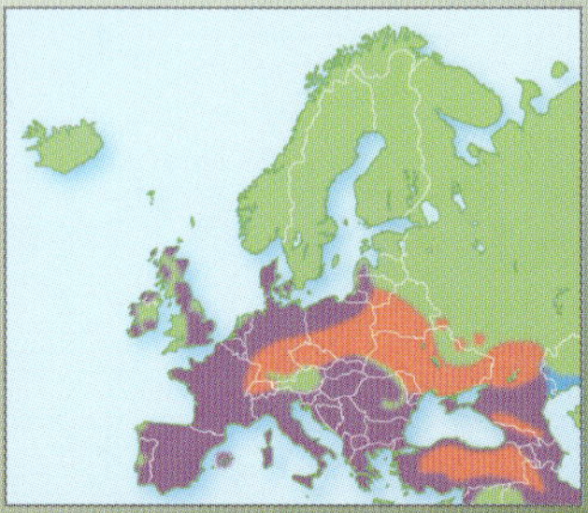

VERBREITUNG Verbreiteter Standvogel in W-Europa, der Türkei, im Nahen Osten und an den Küsten N-Afrikas; mancherorts – vor allem in NW-Europa – rückläufig.

IN VIELEN trockenen, offenen Kulturlandschaften Europas ist der helle, an rasselnde Schlüssel erinnernde Gesang der Grauammer im Sommer ein vertrauter Klang. Die Tiere singen von niedriger Warte aus, etwa von Zäunen am Wegesrand, manchmal auch im kurzen, flatternden Singflug. Sie schätzen Äcker und Grasland, wo sie Samen finden. Die größte und äußerlich schlichteste Ammer erkennt man am besten an dem massigen Körper und dem großen Schnabel. Außerdem unternehmen Grauammern gern kurze Flüge mit hängenden Beinen. Beide Geschlechter sind oberseits graubraun bei heller Färbung und Streifung von Flanken und Brust. Gelegentlich ist ein dunkler Brustfleck sichtbar. Der Unterschnabel ist heller als der Oberschnabel.

RÜCKGANG Veränderte Landnutzung drängte im Norden und Westen des Verbreitungsgebiets diese große Ammer stark zurück.

Schneeammer

FAMILIE Emberizidae
ART *Plectrophenax nivalis*
LÄNGE 17 cm
HABITAT Tundra/Küsten
GELEGEGRÖSSE 4–6

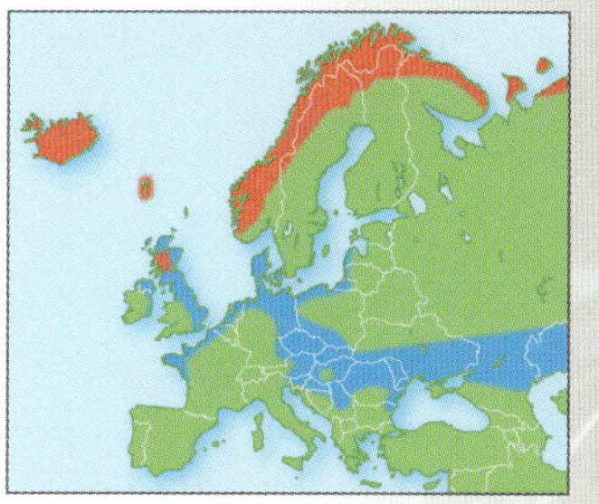

VERBREITUNG Standvogel in Island; Brutvogel (Sommergast) in Skandinavien und N-Russland; überwintert dann an der Nordseeküste und dem russischen Tiefland.

IM SOMMER ist das Gefieder des Schneeammermännchens reinschwarz-weiß; das Weibchen ist gedämpfter gelbbraun mit heller Unterseite. So ist es während des Brütens am Boden getarnt. Die Tiere brüten in öder Tundra und auf kargen Felsgipfeln, doch im Winter finden sie sich oft in Trupps an Stränden ein, um dort nach Samen zu suchen.

WEITHIN SICHTBAR Das Schneeammermännchen trägt seinen melodischen Gesang zur Brutzeit gern von prominenter Warte aus vor.

Spornammer

FAMILIE Emberizidae
ART *Calcarius lapponicus*
LÄNGE 15 cm
HABITAT Tundra/Küsten
GELEGEGRÖSSE 5–6

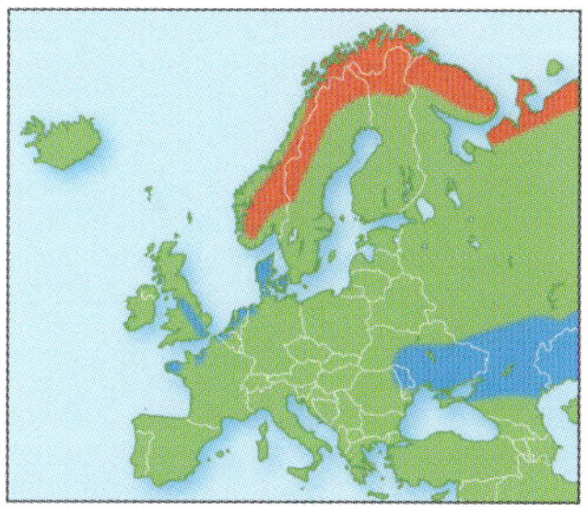

VERBREITUNG Brutvogel (Sommergast) im Weidengebüsch und in der Tundra N-Skandinaviens und Russlands; überwintert in den russischen Steppen und an der Nordseeküste.

DAS MÄNNCHEN der Spornammer ähnelt im Sommer der Rohrammer, jedoch mit kastanienbraunem Nacken und weißen Augenstreifen. Die Weibchen sind schlichter braun, ebenfalls mit kastanienbraunem Nacken und gelbem Schnabel. Im Winter gleicht das Männchen dem Weibchen, jedoch mit dunklen Flecken auf der oberen Brust. Der deutsche Name spielt auf die verlängerte, gerade Hinterkralle an. Im Brutgebiet sind die Tiere sehr wachsam und fliegen bei Störungen kraftvoll auf.

KENNZEICHNEND Am kastanienbraunen Nacken lässt sich die Spornammer im Sommer am besten erkennen, da die lange Hinterkralle nicht immer sichtbar ist.

LITERATUR

Aebischer, Adrian: *Eulen und Käuze.* Bern: Haupt Verlag, 2008

Alderton, David: *The Illustrated Encyclopedia of the Birds of Britain, Europe and Africa.* Lorenz Books, 2004

Beaman, Mark und Madge, Steve: *Handbuch der Vogelbestimmung: Europa und Westpaläarktis.* 2. korr. Auflage. Stuttgart: Eugen Ulmer, 2007

Bergmann, Hans-Heiner; Helb, Hans-Wolfgang und Baumann, Sabine: *Die Stimmen der Vögel Europas.* Aula, 2008

Bircham, Peter: *A History of Ornithology.* (Reihe *New Naturalists*) Collins, 2007

Brown, Roy: *Federn, Spuren und Zeichen der Vögel Europas. Ein Feldführer.* 4. korr. Auflage. Wiebelsheim: Aula-Verlag, 2005

Burton, Robert: *Vögel im Garten. Das Praxisbuch für Gärtner und Vogelfreunde.* Starnberg: Dorling Kindersley, 2004

Couzens, Dominic: *Der große Vogelatlas: Alle europäischen Arten.* Stuttgart: Eugen Ulmer, 2006

Delin, Håkan und Svensson, Lars: *Der große BLV-Vogelführer für unterwegs. Alle Arten Europas.* München: BLV, 2008

Dubois, Philippe: *Die Welt der Vögel – für Kinder erzählt.* München: Knesebeck, 2005

Elphick, Jonathan: *Atlas des Vogelzuges. Die Wanderung der Vögel auf unserer Erde.* Bern: Haupt Verlag, 2008

Ferguson-Lees, James und Willis, Ian: *Vögel Mitteleuropas.* 2. durchgesehene Auflage. München: BLV, 1991

Hayman, Peter: *Die Küstenvögel Europas: Der Pocketband.* Stuttgart: Kosmos, 2006

Hume, Rob: *Vögel in Europa: Über 500 Arten.* London: Dorling Kindersley, 2007

Jonsson, Lars: *Die Vögel Europas und des Mittelmeerraums.* (Kosmos-Naturführer) 2. Auflage. Stuttgart: Kosmos, 1999

Madge, Steve und Burn, Hilary: *Wassergeflügel. Ein Bestimmungsbuch der Schwäne, Gänse und Enten der Welt.* Hamburg: Parey, 1989

Mebs, Theodor und Scherzinger, Wolfgang: *Die Eulen Europas: Biologie, Kennzeichen, Bestände.* Stuttgart: Kosmos, 2008

Moning, Christoph und Weiss, Felix: *Vögel beobachten in Norddeutschland.* (Kosmos-Naturführer) Stuttgart: Kosmos, 2007

Moss, Stephen: *Vogelverhalten: das faszinierende Leben der Vögel.* Stuttgart: Kosmos, 2004

Ogilvie, Malcolm und Ogilvie, Carol: *Flamingos.* Alan Sutton Publishing, 1986

Peterson, Roger et al.: *Die Vögel Europas.* Berlin: Parey, 2002

Sterry, Paul: *Die Vögel am Mittelmeer. Alle Arten des Mittelmeerraumes: Europa, Nordafrika, Vorderasien.* Stuttgart: Kosmos, 2004

Svenson, Lars; Grant, Peter J. und Mullarney, Killian: *Vögel Europas, Nordafrikas und Vorderasiens.* Stuttgart: Kosmos, 2000

Urania Tierreich Vögel. Leipzig, Jena, Berlin: Urania, 1995

GLOSSAR

A

Aas Tierkadaver, die von einigen Vogelarten verzehrt werden.

Arenabalz Balz mehrerer Männchen auf einem gemeinsamen Balzplatz, um Weibchen anzulocken.

B

Brutkleid (Prachtkleid) Zu Beginn der Brutzeit angelegtes, prächtig gefärbtes Federkleid; bei einem Teil der Arten bzw. bei einem oder beiden Geschlechtern.

Bürzel Unterer Rücken, oberhalb des Schwanzes.

D

Daunenkleid Das flauschige erste Gefieder der Vogelküken.

F

Flanken Die Seiten des Körpers.

Flaumfedern Unterfedern erwachsener Vögel, die zur Isolierung des Vogelkörpers dienen.

Flügelbinde (Flügelstreif) Ein oder mehrere unterschiedlich gefärbte Bänder im Flügel.

Flügeldecken Federn auf der Oberseite des Flügels, die diesen dachziegelartig abdecken.

Frugivor Ein Tier (Vogel), das sich vorwiegend von Früchten ernährt.

G

Greifvögel Bezeichnung für die Ordnung Falconiformes, früher auch „Raubvögel" genannt.

Gründeln Ernährungsweise von Enten, die schwimmend mit dem Kopf unter Wasser nach Nahrung suchen (statt zu tauchen).

H

Hahn Bezeichnung für das Männchen, meistens von Hühnervögeln.

Henne Bezeichnung für das Weibchen, meistens von Hühnervögeln.

I

Immatur Jungvogel nach Ablegen des ersten Jugendkleides und vor Anlegen des Alterskleides.

Insektivor Ein Tier (Vogel), das sich vorwiegend von Insekten ernährt.

Irrgast Vogel, der sich weit außerhalb seines gewöhnlichen Verbreitungsgebiets aufhält.

K

Kältestarre Inaktiver Körperzustand, der bei Vögeln meistens durch eine Kombination von Kälte und Futtermangel auftritt.

L

Lek Versammlung von Männchen zur Arenabalz (*siehe* oben), um Weibchen anzulocken.

Lidring (Augenring) Hautring rund ums Auge.

M

Mantel Flügeloberseite und Rücken.

Mauser Federwechsel, Gefiederwechsel, der normalerweise im Frühling und Herbst erfolgt.

Melanistisch Vogel, dessen Gefieder dunkler ist als normalweise, aufgrund eines erhöhten Gehalts des dunklen Farbstoffs Melanin.

Morphe Individuelle Farbvariante einer Art.

N

Nacken Halsrückseite.

Nestflüchter Vogelarten, deren Küken beim Schlüpfen bereits weiterentwickelt sind (Augen offen, Dunenkleid). Sie können fast sofort laufen und schwimmen und verlassen das Nest schnell.

Nesthocker Vogelarten, deren Küken blind und nackt schlüpfen und in die zunächst auf die Elternvögel angewiesen sind. Sie wachsen im Nest heran, z.B. Singvögel.

O

Ohrbefiederung Federn, die die Ohrenöffnung hinter den Augen verdecken.

S

Scheitel Der oberste Teil des Kopfes.

Schlichtkleid Federkleid, das das Brutkleid ersetzt, sodass man im Winter z.B. nicht zwischen Männchen und Weibchen von Wasservögeln unterscheiden kann.

Schnattern Ernährungsweise von Enten, die Nahrung von der Wasseroberfläche durch den Schnabel abseihen.

Schwimmfüße Füße, deren Vorderzehen durch Schwimmhäute verbunden sind; besonders bei Wasservögeln.

Schwungfedern Die langen Federn an der Rückseite des Flügels, die für das Flugvermögen verantwortlich sind.

Seevögel (Meeresvögel) Arten, deren Lebensweise hauptsächlich ans Meer gebunden ist.

Standvögel Vogelarten, die ganzjährig im Brutgebiet bleiben.

T

Tarnkleid Federkleid, das dem Vogel hilft, optisch mit dem Hintergrund zu verschmelzen und so zur Tarnung dient.

Territorium (Revier) Ein Gebiet, das von einem oder mehreren Vögeln gegen potenzielle Eindringlinge verteidigt wird.

U

Überaugenstreif Unterschiedlich gefärbter Gefiederbereich über dem Auge; für viele Singvögel typisch.

V

Verbreitung, Verbreitungsgebiet Die typische Region, in der eine Art vorkommt. Diese kann je nach Jahreszeit wechseln.

Vogelwanderungen, Vogelzug Vögel können z.B. in Mitteleuropa brüten und im Winter nach Afrika ziehen (Langstreckenzieher) oder z.B. in Mitteleuropa brüten und im Winter ins Mittelmeergebiet ziehen (Kurzstreckenzieher). Strichvögel entscheiden sich je nach Witterung kurzfristig zum Wegzug.

W

Wachshaut Nicht befiederter Bereich über dem Schnabel; für Greifvögel und Papageien typisch.

Watvogel Ordnung Charadriiformes. Vertreter kommen meistens auf Schlickflächen, an Meeresküsten und in Feuchtgebieten vor.

Z

Zügel Bereich zwischen Schnabel und Auge des Vogels (auf jeder Kopfseite).

Zugvögel Vogelarten, die nach der Brut aus dem Brutgebiet abwandern.

Zugweg Route, die Zugvögel auf dem Zug einschlagen, um in die Brut- bzw. Überwinterungsgebiete zu gelangen. Auf einigen Zugrouten kann man den Vogelzug besonders gut beobachten, z.B. in Gibraltar.

REGISTER DER DEUTSCHEN NAMEN

REGISTER DER WISSENSCHAFTLICHEN NAMEN

REGISTER

DANKSAGUNG

Mein Dank gilt dem gesamten Team von Studio Cactus sowie dem verstorbenen Stan Bayliss-Smith, Autor von *Wild Wings to the Northlands*, der mich als Ornithologe und Lehrer schon früh inspirierte.

Studio Cactus dankt Andrew Cleave, MBE, für seine Texte im Bestimmungsteil und seinen unschätzbaren Beitrag zu diesem Projekt sowie Katrina Cook für weiteres Material. Dank an Sharon Rudd und Laura Watson für das Design, Sharon Cluett für den Originalentwurf, Jennifer Close und Jo Weeks für die Redaktion, Penelope Kent für das Erstellen des Registers, Robert Walker für die Bildrecherche, Anthony Duke für die Verbreitungskarten, Claire Moore für die Illustrationen im Einführungsteil, Sharon Rudd für die Silhouettenbilder der Ordnungen. Unser großer Dank gilt Tim und Joanne bei NHPA sowie allen, die bei der Bildrecherche mitgewirkt haben: Ali Safak von Ozsafak Panson (www.ozsafak.net), Mike Read, Paul und Andrea Kelly, Klaus Malling Olsen, Ole Krogh, Michael Westerbjerg Andersen, Vincent van der Spek, Tim Edelsten und Mike Danzenbaker.

BILDNACHWEIS

Der Verlag dankt den im Folgenden genannten Rechteinhabern für die Erlaubnis zur Veröffentlichung von Material:

Abkürzungen: o = oben, u = unten, m = mittig, l = links, r = rechts

Carlos Arranz 17 (ur), 52–53; Marilyn Barbone 344–345; Nigel Bean/Nature Picture Library 305 (u); Bob Blanchard 383; Mike Danzenbaker 34 (o), 169 (u), 295 (u); easyshoot 18 (ur); Tim Edelsten 203 (u); Getty Images 176; Hanne and Jens Eriksen/ Nature Picture Library 220, 281 (u); FLPA/Neil Bowman 317 (u); FLPA/Robin Chittenden 297 (u); Karel Gallas 18 (ulm), 384; A Greensmith/ardea.com 358 (u); Gertjan Hooijer 156–157, 254–255; Gail Johnson 232–233; Kerioak – Christine Nichols 15 (u); Klaus Malling Olsen 293 (o), 358 (o); Markus Varesvuo/ Nature Picture Library 236 (u); Konstantin Mikhailov/Nature Picture Library 120 (o); Erin Monn 18 (urm); Christian Musat 16 (u), 371; Nature Photographers Ltd/Mark Bolton 37 (o); Nature Photographers Ltd/Michael Gore 123 (o); Nature Photographers Ltd/Paul Sterry 26 (l), 39, 143 (u), 152 (o), 240 (u), 243 (r), 256 (o), 258 (b), 265, 268 (r), 270 (o), 298 (u), 318 (u), 320 (u), 321, 322 (u), 324 (t), 359 (u), 364 (o); Nature Photographers Ltd/ Roger Tidman 222 (l), 223 (u), 363 (u); pasphotography 18 (ul); Ed Phillips 18 (um); Photo Request 373; Photolibrary Group 171 (u), 207, 124 (u); RF Porter/ardea.com 360 (o); Mike Read (2006) www.mikeread.co.uk 318 (o); George Reszeter/ardea. com 242 (u), 293 (u); SouWest Photography 18 (mrm); Peter Steyn/ardea.com 128 (l); Rick Thornton 380; Graham Tomlin 210–211; Z Tunka/ardea.com 280 (o); Joanna Van Gruisen/ ardea.com 260 (u); Jason Vandehey 18 (mm); M Watson/ardea. com 335 (o); Michael Westerbjerg Andersen 311 (o); Workmans Photo 18 (mr); Andy Z 18 (mlm); Serg Zastavkin 121. Alle anderen Fotos © NHPA
Alle Umschlagbilder © NHPA